“十四五”教育部高等学校电子商务专业教学指导委员会教材组立项教材
新文科·普通高等教育电子商务专业系列规划教材

电子商务支付与安全

DIANZI SHANGWU ZHIFU YU ANQUAN

袁晓芳 刘 旸 主编

西安交通大学出版社
XI'AN JIAOTONG UNIVERSITY PRESS

内容提要

本书全面介绍了电子商务支付与安全的整体理论框架与应用体系，着重阐释了电子支付工具、系统及模式，深入探讨了电子银行、第三方支付和移动支付等内容。本书从技术实现、监管机制和法律法规等几个维度对电子交易支付安全的理论与实践问题进行了系统而全面的论述，主要涉及构建电子交易安全保障的基本思路与框架体系，涵盖了加密技术、身份认证技术和网络安全技术，以及风险监管措施、法律保障手段等内容。

本书适合高等院校电子商务、信息管理、物联网工程、工商管理等专业的本科生及研究生学习使用，同时也适合作为企事业单位、政府相关部门工作人员的参考书籍。

图书在版编目(CIP)数据

电子商务支付与安全 / 袁晓芳，刘旸主编. -- 西安 ：西安交通大学出版社，2025.1(2025.8 重印)
ISBN 978-7-5693-2754-0

Ⅰ. ①电… Ⅱ. ①袁…②刘… Ⅲ. ①电子商务 ②电子商务—安全技术 Ⅳ. ①F713.36

中国版本图书馆 CIP 数据核字(2022)第 146811 号

书　　名 电子商务支付与安全
DIANZI SHANGWU ZHIFU YU ANQUAN
主　　编 袁晓芳　刘　旸
策划编辑 祝翠华
责任编辑 祝翠华　赵化冰
责任校对 刘莉萍
封面设计 任加盟

出版发行 西安交通大学出版社
(西安市兴庆南路 1 号　邮政编码 710048)
网　　址 http://www.xjtupress.com
电　　话 (029)82668357　82667874(市场营销中心)
(029)82668315(总编办)
传　　真 (029)82668280
印　　刷 中煤地西安地图制印有限公司

开　　本 787mm×1092mm　1/16　**印张** 20.75　**字数** 410 千字
版次印次 2025 年 1 月第 1 版　2025 年 8 月第 2 次印刷
书　　号 ISBN 978-7-5693-2754-0
定　　价 49.80 元

发现印装质量问题，请与本社市场营销中心联系。
订购热线：(029)82665248　(029)82667874
投稿热线：(029)82665249
读者信箱：2773567125@qq.com

前言
Foreword

当前，我国经济发展进入新常态，生产消费模式发生了深刻的变化，市场供求格局深度调整，以开放、共享、协同、智能为特征的互联网等现代信息技术快速发展。电子商务作为信息技术与商业活动相结合的产物，经过二十多年的发展，已经融入国民经济各行业，对传统的商业模式、商业流程和思维习惯带来了变革性的影响。近年来，随着国家"互联网＋"行动计划的实施，电子商务再次成为中国经济转型期备受瞩目的"风口"。我国电子商务在各行业中的应用不断取得新突破，网络零售、跨境电子商务、在线生活服务、互联网金融等日新月异，"互联网＋传统业态"成为各行业发展的一个新标签，"大众创业、万众创新"蔚然成风。电子商务成为扩大消费的新亮点，成为带动就业的新载体，也成为促进经济转型升级的新引擎和推动经济增长的新动力。

与此同时，电子商务的安全问题，特别是交易环节中的支付安全问题，也越来越引起人们的高度关注。本书在分析电子商务的发展需求和电子支付安全与风险的基础上，以支付演进的理论为基石，全面介绍了电子支付与结算的整体理论与应用体系，着重讲解了电子支付工具、系统和模式，并探讨了电子银行、第三方支付和移动支付等。本书从技术、监管和法律几方面对电子交易支付安全的理论和实践进行了全面论述，主要涉及电子交易安全保障的基本思路和框架体系、加密与认证技术、网络安全技术、风险监管、法律保护等内容。

本书共10章，主要包括：电子商务支付与安全概述、支付理论基础、电子支付基础、电子银行与网络银行、第三方支付、移动支付、电子支付加密与认证技术、电子支付安全协议、电子支付网络平台安全、电子支付风险监管与法律法规。全书是编者在对电子商务支付与安全相关教材充分调研的基础上，根据全国电子商务专业教学指导委员会制定的最新课程与教学内容规划，结合电子商务专业方向的特点组织编写的。教材以"思政教育引领、结构体系完善、知识实用丰富、理论联系实际"为主要特色，每章包括"内容提要""学习目标""思政目标""开篇案例""思政拓展""思政要点""本章小结""思考题(含思政习题)""拓展阅读"等板块，适合高等院校电子商务、信息管理、物联网工程、工商管理等专业的本科生及研究生使用，也可作为企事业单位、政府部门管理与技术人员的参考书。

本书由西安科技大学的袁晓芳和刘旸担任主编，负责全书的策划、结构设计及最终的定稿。其中：第7章和第8章由袁晓芳编写，第1章、第2章和第3章由刘旸编写，第4章、第6章和第10章由西安科技大学的王欣编写，第5章和第9章由西安科技大学的张喆编写。西安科技大学管理学院的研究生王春昀、袁圆、曹玉静、贾倩荷、文旖、丁祎也参与了本书的编写及校稿等工作。

在本书的编写过程中，编者大量收集、分析并研究了国内外电子商务支付与安全技术领域最新研究成果和企业的实践成果，并参阅了大量同类教材、专著，力图在理论和实践上反映出电子商务支付与安全的最新成果。对于所引用的这些资料，其来源出处已尽可能在参考文献中列出，谨在此向相关作者表示衷心的感谢。

由于国内外电子商务、信息安全技术的发展日新月异，此书难免存在不足之处，欢迎同仁批评指正。

编 者

2024.10

目录
Contents

第 1 章　电子商务支付与安全概述 …… 1
1.1　电子商务概述 …… 2
1.2　电子商务与电子支付 …… 15
1.3　电子商务支付安全与风险 …… 24
第 2 章　支付理论基础 …… 40
2.1　支付的原理 …… 40
2.2　支付工具 …… 51
2.3　支付系统 …… 59
2.4　支付体系 …… 67
第 3 章　电子支付基础 …… 72
3.1　电子支付概述 …… 73
3.2　电子支付工具 …… 76
3.3　电子支付系统 …… 106
第 4 章　电子银行与网络银行 …… 129
4.1　电子银行概述 …… 129
4.2　电子银行业务系统 …… 134
4.3　网络银行 …… 140
4.4　手机银行 …… 154
4.5　自助银行 …… 161
第 5 章　第三方支付 …… 170
5.1　支付网关 …… 170
5.2　第三方支付 …… 172
5.3　聚合支付 …… 179
5.4　典型第三方支付平台 …… 180
第 6 章　移动支付 …… 188
6.1　移动支付概述 …… 188
6.2　移动支付技术 …… 202
6.3　移动支付的应用与创新 …… 206

第 7 章　电子支付加密与认证技术 ………………………………………………… 211
7.1　密码技术基本理论 …………………………………………………………… 211
7.2　机密性技术 ……………………………………………………………………… 219
7.3　完整性技术 ……………………………………………………………………… 230
7.4　身份认证技术 …………………………………………………………………… 237
7.5　PKI 体系 ………………………………………………………………………… 243
第 8 章　电子支付安全协议 ……………………………………………………… 254
8.1　安全套接层(SSL)协议 ……………………………………………………… 254
8.2　安全电子交易(SET)协议 …………………………………………………… 264
8.3　SSL 协议与 SET 协议的比较 ………………………………………………… 274
第 9 章　电子支付网络平台安全 ………………………………………………… 277
9.1　防火墙 …………………………………………………………………………… 278
9.2　网络入侵检测 …………………………………………………………………… 282
9.3　计算机病毒及防范 ……………………………………………………………… 287
9.4　木马及防范 ……………………………………………………………………… 290
第 10 章　电子支付风险监管与法律法规 ……………………………………… 295
10.1　电子支付风险监管 …………………………………………………………… 295
10.2　电子支付的法律法规 ………………………………………………………… 308
参考文献 …………………………………………………………………………… 322

第1章　电子商务支付与安全概述

内容提要

本章为全书的概述，以某网络欺诈案例为导入，研究电子商务的发展情况、相关概念，以及面临的各类安全问题。电子商务的业务流程涉及信息流、商流、资金流与物流，其中资金流具体体现为商务伙伴间的支付与结算活动，因此支付是电子商务业务流程中最为关键的组成部分，也是本书的核心内容。本章以此为切入点，重点叙述支付与电子商务发展的关联，包括传统支付结算方式的介绍及其局限性分析。为了充分发挥电子商务的优势，体现电子商务的运作效率，电子支付与结算的兴起是必然的趋势。而电子商务在网络上的交易由于交易制度设计方面存在的缺陷、技术路线设计方面存在的缺陷、技术安全方面存在的缺陷等因素，可能导致交易中存在风险。这种风险是电子商务活动及其相关电子支付独有的风险，它不仅危及交易各方、支付各方，而且可能导致整个支付系统的系统性风险。为了防御电子商务面临的各种安全威胁，一个安全的电子商务系统，应该实现的安全要素有机密性、完整性、可用性、真实性和不可否认性等。

学习目标

- 了解学习本课程的目的，进一步加深对电子商务的认识。
- 掌握电子商务的基本流程。
- 掌握电子商务安全的内涵和电子商务的各类交易风险。
- 了解电子商务安全保障体系的框架。
- 掌握电子支付的应用范围，了解保障电子支付安全的常见技术。
- 基本概念：电子商务、电子支付、电子商务安全要素。

思政目标

- 提高个人的爱国、敬业、诚信、友善修养，自觉把小我融入大我，不断追求国家的富强、民主、文明、和谐和社会的自由、平等、公正、法治，将社会主义核心价值观内化为精神追求、外化为自觉行动。
- 树立正确的经济意识和全新的经济理念，塑造正确的社会主义市场经济价值观，培养社会主义市场经济下的企业家精神。
- 理解社会主义市场经济下的企业社会责任，明确企业落实社会责任，实现企业经济责任、社会责任和环境责任的动态平衡，提升企业的竞争力，实现可持续发展。

开篇案例

1.1 电子商务概述

当前，我国经济发展进入新常态，生产消费模式深刻变化，市场供求格局深度调整，以开放、共享、协同、智能为特征的互联网等现代信息技术快速发展。电子商务作为信息技术与商业活动结合的产物，经过二十多年的发展，已经融入国民经济的各个部门，对传统的商业模式、商业流程和思维习惯带来了变革性的影响。近年来，随着国家“互联网＋”行动计划的实施，电子商务再次处在中国经济转型期备受关注的“风口”。我国电子商务在各行业中的应用不断取得新突破，网络零售、跨境电子商务、在线生活服务、互联网金融等日新月异，“互联网＋传统业态”成为各行业发展的一个新“标签”，“大众创业、万众创新”蔚然成风，电子商务成为扩大消费的新亮点，成为带动就业的新载体，也成为促进经济转型升级的新引擎、推动经济增长的新动力。与此同时，电子商务的安全问题特别是交易环节中的支付安全问题也越来越引起人们的高度关注。

20 世纪 90 年代 Internet(互联网)的爆炸性发展与应用，使其成为全球最大的、最具发展前途的通信媒介和交换共享信息的新媒体。Internet 不仅是全球最大的信息库和最大的互联网，还开辟了一种崭新的商业交易方式，即电子商务(electronic commerce，EC)。电子商务，这种借助 Internet 开展的在线商务处理方式，正引发一场商业领域的革命，将彻底改变传统的商贸方式和规则，并且会对传统的企业生产和管理模式进行深刻的改造乃至重新构建。它不仅赋予生产和商务活动更高的效率，而且也给技术进步和经济增长带来无数新的机会。

在中国，越来越多的企业已经在实际的经历中体会到了网络销售与数字经济的力量，数字消费正日益崛起并不断壮大。根据商务部发布的《中国电子商务报告(2022)》统计数据，2022 年中国电子商务交易额达 43.83 万亿元人民币，比上年增长 3.5%。全国网上零售额达 13.79 万亿元，同比增长 4.0%；实物商品网上零售额为 11.96 万亿元，占社会消费品零售总额的比重为 27.2%，比上年增长 6.2%。2023 年“双 11”期间，根据星图数据的统计，综合电商平台(天猫、京东、拼多多)与直播电商平台(抖音、快手、点淘等)累计销售额为 11386 亿元。天猫方面，共有 402 个品牌成交额破亿，其中有 243 个是国货品牌，220 万中小商家成交同比增长超过 100%。2024 年，电子商务有效助力国内消费平稳增长，促进实体经济与数字经济深度融合，推动经济全球化朝着普惠共赢的方向发展。数字商务三年行动计划起步实施，商务各领域数字化水平稳步提高，为商务高质量发展作出积极贡献。据国家统计局数据，2024 全年网上零售额增长 7.2%，实物商品网上零售拉动社会消费品零售总额增长 1.7%。

可以说，电子商务引发的是一场全球性的商务革命和经营革命，正在开创的是一个崭新的数字经济和网络经济时代，其正有力地推进全球经济一体化和全球金融一体化的进程。

资金流的处理是传统商务也是电子商务的重要环节，因此电子商务的开展必然涉及电子支付与银行的网络金融服务，需要银行的积极参与和推动；反过来，电子商务的推广应用，不仅推动网络支付和网上金融服务的发展，还使金融电子化建设进入一个全新的发展阶段。

1.1.1　电子商务的定义与分类

1. 电子商务的定义

人们通常把基于 Internet 平台进行的商务活动统称为电子商务。1997 年 11 月 6 日至 7 日，国际商会在法国首都巴黎举行了世界电子商务会议，从商业角度提出了电子商务的概念，即电子商务是指实现整个商业贸易活动的电子化。这里的电子化主要是指应用 Internet 作为商务平台。电子商务从涵盖范围方面可以认为指交易各方以电子交易方式，而不是通过当面交换或直接面谈方式进行的任何形式的商业交易；从技术方面可以说是一种多技术的集合体，包括交换数据（如电子数据交换、万维网应用、电子邮件）、获得数据（如共享数据库、数据挖掘），以及自动捕获数据（如条形码、射频识别技术）等。电子商务的流程主要包括商务信息交换、售前售后服务、网络销售、网络支付、商品配送等。

在国际电子商务实践中，人们通常从狭义和广义两个层面来理解电子商务。从狭义上理解，电子商务就是企业通过业务流程的数字化、电子化与网络化实现产品交易的手段。它意味着通过 Internet 上的"网络商店"所从事的在线商品和劳务的买卖活动，交易内容可以是有形商品和劳务，如鲜花、书籍、日用消费品、在线医疗咨询、远程网络教育等；也可以是一些无形商品，如新闻、音像产品、数据库、软件及其他类型的知识产权产品。从广义上理解，电子商务泛指基于 Internet 的一切与数字化处理有关的商务活动。因此，电子商务不仅是通过网络进行的商品或劳务买卖活动，还涉及传统市场的方方面面。除了在网络上寻求消费者，企业还通过计算机网络与供应商、财会人员、结算服务机构、政府机构建立业务联系。这样，电子商务会使整个商务活动，包括产品生产、商品促销、交易撮合、合同订立、商品分拨、商品零售、消费者的商品选购，以及货款结算、售后服务等产生革命性的变化。

2. 电子商务的分类

电子商务发展到现在已日益成熟，体现在其理论体系、支撑技术、运作模式及类型均已有了较明确的定义。当然，随着 Internet 应用的进一步普及，电子商务各方面还会继续完善。电子商务的分类方式较多，其类别也在不断发展中，以下是几种主要的分类方式。

1）按照参与交易的主体分类

（1）企业对企业电子商务（business to business，B2B）。B2B 是指企业与企业之间进行的电子商务活动。例如，生产企业利用 Internet 或 Extranet（外联网）向它的供应商采购，或利用计算机网络付款，或在网上向经销商批量销售商品等。这一类电子商务，特别是企业之间通过 VAN（value-added network，增值网）采用 EDI（electronic data interchange，电子数据交换）方式所进行的商务活动，已经存在多年。从未来的发展看，基于 Internet 平台的 B2B 电子商务仍会是电子商务发展的主流。例如，海尔集团使用 B2B 的电子商务模式成功实现了业务的网上拓展。

值得注意的是，B2B 与传统贸易的较大区别是它需要与电信业、银行业等其他市场相结合，才能获得生存机会。也就是说，如果没有较好的互联网络设施与网络支付工具，无法突出体现电子商务的快捷、方便与效率。所以，B2B 电子商务的解决方案，应该重构企业的整个业务流程，从内部数据处理、企业策略、物流、人事管理到与客户关系管理等方面，提供端到端的全面服务，这是企业未来的发展方向。

(2)企业对顾客电子商务(business to consumer，B2C)。B2C是指企业与消费者之间进行的电子商务活动。这类电子商务主要借助Internet所开展的直接面向消费者的在线销售与服务活动。从技术角度来看，企业商务面对广大的消费者，并不要求双方使用统一标准的单据传输，在线式的零售和支付行为通常只涉及银行卡或其他电子货币，Internet所提供的搜索功能和多媒体界面使消费者更容易查找适合自己需要的商品，并且能对商品有更深入的了解。因此，开展企业对消费者的电子商务，障碍较少，潜力巨大。

事实情况也验证了这一点。随着Internet技术的成熟与发展，由于消费者数量庞大，B2C的发展异军突起，特别在中国，B2C是为大家所熟悉的电子商务，以至于许多人误以为电子商务就是B2C，如，天猫、京东等商城。

(3)顾客对顾客电子商务(consumer to consumer，C2C)。C2C是指消费者与消费者之间进行的电子商务或网上事务合作活动。这类电子商务或网上事务合作主要借助一些特殊的网站在个人与个人之间开展事务合作或商业交易，比如，网上物品拍卖、个人网上事务合作、网上二手市场等。注意，这里所指的个人可以是自然人也可以是商家的商务代表。现代社会中的自然人或由自然人组成的家庭集合中蕴藏着丰富的资源，不仅有物资资源，而且有更多的知识资源，包括科技、文化、教育、艺术、医药和专门技能等资源。C2C能够实现家庭或个人的消费物资再调配，个人脑力资源和专门技能的充分利用，从而最大限度地减少人类对自然资源和脑力资源的浪费。换言之，通过C2C电子商务，个人借助网络满足自己个性化需求的机会大大增加了，社会各类资源包括物资资源与智力资源也能得到更广泛与更充分的应用。

C2C模式近年来在国内得到了很大的发展，这也是家庭网络普及率提高的结果。国外的eBay(易贝)、国内的淘宝网都是这类电子商务的典型代表。

(4)企业对政府电子商务(business to government，B2G)。B2G指的是企业与政府行政部门之间进行的电子商务或事务合作活动，包含面向企业的电子政务。这类电子商务主要是政府部门与企业之间借助Internet开展的事务合作或商业交易，比如，企业网上纳税、网上事务审批、政府部门网上招标采购等。这种方式在中国发展的非常快，因为B2G不但可以帮助政府行政部门树立公正廉洁有效率的政府形象，还可以产生示范作用，促进整个社会电子商务的发展；另外，借助B2G平台企业可以直接采取更有效率、更加方便的方式与政府部门进行事务合作，既节省了人力也节省了物力，而且企业可以及时地查阅政府部门的信息公告，能够与政府部门即时交互，大大改善了政府部门与企业之间的关系。

(5)消费者对政府电子商务(consumer to government，C2G)。C2G指的是消费者与政府行政部门之间进行的电子商务或事务合作活动，包含政府面向个人消费者的电子政务。这类电子商务或事务合作主要是在政府部门与个人之间借助于Internet开展事务合作或商业交易，比如，个人网上纳税、网上事务审批、个人身份证办理、社会福利金的支付等。C2G更多地体现为政府的电子政务。随着网络应用的普及，特别是个人消费者对Internet的熟悉，网民越来越多，政府部门网上办公的意识增强，C2G成为当今世界各国的一个发展热点。在发达国家，政府的税务机构已经通过网络来为个人报税。在中国，这种面向个人的电子政务也逐渐发展起来。比如，2019年新个人所得税法正式实施，国家税务总局开发的“个人所得税”App(application，应用)正式投入使用，在全国范围内实施网上个人所得税综合汇算，通过网络申报个人所得税退税，这种政务处理模式以其简便、易用、省时省力的特点受到了纳税人的欢迎。

(6)顾客对企业电子商务(consumer to business，C2B)。C2B是一种先由消费者提出需求，而后由生产厂商或商家依据需求组织生产或筹备货源的电子商务模式。具体可分为消费者群体主导的C2B和消费者个体参与定制的C2B两种类型。

消费者群体主导的C2B，即通过聚合消费者的需求，组织生产厂商或商家批量生产或筹备货源，并将优惠让渡给消费者。团购属于一种典型的由消费者群体主导的C2B模式，生产厂商或商家将零散的消费者及其购买需求聚合起来，形成较大批量的购买订单，消费者从而可以得到更优惠的价格，商家也可以从大批量的订单中获得薄利多销的收益，这对消费者和商家而言是双赢的。因此，团购也被称为C2T(consumer to team)模式。

消费者个体参与定制的C2B，也叫深度定制。在这种模式下，消费者能参与定制的全流程，企业可以完全满足消费者的个性化需求。如果企业为制造厂商，这种模式也可以称为C2M(customer to manufacturer)。目前，较为成熟地应用这种模式的有服装、鞋、家具等行业。我们可以把C2B看成B2C的反向过程，也可以看成对B2C的补充。

(7)线上线下商务(online to offline，O2O)。O2O是指将线下商务与互联网结合在一起，让互联网成为线下交易的前台。如此一来，商家可以在线上揽客，在线下提供商品或服务；消费者可以在线上搜索商品或服务，在线下完成交易。在O2O模式下，消费者在线支付购买线下商品或服务，之后在线下自提商品或到店享受服务。

2)按照商务活动的内容分类

按照商务活动的内容分类，电子商务主要包括间接电子商务和直接电子商务两类商业活动。

(1)间接电子商务，体现为有形货物的网上交易，网上进行商务信息的交互，但仍然需要利用传统渠道(如邮政快递、物流配送等)辅助完成。例如联想集团的网上计算机销售、北京莎啦啦公司的网上鲜花定制，都需要线上线下配合，电子与传统手段相互支撑，特别是在物流环节上需要强大的现代物流支持。

(2)直接电子商务，体现为网上无形的货物和服务的交易，特别是一些知识产权产品，如计算机软件、电子书(electronic book，eBook)、娱乐内容的联机网上订购、网上传送(即文件或信息下载)，或全球规模的有偿信息服务，如知名网上娱乐公司联众游戏的网上棋牌服务、北京交通大学的网上大学教育、网上证券等。这些商品共同的特点是无形，可直接借助网络快速方便地完成传递交付过程。由于同一个公司直接和间接电子商务均提供特有的机会，所以很多往往是二者兼营，比如北京图书大厦既进行传统的纸质书本、光盘DVD等有形商品的电子商务，又进行eBook及计算机软件等无形商品的销售。

由于间接电子商务要依靠一些外部要素(如运输系统)的辅助，所以其开展还受到大环境的制约，这也是目前大力开展现代物流的原因。而直接电子商务能使交易双方借助Internet越过地理界线一天24小时地进行网上交易，成本低廉并且更加充分地利用了网络的优点，让企业更能充分地挖掘全球市场的潜力，所以这种直接的电子商务成为目前电子商务一道亮丽的风景线。例如，哈佛大学的网上教育遍布全球，这不但为哈佛大学带来巨大的经济效益，而且能够跨区域地传播这所世界名校的思想并为其带来更广泛的声誉。

3)按照开展交易的地域范围分类

按照开展交易的地域范围，电子商务可分为本地电子商务、国(境)内电子商务和全球电子商务三类。

(1)本地电子商务，通常是指在本城市或本地区范围内开展的电子商务。本地电子商务覆盖的地域范围较小，是开展国(境)内电子商务和全球电子商务的基础。

(2)国(境)内电子商务是指在本国(或某一关境)地域范围内开展的电子商务活动。其覆盖的地域范围较广，对软硬件和技术要求较高，要求在全国(境)范围内实现商业电子化和自动化，以及金融电子化，同时交易各方需要具备一定的电子商务知识和技术能力水平等。

(3)全球电子商务也称跨境电子商务(跨境电商)，是指在全世界范围内开展的电子商务活动，涉及交易各方的相关系统，如海关系统、金融系统、税务系统、运输系统、保险系统等。跨境电商业务内容繁杂，数据交互频繁，要求电子商务系统严格、准确、安全、可靠，并需制定全球统一的电子商务标准和电子商务贸易协议。

3. 电子商务系统构成

电子商务系统是保证以电子商务为基础的网上交易实现的体系，它是一个相当复杂和庞大的系统。该系统整体上可分为 3 个层次和 2 个支柱，如图 1-1 所示。自下而上，从最基础的技术层到电子应用层依次为：网络层，消息(信息)发布、传输层，一般业务服务层。两个支柱分别是技术标准和政策、法规。3 个层次之上是各种特定的电子商务应用，3 个层次依次代表电子商务顺利实施的各级技术及应用层次，而两边的支柱则是电子商务顺利应用的坚实基础。

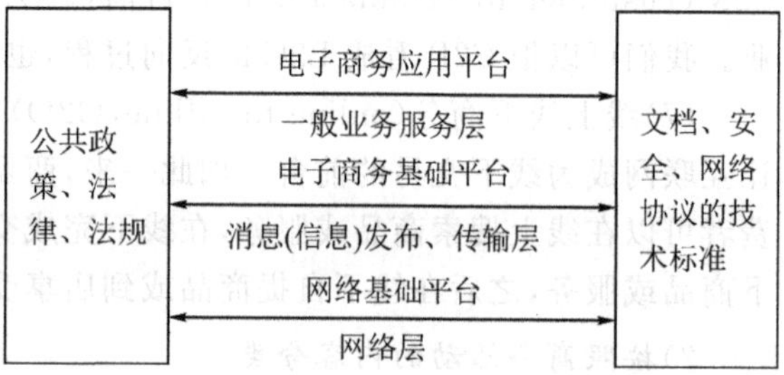

图 1-1　电子商务系统

1)网络基础平台

网络基础平台是电子商务的硬件基础设施，是信息传送的载体和用户接入的手段。它包括各种各样的物理传送平台和传送方式。如远程通信网、有线电视网、无线通信网和互联网。远程通信包括电话、电报，无线通信网包括移动通信和卫星网，互联网是计算机网络。

这些不同的网络都提供了电子商务信息传输线路，但是，当前大部分的电子商务应用还是基于 Internet。互联网络上包括的主要硬件有：基于计算机的电话设备、集线器(hub)、数字交换机、路由器(router)、调制解调器、有线电视的机顶盒(set-top box，STB)、电缆调制解调器(cable modem，CM)。

2)电子商务基础平台

网络层提供了信息传输的线路，线路上传输的最复杂的信息就是多媒体信息，它是文本、声音、图像的综合。最常用的多媒体信息发布应用是万维网(world wide web，Web，WWW)，即用 HTML(hypertext markup language，超文本标记语言)或 JAVA 语言将多媒体内容发布在 Web 服务器上，然后通过一些传输协议将发布的信息传送到接收者。

3)电子商务应用平台

这一层实现标准的网上商务活动服务，以方便交易，如标准的商品目录或价目表建立、电子支付工具的开发、保证商业信息安全传送的方法、认证买卖双方的合法性方法。

4)公共政策、法规、安全标准和技术标准

(1)公共政策。公共政策包括围绕电子商务的税收制度、信息的定价(信息定价则围绕谁花钱来进行信息高速公路建设)、信息访问的收费、信息传输成本、隐私问题等,需要政府制定的相应政策。其中,税收制度如何制定是一个至关重要的问题。例如,对于咨询信息、电子书籍、软件等无形商品是否征税,如何征税;对于汽车、服装等有形商品如何通过海关,如何征税;税收制度是否应与国际惯例接轨,如何接轨;关贸总协定是否应把电子商务部分纳入其中。这些问题不妥善解决,会阻碍电子商务的发展。

(2)法规。法规维系着商务活动的正常运作,违规活动必须受到法律制裁。网上商务活动有其独特性,买卖双方很可能存在地域的差别,他们之间的纠纷如何解决?如果没有一个成熟的、统一的法律系统进行仲裁,纠纷就不可能解决。那么,这个法律系统究竟应该如何制定?应遵循什么样的原则?其效力如何保证?如何保证授权商品交易的顺利进行?如何有效遏制侵权商品或仿冒产品的销售?如何有力打击侵权行为?这些都是制定电子商务法规时应该考虑的问题。法规制定的成功与否直接关系到电子商务活动能否顺利开展。

(3)安全标准。安全问题可以说是电子商务的中心问题,如何保障电子商务活动的安全,一直是电子商务能否正常开展的核心问题。作为一个安全的电子商务系统,首先,必须具有一个安全、可靠的通信网络,以保证交易信息安全、迅速地传递;其次,必须保证数据库服务器的绝对安全,防止网络黑客闯入盗取信息。目前,电子签名和认证是网上比较成熟的安全手段。同时,人们还制定了一些安全标准,如安全套接层、安全 http(hypertext transfer protocol,超文本传送协议)、安全电子交易等。

(4)技术标准。技术标准是信息发布、传递的基础,是网络上信息一致性的保证。若没有统一的技术标准,则如同不同的国家使用不同的电压传输电流,用不同的制式传输视频信号,将会限制许多产品在世界范围内的使用。EDI 标准的建立就是电子商务技术标准的一个例子。

1.1.2　电子商务发展概况

1. 全球电子商务发展概况

近年来,全球电子商务持续发展,市场规模实现稳健增长。从基础条件方面来看,全球网民数量持续攀升,移动互联网发展迅猛,网络营商环境不断优化,数字支付和物流设施逐步完善。从总体特征看,全球电子商务市场集中度提高,呈现出平台格局多元化、移动化、社交化和智能化的特点。

1)全球电子商务市场规模稳定增长

全球电子商务市场在过去数年中始终保持着强劲的增长态势,网络购物已然成为全球居民一种重要的消费方式。据市场研究机构 eMarketer 估算,2019 年全球网络零售交易额达到 3.535 万亿美元,同比增长 20.7%,相较于全球零售交易总额增速高出 16.2%;与此同时,网络零售额占全球零售总额的比重不断上升,从 2017 年的 10.4%提升至 2019 年的 14.1%,预计到 2023 年这一比重将攀升至 22%(见表 1-1)。eMarketer 数据显示,2024 年全球电商销售额预计将达到 6.3 万亿美元,同比增长 8.76%。在 2024 年至 2027 年间,全球电商销售额将以 7.8%的复合年增长率不断增长,预计到 2027 年将突破 8 万亿美元大关。

表 1－1　2017—2023 年全球零售及网络零售相关数据及预测　（单位：万亿美元）

年份	全球零售总额	总额增速	全球网络零售额	网络零售增速	网络零售占总额比重
2017	22.974	6.2％	2.382	28.0％	10.4％
2018	23.956	4.3％	2.928	22.9％	12.2％
2019	25.038	4.5％	3.535	20.7％	14.1％
2020	26.074	4.1％	4.206	19.0％	16.1％
2021	27.243	4.5％	4.927	17.1％	18.1％
2022	28.472	4.5％	5.695	15.6％	20.0％
2023	29.763	4.5％	6.542	14.9％	22.0％

从区域角度来看，中国、美国和英国仍是全球三大电子商务市场，三者合计占全球在线销售额的 55％以上。日本、韩国、印度、德国、印度尼西亚紧随其后。值得注意的是，东南亚和拉丁美洲的新兴市场在移动设备使用率提升和物流网络改善的推动下，实现了约 12％～15％的强劲增长。在增长最快的 10 个电子商务市场中，亚洲国家占 8 个，其中印度尼西亚在 2024 年的增长超过 30％。

2）全球电子商务发展基础条件得到改善

（1）全球网民数量持续增长。国际电信联盟（international telecommunication union，ITU）的统计数据显示，2024 年，全球网民总数达到 55 亿人，较前一年增加 2.27 亿人，占总人口的 68％。全球网民渗透率从 2005 年的 16.8％上升到 2024 年的 68％。从地区分布来看，互联网使用率存在显著差异，2024 年，欧洲以 91％的互联网使用率位居全球前列，而非洲的互联网使用率则处于较低水平，仅为 38％。国际电信联盟分析指出，发展中国家正大力推进网络基建设施建设，缩小与发达国家的数字差距，这将促使更多人融入网络世界，全球网民的数量将进一步增长。

（2）全球范围内移动互联网快速发展。全球移动宽带使用比例持续增长，远高于固定宽带使用比例。国际电信联盟统计数据显示，2020－2024 年，全球移动宽带渗透率呈现持续上升的趋势，2022 年，全球活跃移动宽带普及率从 2019 年的 74％升至 86.9％，2024 年，全球移动宽带的渗透率约为 95％。

（3）全球电商物流配套基础设施建设进展态势复杂，不同区域表现各有差异。依据世界银行发布的物流绩效指数（LPI）数据，2022 年全球物流绩效平均得分为 3.03（满分为 5 分），相较于 2018 年的 3.12，整体略有下滑。这一数据综合反映了全球范围内物流清关效率、基础设施质量、国际货运便利性、物流服务质量以及追踪追溯能力等多维度状况。从区域来看，东亚与太平洋地区在贸易与运输相关的基础设施质量方面取得积极进展，2022 年物流绩效指数达到 3.33，相比 2018 年有所提升。拉丁美洲和加勒比海地区同样在物流基础设施领域有向好表现，物流绩效指数在近年有一定程度的上扬。2022 年，北美地区物流绩效指数虽仍维持在 4.05 的较高水平，但与 2018 年相比，贸易与运输相关的基础设施质量呈现下降趋势。随着全球电子商务的成熟发展，其配套的物流基础设施也将会出现相应改进。

（4）全球数字支付方式普及进程不断加速。在全球电子商务交易中，电子钱包已然成为主流支付方式。依据 Worldpay 发布的《全球支付报告》，截至 2024 年，数字钱包在全球电子商务消费中的占比已达 50%，消费总额超 3.1 万亿美元。在亚太地区，这一态势更为显著。2023 年，消费者线上数字钱包交易量领跑全球，电子钱包使用量占比高达 70%，交易额超 2 万亿美元，占全球线上数字钱包消费额的 64%以上，预计到 2027 年将攀升至 77%。随着移动互联网持续高速发展，电子钱包使用量还会进一步增长。与之形成对比的是，货到付款、预付卡、签账卡与递延借记卡等支付方式的使用占比正逐步下滑，电子支付正加速替代现金和银行卡，成为全球增长最为迅猛的支付形式。

3）全球电子商务发展特点

（1）移动电商迅猛发展。近年来，移动电商增长势头极为强劲。在亚太地区的新兴经济体中，移动电商购物已跃升为核心消费渠道。依据 data.ai 发布的《2024 移动市场报告》，2023 年全球移动应用下载量飙升至 2570 亿次，相较于 2020 年大幅增长了 22.5%。其中，2023 年第四季度全球购物应用下载量达到了 17 亿次。用户沉浸在购物应用的时长也不断攀升，2023 年购物应用的总使用时长与 2020 年相比增长 25%以上。根据 Sensor Tower 发布的《2024 年电商应用及电商相关品牌市场洞察》报告，2024 年全球电商应用下载量达到 65 亿次，较 2019 年同比增长 5.6%。随着 5G 网络普及、智能手机性能持续提升以及移动支付日益便捷，移动电商已然成为电子商务发展的绝对主流。举例来说，在东南亚地区，Shopee 和 Lazada 等电商平台的移动端订单占比长期维持在 80%以上。2023 年“双 11”期间，阿里巴巴旗下电商平台移动端成交额占比高达 93%，这一系列数据充分彰显了移动电商的蓬勃活力与巨大潜力。

（2）社交电商活力迸发。社交媒体与电子商务平台加速融合，社交电商已成为全球电子商务发展的全新动力源泉。一方面，社交平台不再局限于交流功能，正稳步向电子商务平台转型。Global Web Index（GWI）发布的 2024 年《社交媒体最新趋势旗舰报告》显示，全球数字消费者日均花费在社交媒体上的时间为 2 小时 31 分，且多数国家的用户在社交媒体上的在线时长持续增长。以 Meta 旗下的 Facebook 为例，其坐拥全球 60%以上的社交媒体市场份额，在全球 90%以上经济体中稳坐社交媒体平台的头把交椅，用户平均每天在 Facebook 上花费 33 分钟。在亚洲，微信生态内的小程序电商蓬勃发展，众多品牌通过微信小程序实现高效销售与用户沉淀；LINE 在日本等地区也成功接入电商，业务范畴拓展至约车、购物结账、酒店住宿、火车机票预订等多个领域，社交购物已成为社交媒体除广告外的重要收入来源。另一方面，电子商务平台也纷纷增添社交功能，以此提升购物转化率与用户黏性。例如，亚马逊在美国线上零售活动中占据近 40%的份额，借助在 Facebook、Instagram、Twitter、Pinterest 等社交媒体发布促销信息，成功吸引消费者跳转至亚马逊平台购物。新兴的社交电商平台如 TikTok Shop，凭借短视频和达人带货模式，在全球迅速蹿红，2023 年全球电商 GMV 约为 163 亿美元，充分展现出社交电商对流量转化率的强大提升作用，有力推动全球电子商务高速发展。

（3）智能场景多点开花。在电子商务领域，智能化工具的应用愈发广泛，智能客服、智能化店面设计、行业分析等已成为标配。2019 年以来，智能配送、智能选品、精准推送等应用持续拓展。在智能配送方面，无人机配送取得关键进展，成为破解“最后一公里”难题的新途径。2019 年 5 月，敦豪（DHL）与中国亿航达成协议，发布了中国全自动智能无人机物流解决方案，并成功实现首航。2022 年，亚马逊在多个地区开展无人机配送试点。在巴西，电商 B2W 持续扩大无人机使用范围，以提高效率并解决该国复杂的物流和安全问题。在智能选品与精准推送方面，依托消费大数据分析，电商对消费者的年龄分布、线上品类偏好以及购买倾向把握得愈发精准，为备货、营销提供了坚实依据。Infogram 的数据显示，2023 年全球互联网用户中 15—24 岁年龄段占比 20.93%，青少年互联网消费人数呈“总量扩大＋渗透率提升”双增长，新兴市场(如亚太、非洲)是主要增量来源，数字内容和社交电商是核心推动因素。据 eMarketer 统计数据，电子产品在在线销售品类中名列前茅。并且，消费者网购时对品质、安全、卫生、有趣、独特、健康等特性的关注度与日俱增。随着大数据、云计算、人工智能、区块链等新一代信息技术深度融入，全球电子商务新模式、新业态不断涌现，如基于区块链的跨境电商供应链溯源体系逐步完善，有效增强了消费者对跨境商品的信任度。

(4)全球电子商务市场集中度高。随着互联网持续深入渗透，全球电子商务市场高度集中的态势愈发显著。从国别视角来看，电子商务活动主要集中在头部地区，且集聚趋势日益加快。据 eMarketer 数据，2023 年全球零售电子商务市场规模排名前五的国家(中国、美国、日本、英国、德国)，占据了全球零售电子商务市场总额的 82%。预计在未来，这五大市场在全球零售电子商务销售额中的占比将超过 85%。从月访问量维度来看，电子商务活动主要汇聚于中美两国的全球性电子商务平台。根据 SimilarWeb 的数据统计，截止 2024 年 1 月，按照月均访客量排名的全球电商平台中，亚马逊的月访问量高达 28.45B，遥遥领先其他平台；eBay 月访问量为 5.068B，速卖通月访问量达 2.74B(表 1－2)。头部平台凭借品牌、技术、供应链等优势，持续巩固其领先地位，市场份额进一步向头部集中。

表 1－2　2024 年 1 月全球月均访客排名前十的电商平台

排名	平台名称	月均访客量	性质	月访问量
1	亚马逊	2.7 B	全球性	28.45 B
2	易贝	739.2 M	全球性	5.068 B
3	Etsy.com	536.2 M	全球性	3.522 B
4	沃尔玛	496.5 M	全球性	2.520 B
5	速卖通	467.9 M	全球性	2.740 B
6	特姆(temu.com)	467.7 M	中国	3.161 B
7	ozon.ru	441.1 M	俄罗斯	5.169 B
8	wildberries.ru	435 M	俄罗斯	5.070 B
9	target.com	234.3 M	北美洲	1.271 B
10	希音(shein.com)	172.4 M	中国	1.515 B

2. 我国电子商务发展情况

1)网络购物使用率突破 80%

根据中国互联网络信息中心(china internet network information center，CNNIC)发布的第 54 次《中国互联网络发展状况统计报告》显示，截至 2024 年 6 月，我国网民规模近 11 亿人(10.9967 亿人)，较 2023 年 12 月增长 742 万人，互联网普及率高达 78.0%。我国网络购物用户规模达 9.05 亿人，占网民整体的 82.3%(图 1－3)。

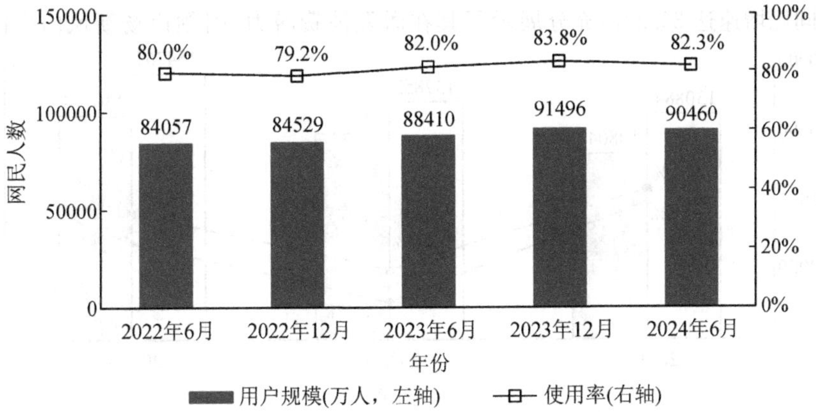

图 1-3　2022 年 6 月至 2024 年 6 月网络购物用户规模及使用率

（资料来源：中国互联网络发展状况统计调查）

2)电子商务交易额超 50 万亿元

国家统计局数据显示，2022 年全国电子商务交易额达 43.83 万亿元，按可比口径计算，比上年增长 3.5%(图 1-4)。据《2023 中国电商市场数据报告》中的数据显示，2023 年中国电子商务市场规模为 50.57 万亿元。

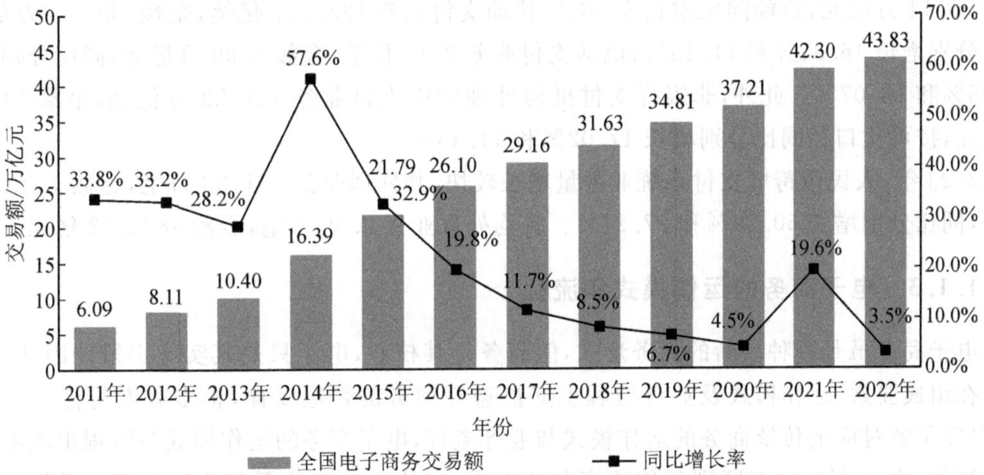

图 1-4　2011 年至 2022 年全国电子商务交易额

3)网上零售额达 15 万亿元

商务部 2024 年 1 月发布的信息显示，2023 年全国网上零售额达 15.42 万亿元，连续 11 年稳居全球第一(图 1-5)。网上实物商品零售额占比社会消费品零售总额增至 27.6%，创历史新高，电商对于国民消费的重要性日益提升；在实物商品网上零售额中，吃类、穿类、用类商品分别增长 11.2%、10.8%、7.1%。

绿色、健康、智能、“国潮”类商品备受青睐，国产品牌销售额占重点监测品牌比重超过 65%；自促进家居消费政策出台以来，2023 年 8 月至 12 月期间，家具、家庭影院、家用装饰品分别同比增长 372.1%、153.3%和 64.6%。直播电商作为新型电商的中坚力量，市场规模已高达

4.9 万亿元，同比增速达 35.2%，充分展示了其在激发消费潜力、引领市场新风向中的作用。

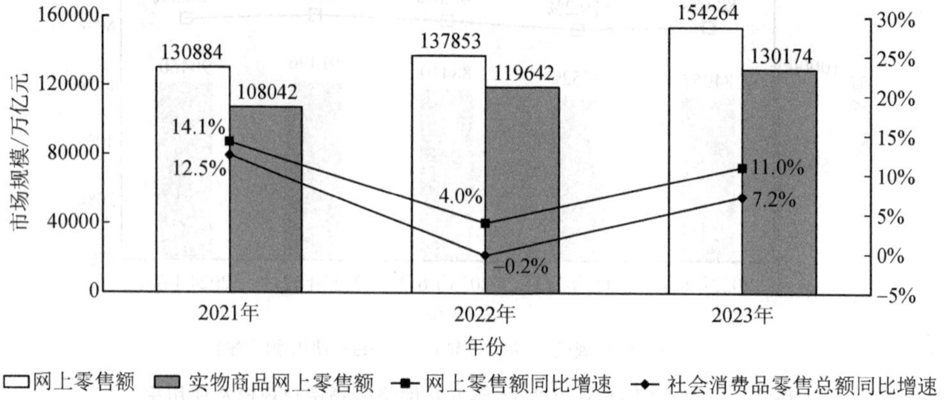

图 1－5　2021 年至 2023 年中国网上零售额及增长率

（资料来源：国家统计局）

4）电子支付服务发展情况

据中国人民银行数据显示，2023 年全国范围内，银行共处理电子支付业务 2961.63 亿笔，金额 3395.27 万亿元，同比分别增长 6.17%和 9.17%。其中，网上支付业务 948.88 亿笔，金额 2765.14 万亿元，金额同比增长 9.38%；移动支付业务 1851.47 亿笔，金额 555.33 万亿元，同比分别增长 16.81%和 11.15%；电话支付业务 2.13 亿笔，金额 8.99 万亿元，同比分别下降 12.95%和 13.07%。此外，非银行支付机构处理网络支付业务 121.23 万亿笔，金额 340.25 万亿元，按可比口径同比分别增长 17.02%和 11.46%。

2023 年，人民币跨境支付系统业务量增长较快，共处理业务 661.33 万笔，金额 123.06 万亿元，同比分别增长 50.29%和 27.27%。日均处理业务 2.59 万笔，金额 4826.02 亿元。

1.1.3　电子商务的运作模式和流程

电子商务虽是一种崭新的商务形式，但商务是其核心，电子只是其实施手段。因此，电子商务在组成要素、运作模式及业务流程上必然遵守商务的普遍规律，很多方面与传统商务类似，只要了解对应的传统商务的运作模式与业务流程，电子商务的运作模式与流程也就不难理解。当然，电子商务也有区别于传统商务的地方，它的运作工具更多的是采用电子与网络手段，那么运作模式与流程上就要符合电子手段的特点，比如在商务支付上，支持电子商务发展的电子支付和结算与传统商务的传统纸质支付在安全认证上就有不同的流程。为了更好地理解后文中电子支付与结算在电子商务中的作用与定位，理清电子商务的运作模式与流程十分必要。

1. 电子商务的运作模式

与传统的商务交易一样，电子商务中的任何一笔交易都包含着信息流、商流、资金流、物流等方面的内容。其中信息流包括商品信息的提供、促销行销、技术支持、售后服务等内容信息的流动与交换，如询价单、报价单、信用信息咨询等；商流是指商品在购、销双方之间进行交易并且伴随商品所有权转移的运动过程，具体是指商品交易的一系列活动，比如合同的准备、传递、修改，直至签订；资金流主要是在购、销双方之间相关资金的转移过程，包括付款通知单、支付转账、发票传递等过程；物流作为四流中最为特殊的内容，是指物质实体（商品或货品）的时间和空间转移过程，具体包含物资转移过程中包装、运输、存储、配送、装卸、保管、物流信息管理等各种生产活动。

需要特别注意的是，在电子商务中，存在大量的知识产权产品（如电子书、电子课件、软件包、电影与歌曲文件、其他电子数据文件等电子出版物）与商业服务传递（如网上游戏服务、网上证券服务、网上咨询服务、网上广告等）。这类特殊的网上产品与服务无须传统物流工具（如汽车、飞机等）的运作，可以直接通过网络传输的方式进行配送，所以体现出来的并不是看得见的物流，而是一种“电子流”，也可以说是一种特殊的无形物流。当然，对电子商务中大多数商品和服务来说，物流仍要经由物理方式来运作，所以现代物流同样是电子商务的重要组成部分。

因此，与传统商务一样，只有对信息流、商流、资金流和物流进行有机整合，统筹考虑，协调发展，才能保证电子商务的顺利实施。从前面的内容可以看出，信息流、商流、资金流都可以借助计算机和网络通信设备实现，发挥 Internet 的优势，体现电子商务的高效率与低成本运作；物流部分，知识产权类电子产品与商业服务也可以借助 Internet 进行传输，而像汽车、电视机、VCD 盘、鲜花、纸质书本、计算机等有形物质产品，还要依赖传统物流工具（如汽车、飞机、船舶等）实现传输，但物流信息可以借助计算机与网络进行准确及时的处理，以体现现代物流信息化的特点。这说明传统商务与电子商务并不是非此即彼的对立关系，而是互相支持的，其遵循一般商务规律的性质是一致的，只是实施工具有所不同。随着社会的全面进步，信息类、电子类产品与服务越来越多，所占比重越来越大，商务发展的趋势直接体现为电子商务的份额越来越大。2013 年 H7N9 型禽流感暴发期间，政府部门、企业与社会大众各类需求的电子化与网络化处理趋势就变得非常显著。

除了上述的信息流、商流、资金流、物流四种业务流之外，与传统商务类似，电子商务还涉及电子商务实体，即 EC 实体、交易事务、电子市场 3 个要素，一起构成电子商务的运作模式，如图 1－6 所示。

EC 实体是指开展电子商务的实体，如政府部门、企业或个人等，即“谁”在做；交易事务是指电子商务的内容，比如，冰箱贸易、鲜花贸易等，即做“什么”；电子市场指电子商务的开展地点，比如，企业的电子商务网站，即在“哪里”做；而信息流、商流、资金流、物流这四大流的流动正体现为电子商务的业务处理流程，由商务参与各方在时机、内容、交货等方面协商决定并且严格执行，即“如何”做。因此，在电子商务的模型构架上与传统商务运作模型并没有太大区别，只是相关的商务处理地点与工具不同罢了，更多地由电子与网络化工具代替了原来的传统商务处理工具。

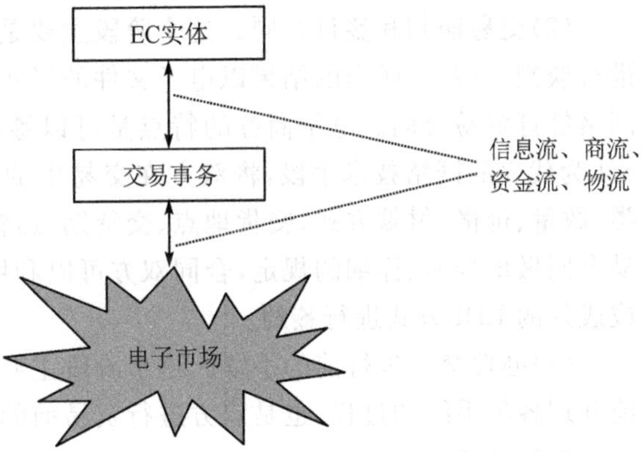

图 1－6　电子商务的运作模式示意图

当然，电子商务运作模式与传统商业运作模式在运作目标上存在本质的不同，体现为电子商务运作模式将传统商业运作模式的以物流驱动资金流和信息流的价值交换模式转变为以信息流引导物流和资金流，从而实现价值交换的新模式。电子商务运作模式的本质是利用电子方式在客户、供应商和合作伙伴之间实现在线交易、相互协作和价值交换，其核心是通过对信息流的控制完成整个商业活动，以及对涉及的交易数据流、商流、资金流、物流等多种信息流的处理、安全监控和管理。

在上述电子商务的运作模式中，本书叙述的核心内容是四大流之一的资金流相关控制与处理问题，具体来说就是电子商务中的支付结算问题。由于资金的流动与处理是企业最关注的核心问题之一，特别敏感，必须保证安全可靠，具有一定的支付效率。因此，保证电子商务的安全、快速、大规模开展，就必须重点解决交易参与各方关心的资金流问题，即要保证安全并且方便、快捷的电子支付与结算处理，否则电子商务也体现不出其效率与优点。当然，电子支付与结算需要银行的参与及支持，即金融的信息化问题，还涉及与信息流、商流甚至物流信息的关联互动，四流之间的流动控制与处理必须遵循一定的规律，相互制约，相互支持。

2. 电子商务的基本交易流程

一般来说，电子商务的基本交易流程大致可以分为以下四个阶段，它与传统商务的交易流程相似。

(1)交易前的准备。这个阶段主要是指买卖双方和参加交易的各方在签约前的准备活动，是交易各方的网上商务信息交互活动。买方根据自己要买的商品，准备购货款，制订购货计划，进行货源市场调查和市场分析，反复进行市场查询，了解各卖方国家的贸易政策，反复修改购货计划和进货计划，确定和审批购货计划；再按计划确定购买商品的种类、数量、规格、价格、购货地点和交易方式等，尤其需要利用 Internet 等商务网络寻找自己满意的商品和商家。卖方根据自己所销售的商品，召开商品新闻发布会，制作广告进行宣传，全面进行市场调查和市场分析，制定各种销售策略和销售方式，了解各买方国家的贸易政策，利用 Internet 等商务网络发布商品广告，寻找贸易伙伴和交易机会，扩大贸易范围和商品所占市场的份额。其他参加交易各方，如认证中心(certificate authority，CA)、银行金融机构、信用卡公司、海关系统、商检系统、保险公司、税务系统、运输公司，也都为进行电子商务交易做好准备，如 CA 机构数字证书的颁发、银行网络支付系统的研发应用等。

(2)交易谈判和签订合同。这个阶段主要是指买卖双方借助网络等手段，对所有交易细节进行谈判，将双方磋商的结果以电子文件的形式确定下来，即主要或完全以电子文件形式通过网络签订贸易合同。电子商务的特点是可以签订电子商务贸易合同，交易双方利用以 Internet 为代表的网络技术手段，将双方在交易中的权利、所承担的义务，以及对所购买商品的种类、数量、价格、付款方式、交货地点、交货期、运输方式、违约和索赔等合同条款，全部由电子交易合同做出全面、详细的规定，合同双方可以利用 Internet 结合数字签名等安全认证技术手段或成熟的 EDI 方式进行签约。

(3)办理交易进行前的手续。这个阶段主要是指买卖双方签订合同后到合同开始履行之前办理各种手续的过程，也是双方进行贸易前的交易准备过程，其实就是进行资金流处理与物流处理的准备。

(4)交易合同的履行和索赔。这个阶段是从买卖双方办完所有手续之后开始的，卖方要备货、组货，同时进行报关、保险、取证等，然后将商品交付给运输公司包装、起运、发货，买卖双方可以通过电子商务服务器跟踪发出的货物，银行和金融机构也按照合同处理双方收付款，进行支付结算，出具相应的银行单据等，直到买方收到自己所购商品，就完成了整个交易过程。索赔是在买卖双方交易过程中出现违约时，需要进行违约处理的工作，受损方要向违约方索赔。

1.2　电子商务与电子支付

从电子商务运作模型与业务流程可知，只要有交易的发生，必然引起资金流动，而资金的流动具体体现为商务伙伴间的支付与结算活动，因此支付是电子商务流程中最为关键的组成部分。在传统经济社会里，经过多年的发展，目前已有的很多支付结算方式（如现金、支票、邮汇、电汇等），都是为大众所熟悉的。随着网络技术的不断发展，电子商务也加快其发展进程，已经成为人们生活中不可缺少的一部分。传统的支付结算方式在效率、安全、方便、跨时空等方面存在诸多局限性与弊端，成为目前电子商务发展的瓶颈之一，限制了高水平电子商务的大规模拓展。于是，各种电子支付方式应运而生，它具有便利性、高效性、安全性等特点，克服了传统支付方式过程复杂、耗时、携带不便等局限性，在电子商务中显现出重要作用。

案例

“双 11”支付系统：每秒 8 万笔凭啥不崩溃？

北京时间 2016 年 11 月 11 日 24 时整，“双 11”全球狂欢节各大电商平台累计全天销售额近 1800 亿，其中天猫销售额 1207 亿，京东销售额超 400 亿。“双 11”不再是人们脑海中的“光棍节”，而是成为一场全民购物的狂欢盛宴。其中天猫占据了“双 11”当天 68.2％的份额。24 小时销售额达到 1207 亿，手机端占比达到 81.87％。其中全网共产生了 10.7 亿个快递包裹！！！央视都在直播：快递包裹直接使用高铁来运输。

支付方面，支付宝实现支付总笔数 10.5 亿笔，同比增长 48％。支付峰值达到 12 万笔/秒，是 2015 年的 1.4 倍，也刷新了 2015 年创下的峰值纪录。花呗支付占比 20％，保险总保单量 6 亿笔，总保障金额达到 224 亿元。

银行方面，以招商银行为代表，3 分钟交易额突破 1 亿，35 分钟突破 10 亿，1 小时 35 分钟突破 20 亿……这是“双 11”开启的头两个小时内，招商银行卡的支付宝交易额度，所以对银行支付系统来说，“双 11”绝对是个巨大的考验。

另一方面，为了配合“双 11”电商平台铆足劲争夺市场——蚂蚁花呗和京东白条都推出免息分期商品和免息分期服务，试图力压对方。从双方披露的情况看，这两款赊购产品战绩不俗。蚂蚁金服数据显示，“双 11”开幕半小时，花呗的交易额就达 45 亿，占天猫半小时 200 亿交易额的近四成；京东数据显示，白条在“双 11”开幕 35 分钟实现交易额 1 亿元，超过 2015 年“双 11”全天的交易额。

事实上，不少消费者的切身体会是，当用银行卡快捷支付无法下单时，把交易方式转为花呗或白条均可顺利支付。“跟支付宝余额和余额宝一样，蚂蚁花呗避开了银行间的交易链条，在‘双 11’这种交易洪流中，可以最大限度避免发生支付拥堵。”因为花呗属于支付宝母账户对消费者子账户的虚拟额度划拨，下单瞬间并不涉及真实的资金划付，不需要走银行通道，所以不会出现银行快捷支付渠道的“拥堵”现象。

支付的便捷性一定程度上提升了赊购产品的使用度。截至 2016 年 11 月 11 日下午 4 点，京东白条在京东商城交易额的占比同比增长 500％，用户数量同比增长 600％。花呗运营负责人粗略估算，蚂蚁花呗帮助整体支付成功率提升了 2～3 个百分点。每个百分点的提升，意味着至少可以促进 1.3 亿元的消费。

异军突起的两款产品，在一定程度上分流了银行信用卡的刷卡量。传统金融与互联网平台对于消费金融市场竞争的白热化，在“双11”可见一斑。

试想，在“双11”、6.18这类的购物狂欢节下，没有安全、快捷、高效率的网上支付技术和手段作保障和支撑，将会极大限度限制高水平电子商务的发展。

本节通过对多种传统支付结算方式的介绍及其相应的弊端分析，表明支付与结算方式上的局限性已经成为电子商务发展的瓶颈。为了促进电子商务在各行各业中的大规模拓展，新的支付结算方式正在发展与完善中。

1.2.1 传统支付结算方式

支付是为了清偿商务伙伴间由于商品交换和服务活动引起的债权、债务关系，由银行所提供的金融服务业务。结清债权和债务关系的经济行为被称为结算，通俗地说，就是一方得到另一方的货物与服务后所给予的货币补偿，以保证双方的平衡。支付结算活动是随着商品社会及商品经济的发展而发展的。

1. 物物交换的支付结算方式

在货币产生以前的以物易物的社会中，物物交换既是一种原始的商品交换行为，也是一种结清债权、债务的行为，广义上可以把这种行为称为最原始意义上的结算。其中采用的支付手段是“以物易物”，比如原始社会里以马换取食品的物物交换，如图1-7所示。

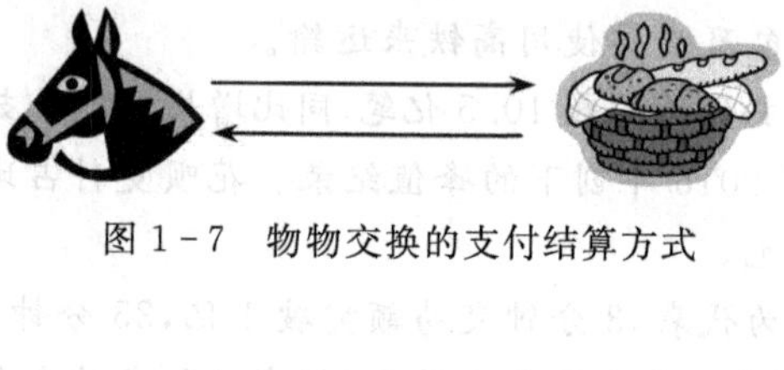

图1-7 物物交换的支付结算方式

2. 货币支付结算方式

物物交换的支付结算方式受到物的很大限制，因为并不是任意一方一定具有对方愿意交换的东西，物的活动范围也有限制，也不容易做到等值交换，从而造成交易不活跃，交易的范围与规模均很小。人们开始寻求一个等价的中间物，作为交换的媒介。

当货币作为交换的媒介物出现后，这种用货币支付来交换物品的行为才能算作具有现代意义的货币结算。货币依次采取过实物货币（如牛、羊）、贵金属货币（如金、银）、纸币（如人民币、美元、欧元）等不同的形式，在交易时采用“一手交钱，一手交货”的即时支付结算方式，因此称为货币即时结算，是商品经济社会较低阶段的低级结算方式，如图1-8所示。常用的结算手段就是人们最熟悉的现金支付，即纸币支付结算。

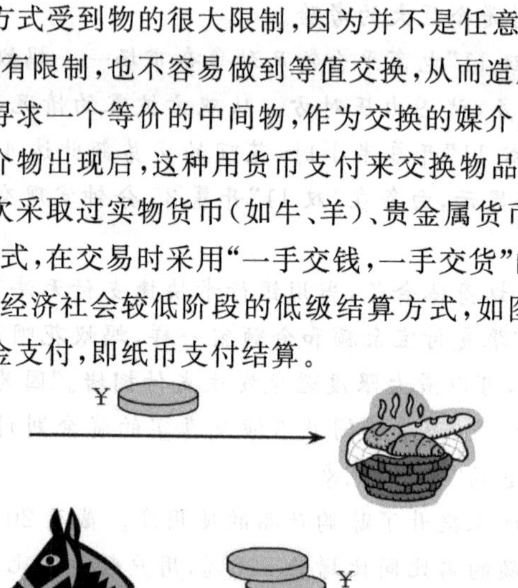

图1-8 货币支付结算方式

现金支付是“一手交钱，一手交货”的典型体现，最大的特点就是简单易用、便携、直观。但现金也有缺点，一是流通中的磨损；二是易丢失、易被盗、易伪造等；三是不安全，比如在 2003 年 SARS 冠状病毒肆虐期间，现金是病毒携带物之一，给人们的生命健康带来很大威胁。尽管存在一些缺点，由于现金支付这种方式比较简单，因而常用于企业或个体对个体消费者的商品零售过程，在传统历史深厚的中国应用比较普遍。

物物交换与货币交换的支付方式存在一个共同的特点就是交易与支付环节在时间与空间上不可分离，虽然直接，但限制了商务活动的规模和区域，不利于交易的繁荣发展。在商品经济快速发展的需求背景下，出现了以银行为中介的支付结算方式。

3. 银行转账支付结算方式

随着近代商品经济的继续繁荣，特别是西方产业革命以来，工业经济发展迅速，各类结算方式先后产生，使原本融为一体的交易环节与支付环节能够在时间上和空间上分离开来，进一步促进了交易的繁荣。为了使交易环节与支付环节能够很好地分离同时又能保证贸易的顺利、安全、可靠进行，作为支付结算中介的银行应运而生。这种以银行信用为基础，借助银行为支付结算中介的货币给付行为（即分离出来的支付环节），称为银行转账支付结算方式，如图 1－9 所示。其中，信用维护着市场中井井有条的交易秩序，支付与信用的关系十分密切。正是由于商业信用与银行信用的产生，才促进了交易环节与支付环节的分离，才产生了以银行为中介的支付结算体系，这也是商品经济社会的基础。

此时，货币不仅包括现金还包括存款等，而其中采用的支付手段更丰富，包括现金、支票、本票、汇票、汇兑、委托收付、信用卡、信用证等。这些支付手段可以分为两类：一类是支付人发起的结算，如，现金支付、汇兑等；另一类是接收人发起的结算，这种方式下付款人的确认就有了决定性的意义，于是要求有一些确认的手段，如支票、商业汇票、银行汇票等。这一阶段世界经济发展迅速，已逐步跨入工业经济社会，通过银行的转账支付结算方式成为商务活动中最主要的支付手段，延续至今。

这种通过银行的转账支付结算方式，也称非现金结算方式或票据结算。如果贸易双方在银行都开设了资金账号，那么支付者就没有必要把钱从银行取出之后支付给接收者，接收者收到钱后需要再把钱存到银行。比如，支付者提供一张支票，向银行说明接收者及需要支付的款额，接收者可持支票直接去银行兑换现金，或者把支票交给银行，由银行把需要支付的款额直接从支付者的账号转到接收者的账号。这样，减少了中间环节与费用，提高了资金流通的效率且节省了成本。通过银行的资金转账支付结算是目前国际上主要的资金支付结算方式，其类型主要可以归结为以下五类。

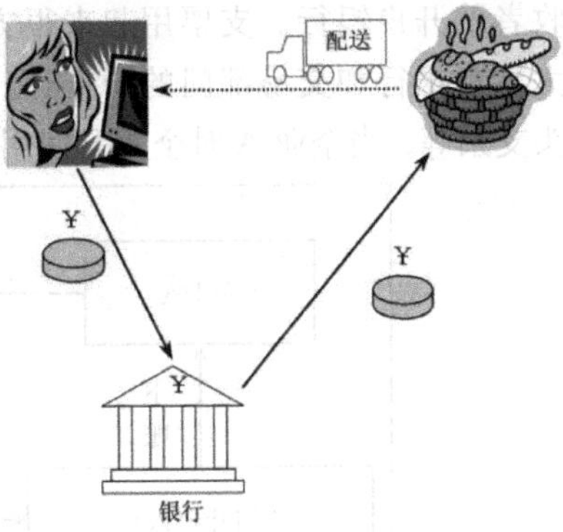

图 1－9　银行转账支付结算方式

(1)信用卡支付结算。用户到银行开设资金账号，在账号里存钱并且提供一定的信用证明后，便可收到银行发行的信用卡。当用户利用信用卡通过银行专线网络进行商务支付时，资金便通过银行中介从信用卡对应的资金账号中划拨到对方的银行资金账号上，完成付款。这种方式比较普遍，常见于个人的商务资金结算中。

(2)资金汇兑。资金汇兑是指企业(或汇款客户)委托银行将其款项支付给收款人的结算方式,故也称为银行汇款。这种方式便于汇款客户向异地的收款人主动付款,适用范围十分广泛。资金汇兑一般分为信汇和电汇两种,信汇是以邮寄方式将汇款凭证转给外地收款人指定的汇入行;而电汇则是以电报方式将汇款凭证转发给收款人指定的汇入行。一般来讲,电汇的速度要比信汇的速度快,但收费稍贵一点。当A企业想通过资金汇兑方式向B企业付款时,其业务流程如图1-10所示。这种资金汇兑方式,在进行业务处理时,支付者的开户行在向接收者的开户行转账前,首先看他的账号下有没有可供支付的款额,以避免纸质支票支付时不能兑现的情况,降低支付的不确定性与风险。

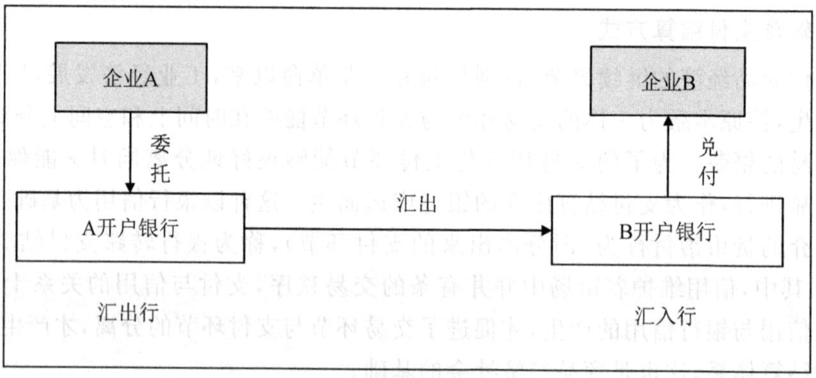

图1-10　资金汇兑业务流程

(3)支票支付结算。支票支付结算主要是指纸质支票的支付结算,是目前中国企业与企业间比较常用的支付结算方式,本质上就是银行提供的一种特殊纸质的基于特殊格式与使用规则的支付结算工具。其基本应用过程为,支付者从资金开户行领取支票,支付者给接收者开出支票;接收者将支票存入自己的开户银行,银行给接收者上账且把支票交给支付者的开户银行要求清算;支付者的开户银行验证支票没有问题后给支付者下账,若有问题,则把支票退回接收者的开户银行。支票用起来很方便,可以处理较大金额的支付;最大的缺点是涉及面广,加大了各银行和交易部门的开支,而且存在纸质支票支付有时不能兑现的可能性,有一定风险,如空头支票等。当企业A对企业B使用支票支付结算时,其支票支付结算业务流程见图1-11。

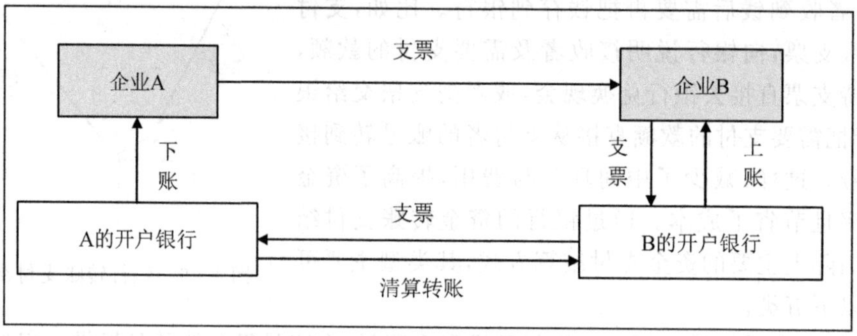

图1-11　支票支付结算业务流程

(4)自动清算中心(automatic clearing house,ACH)支付。ACH系统的运作类似于支票支付,区别在于其支付结算指令均为电子形式,常用于同城银行之间的支付结算,主要解决纸质支票的低效和安全问题。ACH 是美国处理银行付款的主要系统，特别适合中小型交易和固定支付，其被广泛用于企业支付雇员的工资等业务，在美国普及率为 26%，欧洲一些国家已达 90%以上。

(5)电子资金转账(electronic fund transfer,EFT)。邮政汇兑与 ACH 系统对于中小额的支付比较理想，但对于企业间或银行间的大额支付结算的安全性则不够高，还需要增加其他辅助过程，对支付结算过程进行仔细检查，而支票支付结算的效率、成本也不太理想。结合计算机、通信网络与专业软件的应用，金融电子化逐步实施，电子资金转账被研发并且逐步完善应用，以电子信息代替传统的纸质介质，大大提高了支付结算的效率，降低了各参与方的运作成本。

ACH 与 EFT 是为安全支付高额资金所设计的电子支付系统，它们的应用已逐渐脱离了传统的支付结算性质，并逐渐具备现代化支付结算方式电子化、自动化、网络化处理的特点，我们也将这些支付形式称为电子支付。电子支付是网络支付、电子银行与网络银行业务发展的基础。

1.2.2 传统支付结算方式的局限性

上述几类支付结算方式是伴随商品经济的发展而逐步出现的，现金支付结算(如金、银)在中国有几千年的历史，后来随着英国的产业革命，银行的出现大大促进了商品经济的发展与繁荣，人类逐渐进入工业经济社会。这时，商务的规模、覆盖范围、涉及对象、运作复杂性等大大增加，所以出现了诸多支付结算方式。特别是伴随近 60 年来计算机技术、通信技术、信息处理技术的进步，基于专线网络的金融电子化工具逐步在银行业得到应用，信用卡支付、电汇、EFT 等支付结算方式的出现，在一定程度上提高了银行业务处理的自动化程度与效率。随着人类进入 21 世纪，跨入信息网络时代，电子商务逐渐成为企业信息化与网络经济的核心，这些工业经济时代的传统支付结算方式在处理效率、方便易用、安全可靠、运作成本等多方面存在诸多局限。

(1)运作速度与处理效率比较低。大多数传统支付与结算方式涉及人员、部门等众多因素，牵涉许多中间环节，并且由于是手工处理，支付结算效率较低。

(2)大多数传统支付结算方式在支付安全上问题较多，伪币、空头支票等现象造成支付结算的不确定性和商务风险增加，特别是跨区域远距离的支付结算。一些传统支付结算方式(如现金、支票)有时还可能带来人身安全的威胁，比如，纸质现金与支票等均是病毒的热点携带者。

(3)绝大多数传统支付结算方式应用起来并不方便，各类支付介质五花八门，发行者众多，使用的辅助工具、处理流程与应用规则和规范也不相同，这些给用户的应用造成了困难。由于信用卡、电汇、EFT 等电子支付结算方式基于不同银行的金融专业网络，部分结算方式还需借助专业人员才会使用的应用软件，故而在普及应用上存在较大的局限性。

(4)传统的支付结算方式由于涉及较多的业务部门、人员、设备与较为复杂的业务处理流程，运作成本较高。特别像邮政汇兑、支票等方式，不但需要设置专业柜台、由专业人员处理，而且浪费资源。

(5)传统的支付结算方式，包括目前一些电子支付方式在内，为用户提供全天候、跨区域的支付结算服务并不容易，或很难做到。随着社会的进步和商品经济的发展，人们对随时随地地支付结算、个性化信息服务需求日益强烈，比如，随时查阅支付结算信息、资金余额信息等。

(6)传统的支付结算方式并不是一种即时的结算，企业资金的回笼有一定的滞后期，增加了企业的运作资金规模；现金的过多应用给企业的整体财务控制造成一定的困难，同样对国家控制金融风险不利，且给偷税漏税、违法交易提供了方便。

1.2.3　支付是电子商务发展的瓶颈之一

进入21世纪，商品经济更加发达，规模巨大，经济全球化的深入把企业或个人的商务触角伸展到更大的范围，全世界成了商业的战场。在这种背景下，高效准确、快捷安全、全天候、跨区域的商务是人们追求的目标。而资金流是商务运作模式的核心环节，是政府、商家、客户最为关心的对象，其运作的好坏直接影响到商务处理效果的好坏，因此政府、企业，以及家庭个人对解决资金流的运行效率和服务质量的要求也越来越高。特别是信息网络技术的进步，促使完成资金流的支付结算系统不断从手工操作走向电子化、网络化与信息化。

由电子商务的运作模型可知，作为四大流之一的资金流是决定电子商务能否安全顺利、方便快捷、低成本开展的关键环节，其流动与处理的效率、成本高低直接关系到电子商务开展效果的好坏，这就对支撑电子商务资金流流动的支付结算方式提出了更高的要求。

由于电子商务主要基于Internet开展，Internet的特点就是随时随地、方便易用、即时互动，并且结合多媒体传递，这些为电子商务的信息流、商流(如电子合同)、物流信息的交互与共享、全天候、跨区域与低成本处理提供了很好的技术支撑；但要整体上体现电子商务的低成本、高效率与个性化，还要使其资金流也能得到快速的自动化的网上处理。从前面传统支付结算方式的局限性分析我们知道，传统的支付结算方式并不能充分满足高水平的电子商务的发展需求，现金、纸质支票等不但应用范围有限，结算速度较慢，且安全性较低，即使一些已有的较为现代化的电子支付结算方式，如信用卡支付、EFT等，目前也均是应用在专用金融网络上，不但应用上不太方便，而且由于商务交易系统与支付系统的分离，给商务实体特别是企业的运作增加了很多不确定性与经营风险，影响效率，增加了企业与银行的支付结算成本，所以也不能很好地应用到电子商务的支付结算中。除了这些原因之外，像现金等支付结算方式还带有太多的传统习惯，人们喜欢并且习惯于“一手交钱，一手交货”，这与崭新的电子商务的发展需求并不适应，增加了企业开展电子商务的难度与成本。因此，在信息流、资金流、物流信息等基本可在网上进行方便快捷的传递、处理的情况下，资金流的处理成了电子商务业务流程中的难点，也就是说，进行资金流处理的支付与结算问题已经成为电子商务发展的瓶颈之一。

不管怎样，电子商务是网络经济的核心内容，基于网络的电子支付结算方式的发展与应用也是必然的发展趋势。当然，这并不意味着以手工作业为主的传统支付结算体系中应用的各种支付结算手段会被很快淘汰，特别是在中国这样具有悠久历史的发展中国家，这是因为这些支付结算工具各有利弊，在某个阶段也分别适用于不同的领域，能够满足不同的用户需求。如现金支付，具有面对面、简单灵活的特点，对偏远地区及网络基础设施不健全的地区，较为适用。

因此，当电子商务作为一种新型的贸易方式兴起时，支付与结算也必须适应网络环境的特点加以变革与更新；目前存在的这些传统支付结算手段都是支付结算长期发展的选择，在一定的范围内都有其生命力，不能立即放弃目前的支付手段而只顾创新，可行的方式是在现阶段把电子商务与传统的支付结算进行有效地创新结合。过分追求一步到位的全自动化与网络化资金支付结算并不一定能得到用户的肯定，同样的道理，天猫、京东等网上商城提供的支付结算方式也是网上支付与传统支付并存。读者应该能观察到，这些电子商务网站中，网络支付方式的种类越来越多，网络支付结算的份额越来越大，正体现出支付网络化的发展趋势。

1.2.4 电子支付与网络支付结算方式

在很长一段时间内，银行作为金融业务的中介，通过自己创造的信用流通工具为商人与商家办理转账与结算，主要利用传统的各种纸质媒介进行资金转账(如通过纸质现金或纸质单据等方式)，被称为传统支付。现金是由本国政府发行的纸币和硬币形式供应的，支付的纸质单据主要指银行汇票、银行支票或国家邮政部门等公认机构所签发的邮政汇票等。20世纪70年代，计算机和网络通信技术得到普及和应用，银行的业务开始以电子数据的形式通过电子信息网络进行办理，诸如信用卡、电子汇兑等一些电子支付方式开始投入使用，这是电子信息技术手段用于商务支付结算的开始，经过多年发展，目前已经有多种电子支付与结算方式。

1. 电子支付的概念与形式

电子支付(electronic payment，e-pay)也称电子支付与结算，它是通过电子信息化的手段实现交易中的价值与使用价值的交换过程，即完成支付结算的过程。信用卡专线支付结算方式在20世纪70年代就开始了，因此电子支付方式的出现要早于现在的Internet。电子支付的5种形式分别代表着电子支付的不同发展阶段。

(1)银行利用计算机处理银行之间的业务，办理结算。

(2)银行与其他行业之间的资金结算，如代发工资。

(3)利用网络终端向客户提供各项银行服务，如ATM(automated teller machine，ATM)服务、自助银行。

(4)利用银行销售点终端向客户提供自动扣款服务，如POS(point of sale，销售点)机。

(5)基于Internet的电子支付，如基于信用卡和智能卡的网络支付、移动支付等。

电子支付既是电子商务平台的基础，也是电子商务在金融机构的一种应用，起着承上启下的关键作用。电子支付也是网上交易的关键，电子商务交易后，银行按照合同要求，依照双方的支付指令完成资金的支付与结算，同时完成商品的交割。该阶段是银行介入电子商务的入口点，也是整个商品交易的关键一环，通过电子支付完成商品使用价值和价值的交换。

随着全球范围内Internet的普及和应用，电子商务的深入发展标志着信息网络经济时代的到来，一些电子支付结算方式逐渐采用费用更低、应用更为方便的公用计算机网络，特别是Internet作为运行平台后，网络支付与结算方式应运而生。

2. 网络支付结算的兴起

在网络经济时代，企业和客户等多方对更有效率、更快捷安全、成本更低的支付结算方式的迫切需求，以及Internet的普及应用，均直接导致网络支付与结算方式的兴起。电子商务伙伴间的支付结算活动若采取以Internet为平台的支付结算方式，可以充分发挥电子商务的高效率与低成本运作等特点，也可以说，网络支付与结算是电子商务业务流程中最为关键的组成部分。

结合前面几节的分析可知，传统的支付结算方式虽然包括一些电子支付方式，但很大程度上不能满足随时随地、低成本、易用自助、个性化与大量的即时在线支付等要求。特别是在

B2C 中,传统的支付结算方式不能实现即时在线支付,这意味着商务交易环节与支付结算环节脱离,从而增加了商务的运作成本与不确定性,在面对人数众多的普通消费者时更是如此。Internet 的发展促进了新的交易方式和支付手段(电子货币)的出现,借助 Internet,目前电子商务中的信息流、商流、物流信息的交互与共享,全天候跨区域与低成本处理有了更好的技术平台支撑,但想要整体上体现电子商务低成本、高效率、随时随地与个性化的优势,基于前面信息流、商流等同样的技术平台的资金流处理是一个良好的策略,因为这样做,在使效率与效益得到体现的同时,也减少了商务的不确定性。这个技术平台主要是 Internet,它能够使电子商务中的资金流得到即时、快捷的网上处理,在后台还需要银行专业金融网络的支持。

所谓网络支付与结算,可以理解为电子支付的高级方式。它是一种以电子商务为商业基础,以银行为主体,使用安全的主要基于 Internet 的运作平台,通过网络进行的、为交易的客户提供货币支付或资金流转等的现代化的支付结算手段。基于 Internet 的即时网络支付是电子商务的关键环节,高水平电子商务发展的需求直接导致网络支付结算的兴起。

信用卡等网络支付工具既具有纸质现金的价值特征,又能在网络上方便传送支付指令,同时还能够满足现代人高效率、快节奏的商务需求,因此随着电子商务的深入发展,网络支付将是一个极具潜力的发展点。反过来,网络支付工具的进一步成熟与丰富,将开辟更加广阔的网上市场和应用服务。

3. 网络支付结算的简况

网络支付与结算的运作是一个体系运作,网络支付与结算系统一般包括计算机网络系统、网络支付工具、安全控制机制等。20 多年来,随着电子商务的开展与不断完善,特别是信息安全技术的进步,网络支付结算方式也在不断发展与完善,类型也越来越多,主要方式包括信用卡网络支付、智能卡、电子现金、电子支票、电子钱包、电子汇兑、网络银行等。这些网络支付结算工具的共同特点是将现金或货币无纸化、电子化和数字化,应用以 Internet 为主的网络进行资金信息的传输、支付和结算,辅以网络银行,实现完全的网络支付。对于这些网络支付方式更加具体的描述见后续章节。

为适应电子商务的发展,西方发达国家与一些新兴工业化国家在网络支付结算工具的研发与应用上更加积极,以通过电子货币进行即时的网络支付结算为特点的网上金融服务已在世界范围内开展。例如,网上消费、网络银行、个人理财、网上投资交易、网上炒股等网络金融服务已经成为人们熟悉的新兴领域。1994 年,由荷兰电子货币公司 Digicash 发行的电子现金开始上线试用;1995 年,Mondex 电子货币开始尝试在英格兰流通;1997 年 5 月,芬兰银行在欧洲率先进行网络购物、网络支付结算的试验;2009 年,花旗银行、汇丰银行等开发应用电子货币系统,使消费者及企业可在全球各地通过 Internet 支付账款;2003 年,Philips(飞利浦)半导体和 Sony(索尼)公司发布近场通信(near field communication,NFC)技术,促成了目前利用移动终端设备进行近场支付的火热发展。在全球推动商业自动化的计划中,商家与厂商间可通过电子订货网络联系,用电子货币来支付各种款项。

网络支付结算工具在中国的应用也日趋积极,特别是经过 2003 年 SARS 后,政府管理机构、企业与消费者更加清醒地认识到建设以网络支付结算工具为代表的电子化货币支付结算体系的迫切性。经过多年的努力,中国现代化支付系统成功建立,目前已实施第二代支付系统,国有商业银行也建设了各自的信用卡网络支付系统与网络银行系统。全国银行卡信息交换网络建设已经完成,以各发卡行的行内授权系统为基础,银行卡信息交换总中心和城市银行卡中心的建立为银行卡跨行交易创造了条件，带“银联”标志的金融 IC 卡已经普及应用，以上成果为中国电子商务的发展提供了必要的条件。

思政要点

中国电子支付领跑全球

中国的电子支付是目前世界上规模最庞大、使用最便捷、覆盖最广泛的电子支付体系，领跑全球。

思政拓展

中国电子支付发达，数字货币未来可期

作为世界上第一个发明并使用纸币的国家，如今，中国再次引领全球支付体系迈入新的时代。吃饭、逛街、叫外卖、去菜市场、加油站加油、医院看病、路边摊扫货都能使用电子支付，就连中老年人也知道用支付宝、微信扫一扫来完成支付。新加坡前总理李显龙感叹中国的移动支付：“我的部长在上海买栗子像个乡巴佬。”

根据中国互联网络信息中心（CNNIC）发布的第 47 次《中国互联网络发展状况统计报告》显示，中国网络支付使用率近九成，数字货币试点进程全球领先。

截至 2020 年 12 月，我国网络支付用户规模达 8.54 亿，较 2020 年 3 月增长 8636 万，占整体网民的 86.4%。网络支付通过聚合供应链服务，辅助商户精准推送信息，助力我国中小企业数字化转型，推动数字经济发展；移动支付与普惠金融深度融合，通过普及化应用缩小我国东西部和城乡差距，促使数字红利普惠大众，提升金融服务可得性。我国城镇地区移动支付使用率在手机网民中达到 89.9%，农村地区移动支付使用率在手机网民中达到 79%。这些数据都反映出中国电子支付的超高渗透率。反观欧美发达国家移动支付的覆盖率，美国是 50%，英国是 48%，德国是 49%，法国是 40%，日本作为手机支付的起源国，比例为 30%。

2020 年，央行数字货币已在深圳、苏州等多个试点城市开展数字人民币红包测试，并取得阶段性成果。未来，数字货币将进一步优化功能，覆盖更多消费场景，为网民提供更多数字化生活便利。

让中国梦感染更多人，这才是我们的大国风范。

1.2.5　电子商务中的电子支付

在电子商务活动中，电子支付主要应用于以下 2 个方面。

1. B2B 中的电子支付

企业是电子支付应用的主体，《中国电子商务报告》显地，B2B 的交易额占到中国整个电子商务交易额的 60%以上，是电子商务的绝对主流。B2B 的电子支付主要有 2 种形式：一种是电子支票类，如电子支票、电子汇款、电子资金划款等；另一种是电子信用证类，即把传统的信用证发放方式转换成网上发证的方式，利用银行信用和网上银行转账完成买卖双方的网上支付。

2024 年，中国人民银行清算总中心系统共处理支付业务 218.39 亿笔，金额达 9346.81 万亿元，日均处理业务 6016.73 万笔，金额 36.63 万亿元。其中，大额实时支付系统处理业务

3.92 亿笔，金额 8824.18 万亿元，业务量和金额同比分别增长 2.52%和 4.05%；大额实时支付系统日均处理业务 156.14 万笔，金额 35.16 万亿元。上述数据从支付业务层面反映了 B2B 电子商务的发展情况。

本书第 3 章将对电子支付工具进行详细介绍。

2. B2C 与 C2C 中的电子支付

随着电子商务的发展，尤其是 B2C 和 C2C 贸易的日益发达，个人应用电子支付需求越来越大。B2C 与 C2C 中资金流的流动方向如图 1－12 所示。

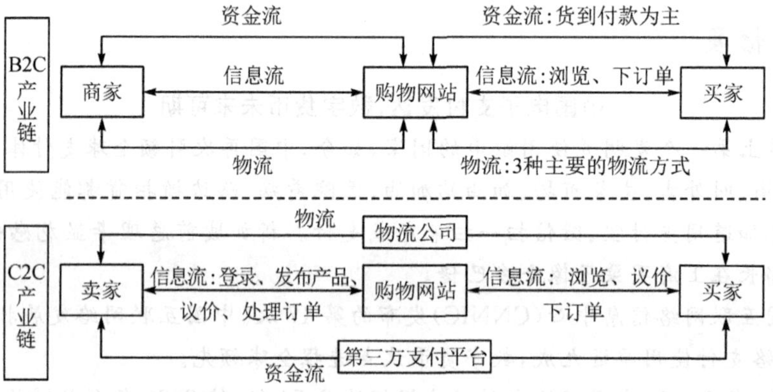

图 1－12　B2C、C2C 的资金流动方向

B2C 与 C2C 中电子支付的主要应用是网络购物活动中发生的资金转移。目前，B2C 与 C2C 的交易额增长非常迅速。国家统计局数据显示，2023 年全国网上零售额达 15.4 万亿元。其中，B2C 网络零售额增长 13.0%，占网络零售额的比重为 81.3%。除网络购物外，电子支付在转账付款、公共交通、便利店、电信缴费、公共事业缴费、生活缴费、航空客票预订、酒店预订、网上订票、医疗、网络娱乐、网络游戏等领域与场景都得到广泛的应用。

未来，采用大数据、人工智能技术等金融科技来重塑目前的支付体系，创新支付服务领域，实现支付服务的智能化、个性化、定制化已经是大势所趋。

1.3　电子商务支付安全与风险

电子支付主要是服务于电子商务的需要，而电子商务在网络上的交易由于交易制度设计的缺陷、技术路线设计的缺陷、技术安全缺陷等因素，可能导致交易中的风险。这种风险是电子商务活动及其相关电子支付独有的风险，它不仅危及交易的各方、支付的各方，而且可能导致整个支付系统的系统性风险。

案例

大数据时代个人信息安全保护的新挑战

事件一：2020 年 12 月 7 日，成都郫都区报告两起本土新冠确诊病例，两夫妻确诊。2020 年 12 月 8 日，夫妻俩的孙女赵女士也确诊为新冠肺炎。随着其前一晚行程轨迹的公布，赵某的真实姓名、身份证号码、手机号码、住址等隐私信息全都被公布在网上，引发网友热议。很多网友对她的个人生活评头论足，更有甚者打电话、发短信对她羞辱谩骂。

事件二：2019 年，换脸软件 ZAO 刷屏朋友圈，上线第二天，ZAO 就位居苹果应用商店的下载排名第一。随着 ZAO 的走红，其存在的侵犯隐私权、肖像权等问题也逐渐暴露，恶评不断。9 月 3 日，工业和信息化部网络安全管理局针对 ZAO 用户隐私协议不规范、存在数据泄漏风险等网络数据安全问题，对其运营方进行约谈。这起风波最终以全网声讨和 ZAO 的道歉声明告终。

大数据时代，技术支持了信息共享，却也助长了隐私泄露。随着互联网与信息技术的快速发展，个人信息以数字化的形式在云端储存，极大地提高了信息传播效率。大数据记录并传播每个人的信息，但个人难以控制信息空间私人信息的流动。自由与隐私之间的矛盾滋生了信息安全隐患，过度的数据自由与分享正在挤压隐私空间。

大数据技术的发展，提升了信息的生产、分发与反馈的效率，却也导致了个人信息安全难以保证，使人际关系变得更加透明，社会窥视变得更加普遍，个人的名誉权、姓名权、肖像权、荣誉权和隐私权等权利受侵害的风险加大。

1.3.1　电子商务安全风险

电子商务是一种基于信息网络的商务活动，活动的全过程涉及顾客、销售商、供应商、银行金融系统、政府机构、配送中心、网络中介服务机构等众多参与者，活动的全部或部分环节是通过网络进行的，且在很多情况下是不见面进行的。电子商务的这些特点对运行的环境提出了非常高的要求，很多因素都能够成为电子商务安全运行的障碍。现阶段，我国的电子商务存在 3 个方面的安全问题。

1. 电子商务系统风险

1）电子商务硬件系统的物理安全问题

电子商务硬件系统是指电子商务交易系统的硬件部分，包括计算机本身的硬件和各种接口、相应的外部设备、计算机网络的通信设备、线路和信道等。其物理安全是网络信息安全的最基本保障，是整个安全系统不可或缺、不容忽视的组成部分。电子商务硬件系统的物理安全是指在物理介质层次上对存储和传输的网络交易信息的安全保护，也就是保护计算机硬件系统、网络设备及其他配套设施免遭人为或自然因素的危害（包括地震、水灾、火灾等环境事故，人为操作失误或错误，各种计算机破坏行为等）。对计算机设备和网络设施（包括机房建筑、供电空调等）等采取适当的安全措施，主要包括环境安全、设备安全和数据安全三个方面的内容。

（1）环境安全。主要是对电子商务硬件系统所在环境的区域保护和灾难保护。2015 年 5 月 27 日下午 5 点 30 分左右，支付宝出现网络故障，账号无法正常登录，故障是由于杭州市萧山区某地光纤被挖断，只得采取紧急措施，将用户请求切换至其他机房，到当晚 7 点 20 分网络恢复正常，历时两个多小时。所以，电子商务硬件系统要有防火、防水、防盗措施和设施，有拦截、屏蔽、均压分流、接地防雷等设施，有防静电、防尘等设备，以保证温度、湿度和洁净度控制在一定范围内。

（2）设备安全。主要是对电子商务硬件系统设备的安全保护，包括设备的防毁、防盗、防止电磁信号辐射泄漏、防止线路截获以及对 UPS（uninterruptible power system，不间断电源设备）、存储器和外部设备的保护等。在 5G 环境下，大量物联网设备直接暴露在公开的环境中，这使得安全威胁从原先多发生在网络边界开始向不设防的硬件层次转移,攻击者也更容易针对设备发起拒绝服务(DoS)攻击、侧信道攻击等。

(3)数据安全。现有的骨干网络大都采用光纤技术通信,而最新的光纤窃听技术可以在不影响原有数据通信的基础上轻易获取通信信息。同时,在交易数据的安全传递、删除和销毁过程中也存在很多问题。随着云计算的普及,越来越多的企事业单位把系统部署到了“云”上,云平台访问流量的复杂性为攻击者隐蔽自己提供了便利。据国家互联网应急中心的监测数据显示,2018 年针对云平台的网络攻击、木马和恶意程序占到整个网络安全事件的 50%以上,云平台已成为发生网络攻击的重灾区。为保证电子商务交易系统的物理安全,除了对网络规划和场地、环境等的要求之外,还要防止系统信息在空间的扩散,通常是采取一定的物理防护措施,以减少空间信号的扩散。

2)网络安全问题

在网络安全问题中,最重要的是内部网与外部网之间的访问控制问题,在这个环节上经常出现问题,这也是黑客最容易攻击的环节。另外一个问题是内部网不同网络安全域的访问控制问题,不同内部网具有重要性不同的信息资料,因而,内部犯罪人员往往利用内部网管理上的漏洞,寻找盗窃或破坏的机会。

据工信部统计显示,2019 年第一季度,恶意程序、各类钓鱼和欺诈网站仍不断出现,全行业共处置网络安全威胁约 967 万个,包括恶意 IP(internet protocal,互联网协议)地址、恶意域名等恶意网络资源近 170 万个,木马、僵尸程序、病毒等恶意程序约 698 万个,网络安全漏洞等安全隐患约 4.8 万个,主机受控、数据泄露、网页篡改等安全事件约 93.5 万个。

3)电子商务网站自身的漏洞问题

随着电子商务的发展以及互联网消费的普及,大型电子商务网站、大型金融机构网站、第三方在线支付站点、大型社区交友网站等由于自身的漏洞而成为网络仿冒、黑客攻击的主要对象,网络安全漏洞仍然是网站和系统面临的主要安全威胁之一。监测发现,2018 年第四季度多家互联网企业由于网站或系统存在安全漏洞,造成存储的用户信息泄露。同时,通过对约 2000 个政府网站及重要行业信息系统进行安全检测,共发现弱口令、Sus2 系列漏洞、WebLogic 服务器的反序列化漏洞等近 2400 个;对 54 个工业互联网平台、200 多万个联网工业控制设备进行持续监测,发现疑似弱口令、SQL(structure query language,结构查询语言)注入、信息泄露等风险 2433 个。同时,监测发现针对工业互联网平台的 SQL 注入、跨站脚本等网络攻击 1000 余起。这些事件导致了获取后台系统管理权限、信息泄露、恶意文件上传等危害,甚至导致主机存在被不法分子远程控制的风险。

2. 电子商务交易风险

1)商业信用风险

西方国家的商业信用体系早在 100 多年前就开始建立,发展至今已成为一个金字塔式的完善体系。金字塔的基石是政府立法,向上依次为行业协会、信用评估机构和信用消费者。我国的社会信用体系建设是一项致力于政务诚信、商务诚信、社会诚信和司法公信这 4 大领域整体性提升的“大社会信用体系建设”工程。经过多年努力,我国的社会信用体系建设在一些关键性、基础性领域已经取得了显著进展,信用逐渐成为影响经济社会运行的重要因素。但社会信用体系建设是一项复杂的社会性工程,牵涉广泛,当前仍面临一些突出问题,诸如信用体系建设尚缺乏顶层立法支撑、实际操作流程不完善、信用数据的收集与共享环节仍存在较多困难、社会信用修复机制尚不够健全等。

截至 2019 年 5 月底，全国的法院累计发布失信被执行人名单 1409 万人次，累计限制购买飞机票 2504 万人次，限制购买动车高铁票 587 万人次，422 万失信被执行人慑于信用惩戒主动履行法律义务。截至 2018 年 5 月底，中国人民银行金融信用信息基础数据库个人征信系统和企业征信系统法人接入机构分别为 3347 家和 3283 家，累计收录 9.62 亿自然人和 2530 万户企业以及其他组织的信用信息，1 月至 5 月累计查询 6.90 亿次和 4062 万次，个人日均查询量达到 460 万次，企业日均查询量达到 27 万次。

商务诚信建设是社会信用体系建设的重点。为落实国务院《社会信用体系建设规划纲要(2014—2020 年)》的要求，商务部印发《于深入推进商务信用建设的指导意见》(2018 年 12 月)，央行发布了《中国人民银行关于进一步加强征信信息安全管理的通知》(2018 年 4 月)，国家市场监管总局发布了《工商总局办公厅关于进一步做好严重违法失信企业名单管理工作的通知》(2019 年 2 月)，海关总署启动了《海关企业信用管理暂行办法》(2014 年 12 月)。2020 年 12 月，国务院办公厅印发《关于进一步完善失信约束制度构建诚信建设长效机制的指导意见》，进一步明确信用信息范围，依法依规实施失信惩戒，完善失信主体信用修复机制，提高社会信用体系建设法治化、规范化水平，社会信用体系建设进入高质量发展阶段。

2)虚假网络广告问题

网络作为信息的传播媒体，不仅覆盖面广、不受时间和地域限制，而且反应快、使用便利、成本低廉，再加上其互动性，使广告发布商与消费者有了相互沟通和更加亲密的接触。因此，网络广告不仅是广告产业的一次重大变革而且成为现代企业营销的主要手段，更成为网站经营者重要的营利手段。2018 年全球广告支出总额高达 6250 亿美元，较 2017 年增长 4.1%。其中，数字媒体广告支出高达 2315 亿美元，占广告支出总额的 38.5%，首次超过电视媒体广告支出(占总额的 35.4%)；移动广告支出增长最为强劲，增长额达到 25.8%。2018 年中国广告经营额为 7991.48 亿元，较上年同比增幅达到 15.88%，占国内生产总值(gross domestic product，GDP)的 0.88%。2018 年互联网广告总收入为 3694.23 亿元，年增长率为 24.2%，保持了较快的增长速度。广告经营额前十的互联网公司占比由 2017 年的 91%上升至 2018 年的 93%。

在网络广告快速发展的同时，虚假网络广告问题也越来越突出。在国家市场监督管理总局公布的 2018 年第四批典型虚假违法广告的 20 个案件中，有 12 个案件涉及网络广告，占比高达 66%。例如，上海百问堂健康咨询有限公司通过网站、微信公众号和印刷品发布含有“平均抑瘤率在 93.3%以上”等内容的保健食品广告，含有“2017 年经过 100 万患者亲身验证”等内容的虚假广告和未经审查发布的关于“岩痛克微电子治疗贴”的医疗器械广告，违反了《中华人民共和国广告法》(以下简称《广告法》)第十八条、第二十八条和第四十六条的规定。2018 年 11 月，上海市徐汇区市场监督管理局做出行政处罚，责令停止发布违法广告，并处罚款 80 万元。

为强化互联网广告监测监管，2019 年国家市场监督管理总局深入推进互联网广告整治，继续以社会影响大、覆盖面广的门户网站、搜索引擎、电子商务平台、移动客户端和新媒体账户等互联网媒介为重点，部署开展互联网广告整治行动，研究有效措施，加强对互联网用户公众账号、移动 App 广告等新业态的监测监管；组织修订《互联网广告管理暂行办法》，压实互联网平台主体责任，进一步加大对违法互联网广告的惩治力度，营造良好的互联网广告市场秩序；

依托全国互联网广告监测中心等监测平台对1000家网站、1000个移动App和1000个自媒体账号的互联网广告实施抽查监测，及时通报有关监测结果。

3）网络商业数据保护问题

计算机和网络技术为人们获取、传递、复制信息提供了方便，但网络的开放性和互动性又给商业数据的保护带来了麻烦。在线消费（购物或接受信息服务）均需要将个人资料传送给银行和商家，而对这些信息的再利用成为网络时代的普遍现象。如何规范银行和商家的利用行为，保护商业数据和消费者的隐私权成为一个新的棘手问题。由于我国在网上商业数据的采集、生成、整理、传输、使用、交换、修改和处理等方面缺乏基本的规范和标准，由此产生的违约和侵权纠纷日益增多，这种状况十分不利于网络商业活动的正常进行。

近年来，数据安全事件大量出现。仅2018年全球公开的数据泄露事件就超过6500起，其中涉及人数超过1亿的就有12起，包括万豪国际旗下喜达屋酒店被黑客入侵，导致5亿客户数据泄露，圆通、顺丰的十几亿条客户个人信息在暗网被出售，中国铁路12306数百万条旅客信息在网上被出售等。App在采集和泄露数据信息方面出现了不少安全问题，个人信息泄露总体情况比较严重，遭遇过个人信息泄露情况的人数占比高达85.2%。经营者未经授权收集个人信息和故意泄露信息是个人信息泄露的主要途径，包括未经本人同意收集个人信息，经营者或不法分子故意泄露、出售或者非法向他人提供个人信息，网络服务系统存有漏洞造成个人信息泄露，不法分子通过木马病毒、钓鱼网站等手段盗取、骗取个人信息，经营者收集不必要的个人信息等。

2019年5月，国家互联网信息办公室发布《数据安全管理办法（征求意见稿）》，对网络运营者在数据收集、处理使用、安全监督管理等方面提出了要求。2019年6月，工信部办公厅印发《电信和互联网行业提升网络数据安全保护能力专项行动方案》，以解决数据过度采集、滥用、非法交易及用户数据泄露深化、App违法违规收集个人信息等数据安全问题，加快推动构建行业网络数据安全综合保障体系。

拓展阅读

“滴滴出行”App被国家网信办下架

2021年7月4日，国家互联网信息办公室依据《中华人民共和国网络安全法》相关规定，通知各应用商店下架“滴滴出行”App，要求滴滴出行科技有限公司严格按照法律要求，参照国家有关标准，认真整改存在的问题，切实保障广大用户个人信息安全。

“滴滴出行”对于用户数据的收集主要是基于大数据的支撑。大数据技术自诞生起就以势如破竹的态势渗透到各个领域，而其中互联网企业更是大数据技术应用最早、最深入，影响最大的领域。但与此同时，用户信息泄露、个人隐私被迫让渡等负面问题也层出不穷，此次国家网信办下架的“滴滴出行”App便是典型例证。

反思“滴滴出行”泄露用户隐私的原因，一是用户个人信息安全的防护意识不足，对于为使用App而进行的各种授权行为，大多数用户对授权内容都不会仔细阅读。二是企业利益至上的理念使其对用户信息使用不当，“滴滴出行”的快速发展加大了部分企业家的野心，为了更多地获利，便以牺牲用户信息安全为代价。对于滴滴平台公开用户信息而产生的隐私风险，则需要用户自行承担，这把利益至上的观念体现得淋漓尽致。三是用户信息安全保护机制建设不力，虽然2018年滴滴推出整改后的《个人信息保护及隐私政策》，针对平台对用户数据的收集与使用的行为进行了重新明确与规范，但对个人信息的使用与保存期限缺乏明确的用户信息保护机制。

4）网上欺诈犯罪

骗子们利用人们的善良天性，在电子交易活动中频繁欺诈用户。随着网络和电子商务技术的发展，假冒伪劣产品更加猖獗，利用电子商务欺诈已经成为一种最危险的犯罪活动。2018 年，公安部组织侦破各类网络犯罪案件 5.7 万余起，抓获犯罪嫌疑人 8.3 万余名，行政处罚互联网企业及联网单位 3.4 万余家，清理违法犯罪信息 429 万余条，专项打击整治工作取得了显著成效。2018 年 3 月，重庆市公安局打假总队成功侦破江北陈某利用互联网销售有毒有害保健食品案，抓获犯罪嫌疑人 20 名，捣毁窝点 5 处，现场查获"五谷化糖""百草稳压肽"等有毒有害食品 100 余种，共 2000 余盒，案值 1800 余万元。

为了纵深推进防范治理电信网络诈骗工作，2019 年 7 月 9 日，工业和信息化部网络安全管理局会同公安部刑事侦查局、中央网信办网络综合协调管理和执法督查局，组织阿里巴巴、腾讯、百度、京东、字节跳动、拼多多、新浪微博、58 同城、美团、世纪佳缘、网宿科技等 11 家单位，签订《重点互联网企业防范治理电信网络诈骗责任书》，进一步压实企业主体责任，切实加强社会监督和行业自律，积极净化网络通信环境。

3. 管理与法律风险

1）管理风险

严格管理是降低网络交易风险的重要保证，特别是在网络商品中介交易的过程中。客户进入交易中心，买卖双方签订合同，交易中心不仅要监督买方按时付款，还要监督卖方按时提供符合合同要求的货物。在这些环节上，都存在大量的管理问题。防止此类问题的出现需要有完善的制度设计，形成一套相互关联、相互制约的制度群。

人员管理常常是在线商店安全管理上最薄弱的环节。近年来，我国计算机犯罪大都呈现内部犯罪的趋势，主要是人员职业道德修养不高、安全教育和管理松懈所致。一些竞争对手还利用对方企业招募新人的机会安排人员潜入对方企业，或利用不正当的方式收买对方企业网络交易管理人员，窃取该企业的用户识别码、密码、传递方式及相关的机密文件资料。

由于一般计算机的安全识别工作依靠使用者的用户名和密码，企业内的员工往往为了便于记忆而采用一个永不改变的简单密码，诸如自己的英文名、常用的英文单词、电话号码等。更有甚者害怕忘记密码而将它写在自己电脑的文件中，网络入侵者只要在磁盘上搜索密码等关键字，就能找出该电脑的密码。

除了由于电脑配置、密码等设定错误，造成网络上的安全漏洞之外，企业内的员工如果没有经过网络安全的教育训练，常常不懂得如何保守公司内部的重要商业机密，很可能无心地通过电子邮件或者文件传输的方式将重要商业机密外泄；或是在浏览网站的同时，把一些电脑病毒或假冒伪劣的程序下载到企业内部的电脑系统之中。

信息管理制度是大数据时代网络信息安全的基础，具有重要的保障作用。然而，在发展过程中，由于信息安全管理制度建设不到位，导致企业和其他机构的电子商务交易制度建设不到位，主要表现为网络防护层级建设不明确、没有确定的相关责任制度、没有科学的防护网络等，从而影响电子商务交易的正常进行。

2）法律风险

电子商务的技术设计是先进的、超前的，具有强大的生命力。也必须清楚地认识到，电子商务交易仍然存在很大的风险。在过去的几年里,联合国公布了三个重要的电子商务文件:《联合国贸易法委员会电子商业示范法》、《联合国国际贸易法委员会电子签字示范法》、《联合国国际合同使用电子通信公约》。许多国家参照联合国文件,颁布了一系列电子商务相关的法律法规。我国于2005年4月开始实施《中华人民共和国电子签名法》,2017年6月开始实施《中华人民共和国网络安全法》,2019年1月修正《中华人民共和国电子签名法》。国务院有关部门和各地政府对网络安全和电子商务交易也相继颁布了一些法规条例。这些法律法规对于电子商务的健康发展发挥了重要作用。但在电子商务交易细节方面,诸如电子商务交易双方责任、电子商务交易平台、电子支付、电子合同、网络交易纠纷、网络广告方面还没有形成具有可操作性的实施细则。因此,在电子商务交易发生问题时,往往只能依据现有的法律法规和相关判例进行裁决,其判决的准确性和法律效力大打折扣。

思政要点

《中华人民共和国网络安全法》《中华人民共和国数据安全法》

《中华人民共和国个人信息保护法》

《中华人民共和国网络安全法》(2017年6月1日起施行)、《中华人民共和国数据安全法》(2021年9月1日起施行,以下简称《数据安全法》)与《中华人民共和国个人信息保护法》(2021年11月1日起施行,以下简称《个人信息保护法》)共同确立了我国数据安全法律框架的重要组成部分,其立法进程一直备受瞩目。

思政拓展

大数据时代下用户信息安全究竟该如何"守护"?

当前,大数据正在成为信息时代的核心战略资源,对国家治理能力、经济运行机制、社会生活方式产生深刻影响。与此同时,各项技术应用背后的数据安全风险也日益凸显。近年来,有关数据泄露、数据窃听、数据滥用等安全事件屡见不鲜,保护数据资产已引起各国高度重视。在我国数字经济进入快车道的时代背景下,如何开展数据安全治理,提升用户的安全感,已成为普遍关注的问题。

一、数据是**21**世纪的石油和钻石

当前,我们已经进入到了一个大数据时代。大数据解决了以往必须由局部去推测整体的困难。大数据作为"人类一种新型的、功能强大的好工具",使我们能够迅速把握事物的整体、相互关系和发展趋势,从而做出更加准确的预判、更加科学的决策、更加精准的行动。

如今,数据作为数字经济时代最核心、最具价值的生产要素,正深刻地改变着人类社会的生产和生活方式。人工智能、云计算、区块链、产业互联网、泛在感知等新技术、新模式、新应用无一不是以海量数据为基础。年度账单、运动轨迹……互联网应用平台对用户使用情况的"个人总结"成了人们津津乐道的话题。一张张有趣的用户画像背后,是大数据应用越来越深入寻常百姓家的时代烙印。

在新冠疫情期间,以数据为核心的数字技术逐步成为经济发展的新驱动力,也深刻地改变了人们的日常生活。实施疫情地图使我们对全国的疫情防控形势尽在"掌"握,社区门禁的人脸识别功能使我们可以"刷脸"通关,"健康宝"成为了我们的随身证件,"行程码"也成了"旅行必备”……大数据在疫情期间的应用发展，不仅为疫情监测、防控救治、资源调配等提供了有效指引，也给全社会上了一堂生动的数据科普课，彰显了大数据作为国家基础性战略资源的重要意义。与此同时，持续增加的数据资源及其存储和处理技术的变化，也逐步成为一种潜在增长、可持续累积的社会资源。

二、数据安全是数字经济健康发展的基础

根据《数据安全法》和其他一些相关法规的要求，商家必须对所收集的数据负安全责任。掌握的数据越多，担负的责任就越大。我们都知道，单条的身份信息、轨迹信息、视频信息看起来都没有特别的价值，但是如果把这些信息拼接起来，再通过大数据分析，就可以得到很多重要的信息。

截至2020年底，中国网民已达9.89亿。网购、网约车、网上银行等互联网服务已经全方位介入现实生活。人们为了获取便利高效的服务，已习惯录入自己的姓名、电话、住址、银行卡号等隐私信息。从某种意义上讲，在大数据技术的背景下，绝大部分数据来自用户的“自愿”提供。

同时，人们在各种社交媒体上发布的动态和信息会在不经意间暴露自身的敏感信息，这也使个人信息更容易“公开”。随着定位技术的高速发展以及物联网、大数据和人工智能等技术的不断发展与应用，无论是微博、微信、QQ等网络社交应用，还是涉及人们衣食住行的其他相关应用，都存在着个人数据外泄的可能。

数据的使用与搜集都具有高度隐蔽性，但结合强大的数据分析能力，便让众多用户无形中成为“被监控”的对象。于是“天知地知、你知我知”的数据变得“人尽皆知”。数据使用便利的同时，让渡的是隐患重重的消费者隐私安全，甚至是国家安全。

以我们经常坐的网约车为例，一些网约车企业在长期的业务开展中，积累了海量的出行数据与地图信息。此外，汽车在使用过程中联动的摄像头、传感器等，都涉及众多数据安全问题，消费者的个人隐私、企业的商业机密乃至国家安全，都有可能受到严重威胁。

据统计，2020年全球数据泄露超过过去15年的总和。其中，政务、医疗及生物识别信息等高价值特殊敏感数据泄露风险加剧，云、端等数据安全威胁居高不下，数据交易黑色地下产业链活动猖獗。

2020年5月，由国家工业信息安全发展研究中心和华为公司联合发布的《数据安全白皮书》指出，数据安全已经上升到国家主权的高度，是国家竞争力的直接体现，是数字经济健康发展的基础。这就要求我们必须解决数据安全领域的突出问题，有效提升数据安全治理能力。

三、既要数据安全，也要数据畅通

当前形势下，我们要如何保护数据安全？数据保护是在进行数字化转型的大背景下，在数据流动和使用状态中的数据保护，不同于以前防火墙式的静态保护，数据安全治理更倾向于动态保护。

数据安全治理能力建设需要从决策到技术、从制度到工具、从组织架构到安全技术的通盘考虑，既要注重硬实力的锻造，也要聚焦软实力的提升。

一方面，在技术设施领域，要持续提升数据安全的产业基础能力，构筑技术领先、自主创新的数据基座，确保数据基础设施安全可靠。同时，不断强化数据安全领域关键基础技术的研究与应用，在芯片、操作系统、人工智能等方面，加强密码技术基础研究，推进密码技术的成果转化，确保基础软件自主可控。

另一方面，要健全数据安全法律法规，不断强化法律法规在数据安全主权方面的支撑保障作用。据不完全统计，近5年来我国国家、地方省市以及各行业监管部门关于数据安全、网络安全问题已颁布了50多部相关法律法规。《数据安全法》的出台，也预示着我国数据开发与应用将全面进入法治化轨道。

比如，《数据安全法》第三十二条规定："任何组织、个人收集数据，应当采取合法、正当的方式，不得窃取或者以其他非法方式获取数据。法律、行政法规对收集、使用数据的目的、范围有规定的，应当在法律、行政法规规定的目的和范围内收集、使用数据。"互联网企业收集数据应符合此条规定，否则将面临法律风险。

此外，《数据安全法》第三十六条规定："非经中华人民共和国主管机关批准，境内的组织、个人不得向外国司法或者执法机构提供存储于中华人民共和国境内的数据。"

新法案扩大了向境外提供数据的监管适用情形，即只要中国境外的司法或者执法机构要求提供存储于中国境内的数据，均适用本条的规定，有助于更好地封堵境外机构的"长臂管辖"。

《数据安全法》既要数据安全，也保护数据的交易和流通，鼓励使用大数据创新，鼓励使用数据驱动业务。数据安全是更高层面的安全措施，它不会阻碍数据的流动。

值得注意的是，从已经出台的《网络安全法》到《数据安全法》，再到《个人信息保护法》，一个共通的原则就是对数据的使用收集要克制，明确哪些数据是必须要收集的，如果不能收集，就要有相应的制度规范。

1.3.2 电子商务安全的内涵

电子商务系统的安全涉及很多方面，但从整体上看，电子商务安全可分为两个层次，计算机网络安全和电子交易安全。

1.计算机网络安全

所谓计算机网络安全是指保证电子商务的计算机设备、系统软件平台和网络环境能够无故障运行，并且不受外部入侵和破坏。这个层次主要针对电子商务信息基础设施，与企业的商务活动联系较少。计算机网络安全的组成情况如图1-13所示。

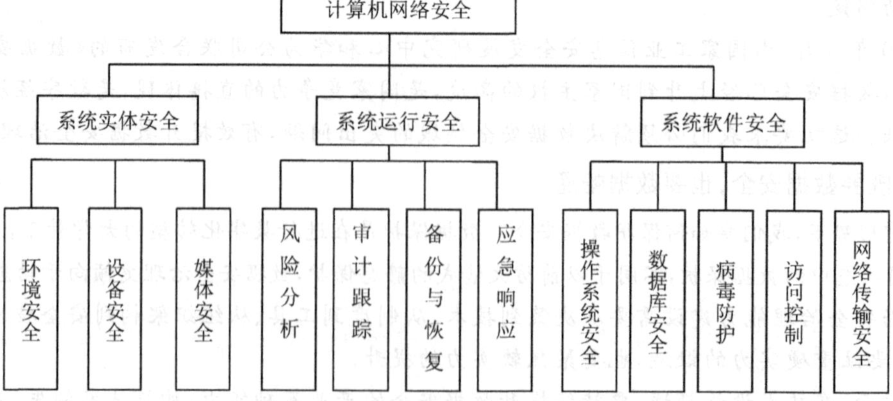

图1-13 计算机网络安全的组成

1）系统实体安全

所谓系统实体安全（又称物理安全），是指保护计算机设备、设施（含网络）以及其他媒体免遭自然灾害、人为破坏和环境威胁的措施或过程。实体安全是整个电子商务系统安全的前提，它是由环境安全、设备安全和媒体安全三部分组成。

(1)环境安全。指保护电子商务系统免受水、火、有害气体、地震、雷击、高温、潮湿和静电等灾害的危害。

(2)设备安全。是指对电子商务系统的设备进行安全保护，主要包括设备防盗、设备防毁、抗电磁干扰、电源保护、防电磁信息泄露及防治线路截获等方面。

(3)媒体安全。是指对媒体数据和媒体本身实施安全保护。

2)系统运行安全

系统运行安全是指为了保障系统功能的安全实现，提供一套安全措施来保护信息处理过程的安全。电子商务系统的运行安全具体由风险分析、审计跟踪、备份与恢复、应急措施四方面组成。

3)系统软件安全

与硬件安全相比，电子商务系统的软件安全显得更为重要，因为电子商务系统面临的主要威胁是来自网上的黑客针对系统软件进行的攻击。系统软件安全包括以下几个方面。

(1)操作系统安全。通过建立用户授权访问机制、审计等措施，控制系统资源的访问权限，保障操作系统及其管理的资源能够得到保护。比如，计算机系统可供多人使用，操作系统必须能够区分用户，防止相互干扰。安全性较高的操作系统会给每位用户分配一个独立的账户，不会允许一个用户获得另一个用户的数据。

(2)数据库安全。由于电子商务系统中的资料都保存在数据库中，所以数据库是系统中非常重要又容易遭受攻击的部分。数据库安全即对数据库系统所管理的数据和资源提供安全保护，一般采用多种安全机制与操作系统安全相结合来保护数据库安全。

此外，病毒防护、访问控制、网络传输安全(如加密)也是系统软件安全的重要组成部分。

2. 电子交易安全

电子交易安全是指通过一系列的措施保证交易过程的真实可靠、完整、不可否认和机密，目的是在保证计算机网络安全的基础上确保电子商务过程的顺利进行，即实现电子商务的保密性、完整性、可靠性、真实性和不可否认性等，它侧重于交易过程(包括电子支付过程)的安全。

电子交易安全的内容包括：如何确定交易中买卖双方身份的真实性，保证身份的可认证性；如何保证电子数据的机密性，防范电子数据的内容被第三方截获窃取；如何保证被传输的电子数据不会丢失，或者一旦丢失发送方就能够察觉；如何保证电子数据内容的真实性、准确性和完整性；如何保证存储信息的安全性；如何对交易数据信息进行审查并将审查的结果进行记录。

电子交易安全是计算机网络与信息安全的延伸，它是在传统密码学和计算机网络安全基础上，针对电子交易过程特有的要求，通过加密技术层、安全认证层和交易协议层共同实现的。当然，计算机网络安全和交易安全并不是完全独立的，两种安全的实现有时依赖于一些共同的技术(如加密)。

1.3.3 电子商务支付系统安全要素

电子商务安全体系贯穿整个电子商务系统，它是设计和实现电子商务系统必须始终考虑的问题，电子支付也不例外。

1. 电子商务面临的安全威胁

基于 Internet 的电子商务在安全性方面可谓先天不足，这是因为在 Internet 发展初期，各种协议（如 TCP/IP 协议）的设计都是以连接和数据传输为目的的，资源共享、快捷、便捷是 Internet 迅速发展的原因，同时没有将安全性放在重要的位置来考虑。

如果把 Internet 系统的运转看成是一种信息的流动，在正常情况下，信息是从信息源流向信息目的地，正常的信息流动如图 1-14 所示。而攻击者可以破坏这种正常的信息流动，攻击者对网络系统的威胁中的中断、截获、篡改和伪造情况见图 1-15。

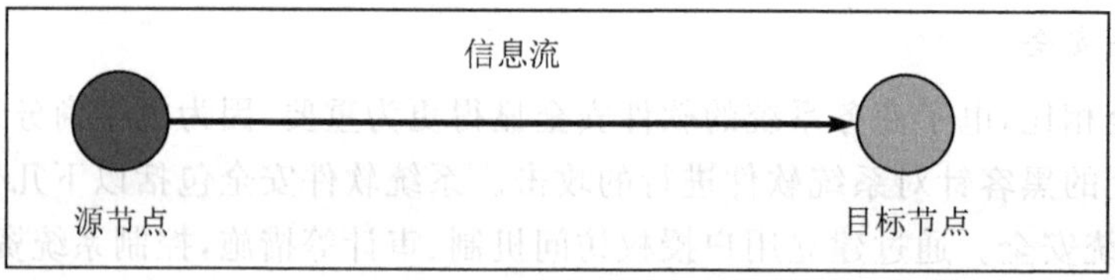

图 1-14 正常的信息流动

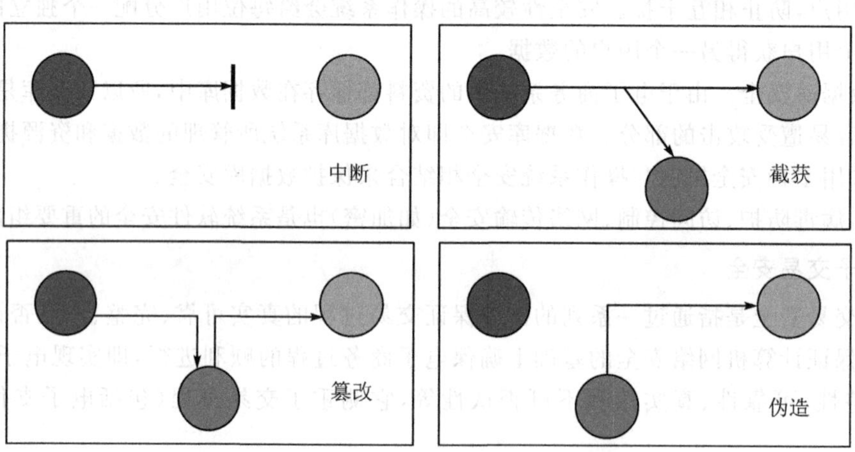

图 1-15 网络信息传输面临的安全威胁类型

(1)中断。中断是指信息接收方无法收到发送方发来的信息。通常是指攻击者对服务提供者进行攻击，使其无法提供服务，是对可用性进行攻击。

(2)截获。截获是被动攻击，它是指攻击者从网络上窃听他人的通信消息内容，破坏信息的机密性。

(3)篡改。篡改是指攻击者故意篡改线路上传输的报文，是对完整性的攻击。

(4)伪造。伪造是指攻击者伪造信息在网络上传送，是对报文真实性或身份认证机制的攻击。伪造分为两种情况：一是伪造信息（如，伪造电子邮件），骗取用户账号密码、金钱至伪造者的网站等；二是伪造身份，如发送一条消息声称自己是某人。由此可见，伪造身份是通过伪造认证消息实现的。

(5)抵赖。还有一种威胁是抵赖行为，当交易一方发现交易行为对自己不利时，或当利益刺激到一定程度时，就有可能否认电子交易行为。交易抵赖包括发送方的抵赖和接收方的抵赖两种情况。如发送方发了某个订货信息后又声称自己没发过，或接收方收到某个订货信息后声称自己没收到。

2. 电子商务支付系统安全要素

为了防御以上电子商务面临的各种安全威胁，一个安全的电子商务系统，应该实现的安全要素有以下几点。

(1)真实性。真实性能够保证交易双方的身份是真实可靠的、信息来源是真实的。比如，用户 C(黑客)冒充用户 A 发一个转账请求给银行 B，请求银行将资金从 A 账户转到 C 账户，银行以为这是用户 A 的要求，于是转了钱款，但实际上 A 并没有给银行发出这种请求。这就是针对真实性进行的攻击。为了防止这类攻击，必须通过认证机制(身份认证和消息认证)来确保交易双方身份信息的可靠和合法，并且要鉴别接收到的消息的真实来源。钓鱼网站所攻击的对象就是身份的真实性。

(2)机密性。在电子商务系统中，交易中产生、传递的信息可能涉及商业机密或个人隐私，因此这些信息需要保密，这种电子商务的安全需求称为机密性需求。

机密性要求只有发送方和接收方才能访问消息内容，不允许非授权人员访问消息内容。机密性一般是通过密码技术对传输的信息进行加密来实现的，“截获”就是对机密性的攻击。

案例

CDNow 被黑客敲诈

CDNow 原本是美国一家网上销售音像制品的电子商务企业，2000 年，俄罗斯一名黑客从该公司网站上盗取了 30 万条信用卡记录，并向其敲诈 10 万美元。遭到 CDNow 公司拒绝后，黑客开始逐条公布所有信用卡的内容。CDNow 公司不得不要求银行更换所有被公布的信用卡，因此所承担的更换信用卡的损失高达数百万美元，这些机密信息被窃取给 CDNow 带来了不可估量的直接损失和间接损失。

(3)完整性。完整性是指保证只有被授权的各方才能够修改计算机中存储的或在网络上传输的信息的属性，修改内容包括对信息的写、改变状态、时延或重放。电子商务系统应该防止非授权方对交易信息的生成、修改和删除，同时防止交易信息在传输过程中的丢失或重复，并保证信息传递次序的统一。

凡是接收方收到的信息和发送方发出的消息不一致，就可认为消息的完整性已遭到了破坏。

电子商务系统遭到攻击时，攻击者通过篡改或部分删除交易过程中发布的信息，破坏了信息的完整性，使交易双方蒙受损失。失去完整性可以分为两种情况。第一种情况：假设 A 发给 B(银行)的消息是“将 100 元转给 C”，而 B 收到的消息却变成了“将 1000 元转给 C”，则表明该消息已经失去了完整性，这种情况的出现是由于消息被第三方恶意篡改了。第二种情况，由于数据传输线路不可靠，使数据在传输过程中发生了不可预知的改变，但这种改变一般是可察觉的。

消息的完整性与真实性是有区别的。举例说明：将一束玫瑰花看作是一条消息，如果发送者寄出一束共十一朵完好的红玫瑰花，而接收方收到的是一束凋谢的玫瑰花，或收到的是一只红玫瑰，这就代表消息的完整性遭到破坏，但真实性并未被破坏。若接收方收到的是一束白玫瑰，则代表消息的真实性遭到了破坏，当然完整性也被破坏了。

(4)不可抵赖性(不否认性)。不可抵赖性是防止在电子商务交易中发生商业欺诈行为，保证商业信用和行为的不可否认性，保证交易各方对已做的交易无法抵赖的属性。有时发送方发出某个消息后，又想否认发过这个消息，或接收方收到消息后，却否认已收到消息。例如，用户 A 通过 Internet 向商家要求购买某些商品，商家按 A 的请求发货之后，A 声称没有发过该购买请求，拒绝向商家支付。不可抵赖性可防止这类抵赖行为，这个特性是电子商务安全比信息安全、网络安全多出来的一种安全需求。

(5)可用性。可用性是指防止延迟或拒绝服务情况的发生，保证信息和信息系统能随时为授权者提供服务，杜绝发生由于非授权者干扰而对授权者拒绝服务情况的属性。例如，由于某个非法用户 C 的故意操作，使授权方无法与服务器联系，从而破坏了可用性原则。Internet 蠕虫病毒依靠在网络上大量复制传播，占用大量 CPU(central processing unit，中央处理器)处理时间，导致系统越来越慢，直到网络发生崩溃致使用户的正常信息请求不能得到处理，这就是一个典型的"拒绝服务"攻击。

在电子商务中，一个消息的延迟或消除会带来灾难性的后果。例如，顾客在上午 10 点向在线的股票公司发送一封电子邮件委托购买 1000 股某公司的股票，但这个交易请求被延迟了，股票公司下午 2 点才收到这个申购请求，而这时股票已经上涨了 10%，这个消息的延迟就给顾客带来了交易额 15%的损失。

(6)匿名性。匿名性是指防止交易过程被跟踪，保证交易过程中不把用户的个人信息泄露给未知的或不可信的个体，确保合法用户的隐私不被侵犯的属性。

掌握上述几种电子商务支付的安全要素非常重要，这是因为本课程所介绍的所有技术手段、管理措施，其根本目的都是为了保证一种或多种安全要素。

1.3.4 电子商务安全体系结构及安全技术

电子商务的安全体系结构是保证电子商务中数据安全的一个完整的逻辑结构，同时它也为交易过程的安全提供了基本保障。

1. 电子商务安全的体系结构

电子商务安全体系结构由网络服务层、加密技术层、安全认证层、交易协议层、电子商务应用系统层 5 个层次组成。网络服务层提供计算机网络安全，加密技术层、安全认证层、交易协议层、电子商务应用系统层提供商务交易安全，所以电子商务交易安全问题可以归结为计算机网络安全和商务交易安全这两个方面。

由图 1-16 可以看出，下层是上层的基础，为上层提供技术支持，上层是下层的扩展与递进。各层之间相互依赖、相互关联，构成了统一的整体。

2. 网络安全技术

网络服务层是各种电子商务应用系统的基础，也提供计算机网络安全，主要提供信息传输功能、用户接入方式和安全通信服务，并保证网络运行安全。网络安全主要是针对计算机网络本身可能存在的安全问题(如病毒、漏洞、攻击和访问控制等)，实施网络安全方案，主要采用的

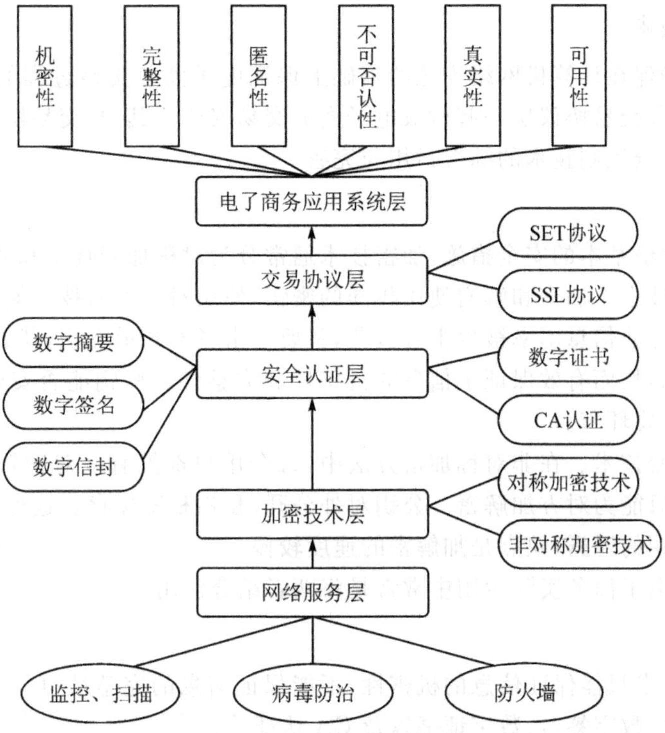

图1-16 电子商务安全体系结构

安全技术有以下几种。

(1)加密技术。加密技术是电子商务安全采用的最基本的安全措施,也是其他很多安全技术实现的基础。数据加密技术可以用来保护网络系统中包括数据在内的所有数据流。只有接受信息的合法用户或网络设备才能解密所加密的数据。

(2)防火墙技术。防火墙是通过硬件和软件组合而成,在内部网络和外部网络之间构建起一道屏障,它一般作为内网和外网的隔离设备,既可以保证内网中的信息、资源等不受来自外网的非法用户的恶意攻击,又可以控制和防止内网中有价值的数据流入外网。实现防火墙技术的主要途径有:数据包过滤、应用网关和代理服务器、网络地址转换技术、加密路由器技术等。

(3)漏洞扫描技术。漏洞是硬件、软件或策略上的缺陷,这些缺陷使得攻击者能够在未授权的情况下访问甚至控制系统。对于一个系统来说,它的安全性不在于是否采用了最新的加密算法或其他技术,而在于系统本身最薄弱之处,即漏洞所决定的。只要这个漏洞被发现,系统就有可能被攻击。

常用的扫描技术包括Ping扫描、端口扫描和操作系统识别等。

(4)入侵检测技术。入侵检测是主动检测并发现入侵行为,保护系统免受攻击的一种网络技术。除了检测来自外部的入侵行为,也能检测内部用户的未授权活动,或合法用户滥用特权。总之就是及时发现网络或系统中违反安全策略的行为和被攻击的迹象。

(5)反病毒技术。从广义上讲,凡是能够引起计算机故障,破坏计算机数据的程序统称为计算机病毒。诸如蠕虫、木马、逻辑炸弹、恶作剧程序等都可以称为计算机病毒。病毒的防治技术可以分为四个方面:预防、检测、清除和免疫。

3. 交易安全技术

交易安全是确保在计算机网络安全的基础上保证电子商务交易过程的顺利进行，加密技术层、安全认证层和交易协议层一起构成电子商务交易安全。其中，交易协议层是加密技术层和安全认证层的安全控制技术的综合运用与完善。

1）加密技术层

作为电子商务最基本的安全措施，加密技术通常分为对称加密技术和非对称加密技术。

(1)对称加密技术。加密和解密使用相同的密钥，使用对称加密技术能够快速地对传输的数据进行加解密，即使信息不幸被攻击者截获，只要攻击者不知道密钥，就无法解读，也就无法修改被加密的数据，从而有效保证了信息的机密性和完整性。密钥能否安全交换是关系到对称加密有效性的重要环节。

(2)非对称加密技术。在非对称加密方法中，每个用户都拥有一对密钥对，包括公开密钥和私有密钥，彼此只能为对方加解密。公钥对外公开，私钥私密保存。这种方法的优点是安全性高，不用担心私钥的泄露，缺点是加解密的速度较慢。

因此，目前在电子商务实际运用中常常是将两者结合使用。

2）安全认证层

仅采用加密技术只能保证信息的机密性，不能保证信息的完整性、可靠性和不可否认性。因此需要数字信封、数字签名、数字证书以及 CA 认证等。

(1)数字信封：是一种将对称加密技术和非对称加密技术结合使用的方法，它注重的是对称加密的快速性，能够快速地将明文转成密文，同时也注重非对称加密的安全性。常用的方法是，对数据实施对称加密，把明文快速转成密文，然后再用对称加密的密钥实施非对称加密。

(2)数字签名：数字签名主要解决的问题是验证发送方的身份，以免发送方在信息发送完后产生抵赖行为。它的做法是要求发送方用发送方的私钥组成一个签名块，接收方只能拿发送方的公钥来验证，因为私钥只有发送方持有，别人是不能够伪造的，如果直接拿私钥对原文进行加密，加密速度将特别慢，所以在这个过程中，引入了具有完整性验证功能的哈希函数。

(3)数字摘要：通过哈希函数，先对原文执行哈希运算，而后获得一个摘要，再用发送方的私钥对这个摘要进行加密，数字签名的签名块也被形象地称为数字指纹。

(4)CA 认证：在网络认证中核心执行机构是认证机构(CA)，其核心元素是数字证书。CA 通常是一个服务机构，主要采用公钥基础设施(public key infrastructure；PKI)技术，主要承担网上安全电子交易中的网络身份认证服务，是一个用于担保个人、计算机系统或组织的身份和密钥所有权的电子文档。

(5)数字证书：数字证书是一个经证书授权中心数字签名的包含公开密钥拥有者信息和公开密钥的文件。

3）交易协议层

除了前面涉及的各种安全控制技术之外，电子商务的运行还需要一套完整的安全交易协议。如 SSL 和 SET 协议。

(1)安全套接层(secure sockets layer，SSL)协议。SSL 协议为 TCP/IP(transmission control protocal/internet protocol，TCP/IP 协议)连接提供了数据加密、服务器端身份验证、信息完整性和可选择的客户端身份验证的功能。由于 SSL 协议内置于所有主流浏览器和 Web 服务器中，所以一般用户只需安装数字证书就可以启动 SSL 功能。数字证书分为服务器证书和个人证书两种。

(2)安全电子交易(secure electronic transaction，SET)协议。SET 协议主要是为了用户、商家和银行通过信用卡交易而设计的，用来保证支付信息的机密、支付过程的完整、商户和信用卡持卡人的合法身份以及可操作性。

本章小结

首先，本章介绍了电子商务相关的基本概念，讲述了电子商务全球的发展概况及发展过程中存在的主要问题，叙述了电子商务的主要运作模式及其业务流程。其次，讨论了支付与电子商务发展的关联，分析了传统支付结算方式的局限性。再次，重点分析了电子商务中的支付行为，并对目前电子支付应用中的主要问题进行了分类。从网络、交易、管理及政策几个方面对电子商务安全风险来源进行了分析。最后，对电子商务安全体系结构进行了分析，并阐明了保证电子商务安全的要素。

思考题

1. 我国电子商务的发展受到了哪些因素的制约？其中影响最大的是哪个？
2. 传统支付结算方式的局限性有哪些？
3. 如何理解支付是制约电子商务发展的瓶颈之一？
4. 互联网从哪几个方面影响了电子商务的安全？
5. 电子商务交易风险包括哪些内容？
6. 电子支付有什么特点？存在哪些风险？
7. 学习《中华人民共和国数据安全法》，并分析在大数据背景下企业如何守住互联网经济的商业伦理道德。

拓展阅读

术语中英文对照

第 2 章　支付理论基础

内容提要

电子商务和电子支付已经惠及生活的方方面面，那么，支付是什么？支付工具和支付方式有哪些？电子支付与传统支付有何不同？支撑各种支付工具应用、实现资金清算并完成资金最终转移的通道(即支付系统)有哪些？本章将介绍支付相关的基础理论，以便初步解答以上种种问题，从而帮助学生理清学习思路。

学习目标

- 掌握支付的基本概念和过程。
- 了解清算和结算的区别和联系。
- 了解支付活动的构成和应遵循的基本原理。
- 掌握支付系统的概念、参与者与分类。
- 掌握支付体系的概念和构成。
- 基本概念：支付、结算、清算、支付方式、支付工具、支付系统、支付体系。

思政目标

- 教导学生在支付结算过程中必须坚守契约精神。
- 培养学生诚信至上、保守商业秘密的职业道德修养，树立高度的职业责任心。
- 加强学生的诚信理念，秉承公开、公正和透明的机制，灵活应对多变的商业环境。
- 培养学生具有细致谨慎、严格把关、灵活机动和善于思考的工匠精神。

开篇案例

2.1　支付的原理

2.1.1　支付的概念

自从作为一般等价物的货币出现，人类社会便进入了具有现代意义的货币结算支付时代。

为了满足生活需求，我们需要购买生活用品；为了进行生产经营，企业需要购买原材料，所有诸如此类的活动（或交易）都需要支付，支付活动在我们的生活中无处不在。

1. 支付(payment)

支付是在消费购买、金融投资、资金转移等经济活动中，将账户资金或货币付出的一种过程，用以实现经济活动主体间资金债权的转移或责任义务关系的形成。一般来讲，消费者支付了货币资金，就实现和完成了消费行为，从而获得了商品或服务，这是交易过程中最常见的一种支付购买的经济活动。有些经济活动由于实现了资金的转移，而产生一种新的资金债权关系，如投资。有些支付的发生，只形成了一种责任和义务关系，如捐赠。

2. 结算(settle account)

结算是指结清因货物买卖、服务、贸易、投资等消费活动所引发的债权债务关系而出现的货币收付过程。

支付与结算的含义基本相同，支付与结算可以直接理解为支付结算或支付。简单来说，支付结算就是最终实现将现金的实体从发款人传送到收款人的商务过程。结算方式分为货币即时结算（现金）和支付结算（转账）。

结算是将清算过程中产生的待结算债权债务在收款人金融机构之间进行相应的账薄记录、处理，以完成货币资金最终转移并通知有关各方的过程。通常情况下，结算可通过两类资金账户办理过账：一是通过金融机构相互开立的代理账户进行债权结算；二是通过开立在结算银行（绝大多数情况下为中央银行）的账户进行金融机构之间的债权结算。任何债权债务一旦完成结算，即代表该支付具有无条件、不可撤销的最终性，标志着由经济活动所引起的货币资金转移过程从交易、清算到结算完整过程的结束。

3. 清算(clear accounts)

清算是发生在银行同业之间，用以清讫双边或多边债权和债务关系的一种货币收付过程，以完成经济活动中反映在银行资金账户中债权债务关系的一种转移。

例如，某客户持交通银行借记卡到工商银行的柜员机上取款，其过程如图 2-1 所示。

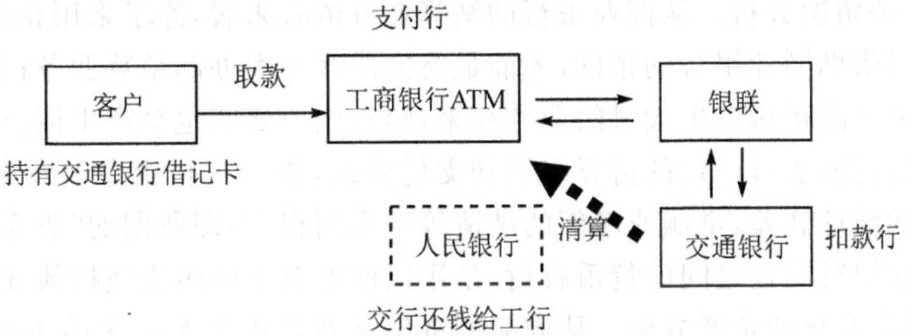

图 2-1　清算概念举例

1）清算的概念及对清算和结算的深入认识

（1）清算的概念。清算是指按一定规则和制度安排对经济活动中形成的多重债权债务关系最终结清的一个过程。例如，A 欠 B 1000 元，B 欠 C 2000 元，C 欠 A 3000 元，不讲效率的方法是 3 个参与经济活动的主体 A、B、C 都要付款和收款各 1 次，总共要发生 6 次支付行为。A、B、C 3 方各自拿出 1000 元，共计 3000 元才能完成最终的结算。另一种方法是通过清算规则的安排，轧差处理，结果如下：

A＝3000－1000＝2000(元)，B＝1000－2000＝－1000(元)，C＝2000－3000＝－1000(元)

通过这一方法，B和C各拿1000元给A，就结清了3者之间的债权和债务关系。算出这个多重债权债务关系结果的过程就是清算，清算必须有一定的规则和制度安排，这种安排需要大家共同接受和认可，而结清最终债权债务关系就需要结算。因此，清算制度的安排可以提高每天大量发生的经济活动中千万次债权债务关系的效率，如上例中原本要发生6次支与付的行为，结果只用4次就结清了相互之间的债务关系。

银行由于处在社会经济活动中资金往来的中心，大量的收收付付成为银行的日常业务，要通过结算制度的安排才可能在日终时最终进行结算，以结清复杂的债权债务关系。这是把银行的支付结算系统称为清算系统的原因，也是无法将支付系统和支付清算系统两个概念完全区分开来的根本原因。

在我国，金融业界和理论界长期以来把清算认为是中央银行对商业银行结清债务关系的一种过程。这是中央银行的职责体现，因为只有中央银行担负着银行的银行这一功能，社会上没有第三方清算组织，这也是我国长期处于计划经济下的结果。事实上，清算这一业务不仅在银行业中存在，在社会经济活动中也大量存在。在单位企业内部、资金划拨的财政体系内、国家税务部门系统，只要相互间有频繁的经济活动和资金往来，都存在先清算后结算的问题。

由于社会的发展，几乎每个社会主体和个人都在银行开立了账户，清算过程基本上都是由银行的支付系统来完成的。因此，清算这个概念在银行业界被界定为：在收付款人、金融机构之间，按照约定的清算规则，完成支付指令的交易并计算出待结算债权债务的过程。其中，支付指令的交换包括支付交易数据的接收、存储和发送。债权债务的计算可以按全额方式或净额轧差两种方式进行。

(2)对清算和结算的深入认识。对清算和结算更深入的认识，可从以下3个角度进行。

①从社会角度分析。事实上，清算与结算在货币资金收付转移额层次、范围及参与者等方面均有着明显差异。在市场经济中，银行已成为社会资金流转的渠道和中转站，所以经济体系中的货币清算和结算基本上都是由银行来进行的。

②从银行业务角度分析。从商业银行的结算业务流程来看，除了采用相应的结算工具、结算方式以外，还需借助同业银行的帮助，才能最终完成客户委办的结算业务；另外，出于自身需要，银行会与其他金融机构发生大量的业务往来，银行同业之间也会产生债权债务的清偿和资金的划转。为此，需要通过一定的清算组织和支付系统，进行支付指令的发送与接受、对账与确认、收付数额的统计轧差、全额或净额的结清等一系列程序，即所谓的“清算”。因此，通常认为，清算是发生在银行同业之间的货币收付，是用以清讫双边或多边债权债务的过程和方法。

③从货币形态变化的角度分析。从商品经济发展及货币形态变化的角度来看，清算的历史较之结算要短得多，清算并不是结算的同生物，而是商品经济发展到一定阶段、货币演化至一定形态的一种必然产物；确切地说，清算是在银行问世后才开始行使支付中介功能，即为实现信用货币条件下资金在不同所有者间的流动而产生的一种技术安排。

2)清算是银行为社会提供转账结算服务的直接产物

以下2种情形无需清算的介入：一是在银行尚未履行支付结算中介以前的历史时期；二是在现代社会中的直接结算领域。因此，清算是银行为社会提供转账结算服务的直接产物。需要说明的是，清算这一用语还常见于政府间的协定记账贸易。协定记账贸易是根据两国或几国政府所签订的原则和规定的范围进行的进出口贸易，其与现汇贸易不同，需要通过两国政府制定的清算机构开立清算账户、使用清算货币，在既定的清算范围内清讫两国贸易往来所产生的债权债务。所以，在协定记账贸易中的清算，尽管也需要通过两国间的银行往来，但其在范围和程序上有别于有中央银行参与的银行同业间的清算活动。

清算活动包括国内清算和国际清算，国内清算与国际清算活动的总和代表了世界范围内各种行为所产生的债权债务的最终清偿。在世界支付清算体系的整体格局中，可将各国国内的清算活动视作诸多相对独立的局部系统运行，而将国际清算活动看作连通全球的跨国系统运行。

2.1.2　支付过程分析

商品交易必然伴随着支付，在以物易物的时代，交易双方均是以物换取对方所需要的物品，双方在交易过程中处于平等的地位，还未形成单独行使支付功能的一方，支付还未成为社会层面的一个独立形式，只有作为支付媒介的货币出现才可能有支付活动发生。对支付活动中的过程进行分析是支付原理分析的基础，而对支付过程的发生和演变的分析也是支付原理规律性概括的出发点。

支付过程包括交易、结算和清算三个过程。交易过程确保了支付指令的生成、确认和传输；清算过程的结果是全面处理付款人到收款人的支付交易与收款人、付款人机构的有效债权；结算过程是将清算过程产生的待结算债权债务在收款人、付款人金融机构之间进行相应的账簿记录、处理，完成货币资金最终转移并通知有关各方的过程。根据支付过程的组成部分可以将支付活动分为三类，如图 2-2 所示。

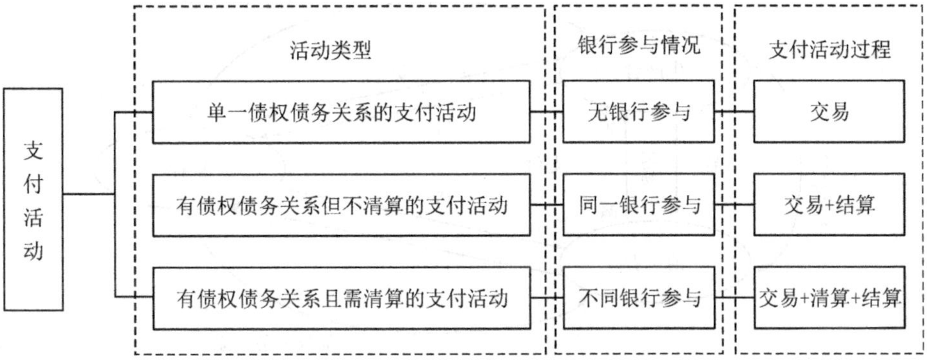

图 2-2　支付活动的分类

1. 买卖的支付过程(单一债权债务关系的支付活动)

首先从商品交易进行分析，支付作为债权债务清偿关系的雏形，源于买和卖的一个基本过程。例如，在购买活动中，A 方为买方，B 方为卖方，A 方以货币行为支付形式购买商品，B 方出卖商品以获得货币资金，这就是交易活动，A 方使用货币作为支付工具与 B 方形成了支付关系才使交易活动出现。A 方首先有购买的动机，然后有支付行为，才存在交易活动；B 方有获得货币资金的愿望，而后采用售出商品的行为，才存在交易活动，双方这种买和卖的需求依靠货币和商品的交易完成。支付实现了货币资金从 A 方到 B 方的一种转移，这种转移就完成了交易的过程，也完成了由于商品的买卖所形成的单一债权债务关系的清偿。这种支付活动多出现在没有银行参与的面对面的买卖交易活动中，如图 2－3 所示。

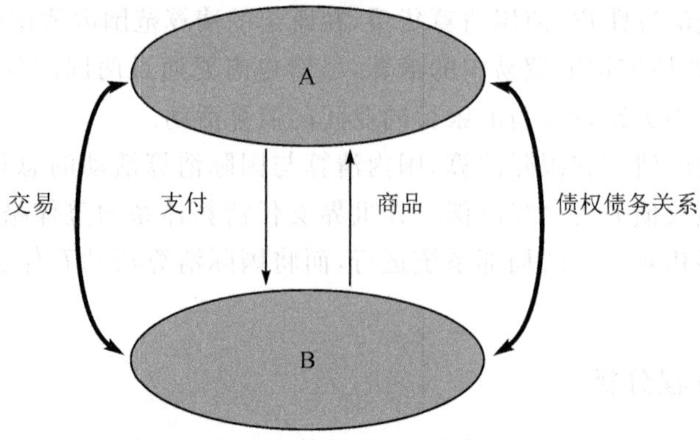

图 2－3　单一的债权债务清偿关系

2. 有债权债务关系但不清算的支付活动（同行债权债务清偿结算关系的账户支付过程）

在商业经济活动中，由于交易双方都要使用货币来清偿所形成的债权债务关系，买需要用到货币，卖需要获得货币资金，因此，交易的各方都具有对货币这种支付媒介的共同市场需求。这种需求就使市场中的一种新关系得以建立，即对资金需求的新的借贷关系。于是，社会的经济活动中就出现了专营货币资金的机构——金融机构，而这种借贷关系一般就是发生在经济主体与银行间的借贷关系，由此而形成新的经济主体与银行间的债权债务关系。在交易活动中由于出现了银行，支付过程就可能涉及多方之间的债权债务关系的清偿，我们称这种关系为多重关系，如图 2－4 所示。

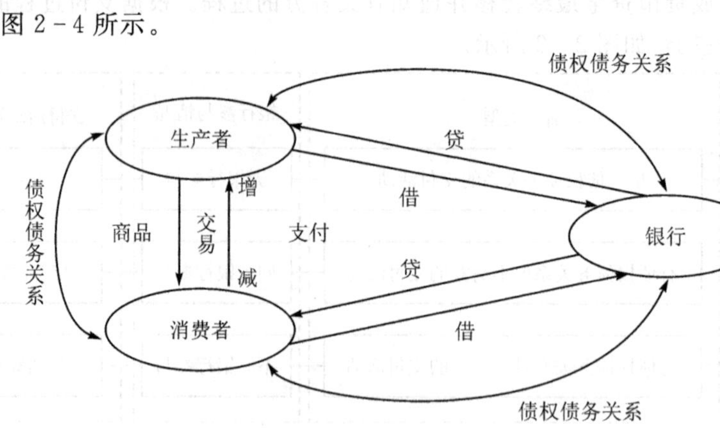

图 2－4　多重债务清偿的账户间结算关系

银行金融服务机构的产生，使采用现金支付的债权债务清偿关系，变为银行账户间划拨的一种支付结算关系。账户间的划拨是现代信用社会最为普遍且基本的支付方式，由于银行业务的差异性及交易双方开户的地域和银行可能不同，形成了两种不同的支付结算体系：发生在同行内的有债权债务关系但不清算的支付活动（见图 2－5）和发生在不同银行间的有债权债务关系且需要进行清算的支付活动（见图 2－6）。

在图 2－5 中，如果账户间的划转是在同行内进行，买家利用银行发放的支付工具进行支付，卖家要获得货币资金就需要与银行发生关系，银行将买家的资金账户存款数额扣除商品的货币价值金额，并计入卖家的存款账户，卖家就获得了存款的货币资金。由于产生了银行加入的结算关系，故这种交易活动的完成就需要一个时间过程。总体来说，这种支付过程分为两个环节:一是购物过程的交易环节;二是资金账户划转过程的支付结算环节。

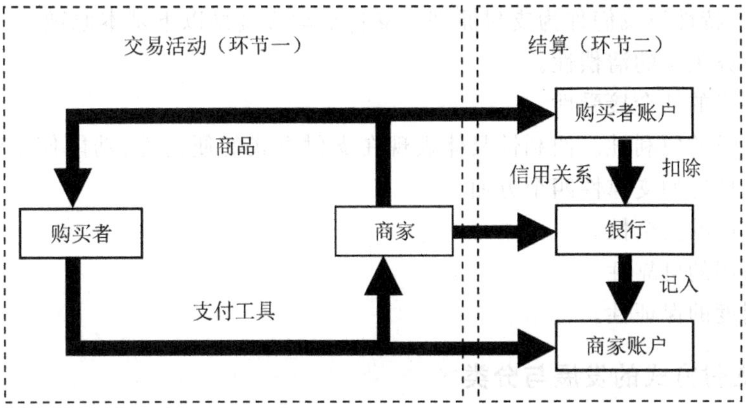

图 2-5　同行债权债务清偿结算关系的账户支付过程

3. 有债权债务关系且需进行清算的支付活动(异行账户间划拨的支付过程分析)

不同银行开设资金账户并使用银行支付工具的商务活动过程比上述过程要多一个环节,即银行间资金账户的清算环节。因此,这又涉及各银行支付清算系统的参与。

从社会的宏观角度来看,这种商务活动的完成会出现三个环节,简单讲就是交易、清算和结算,第二个和第三个环节是紧密相关的,只有清算完成了,结算才算最终完成。结算是清偿商务活动中债权债务的一种最终结果;而清算是结清银行间资金账户往来债权债务关系最终结果的一种过程。我们称这种商务活动方式为异行债权债务清偿结算关系的商务活动,如图 2-6 所示。

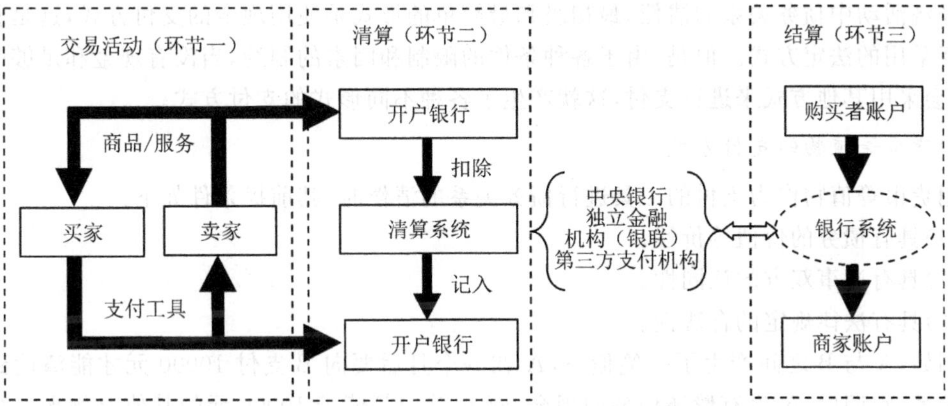

图 2-6　异行债权债务清偿结算关系的账户支付过程

在我国,由于中国人民银行的支付清算系统一直处在不断地建设发展过程中,并且随着金融电子化建设的推进,支付的手段、方式和工具发生了很大的变化,清算系统也处于不断演变和发展之中,在单一央行清算系统的基础上增加了第三方支付清算组织和独立金融机构,如银联等。

2.1.3　支付活动应遵循的基本原理

从前面章节内容的分析可知,由于交易和借贷活动会产生经济主体间的债权债务关系,而这种债权债务关系的清偿要行使支付的手段来终结和完成,这就是支付产生的根本原因。

支付是经济活动中的一种方式和手段,它的目的是清偿债权债务关系,而支付在经济活动中所体现的基本特性被我们称为支付原理。支付活动应遵循以下基本原理:

(1)债权债务关系的清偿性。

(2)支付方式的社会接受性。

(3)支付手段的便利性。便利性具体表现在支付方式的便捷性、功能使用的便利性、手续的简洁性、系统环境的支撑性四个方面。

(4)支付使用的安全性。

(5)支付信用的可靠性。

(6)法律制度的保证性。

2.1.4 支付方式的发展与分类

支付方式是人们在经济生活中清偿债权和债务关系所采用支付手段时具体使用的一种形式。在以货币作为支付的媒介后,债权和债务的清偿关系随着信用社会的发展和进步产生了各种不同形式的支付方式。支付方式也有一个产生、发展和变化的过程,研究其发生和发展对理解支付这一行为有重要的意义。

1. 支付方式的发展

经济活动中债权和债务关系的出现,产生了由货币价值衡量的债务关系的清偿,出现了用货币支付的初级形式。随着债务双方的认同和清偿支付等值物的出现,出现了不同的清偿支付方式,支付方式的各种形态由此得到了发展。

1)现金货币的支付方式

经济活动中债务关系的清偿,最初级和最简单的形式是使用现金的支付方式,这是整个社会广泛采用的法定方式。但是,由于各种条件的限制和因素的制约,当没有现金和足够的货币时,就会采用其他方式来进行支付,这就产生了各种不同形式的支付方式。

2)货币等值物的支付方式

用货币等值物作为支付的工具进行债务关系的清偿时,其前提条件如下:

(1)具有债务的价值等价性。

(2)具有当事双方的认同性。

(3)具有法律规定的合法性。

例如,A与B之间产生了一笔债务,A在一个月后要向B支付10000元才能清偿到期的债务关系;到期后,A没有偿还债务的现金,而A就用等值于10000元的其他财物来进行债务关系的清偿,要将这种等值物作为支付的工具使用,一定要满足上述三个条件,即该财物有10000元的价值等价性、要征得B的同意、能得到法律的保障,因此,双方需要订立一种合同性的契约,以便在出现经济纠纷时有具有法律效力的合同作为依据。由上述分析可知,这种等值物支付方式的适用范围限制性较大,不是一种社会广为接受的方式。若采用,一定要有双方的认同和法律保障,这种保障一般采用合同契约的形式。这种不方便就使社会上出现了服务性金融机构,以满足客户对货币的需求。A可用财产向银行进行抵押或借贷来获得支付的货币,从而进行债务的清偿,使自己的债务关系延期和转移,产生与银行间的新债务关系。如果把这种支付方式称为转移支付方式,那么它就是具有社会普遍意义的一种支付方式。

3)转移支付方式

转移支付方式可以定义为到期偿还债务时，由于无偿还支付的货币，而向第三方(一般是银行类的金融机构)采用借贷或抵押的方式获得货币资金进行债务关系的清偿。这种转移到第三方而构成新债务关系的方式有延期偿还债务的功能，也是在债务关系的清偿中常采用的一种支付方式。

由图 2-7 可知，转移支付就是使用社会上提供资金的第三方货币资金的支付方式来结清原有的债务关系，它具有延期支付和转移债务的功能。除了向金融机构、银行进行借贷和抵押，还有向民间(如向亲戚和朋友)进行借贷和抵押等方式，因此，转移支付的方式也有各种不同的类型。

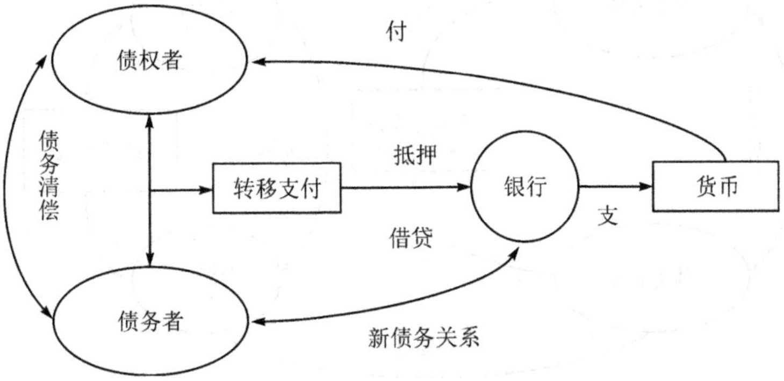

图 2-7　转移支付方式示意图

4)账户划转的支付结算方式

对于社会上出现的银行类金融机构，任何一个经济主体和社会人都能够在银行开设自己的账户，而银行是社会信用的产物，它具有很高的社会信用。银行发行的票据和账户具有与现金同等信誉的功能，得到了社会的认可，因此，它也可作为支付工具的一种。

例如，A 向 B 进行支付以结清债务关系时，可以采用将自己账户上等值数额的资金划拨到 B 账户上的方式，以完成债务关系的清偿。账户划转支付方式如图 2-8 所示。

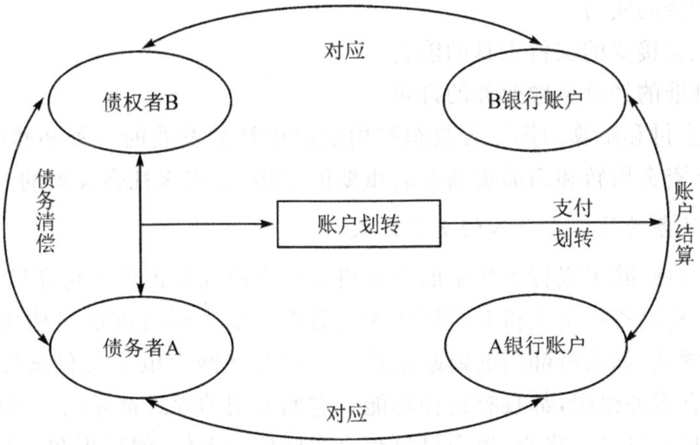

图 2-8　账户划转支付方式示意图

这种方式减少了现金在社会中的流通量，且支付的环节更为简单，从而使社会上债务的清偿关系，由通过银行的中间环节，变成银行间账户划拨的结算关系，这种支付方式成为现代信用社会中常用的一种支付和结算方式。

5）银行提供支付工具的支付方式

银行的信用得到法律的肯定和保障，使得银行成为社会支付与结算的服务机构，因此，银行所提供的支付工具就能被社会广泛接受，成为经常使用的支付方式。例如，银行支票的支付方式在商业和交易活动中常常被使用。图 2－9 为银行提供支付工具的支付方式示意图。

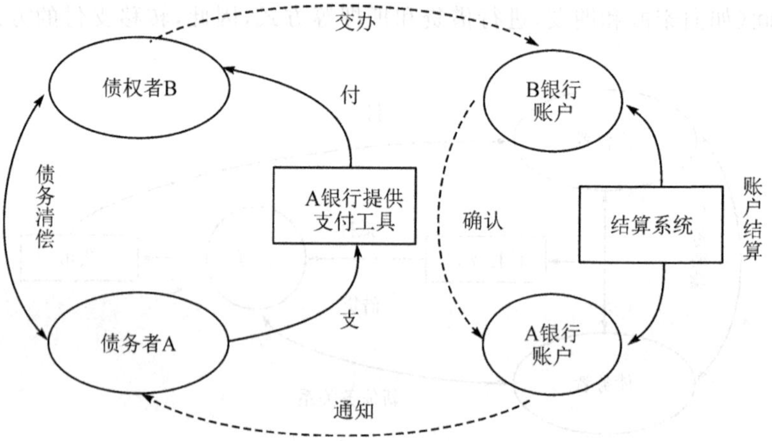

图 2－9　银行提供支付工具的支付方式示意图

这种支付方式的一个重要特点是，在债权和债务关系形成的双方间加入了作为支付服务的第三方，一般是银行类的金融服务机构，这种提供金融服务的第三方机构有以下几个特点：

(1)有很高的社会认可信用度。

(2)有兑现和赔付经济保证的法律承诺。

(3)有资本资金的实力。

(4)有发行社会接受的支付工具的能力。

(5)有国家批准的经营金融业务的许可。

服务于社会支付和结算的第三方组织机构是信用社会发展的一种必然结果，它对解决支付瓶颈、加速社会资金周转和商品流通有着重要的作用，是未来社会发展的一种主要方式。

6）提供支付服务的第三方介入的支付方式

由于信用的发展，除了银行等法定的金融机构作为向社会提供支付和结算服务的机构外，一些信用度高、有充足资本金支持并得到作为主管单位的央行批准的机构也介入提供支付和结算资金服务的领域，如政府部门的财政结算中心以及在网上电子支付条件下提供各种支付平台建设的第三方服务组织，都具有这种功能。它们采用的模式都是用自己的信用作为担保，将支付的资金先打入自己的账户，等交易过程完成后代为支付，然后再和与其签约的单位甚至银行进行结算业务，以最终完成当事人之间债权和债务关系的清偿和自己服务费用的收取。图 2－10 展示了第三方介入的支付方式。

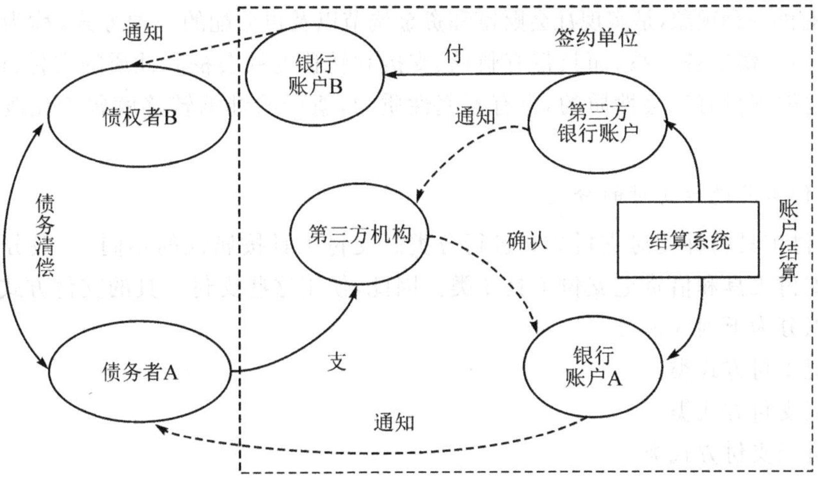

图 2-10　第三方介入的支付方式

在一些商务交易中，由于债务者之间缺少相互信用，从而使交易难以进行，第三方支付平台的加入，就能够使其信用得到保障。交易的双方都信任第三方，商家可以获得账户上资金划转的保障，而购买者可以消除得不到商品的担忧。购买者支付资金后，实际上变为购买者的资金账户应划给第三方，基于第三方的信用，商家与其签约，不愿失去这个商机，加之第三方的实力和信用保证，资金已转到第三方账户。由于第三方与其资金划转的结算方银行有合同的契约信用关系，从而保证资金的清偿得到结算，使商家在钱没到账之前就能发货，促使一些信用关系难以保证的商务活动在这种模式下能够顺利进行，特别是在网上电子商务的交易模式中。因此，这种支付方式将成为未来特别是网上支付的一种主要方式和模式，它是目前中国网上支付正在发展的一种第三方中介担保的支付方式。

2. 支付方式的分类

从前面的分析能够看出，支付方式有多种，如何合理地进行分类是支付研究中一个有意义的课题。从支付方式的分类角度出发，构成支付的要素有债务关系、支付工具、媒介形式和支付通道 4 个。根据这 4 种不同的构成要素，可以对支付方式进行不同的分类。

1)按债务关系进行支付的分类

按在经济活动中形成的债务关系进行分类，支付方式分为交易的商务类支付方式、借贷的债务类支付方式和让渡的捐赠类支付方式 3 类。

(1)交易的商务类支付方式。这类支付方式是因经济活动中的交易行为而产生的。在由于购买而产生的购买者与销售者之间的债务关系中，购买者是债务人，销售者是债权人，购买者进行支付是为了清偿商务活动中形成的这种债务关系，可以概括为商务类的债务支付方式，它具有用货币体现其价值的支付特点。

(2)借贷的债务类支付方式。这类支付方式是因经济活动中信用关系的借贷行为而产生的。由于对货币的需求而产生向金融机构借贷的行为，形成借贷人与金融机构间的债务关系，这类支付工具有到期按约定还本付息的特点，体现了资金有使用价值的时间性。

(3)让渡的捐赠类支付方式。在社会生活中，对社会的公益和慈善事业的捐赠，通过资金和财产的让渡支付而实现转移，这种不清偿债务关系的支付方式只实现了资金转移，也是高度文明发展的社会中常有的一种现象，是实现社会财富和资金调节以及再分配的一种方式，称为捐赠类支付方式。凡是不清偿债务关系，而只带有救助、支援和转移的社会福利性质的支付行为都可以划入这一类，这类支付有社会性质的，也有家庭性质的，遗产的继承转移就属于让渡的捐赠类支付方式。

2)按支付工具进行支付的分类

可按支付工具的种类对支付方式进行分类。支付工具按属性的不同，一般分为借记支付工具、贷记支付工具和借贷记支付工具 3 类。因此，使用这些支付工具的支付方式根据其属性的不同，可以分为下列 3 大类：

(1)借记支付方式类。

(2)贷记支付方式类。

(3)借贷记支付方式类。

3)按媒介形式进行支付的分类

支付媒介是在支付活动中记录债务关系价值符号和支付信息的具体载体，如货币是记录价值符号的载体，电子货币是传递价值符号的载体，按使用这种价值符号的不同载体，可对支付方式进行以下分类：

(1)实物货币的支付方式(纸质和金属货币的支付方式)。

(2)电子形式的支付方式。

(3)票据形式的支付方式。

(4)账户划转的支付方式。

按媒介的形式分类，媒介记录符号具有不同的属性。例如，在支付过程中使用的货币媒介，它本身就是价值的记载体，因此，它在支付的过程中可实现价值的转移和债务的即时清偿，并具有匿名和离线支付的功能，它是脱离账户对应的一种支付方式，是在零星商品的购买、劳务服务和日常生活中常用的一种适用于开支性的支付方式，是人们经常使用的一种现金支付方式。由于这种匿名支付的方式难以被货币管理部门监管，大额的现金支付方式容易造成洗钱现象的发生，因此，我国对现金支付的金额有较严格的使用规定。

媒介记录具有货币价值的属性，称为实物货币的支付方式。若媒介记录的符号是支付的指令，则多是对应账户的一种支付方式，具体的实现过程为

发起方→传递媒介→接受方→确认支付指令→支付结算系统→账户划转→完成支付

这种支付的过程和程序无论采用电子媒介载体，还是采用纸质媒介凭证，基本上都具有如下处理过程：支付指令通过媒介传送，资金通过账户划转的方式完成，上述的电子支付方式、票据传递的支付方式、直接账户划转的支付方式都有类似的原理。这种与账户对应的支付方式被社会广泛采用且易于金融监管，而且这种方式的效率、社会的接受性与社会的支付系统的完善和建设有直接的关系，采用这种方式有利于金融秩序的稳定和发展。

4)按支付通道进行支付的分类

支付的产生源于经济生活中的债权和债务关系的出现，为清偿这种关系，就要用具有相等价值的货币进行支付。这种支付无论使用实体的货币方式还是使用传递支付指令的账户划转方式，都有一个传递媒介的通道问题。以传递媒介的通道差异进行分类，支付方式大体上可以分为传统的支付处理方式和现代电子网络的支付处理方式 2 大类。

(1)传统的支付处理方式。这种方式是 20 世纪 80 年代前一直用于银行金融业的支付方式,这种方式发行了各种各样的纸质凭证和票据的支付方式及工具,如信用卡、票据支付(包括支票、汇票、银行本票)、汇兑、托付承收、委托收款等。它的特点是支付指令、价值符号都记录在纸质的实物载体上。因此,该方式资金的传递是通过国家邮局以密押的方式进行,存在支付和结算的周期长、在途资金的占用率高、效率低下、过程和程序复杂、环节多等问题,因而对货币的周转和商品的流通影响大,不利于经济的发展。这种手工与纸质媒介结合的支付结算方式所形成的社会支付与结算体系效率非常低,因此,从 20 世纪 80 年代起,世界各国都在构建自己的现代化支付结算体系,而新的支付体系都是以电子为载体、以网络为通道的社会处理系统,其目标是解决制约经济发展的支付瓶颈问题。

(2)现代电子网络的支付处理方式。20 世纪 80 年代后,利用计算机和通信技术结合的高新技术以及通信和互联网的发展,网络环境作为支付媒介电子传递的通道,具有高效、实时和快捷的特点。各国金融系统都构建起现代化支付结算与清算系统,以实现资金支付结算的高效性。由于电子传递的速度高达每秒 30 万千米,因此,这种方式具有实时、快速和不受地域限制的特点,加上计算机处理的程序化和无差错的特性,并且一次开发终身受用,这种方式必然成为未来社会支付与结算的主要甚至唯一不可替代的方式。电子支付方式主要包括 ATM 转账支付、POS 支付、网上支付、电话支付、移动支付等。

5)按支付渠道进行支付的分类

(1)基于互联网的支付(如网上支付)。包括商业银行的网上银行、中国银联的电子支付 ChinaPay、以支付宝为代表的第三方支付。

(2)基于移动网络的支付(如手机支付)。

(3)基于电话网络的支付(如电话支付)。

(4)基于电视网络的支付(如数字电视)。

(5)基于银行网络的支付(如柜台、POS、ATM、电子汇兑等)。

(6)基于非银行的金融网上支付(如银联等)。

本书中,网上支付指借助于各种网络进行的支付,因此,包括上述所有支付方式。

2.2　支付工具

案例

支付工具更新换代,纸票进入倒计时?

2016 年 6 月 1 日,中国人民银行透过央视《朝闻天下》发布消息称,将用两到三年时间取消现行的纸质汇票,通过电子汇票系统、网上清算系统降低票据业务和资金清算业务的风险。

首先,为什么要取消纸票?新闻中提到,银行票据是一种由银行签发的、可以兑换现金或质押融资的票证,是目前使用最为广泛的支付工具之一,但纸质票据存在较大的欺诈、克隆、复制风险,近年来发生多起单体金额巨大的案件,金额从数亿到数十亿不等!风险当前,需要更好的媒介来解决这些问题。

其次,为什么要用电票?新闻引用了央行支付司司长谢众的话:“电票自从运行以来,还未发生一笔案件或者欺诈。”

那么,取消纸质票据的意义何在?

(1)确保交易安全并最大程度地降低交易成本。资金配置并不因地域限制产生空间成本,也不因安全考虑设置多重手续而产生过多时间成本。在纸质票据环境下,交易安全和交易效率是互相冲突的,但在电子化票据环境下,这些都将不成问题。

(2)融资性票据还是不能放开。票据发行在于承兑,承兑的要求在于真实贸易背景,所以,光票的发行暂时没有放开的可能。

(3)银票发行量将逐渐萎缩并恢复正常。银票的发行和交易量本身就只有很小的市场。承兑费率市场化之后,银行将在承兑环节实现风险和收益的平衡,交易环节将不再有过大的利差空间。

2.2.1 支付工具概述

支付方式往往依托于支付工具,支付工具是传达债权债务人支付指令,实现债权债务清偿和货币资金转移的载体。工具具有社会广泛使用的特点,因此,支付工具一般由有资质的金融机构发行。银行卡是能发起支付指令用于债务清偿或资金转移的标志银行账户的证件,支票、汇票、本票是银行和有资质机构允许发行的真实资金凭证,它们都是用于支付结算的工具。随着技术的进步和支持,出现了在网络环境下的电子支付方式。由于技术的发展和演变,将会产生很多新的以电子为载体的支付工具和支付方式,这是支付工具未来发展的一种潮流和趋势。支付工具的不断创新,为支付提供了多种类的金融产品和社会资金服务方式,这对提高金融机构的服务水平和满足人们对支付服务的需求有着重要意义。

1. 支付工具的发展

支付工具是商品交换和贸易发展到一定阶段的必然产品,支付工具的发展经历了实物支付、信用支付和电子支付3个阶段。

1)实物支付阶段

从实物交换到货币交换的转变是支付技术发生的第一次重要变革,一切商品的价值都集中、统一地表现在一种贵金属商品,如黄金、白银上。贵金属黄金或白银充当了一般等价物——货币,并具有支付工具的职能,这是实物货币(commodity money)阶段。马克思指出:“金银天然不是货币,但货币天然是金银。”以金银作为货币,几乎是所有国家共有的历史阶段。

2)信用支付阶段

支付工具是历史的产物,其形式的变化和发展始终与商品经济和信用制度的发展联系在一起。纸币(paper money)的出现是支付技术发生的第二次重大变革。在信用没有充分发展条件下,纸币是由国家印制、强制发行并代替金属货币使用的价值符号。从由贵金属做后盾的纸币发展到与贵金属无关的纸币,标志着货币形式发展到了一个新的阶段,即信用货币阶段。

3)电子支付阶段

支付系统正在进行着一场变革,电子支付系统正逐渐取代传统支付系统,支付工具和支付手段也在发生变革。一种以电子数据形式存储在计算机中并能通过计算机网络使用的资金被人们形象的称为电子货币。银行卡、电子钱包、网络货币、智能卡、移动支付等工具的出现不仅从支付方式上进行了变革,而且从货币本质上对现代金融理论以及中央银行的货币政策提出了挑战。

2. 支付工具的分类

1)按照使用的介质分类

(1)票据类支付工具。

(2)卡基类支付工具。

2)按照支付工具承担的职能分类

(1)借记支付工具。

(2)贷记支付工具。

(3)其他支付工具。

这三类支付工具的具体情况如表 2-1 所示。

表 2-1　借记、贷记,以及其他支付工具的具体情况

类别	支付工具	使用范围	备注
贷记支付工具	汇兑	用于异地、同城资金的划拨和支付	—
	委托收款	主要用于同城和异地的商业性支付	凭票据委托收款
	托收承付	用于异地商业性支付	—
	定期贷记	用于同城、异地定期支付,如工资和保险金的定期发放	—
借记支付工具	银行汇票	用于异地的商业、消费或其他支付	—
	国内信用证	用于异地商业性支付	—
	银行本票	用于票据交换范围内的商业和个人消费性支出	—
	支票	用于票据交换范围内的商业和个人消费性支出	—
	旅行支票	提供给个人用于异地旅行时的消费性支出	—
	定期借记	用于同城或异地的支付,如房租、水电费、电话费、税款等的收取	—
其他支付工具	商业汇票	用于同城或异地的商业支付	商业承兑或银行承兑
	银行卡	主要用于同城或异地的小额商业、消费性支出	借记卡或贷记卡
	电子支付	卡基支付工具、网上支付和移动支付(手机支付)等	利用通信和网络的支付工具

3)按照支付工具的载体属性分类

(1)传统支付工具。传统的以纸质为载体的支付工具,即票据类的支付工具,包括支票、汇票和本票等。

(2)电子支付工具。如各类银行卡、借记卡、贷记卡、电子货币、电子钱包和手机等。

思政拓展

中国货币发展简史

中国是世界上最早使用货币的国家之一，使用货币的历史长达五千年之久。中国古代货币在形成和发展的过程中，先后经历了五次极为重大的演变：由自然货币向人工货币的演变，由杂乱形状向统一形状的演变，由地方铸币向中央铸币的演变，由文书重量向通宝、元宝的演变，由金属货币向纸币“交子”的演变。

宋代出现纸质货币“交子”，由于时局的变动、防伪技术的不足以及古人金融知识的匮乏等因素，“交子”并未长时间大规模流通，但它的出现是信用货币的开端。明清两代盛行的银票由钱庄作保发行，用于大规模贸易及资金的调动，本质与现代的银行支票类似，不作货币而论。

零散白银作为货币的地位在18世纪由于国外“银洋”的流入而受到冲击。由于零散白银在交易时需要称重、鉴别成色等原因使其远不如“银洋”方便。19世纪末期在中国流通的各国银洋已经有11种之多。1889年张之洞于广东钱局制造了中国第一款银洋，库平银七钱三分，称“龙洋”。之后盛行于民国时期，被称为“袁大头”的银元也自此而始。

在民国时期银元与铜币纸币共同流行。期间就有中国近代史上臭名昭著的法币、金圆券等。因为货币的乱发会造成大幅度贬值，所以纸币是信用货币，它的价值取决于发行单位的信用。在中国，纸币的流行出现在中华人民共和国成立后，稳定的政府才具有发行稳定的信用货币的能力。1948年12月1日，中国人民银行成立并发行了第一套人民币，目前已经发行了五套人民币。

随着互联网时代的到来，我们进入了电子货币时代。现代中国家庭已经不需要持有大量纸币，一部手机就可以轻松搞定任何贸易交易。百度钱包、微信钱包、支付宝、手机银行的使用使我们开启了电子货币的新时代。比特币等数字货币的出现，让我们能够预感到下一个时代的货币潮流走向。货币的价值不但取决于发行单位的信用、发行量，还取决于社会物质的丰富程度，货币本身没有价值，它只是一种媒介。

（资料来源：百度百科《5000年货币发展简史》，https://baijiahao.baidu.com/s?id=1662288056854033344&wfr=spider&for=pc）

2.2.2 传统支付工具

1. 现金支付工具

货币是支付方式产生和出现的最初方式，这里的货币就是现在所说的现金。经济活动中债权债务关系清偿的最初级和简单的形式是使用现金的支付方式，这是整个社会广泛采用的法定支付方式。

货币可分为出口国货币、进口国货币和第三国货币。买卖双方在选择支付货币时必须考虑货币汇价升降的风险，选择有利的货币进行计价和结算。

货币有以下两个特性：第一，货币可自由兑换；第二，货币汇价具有稳定性。因此，出口业务应尽可能使用“硬币”成交；进口业务应尽可能争取使用“软币”成交。

思政要点

什么是“硬货币”和“软货币”

硬币是指从成交至收汇这段时期内汇价比较稳定且趋势上浮的货币，软币指的是从成交至付汇这段时期内汇价比较疲软且趋势下浮的货币。由于结算与签约时的汇率不同，可能出现少收本币(或其他货币)或多付本币(或其他货币)的情况。

例如，某省一企业，从日本引进大型项目，总价和费用都按照日方要求以日元结算，共计320亿日元。1985年6月签约时，汇率为1美金＝247日元，即30亿日元约合1.3亿美元。其后日元不断升值，到1986年4月中旬预付定金时，汇率升值为1美元＝170日元，此时30亿日元约合1.8亿美元，该企业蒙受损失约5000万美元，仅此一项损失占该地区1986年用汇计划的7%。

因此，在国际金融市场上，往往是两种货币互为软硬的，即具有相对性。而且每每都有今日是软币而后成为硬币或相反的情形。因此，在不同的合同中适当地结合使用多种软币和硬币，也可以起到减少外汇风险的作用。

2. 票基支付工具

企业之间的贸易活动，特别是国际贸易中支付工具的最主要工具为金融票据，可以分为汇票、支票和本票。

1)票据概述

(1)票据的概念。票据是以支付金额为目的的证券，由出票人签名于票据上，约定自己或另一人无条件的支付确定金额的可流通转让的证券。随着金融体制改革和银行结算制度改革的深化。我国在20世纪80年代末期建立起了以汇票、本票、支票和信用卡(三票一卡)为主体的新的结算制度，允许票据在经济主体之间使用和流通。尤其是我国在20世纪90年代初建立了社会主义市场经济体制以后，票据得到了普遍的推广和广泛的运用。

(2)票据的特性。①无因性，即持票人无需关心票据生产或转让的原因；②文义性，即票据债务人根据票据上的文字记载履行付款义务；③要式性，即票据的形成、内容以及票据行为必须符合《票据法》的规定；④独立性，即各个票据行为各自独立，不因其他票据行为的无效或有瑕疵而受影响。

(3)票据的作用。票据的使用一般要通过银行买卖、提供信用、融通资金来实现国际间债权债务的结清。票据的作用可以分为三类，即流通作用、信用作用和结算作用。

①流通作用：

可以通过交付(delivery)及背书(endorsement)连续转让，使票据得以广泛流通。

既节省了现金使用，又扩大了流通。

与货币一样，票据可以在流通中实现票据和对价(商品或劳务)的对流。

②信用作用：

票据是建立在信用基础上的书面支付凭证，信用作用是票据最本质的作用。

在国际贸易中，很难同时实现一方交货另一方付款，必然要有一方先履行义务，这一方即为债权人，而另一方则成为债务人。这种债权债务关系的解除可以通过票据的使用得以实现。例如，若买方在卖方发货后2个月付款，则卖方发货后可出具一张远期汇票，经买方承兑后，买方就成为汇票的债务人，承担到期向汇票持有人付款的责任。

若通过票据提供信用的一方是商人，则属于商业信用。若提供信用的一方为银行，则为银行信用。票据的这种信用作用，也使资金融通业务得以发展。

③结算作用：

用票据代替现金收付，可以随时结清国际间的债权债务关系。例如，甲欠乙钱，丙欠甲钱，甲可以签发一张汇票，收款人为乙，付款人为丙，当丙承兑了汇票之后，就意味着甲、乙、丙三者之间全部的债权债务关系得以解除。

2)汇票

(1)汇票的定义。依据《中华人民共和国票据法》的规定，汇票是由出票人签发的，委托付款人在见票时或者在指定日期无条件支付确定金额给收款人或持票人的票据。

(2)汇票的基本当事人包括出票人(drawer)、受票人(drawee)和收款人(payee)，其中，出票人签发汇票，在进出口业务中出票人一般是出口商或银行；受票人又称付款人(payer)，负责接受支付命令并向持票人付款。在进出口业务中，受票人通常是进口人或其指定的银行。收款人即受领汇票所规定金额的人，也称受款人，在进出口业务中，收款人通常是出口人或其指定的银行。

(3)汇票的必要项目。根据票据的要式性特性，各国票据法一般都规定了汇票必须具备的内容，即汇票的要项，如果要项不具备，受票人有权拒绝付款。根据我国票据法规定汇票的必备内容包括表明“汇票”的字样、无条件支付的委托、确定的金额、付款人名称、收款人名称、出票日期以及出票人签章。

(4)汇票的其他项目。付款金额：汇票上的金额必须确定，用金钱表示，大小写一致；付款期限：见票即付、指定日期付款、见票后若干天付款、出票后若干天付款和提单签发日后若干天付款；付款地点。

(5)汇票的种类。

按出票人不同，汇票分为银行汇票(banker's draft)和商业汇票(commercial draft)。银行汇票是银行对银行签发的汇票，一般多为光票。在国际结算中，银行签发汇票后，一般交汇款人寄交国外收款人向指定的付款银行取款。出票银行将付款通知书寄国外付款银行，以便其在收款人持票取款时，核对无误后付款，付款方式中的票汇使用的就是银行汇票。商业汇票是企业或个人向企业、个人或银行签发的汇票。商业汇票通常由出口人开立，向国外进口人或银行收取货款时使用，多为随附货运单据的汇票。在国际结算中，商业汇票使用较多。

按承兑人不同，汇票分为商业承兑汇票(commercial acceptance draft)和银行承兑汇票(banker's acceptance draft)。商业承兑汇票是企业或个人承兑的远期汇票，托收方式中使用的远期汇票(由出口人开立以进口人为付款人的汇票)即属于此种汇票；银行承兑汇票是银行承兑的远期汇票，信用证中使用的远期汇票(银行依照进口商的要求和指示，对出口商发出的、授权出口商签发以银行或进口商为付款人的汇票)即属于此种汇票。

按是否随附货运单据，汇票分为光票(clean bill of exchange)和跟单汇票(documentary bill of exchange)。光票是不附带货运单据的汇票，常用于运费、保险费、货款尾数及佣金的收付；跟单汇票是附带货运单据的汇票，它除了人的信用外，还有物的保证。

按付款时间不同，汇票分为即期汇票(demand draft)和远期汇票(usance bill)。即期汇票是持票人提示付款时付款人立即付款的汇票；远期汇票是在未来的特定日期或一定期限付款的汇票。远期汇票的付款时间主要有 4 种规定方法:①见票后若干天付款,该方式在业务中最常见;②出票后若干天付款;③提单签发日后若干天付款;④指定日期付款。

(6)汇票的使用。汇票的使用流程见图 2-11。

图 2-11　汇票的使用流程

(7)汇票的贴现。

贴现(discount)是指汇票(尚未到期但已承兑的远期汇票)的受让人(银行或贴现公司)根据票面金额扣除贴现利息和相关费用之后,将票款支付给持票人的行为,实际上就是汇票的买卖。

银行或贴现公司在取得汇票后即成为持票人,汇票可以在票据市场上继续流通转让,或在汇票到期日向付款人提示付款。

3)本票

(1)本票的含义。本票是债务人给债权人发出的支付承诺。根据《中华人民共和国票据法》规定:“本票是出票人签发的,承诺自己在见票时无条件支付确定的金额给收款人或持票人的票据。”

(2)本票与汇票的区别。

①自付票据——本票是由出票人本人对持票人付款。

②基本当事人少——本票的基本当事人只有出票人和收款人两个。

③无须承兑——由于本票是由出票人本人承担付款责任,无须委托他人付款,所以,本票无须承兑就能保证付款。

4)支票

(1)支票的含义。

支票是银行存款户向银行签发的无条件支付命令。根据《中华人民共和国票据法》规定:“支票是出票人签发的,委托办理支票存款业务的银行或者其他金融机构在见票时无条件支付确定金额给收款人或持票人的票据。”支票一般分为现金支票和转账支票。支票一律记名,转账支票可以背书转让,支票一经背书即可流通转让,具有通货作用,成为替代货币发挥流通手段和支付手段职能的信用流通工具。

(2)支票的内容。

支票内容包括表明“支票”字样、无条件支付的委托、确定的金额、付款人的名称、出票日期和出票人签字。

(3)支票的种类。

支票分为普通支票、现金支票和转账支票三类。在普通支票左上角划两条平行线的支票为划线支票,划线支票只能用于转账,不得用于支取现金。

(4)汇票、本票与支票的区别。

汇票、本票和支票在当事人、性质、到期日等方面存在不同,具体区别见表 2-2。

表 2-2

内容	汇票	本票	支票
当事人数量	3	3	3
性质	属于委托支付证券	属于自付证券	属于委托支付证券
到期日	除见票即付外,还有定日付款、出票后或见票后定期付款等	除见票即付外,还有定日付款、出票后或见票后定期付款等	见票即付
承兑	远期汇票需承兑	无需承兑	均为即期,无需承兑
出票人与付款人的关系	不必有资金关系	是同一个人	有资金关系,出票人在付款人处有存款
债务人	主债务人在承兑前是出票人,在承兑后是承兑人	主债务人是出票人	主债务人是出票人
追索权	汇票持有人在票据的有效期内,对出票人、背书人、承兑人都有追索权	持有人只对出票人有追索权	持有人只对出票人有追索权
副本	有副本	没有副本	没有副本

3. 卡基支付工具

1)定义及功能

银行卡是指由商业银行(含邮政金融机构)向社会发行的具有消费信用、转账结算、存取现金等全部或部分功能的信用支付工具。

银行卡的功能为转账结算、储蓄功能、汇兑功能和消费贷款。

2)银行卡的分类

(1)按性质分类,银行卡分为贷记卡、准贷记卡、借记卡、复合卡与储值卡。

贷记卡是指发卡银行给予持卡人一定的信用额度,持卡人可在信用额度内先消费、后还款的信用卡。贷记卡是真正意义上的信用卡,具有信用消费、转账结算、存取现金等功能。

准贷记卡是指持卡人须先按发卡银行要求交存一定金额的备用金,当备用金账户余额不足支付时,可在发卡银行规定的信用额度内透支的信用卡。

借记卡(储蓄卡)要求持卡人必须在发卡行有存款。

复合卡是兼具信用卡和借记卡性质的银行卡。

储值卡是指非金融机构发行的具有电子钱包性质的多用途卡种,具有不记名、不挂失的特点。常用的储值卡有 IC 公交卡,餐饮卡等。

在所有的卡基支付工具中,银行发行的借记卡和贷记卡是卡基支付工具的主体。

(2)按信息载体分类,银行卡可分为塑料卡、磁卡和集成电路(IC)卡。

塑料卡以示身份,验明无误后享受信用消费,与计算机无关。

磁卡曾经被银行普遍采用,目前已经逐渐淘汰。

集成电路卡依据卡上是否含有 CPU 和其他元件,可分为存储卡、智能卡和超级智能卡。银行卡中的 IC 卡,通常是指金融 IC 智能卡,这是目前银行普遍推行的卡种。IC 卡的优点有:

安全性高，很难仿制；具有 CPU 和大的存储容量；具有联机处理和脱机处理双重能力；可用作多功能卡。IC 卡的缺点是制造过程比磁卡复杂，成本较高。

2.2.3　电子支付工具

电子支付工具是在电子信息技术发展到一定阶段后产生的新兴金融业务所使用的支付工具，多数依存于非纸质电磁介质而存在，大量使用安全认证、密码等复杂电子信息技术。广义的电子支付工具包括卡基支付工具、网上支付工具和移动支付（手机支付）等。随着电子银行的兴起和微电子技术的发展，电子支付技术日趋成熟，电子支付工具品种不断丰富。电子支付工具从基本形态上看是电子数据，它以金融电子化网络为基础，通过计算机网络传输电子信息的方式实现支付功能，可以方便地实现现金存取、汇兑、直接消费和贷款等功能。这部分内容将在本书第 3 章中进行详细的讲解。

2.3　支付系统

2.3.1　支付系统的概念

支付系统（payment system）是支撑各种支付工具应用、实现资金清算并完成资金最终转移的通道。支付系统是由一系列计算机、网络通信、电子设备等硬、软件构成的设施基础，并与制度安排和人员管理配套整合成的一个复杂的集合体，用来实现和完成整个支付的业务和过程。各种支付工具的支付信息、业务流程和数据信息标准贯穿于支付系统处理的全过程，因此，支付信息传播和资金结算要得到支付系统的有效支持。

支付系统并不是人为构建产生的，而是随着人类经济活动的发生、发展自然形成的。支付系统是伴随着人类商品的生产和交易活动的频繁发生，为提高资金周转和结算的效益，适应于市场对资金结算的高效需求，从而不断地改进、完善而形成的社会支付结算系统。从前面的分析可知，支付是清偿债务关系的一种手段，如果指的是支付系统，那么就不是指一次、两次或可数次的支付和清偿行为，而是社会层面上大量的、天天发生的、频繁进行的支付活动，这些活动都是由支付系统来完成的。在目前的认识层面上，这些支付活动是银行系统的工作，这就是支付系统的行业依托背景。

在电子支付出现前，已经存在一个完善的以银行票据类的支付工具为主的手工操作与邮政汇路结合形成的资金计算与清算的社会系统。该系统支持各类被银行业广泛采用的支付方式和工具，如支票、汇票、本票等以纸质载体为支付工具的结算方式。同时，为了加快资金的周转，提供资金结算服务的银行需要发行便于支付与结算的各类支付工具，而这些支付工具的结算方式一定要配备相应的支撑系统，这就是支付结算系统产生和出现的原因。计算机和网络技术的迅速发展与成熟加速了支付结算系统建设的现代化和电子化进程，提高了支付结算和清算的效益，也提高了电子支付在国民经济中的地位和作用。

如图 2－12 所示，我国社会的支付系统划分为下层支付服务系统和上层支付资金清算系统两个层次。下层系统是商业银行面对广大银行客户，为社会提供支付服务的金融服务系统，是银行与客户联系的窗口，是商业银行与客户之间资金往来和结算的系统，它是我国支付系统中担负为社会提供支付结算服务的骨干系统。上层系统是中央银行为商业银行提供支付清算服务的中国现代化支付系统，是我国支付清算的国家核心系统，是维护金融稳定实施宏观调控的系统，也是重要的国家级的金融基础设施。近年来出现的为社会底层经济主体和个人提供社会支付服务的第三方支付服务组织也有自有的系统，它是我国支付体系的有机组成部分，是中国支付体系的补充。央行、商行、第三方支付服务组织这三层系统是我国支付系统构成的基本现状。在三方的整合和共同作用下，才能有效地完成社会层面上资金的清算结算，并实现支付资金的专业操作。

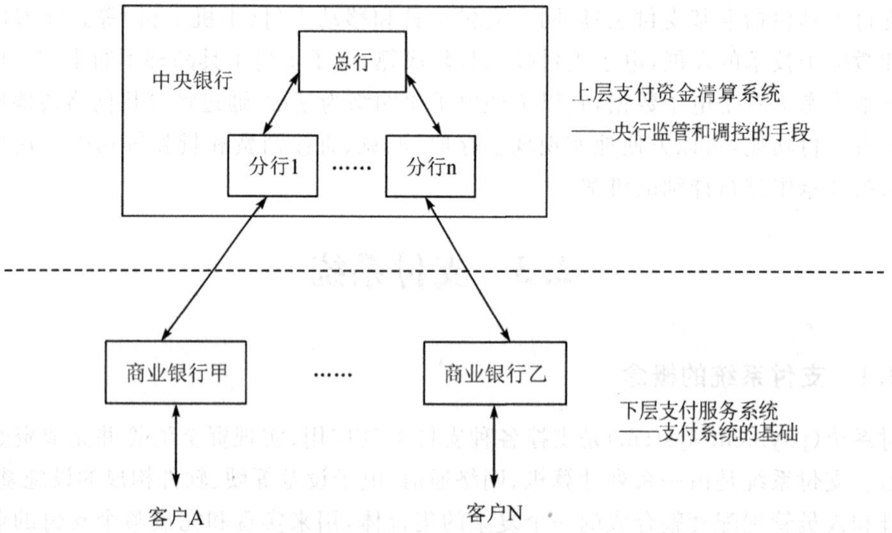

图 2-12　支付系统示意图

2.3.2　支付系统的发展

电子商务是一种全新的商务模式，对传统支付结算模式的冲击很大。传统的支付结算系统都是以手工操作为主，以银行的金融专用网络为核心，通过传统的信道（邮递，电报，传真等）来进行凭证的传递，从而实现货币的支付结算，其中使用的支付工具不论是现金，还是票据都是有形的，在安全性、认证性、完整性、不可否认性上有较高的保障，形成一种比较成熟的管理运行模式，但存在效率低下、成本高等缺点。在电子商务环境下，传统的支付方式已不适应电子化的要求，需要由全新的电子支付方式来代替。由于使用的传输网络、传输协议和支付程序等方面的不同，在实践中衍生出了各种各样的电子支付方式。

电子支付方式经历了五个发展阶段：

第一阶段，银行利用计算机及网络处理银行之间的业务，办理结算。

第二阶段，银行的计算机与其他机构的计算机之间资金的结算，如代发工资等业务。

第三阶段，利用网络终端向客户提供各项银行服务，如为客户在自动柜员机上提供的取存款服务等。

第四阶段，利用银行 POS 向客户提供自动的划账服务，这是电子支付的主要方式之一。

第五阶段，通过 Internet 进行直接转账结算，形成电子商务环境，即网上支付，这是电子支付发展的最新阶段。

电子支付方式可以分为非 Internet 环境下的电子支付和 Internet 环境下的电子支付，电子支付发展的前四个阶段属于非 Internet 环境下的电子支付，而第五阶段属于 Internet 环境下的电子支付，它形成了电子商务的环境，也称之为电子商务的网上支付。网上支付是电子商务的关键环节之一。

我国的支付清算系统从无到有，从简单到完善，大概经历了全国手工联行系统、全国电子联行系统和现代支付系统 3 个重要的发展阶段。

1. 全国手工联行系统

如图 2-13 所示，在全国手工联行系统中，汇票和账本手工记账依然是银行在支付环节的信息载体，用来解决信息流问题；邮政局为银行收发联行信件，但是效率依旧不高，资金在途时间往往在一周以上；至于资金流问题，则由商业银行自行结算和央行统一结算两种方式共同解决。

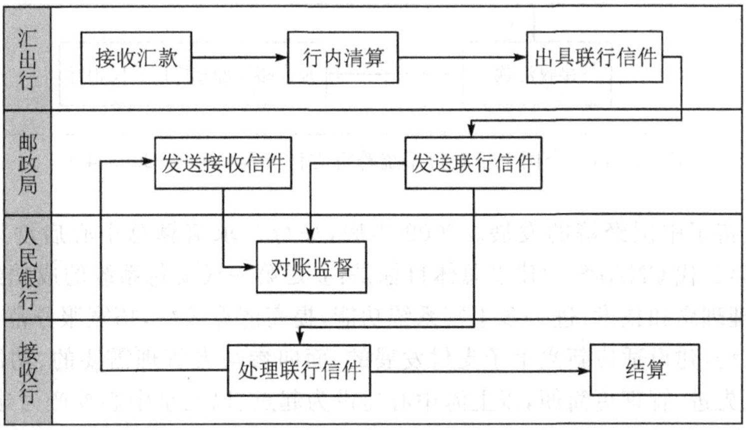

图 2-13　全国手工联行系统支付流程(1949—1977 年)

2. 全国电子联行系统

80 年代末，国务院特批了一条卫星链路连接央行的各城市处理中心，在一定程度上解决了支付信息流传输缓慢的问题。1991 年 4 月 1 日，基于金融卫星通讯网的应用系统——全国电子联行系统(electronic inter-bank system，EIS)开始试运行。EIS 是中国人民银行专门用于处理异地(包括跨行和行内)资金清算和资金划拨的系统，它连接了商业银行、中央银行、国家处理中心(national processing center，NPC)和城市处理中心(city clearing processing center，CCPC)。相比手工联行，支付结算的业务发生在央行的各个城市处理中心，央行总行只负责数据传输。此后，各个银行之间的跨行汇款可以直接通过电子化操作来完成，客户的资金在途时间缩短到了一两天，这也是中国金融系统的一大里程碑。全国电子联行系统跨行支付流程如图 2-14 所示。

3. 现代支付系统

1991 年 10 月，中国开始着手建设中国国家金融通信网(Chinese national financial network，CNFN)和中国现代化支付系统(China national automatic payment system，CNAPS)，这一项目由世界银行提供贷款，由英国 PA 咨询公司承担设计咨询工作。从此，EIS 逐步向 CNAPS 过渡。CNFN 和 CNAPS 的建成意味着中国支付清算步入世界领先行列。

进入 21 世纪，IT(information technology，信息技术)飞速发展，央行的第一代 CNAPS 也开始走上历史舞台，中国的支付清算步入了现代化支付系统 CNAPS 的时代。有了现代支付系统之后，支付结算业务完全发生在央行总行的各个业务系统，实现了对国内资金流动的完全

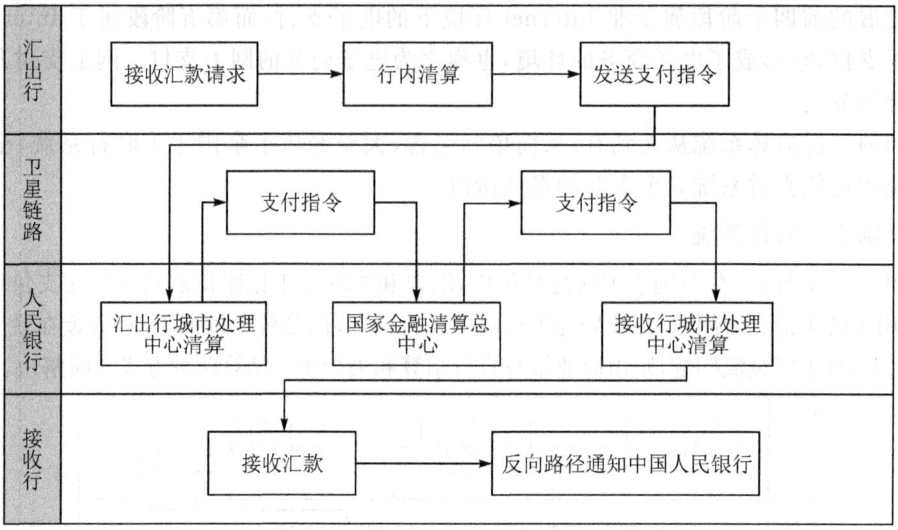

图 2－14　全国电子联行系统跨行支付流程(1989—2005 年)

监控,更好地支持了中国经济的发展。2009 年底,央行要求清算总中心启动第二代 CNAPS 的建设工作。第二代 CNAPS 的建设总体目标是:立足第一代支付系统的成功经验,引入先进的支付清算管理理念和技术;进一步丰富系统功能,提高清算效率,拓宽服务范围,加强运行监控,完善灾备系统,建设适应新兴电子支付发展的、面向参与者管理需要的、功能更完善、架构更合理、技术更先进、管理更简便,以上海中心建设为起点、以北京中心投产为建成的新一代支付系统。第二代支付系统上线后,其他支付系统既可选择单点接入集中清算,又可选择分散接入集中清算,也可继续维持第一代时的多点接入分散清算的模式。

如图 2－15 所示,经过多年的建设,我国支付清算系统总体架构形成,已建成以中国人民银行大、小额支付系统为核心,以银行业金融机构行内业务系统为基础,以票据支付系统、银行

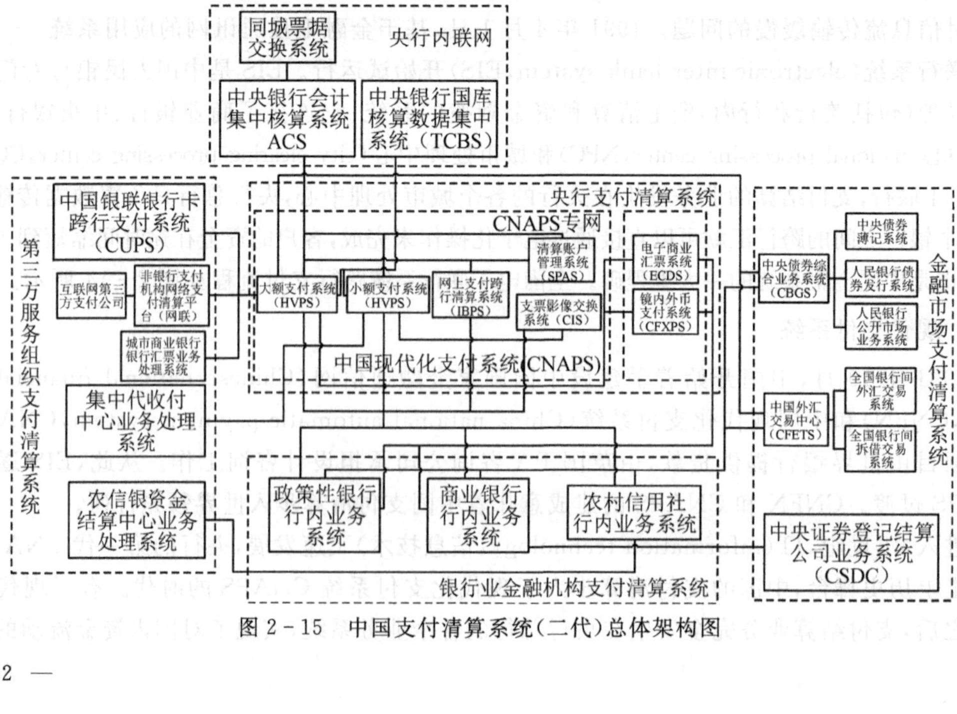

图 2－15　中国支付清算系统(二代)总体架构图

卡支付系统、证券结算系统和境内外币支付系统为重要组成部分，以行业清算组织和互联网支付服务组织业务系统为补充的支付清算体系。各支付清算系统间有机连接、功能互补，对加快社会资金周转、提高支付清算效率、促进国民经济健康平稳的发展发挥着越来越重要的作用。关于中国现代化支付系统的内容，将在本书第 3 章进行详细介绍。

思政要点

CNAPS 在支付清算体系中的核心地位

在整个支付清算体系内，CNAPS 扮演着全国各支付活动参与者资金最终清算的核心、底层系统，其他支付系统通过 CNAPS 完成跨行的资金清算业务，然后再交由银行行内系统或其他支付系统内部完成相关结算或记账账户的资金结算。若称 CNAPS 为支付清算体系的心脏，其他支付清算系统则起到了毛细血管的作用，最终一起互联形成一个有机整体。

思政拓展

中国支付清算体系迭代历程之现代银行的雏形

中国早期没有真正银行产生之前，是怎么处理交易的资金流和现金流的？

最具前沿的当属清道光年间晋商的票号和镖局。道光年间，山西平遥商人就创立了“日升昌”等专门办理汇款业务的票号。当时的票号支持异地汇款业务：客户来日升昌汇款，交了银子之后，票号就开出汇票给客户。与现代银行一样，票号也有总号和分号，客户可以携带汇票或者把票寄给亲人，只要凭票就可以到日升昌全国各地的分号兑出银子，分号给客户兑换之后先记内部账，日后再和总号清算债务。从此之后，商人在城市之间贸易可以不用携带大量的银子。而汇票在不同城市的各个分号之间流转也形成了很多债务，有大量的银子需要周转，镖局专为票号运送银子以及为商人运送票据。因此，在这种模式下，主要采用在汇票和账本上手工记账的方法来解决信息流的问题，通过镖局替票号运送资金来解决资金流的问题。

2.3.3　支付系统参与者

整个支付系统的参与者分为直接参与者、间接参与者和特许参与者 3 类。

1. 直接参与者

直接参与者主要是指各商业银行和中央银行。所有直接参与支付活动的银行分支机构，既是支付交易的最初发起者，也是支付交易的最终接受者。参与支付活动的商业银行因所属管辖银行层次的不同在相应层次的人民银行开设清算账户，而人民银行的上层支付资金清算系统则在整个支付系统中占据核心地位。

2. 间接参与者

间接参与者包括商业银行的客户和通过商业银行代理参与支付系统资金清算和处理的其他金融机构，第三方支付公司是间接参与者中的典型代表。

3. 特许参与者

经中国人民银行批准通过支付系统办理特定业务的机构，在人民银行当地分支行开设特许账户，与当地城市处理中心连接，银联是特许参与者的典型代表。

2.3.4 支付系统的类别

如图 2－16 所示，支付系统的类别与一国支付清算安排的总体结构密切相关。支付系统的模式设计取决于经济与社会生活对支付清算服务的需要程度、金融体系构成及金融基础设施的建设水平。各国通常根据金融市场及金融组织体系的构成，构建具有既定功能、服务于不同领域的支付系统。

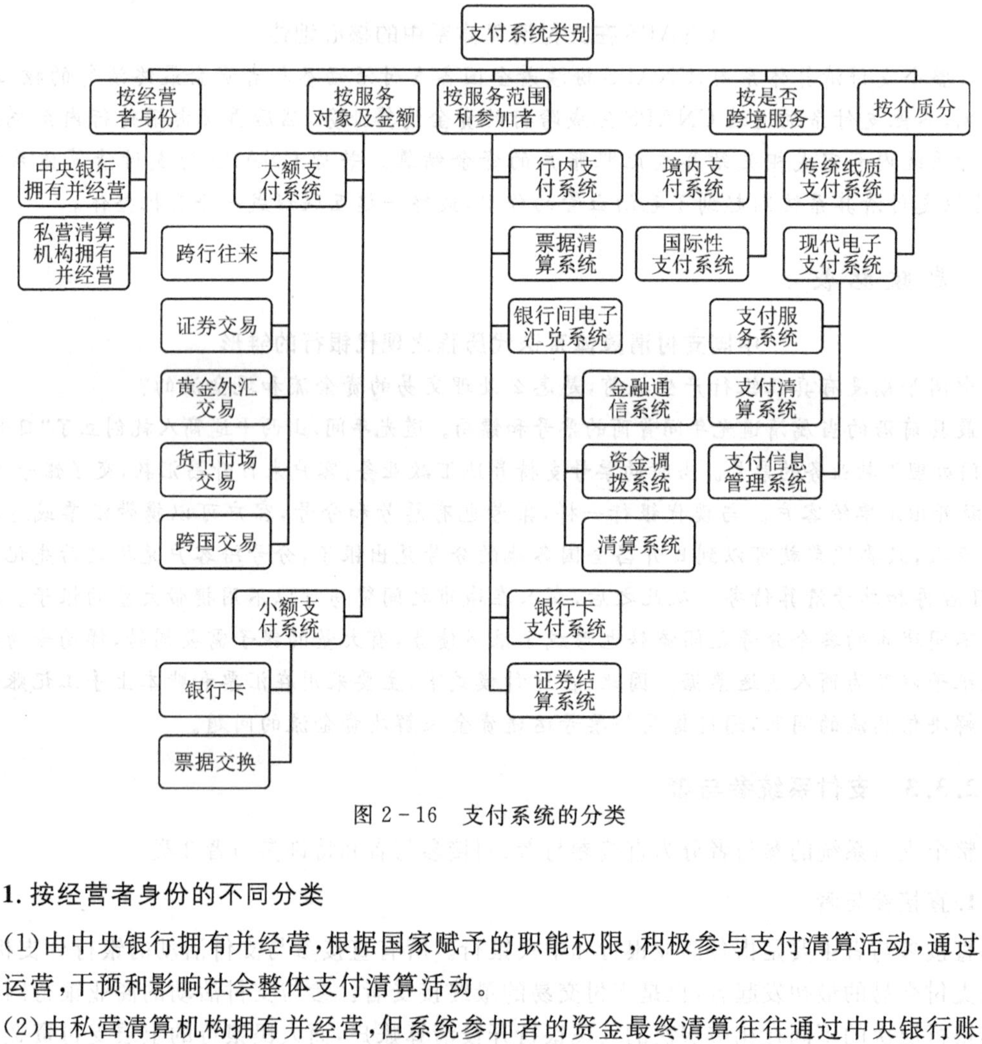

图 2－16 支付系统的分类

1. 按经营者身份的不同分类

(1)由中央银行拥有并经营，根据国家赋予的职能权限，积极参与支付清算活动，通过支付系统运营，干预和影响社会整体支付清算活动。

(2)由私营清算机构拥有并经营，但系统参加者的资金最终清算往往通过中央银行账户进行，而且中央银行采取各种方法对私营清算系统的运行实行监督、审计。

2. 按支付系统的服务对象及金额不同分类

支付系统的专业化分工对于提高所有支付的效率、满足各类支付的既定要求、合理地分摊支付成本极为必要。多数国家按照交易种类、单笔支付金额及支付指令处理时间的紧迫程度等标准，构建了大额实时支付系统(high value payment system，HVPS)和小额批量支付系统(bulk electronic payment system，BEPS)。

1)大额实时支付系统

大额实时支付系统(以下简称“大额支付系统”)主要用来处理跨行往来、证券和金融衍生工具交易、黄金和外汇交易、货币市场交易及跨国交易等引发的债权债务清偿和资金转移,是一国支付清算体系中的主干线,其运行效率直接关系到国际经济与金融活动的顺利进行,中央银行对大额支付系统的建设、运行与管理予以高度重视,并将其与中央银行的另两大职能——制定和执行货币政策、实施金融监管密切相连。

从清算方式的角度划分,大额支付系统可分为全额清算和净额清算两种基本运行模式,而根据系统服务的提供者、时间安排及透支与否等不同,又分为以下四种形式。

(1)中央银行全额、连续、无透支系统。这种系统的典型范例是瑞士国民银行经营的瑞士同业清算系统(swiss imterbank clearing System,SIC)。SIC 是只为银行同行资金转移提供清算服务的系统,是连续系统,随时有命令到来则随时处理,不需要将命令累积到既定处理时间统一处理。如果发送来的支付命令因账户余额不足无法处理,瑞士国民银行会通知接收银行,然后在命令激活后再次通知接收银行,这样接收银行可以随时了解对方的头寸(指投资者拥有或借用的资金数量)情况。命令发送银行也可以随时向瑞士国民银行查询命令执行情况,以便于付款银行在第一时间及时掌握自身头寸情况以进行相应的货币市场头寸调剂。

(2)中央银行全额、连续、有限透支系统。这种系统的典型是美国联邦储备体系经营的联邦电子资金划拨系统(federal electronic funds transfer system,FEDWIRE)。FEDWIRE 是美国支持银行同业清算、记账证券交易及公司间大额交易的大额支付系统,也是通过中央银行货币,即各商业银行(包括外国银行在美国的分行)在联储体系的储备账户存款实现的商业银行间同业清算的主要支付系统。FEDWIRE 与 SIC 一样,也是全额、连续的贷记支付系统,资金的转移也是无条件、不可撤回的。

FEDWIRE 与 SIC 的关键区别在于中央银行能否向商业银行提供信贷便利,如果中央银行不向商业银行提供透支的机会,就会强化商业银行对自身流动性的管理。一般来说,缺乏在透支方面的灵活性会导致支付系统效率下降,造成许多命令无法顺利执行,资金转移无法及时完成。但从风险角度考虑,透支便利的提供使中央银行承担着巨大的信用风险,如果交易过程中一方发生清偿危机,中央银行将要承担全部损失。

(3)中央银行定时差额结算系统。这种系统的典型是日本银行经营的日本银行金融网络系统(the bank of Japan financial network system,BOJ-NET),其清算也是通过中央银行货币转移进行。比较独特的是,BOJ-NET 系统在同一名称下实际上包含两种做法,一种是类似 SIC 的全额、连续、无透支系统,与 SIC 不同的是当用户账户没有足够的资金时,命令会被自动拒绝,不允许命令进入等待状态。另一种是 BOJ-NET 的定时、差额结算系统,它的处理量是全额、连续、无透支系统的 50 倍。该系统在一个营业周期(上午 9 时至下午 5 时)指定四个命令处理时间(分别为上午 9 时,下午 1 时,下午 3 时及下午 5 时),在两个指定时间内对收到的支付命令进行差额计算,在指定时间对差额资金进行划拨,划拨是以全额方式进行。

(4)私营多方差额清算系统。该系统的典型是纽约清算所协会经营的清算所同业支付系统(clearing house interbank payment system,CHIPS)。纽约清算所协会是一个由纽约 13 家纽约货币中心银行组成的私营清算机构,参加 CHIPS 的单位可以是纽约的商业银行、投资公司及外国银行在纽约的分支机构等,CHIPS 把参加系统的用户划分为清算用户及非清算用户,只有清算用户才能直接使用系统进行资金转移,非清算用户要使用 CHIPS,必须要委托某清算用户作为代理。

2)小额批量支付系统

小额批量支付系统是与社会经济与消费活动紧密交融、分布广且种类多的支付系统，其服务对象主要是工商企业、个人消费者、其他小型经济交易的参与者，服务对象数目众多，支付处理业务量大，但每笔交易金额较小，支付比较分散，拥有广阔的服务市场，系统必须具有极强的支付处理能力，一般由各国的银行组织、私营清算机构经营，多采用批量处理、净额结算方式。

3. 按照支付系统服务的范围和参加者的不同分类

(1)行内支付系统。银行为处理各分支机构之间的汇兑往来和资金清算，通常建有行内支付系统。

(2)票据清算系统。票据交换主要用于同城(地)的跨行清算，票据交换所(票据清算所)是票据清算系统运行的中介机构。有些国家由中央银行负责组织、管理，有些国家则由私营清算所或金融机构联合主办，但票据交换的资金清算一般通过各银行在中央银行开立的账户完成。

(3)银行间电子汇兑系统。电子汇兑系统泛指银行之间各种资金调拨作业系统和清算作业系统，是银行之间的资金转账系统。电子汇兑系统主要划分为金融通信系统、资金调拨系统和清算系统。电子汇兑系统涉及金额大、风险高，要保证系统的安全性、准确性和时间性，以利于整个社会经济生活顺利运转。

(4)证券结算系统。证券结算系统专门用于证券市场交易以及金融衍生产品交易的工具交割和资金清算，其运行质量对货币市场和资本市场效率具有直接影响。比较理想的设计模式即所谓的券款对付(delivery versus payment，DVP)安排，是指债券交易达成后，在双方指定的结算日，债券和资金同步进行相对交收并互为交割条件的一种结算方式，即实现证券交割和资金清算的同步电子化。由于证券交易金额规模巨大，资金转移流动瞬息万变，故证券结算系统多为大额支付系统。为了规避大额支付系统风险、提高资金流动性管理水平，许多国家已采用了目前最具优势的实时逐笔全额交收(real time gross settlement，RTGS)模式，中央银行对证券结算系统的运行效率予以高度关注。

(5)银行卡支付系统。银行卡支付系统是指不同银行之间进行资金划转和结算的业务系统，通过银行卡等支付工具进行支付交易。这一系统业务的基本原理是通过一定的网络和技术手段，使得不同银行的银行卡可以在不同的支付终端进行支付和结算。可以完成跨行转账、跨行支付、跨境支付等业务。以我国为例，我国的“金卡工程”始于 1993 年，在此后 8 年中，各家商业银行参与建立全国 18 家银行卡信息交换中心。2002 年，中国人民银行在先后组织建立了 18 家城市银行卡交换中心和银行卡信息交换总中心的基础上，批准成立中国银联(China UnionPay)负责建设运营统一的全国跨行交易网络，制定业务规则和技术标准，发挥卡组织的行业协调作用。中国银联成立后，银行卡联网通用的范围和质量都提升到一个新的水平，为各商业银行加速发展银行卡业务提供了可靠的制度保障。如中国银联银行卡跨行支付系统是专门处理银行卡跨行交易转接及资金清算的系统，该系统合并了 18 家银行卡信息交换中心，组建为全国性的银行卡交易转接平台。银联跨行交易系统是我国银行卡产业发展的核心，该系统底层通过人民银行大额支付系统进行资金划拨，实现了银行卡交易指令、资金清算的快速实现。依托银联跨行交易系统，银行卡及收单产业迅速发展，成为我国万亿产业集群之一。

4. 按支付系统服务跨境与否分类

(1)境内支付系统。境内支付系统主要处理一国境内各种经济和消费活动所产生的债权债务所引发的本币资金支付与清算。

(2)国际性支付系统。跨国支付系统是实现资金跨国转移的国际性金融安排，不同于国内支付系统。现代国际结算业务已逐步发展为集支付、融资、担保及相关配套服务于一体的综合性跨国银行业务，跨国支付系统即成为各国银行业务往来的实施载体；跨国支付既是一项银行业务，也是一种跨国经济行为，在世界经济活动中占有重要位置；跨国支付活动中的风险防范是所有参与者及跨国金融业监管所面临的重要课题。国际性支付系统大致有两种类型：一类是由某国清算机构建立并运行的支付系统，另一类是由不同国家共同组建的跨国支付系统。

2.4　支付体系

支付体系是国家金融基础设施和金融体系的重要组成部分。随着我国经济的改革和发展，支付体系在金融体系中的地位和作用日益突出，在促进金融工具创新、提高金融服务水平、提高资源配置效率、稳定金融秩序等方面发挥着重要作用。

2.4.1　支付体系的概念

支付体系是为实现和完成各类支付活动所做的一系列法规制度性安排和相关基础设施安排的有机整体。它包括对传达支付指令的支付工具和支持支付工具运用的支付系统，以及为确保货币资金流通的一系列法规制度安排和基础设施安排。

支付体系是一国金融市场的核心基础设施，它将一国货币市场、债券市场、股票市场、外汇市场和离岸市场等金融市场紧密联结起来。支付体系通过严谨的法规制度和设施安排，向银行业和社会提供资金运行的工具和通道，提供快捷高效安全的支付结算服务，满足金融活动和社会经济活动的需要。因此，安全、高效的支付体系对于加强货币政策的畅通传导，加强各金融市场有机联系，维护金融稳定，推动金融工具创新，提高资源配置效率等具有十分重要的意义。

2.4.2　支付体系的构成

如图 2－17 所示，支付体系主要由支付工具、支付服务组织、支付系统、支付监督管理、支付法规制度等要素组成。

1. 支付体系的组成要素

1)支付工具

支付工具是传达债权债务人支付指令，实现债权债务清偿和货币资金转移的载体。收付款人的支付指令通过支付工具传达至开立资金账户的金融机构，开户金融机构将按照支付指令的要求办理资金转账。

按照发展时间来看，支付工具可以分为传统支付工具和现代支付(电子支付)工具。传统支付工具主要包括现金和票据(汇票、本票和支票)，现代支付工具有银行卡、智能卡、电子钱包、电子票据和手机等。支付工具的选择取决于交易金额、交易序贯、交易风险和交易价格等因素。

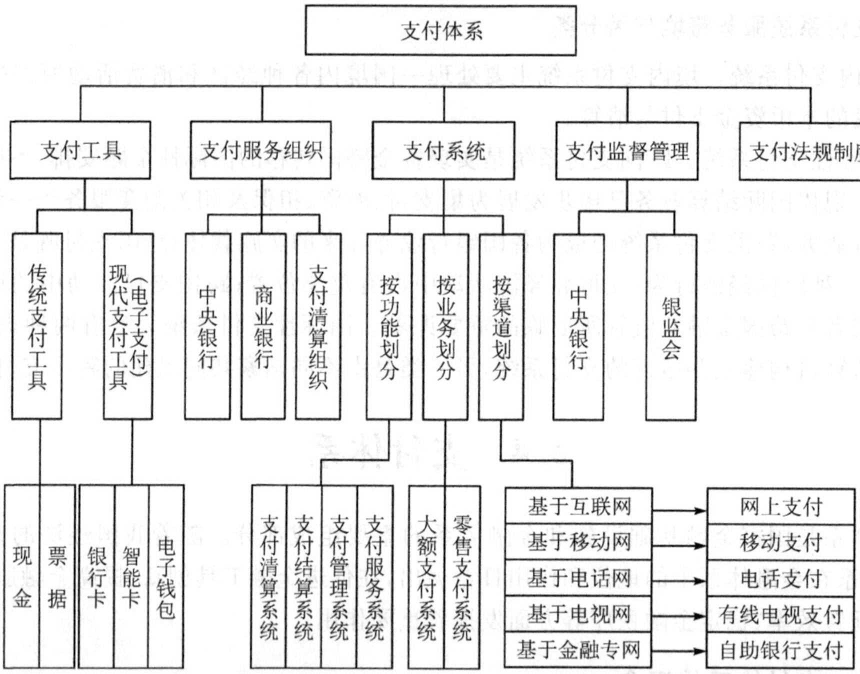

图 2-17 支付体系的构成

注：图 2-17 中的网上支付是一种狭义的网上支付，本书中所指的网上支付则为广义的网上支付，包含图中基于互联网、移动网、电话网、电视网、金融专网各种网络的支付系统。

目前，经济的发展使电子支付工具成为实现货币全转移日益重要的手段，支付工具的流动性和便利性在很大程度上影响着货币流通速度。另外，一些信用支付工具不仅是货币转移媒介，还是货币市场中非常重要的金融产品，它们在货币市场中发挥着优化资金配置、灵活流动性管理和畅通货币政策传导等重要作用。

2）支付服务组织

支付服务组织是指向客户提供支付账户、支付工具和支付服务的金融机构，以及为这些机构运行提供清算和结算网络服务的支付清算组织。支付服务组织是提供支付服务的市场主体，包括中央银行、商业银行和支付清算组织等。

(1)中央银行。中央银行是银行间资金转移等支付服务的法定提供者，商业银行等金融机构之间发生的资金往来或应收、应付款项业务通常通过开立在中央银行的结算账户办理。中央银行除了提供行间结算服务外，还制定与支付结算业务相关的规章制度，并维护支付结算秩序。

(2)商业银行。商业银行直接面向客户，拥有众多服务网点，服务面涵盖城乡各个角落，为单位和个人提供各种类型的支付产品和支付服务，包括柜台交易形式的支付工具和非柜台交易形式的银行卡、自动取款机以及网上银行、手机银行等新兴的电子化产品和服务。商业银行的支付服务是社会商品和劳务交易的媒介，是连接单位和个人经济活动与货币资金运动的纽带。

(3)支付清算组织。支付清算组织是指提供支付信息转接和交换以及数据清分、汇总的非银行金融机构或非金融机构，包括票据交换所、邮政汇兑服务机构，以及从事银行卡数据交换的网络公司或第三方服务商，从事证券交易或外汇交易数据清分交换的机构等。支付清算组织是支付服务市场重要的补充力量，在支付服务市场技术进步、服务创新方面发挥着积极作用。

3)支付系统

支付系统是支撑各种支付工具应用、实现资金清算并完成资金最终转移的通道。各种支付工具的支付信息、业务流程和数据信息标准贯穿于支付系统处理的全过程，因此支付信息传输和资金结算需要得到支付系统的有效支持。

根据处理业务的不同特点，支付系统可以分为大额支付系统和零售支付系统；根据功能的不同，支付系统可以分为支付清算系统、支付结算系统、支付管理系统和支付服务系统；根据支付渠道的不同，支付系统分为基于互联网的网上支付、基于电话网的电话支付、基于电视网的有线电视支付和基于金融专网的自助银行支付。

目前，我国已建成了以人民银行大额实时支付系统、小额批量支付系统为中枢，以银行业金融机构行内业务系统为基础，以票据支付系统、银行卡支付系统、证券结算系统和境内外币支付系统为重要组成部分，以行业清算组织和互联网支付服务组织业务系统为补充的支付清算网络体系。

4)支付监督管理

支付监督管理是在一系列相关法规制度的约束下，综合运用经济、法律和行政手段对支付结算活动实施监督管理的行为。这些法规制度主要包括立法机构、管制机构制定的规范，管理支付程序和支付行为的法律法规、规章制度和标准，以及关于支付工具和支付服务的定价、市场惯例、合同安排和规则等。

中央银行承担着对支付市场、支付服务组织和支付业务的监督管理职能。国际上各国中央银行对支付结算的监督管理一般由以下三个层次组成。

(1)法律依据。通常各国立法机构会通过立法明确规定中央银行在支付体系中的地位和作用，明确中央银行是支付体系的运营者、监管者和支付体系发展的促进者。

(2)中央银行实施支付结算监督管理的法规和政策。中央银行会同相关的立法机构制定有关支付程序和支付行为的法律规定，以规范支付结算行为。中央银行一般也会根据本国实际情况制定监督管理规定。

(3)支付市场和支付服务组织在长期的发展过程中形成的约定俗成的规则和惯例。在支付市场参与者间会自愿签署并遵守相关协议和规则，从而形成相对合理的支付市场秩序。在我国，除了央行外，进行支付监督管理的机构还包括银监会，银监会主要负责对支付结算业务的日常管理和具体违法行为的处罚。中国人民银行负责支付结算规则的制定和支付结算市场的准入，作为清算系统的组织者为金融机构提供支付清算服务和对金融机构之间的资金清算行为进行监督。

思政要点

中国的中央银行——中国人民银行

中央银行(central bank)是国家中居主导地位的金融中心机构,是国家干预和调控国民经济发展的重要工具,负责制定并执行国家货币信用政策,独具货币发行权,实行金融监管。

中国人民银行(People's Bank of China,PBC),简称央行,是中华人民共和国的中央银行,是国务院组成部门。在国务院领导下,央行负责制定和执行货币政策,防范和化解金融风险,维护金融稳定。

1948年12月1日,在河北省石家庄市,中国人民银行在华北银行、北海银行、西北农民银行的基础上组建而成。1983年9月,国务院决定中国人民银行专门行使中国国家中央银行职能。1995年3月18日,第八届全国人民代表大会第三次会议通过了《中华人民共和国中国人民银行法》(简称《中国人民银行法》),至此,中国人民银行作为中央银行的地位以法律形式确定下来。

中国人民银行根据《中国人民银行法》的规定,在国务院的领导下依法独立执行货币政策,履行职责,开展业务,不受地方政府、社会团体和个人的干涉。

5)支付法规制度

支付法规制度是指规范支付服务组织、支付工具、支付系统、支付结算监督管理的法律法规和行政规章。目前主要包括《中国人民银行法》、《商业银行法》、《票据法》、《票据管理实施办法》、《支付结算办法》、《人民币现金管理条例》、《金融违法处罚条例》、《人民币银行结算账户管理办法》、《电子支付指引》、《大额支付系统业务处理办法》、《大额支付系统业务处理手续》等。

2. 支付体系各组成部分之间的关系

支付工具、支付系统和支付服务组织属于支付体系中的基础设施安排,而支付监督管理和支付法规制度则属于支付体系前3个要素的整体制度性保障。支付体系的5个组成部分是密不可分、相辅相成的有机整体。支付工具是支付的载体;支付工具的交换和传递贯穿于支付系统处理的全过程,其清算和与结算通过支付系统进行;支付服务组织是支付工具和支付系统的提供者;支付结算监督管理和法规制度等是防范支付风险、保障支付过程的安全和效率、维护整个金融体系安全稳定所必需的。支付体系这5个部分的有机结合和平稳运行为一国经济金融的健康发展奠定了基础。

本章小结

本章首先介绍了支付、结算、清算的相关概念。支付是社会经济活动引起的债权债务清偿及货币转移行为,包括交易、结算和清算三个过程,支付活动分为三类:单一债权债务关系的支付活动、有债权债务关系但无清算的支付活动、有债券债务关系且需清算的支付活动。

支付方式主要分为传统支付方式和电子支付方式,支付方式经历了一系列的变革,由传统支付方式,经过初期网上银行支付,逐步发展到网上银行支付、电话支付、移动支付、第三方支付等多种电子支付方式并存。支付工具根据其发展历程可以分为传统支付工具和现代支付工具(电子支付工具),前者包括现金、票据等,后者包括银行卡、智能卡、电子钱包、电子票据、手机等。

支付系统是支撑各种支付工具应用、实现资金清算并完成资金最终转移的通道。支付系统的类别与一国支付清算安排的总体结构密切相关，根据金融市场及金融组织体系构成，建设功能不同、服务于不同领域的支付系统。支付体系作为国家重要的金融基础设施和金融体系的重要组成部分，主要由支付法规、支付工具、支付服务组织、支付清算系统、支付体系监管等部分组成，各个组成部分之间相辅相成，各自发挥作用。

思考题

1. 描述清算和结算的关系。
2. 分析本章中支付方式分类方法的科学性。发展至今，是否有新的分类方法？
3. 广义的电子支付工具包括哪些工具？和传统的支付工具相比，具有哪些优势？
4. 如何理解中国现代化支付系统具有的中流砥柱的重要作用？
5. 我国支付清算体系的结构是什么？各要素的作用是什么？
6. 举例说明中国已经在应用的电子支付方式和存在的问题。

拓展阅读

术语中英文对照

第3章　电子支付基础

内容提要

电子支付是依赖于网络技术的支付。随着互联网络的发展，电子支付产生了许多不同的模式。本章在介绍电子支付相关概念和电子支付工具的基础上，对电子支付的各种支付方式进行了专门介绍。电子支付系统是电子商务系统的重要组成部分，本章通过分析电子支付系统的构成和功能，来加深学生对传统电子支付系统与网络支付系统的特点与差别的理解，并对具有国内代表性的和国际代表性的电子支付体系分别进行了介绍。

学习目标

- 掌握电子支付的划分基础及主要类型。
- 理解电子支付与网络支付的关系。
- 了解电子支付工具及其主要特点。
- 了解银行卡在线支付的两种模式，掌握它们的主要优缺点。
- 了解电子支付系统的构成和功能。
- 掌握中国现代化支付系统的组成和结构。
- 了解 SWIFT 和 CHIPS 的主要服务。
- 理解电子货币的含义及主要类型。
- 基本概念：电子支付、网络支付、电子支付工具、电子货币、电子现金、电子票据、EFT、SSL、SET、电子支付系统。

思政目标

- “小支付”背后有“大课堂”，帮助学生树立起中国特色社会主义的互联网金融理论自信，培养学生的爱国主义思想和民族自信心。
- 通过与国际行业发展现状对比，在感受国家改革发展巨大成就的同时，进一步提升大学生的中国自信。
- 深刻领悟“科技强国、网络强国、智慧社会”等新时代科学内涵。
- 关注行业热点，彰显大国风范，拓宽国际视野。

开篇案例

3.1　电子支付概述

3.1.1　电子支付的基本概念

1. 电子支付的定义

电子支付是支付命令发送方把存放于商业银行的资金，通过一条线路划入收益方开户银行，以支付给收益方的一系列转移过程。中国人民银行发布的《电子支付指引（第一号）》中给出的定义是：电子支付是指单位、个人直接或授权他人通过电子终端发出支付指令，实现货币支付与资金转移的行为。

电子支付从基本形态上看是电子数据的流动，它以金融专用网络为基础，通过计算机网络系统传输电子信息来实现支付。按照电子支付指令发起方式，电子支付可以分为网上支付、电话支付、移动支付、销售点终端交易、自动柜员机交易和其他电子支付。按照支付指令的传输渠道，电子支付可以分为卡基支付、网上支付和移动支付（见图 3－1）。

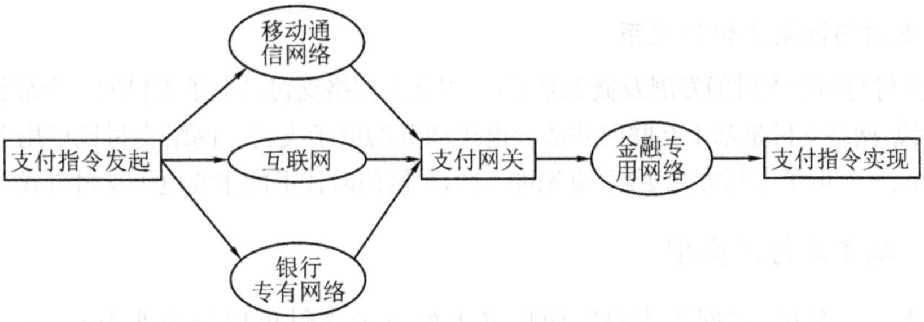

图 3－1　基于支付指令传输渠道划分的电子支付

2. 电子支付的特点

与传统的支付方式相比，电子支付具有以下特征。

(1)数字化。电子支付是采用先进的技术通过数字流转来完成信息传输的，其各种支付方式都是采用数字化的方式进行款项支付的；而传统的支付方式则是通过现金的流转、票据的转让及银行的汇兑等物理实体的流转来完成款项支付的。

(2)Internet 平台。电子支付的工作环境是基于一个开放的系统平台（即互联网），而传统支付则是在较为封闭的系统中运作。

(3)通信手段。电子支付使用的是最先进的通信手段，如互联网、Extranet，而传统支付使用的则是传统的通信媒介，其对软、硬件设施的要求很高，一般要求有联网的微机、相关的软件及其他一些配套设施，而传统支付则没有这么高的要求。

(4)经济优势。电子支付具有方便、快捷、高效、经济的优势。用户只要拥有一台可上网的 PC(personal computer，个人计算机)，便可足不出户，在很短的时间内完成整个支付过程。支付费用仅相当于传统支付的几十分之一，甚至几百分之一。特别是网上支付可以完全突破时间和空间的限制，可以满足 24/7(每周 7 天，每天 24 小时)的工作模式，其效率之高是传统支付望尘莫及的。

(5)安全性与一致性。支付的安全性是指保护买卖双方不会被非法支付和抵赖，一致性是指保护买卖双方不会被冒名顶替。电子支付系统和现实的交易情况基本一致，而网络支付协议充分借用了尖端加密与认证技术，其设计细致、安全、可靠。所以，电子支付远比传统的支付结算更安全可靠。

3.1.2 电子支付与网络支付的关系

包括一些电子支付方式在内的传统的网络支付结算方式，很大程度上不能满足随时随地、低成本、易用自助、个性化与大量的即时在线支付等特征。基于 Internet 的即时网络支付是电子商务的关键环节，高水平电子商务发展的需求直接导致网络支付结算的兴起。

1. 网络支付

网络支付，也称网上支付、网络支付与结算，其英文名称为 Internet Payment 或 Net Payment，是指以金融电子化网络为基础，以各种电子货币为媒介，通过计算机网络特别是 Internet 以电子信息传递的形式实现流通和支付功能。可以看出，网络支付带有很强的 Internet 烙印，且愈发如此。网络支付是基于 Internet 的电子商务的核心支撑流程，网络支付利用开放的互联网网络平台，利用数字信息传输来处理资金流动。网络支付的安全，取决于执行安全电子交易控制的开放性标准和安全电子交易协议。网络支付是在线转账、付款和资金结算，电子商务、网络金融业务的关键环节和基础条件。

2. 电子支付与网络支付的关系

从电子支付与网络支付的发展及概念来看，可以认为网络支付是电子支付的一个最新发展阶段和创新，也就是说，网络支付是基于互联网并适合电子商务的电子支付。网络支付比信用卡、ATM 存取款、POS 支付结算等电子支付方式更新、更先进一些，是网络时代里的主要电子支付方式。

3.1.3 电子支付的类型

狭义的电子支付即为"网上支付"，而广义上的电子支付可以分为非 Internet 环境下的电子支付和 Internet 环境下的电子支付。当前流行的电子支付类型主要是以支付指令在用户和电子支付机构之间或相互之间的流转方式来进行分类，分为网上支付、电话支付、移动支付、销售点终端交易、自动柜员机交易和其他电子支付等。

1. 基本类型

如图 3-2 所示，线上支付可以分为五种类型，包括网络银行、非金融支付机构、移动支付、虚拟货币和其他形式。

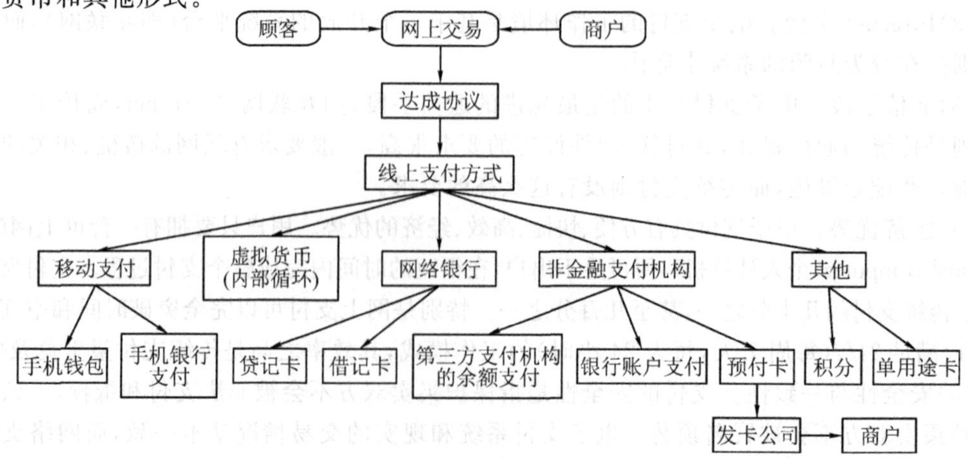

图 3-2 线上支付分类图

2. 网络银行支付

网络银行是传统银行电子化、网络化转型的一种新形态，图 3-3 反映了网络银行(含支付网关代理)的支付流程，网络银行的具体内容将在本书第 4 章进行详细介绍。

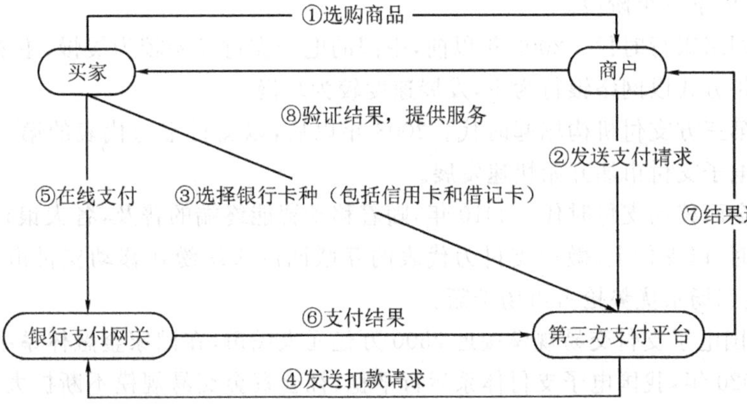

图 3-3　网络银行(含支付网关代理)的支付流程

3. 非金融机构支付

非金融机构支付(又称第三方支付)的特点是绑定银行账户，其支付流程如图 3-4 所示。买家、商户、第三方支付机构、网上银行是电子支付中的四个主要参与者。而从支付流程的角度来看，主要包括支付账户开户、指令执行、支付完成三个阶段。第三方支付的具体内容将在本书第 5 章进行详细介绍。

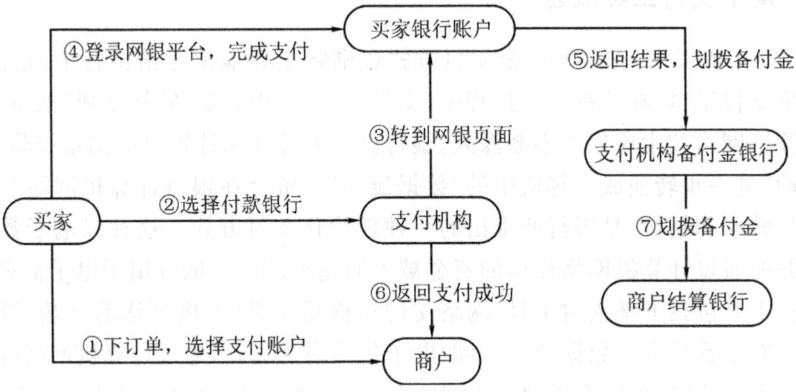

图 3-4　第三方支付：绑定银行账户的支付流程

4. 移动支付

移动支付是使用移动设备通过无线方式完成支付行为的一种新型的支付方式。移动支付所使用的移动终端主要是手机，还可以是 PDA(personal digital assistant，个人数字助理)、移动 PC 等。关于移动支付的具体内容将在本书第 6 章进行详细介绍。

5. 传统电子支付

在传统的电子支付系统中，应用比较广泛的主要有 ATM 系统、POS 系统、电话银行系统及电子汇兑系统，这部分内容在 3.3 电子支付系统中会进行详细讲解。

3.1.4 电子支付的发展概况

虽然我国电子支付发展起步较晚，但却有着极为迅猛的发展势头。我国电子支付产业的发展大致经历了以下三个阶段。

第一阶段：网络银行时代。2003 年以前，中国的电子支付发展较为缓慢，主要参与方为各大银行机构，支付方式以网络银行为主，发展速度较为缓慢。

第二阶段：第三方支付机构崛起时代。2003 年以后，以支付宝为代表的第三方支付机构涉足支付业务，电子支付市场开始快速发展。

第三阶段：全面移动支付时代。2010 年，随着移动智能终端的普及，各大银行开始推出手机银行 App，同时，以支付宝、微信支付为代表的互联网巨头纷纷在移动支付市场发力，依靠其强大的线上生态场景优势抢占市场份额。

2016 年，我国电子支付交易规模接近 2500 万亿元人民币，在国家金融体系中占据了举足轻重的地位。2020 年，我国电子支付体系运行平稳，社会资金交易规模不断扩大，支付业务量保持稳步增长态势。银行共处理电子支付业务 2352.25 亿笔，金额 2711.81 万亿元。其中，网上支付业务 879.31 亿笔，金额 2174.54 万亿元，同比分别增长 12.46%和 1.86%；移动支付业务 1232.20 亿笔，金额 432.16 万亿元，同比分别增长 21.48%和 24.50%。

3.2 电子支付工具

3.2.1 电子支付工具概述

20 世纪 70 年代以来，支票和现金支付方式逐渐将主导地位让给银行卡、信用卡、电子支票等各种网络支付工具，在这种转换过程中，支付过程的“现金流动”转变成“票据流动”。伴随着银行对计算机网络技术应用的不断深入，银行已经能够利用计算机应用系统将上述“现金流动”“票据流动”进一步转换成计算机中的“数据流动”。资金在银行计算机网络系统中以电子数据方式进行转账和划拨，是银行业推出的一种现代化支付方式。这种以电子数据形式存储在计算机中并能通过计算机网络使用的资金被人们越来越广泛地应用于电子商务中。

电子支付工具包括卡基支付工具、网络支付和移动支付(手机等移动终端)等。电子支付工具从基本形态上看是电子数据，它以金融电子化网络为基础，通过计算机网络以传输电子信息的方式实现支付功能，可以方便地实现现金存取、汇兑、直接消费和贷款等功能。

卡基支付工具通俗地说就是我们日常生活中广泛使用的银行卡。卡基支付是指付款人通过各种交易发起方式，以卡片(或磁条卡、芯片卡等)的形式，向收款人转移其可以接受的对发卡主体(包括银行、信用卡公司或其他发卡机构等)的货币债权，该货币债权以存款的形式存储在卡片内。支付媒介即为对发卡主体所享有的货币债权，其发起和接受方式涵盖 ATM、POS、手机和 Internet 等。

电子钱包性质的储值卡基本上是由非金融机构发行的。在我国的很多城市，卡基电子货币可用于公共交通、餐饮连锁店等。卡基电子货币预计将越来越多地用于公共交通、高速公路收费、汽车租赁、旅游集散地、停车场、加油站及超市，并可能扩大到公用事业收费等。储值卡的资金清算，由发行者为商户提供交易数据处理服务，并借助银行完成发行者与商户之间的资金划转。

网络支付是指人们通过互联网完成支付的行为和过程，通常情况下仍然需要银行作为中介。在典型的网络支付模式中，银行建立支付网关和网络支付系统，为客户提供网络支付服务。网络支付指令在银行后台进行处理，并通过传统支付系统完成跨行交易的清算和结算。在传统的支付系统中，银行是系统的参与者，客户很少主动地参与到系统中；而对于网络支付系统来说，客户成为系统的主要参与者，这从根本上改变了支付系统的结构。常见的网络支付模式有网银模式、银行支付网关模式、共建支付网关模式和第三方支付模式。

移动支付是资金债权债务清偿中任何一方通过移动方式接入进行清偿的一种支付方式，是指支付方为了购买某种实物或非实物形式的产品、服务，使用手机、PDA 等移动终端通过移动通信网络，用数据流的方式实现支付方与受付方之间货款金额转移的过程。移动支付应该属于电子支付与网络支付的范畴，是在它们基础上的支付手段和方式的更新。移动支付可以提供的金融业务种类繁多，包括商品交易、缴费、银行账户管理等，使用的终端可以是手机、具有无线功能的 PDA、移动 POS 或者移动计算机等设备。由于目前国内外的移动支付业务基本上都是在手机终端上开展，并且手机用户数量占绝大多数，因此也有人将移动支付叫做手机支付。移动支付存在多种支付形式，根据不同的标准有不同的分类，在本书第 6 章会作具体说明。

3.2.2 常见的电子支付工具

随着计算机技术的发展，可用的电子支付工具越来越多。如图 3－5 所示，常见的电子支付工具有：电子货币类，如电子现金、电子钱包等；银行卡类，包括信用卡、借记卡等；智能卡类，包括各种金融 IC 卡、电话卡等；电子票据类，如电子支票、电子汇款、电子划款等；以及第三方支付工具和手机等移动工具。这些方式各有特点和运作模式，适用于不同的交易过程。下面对银行卡、智能卡、电子现金、电子钱包和电子票据等进行详细介绍。

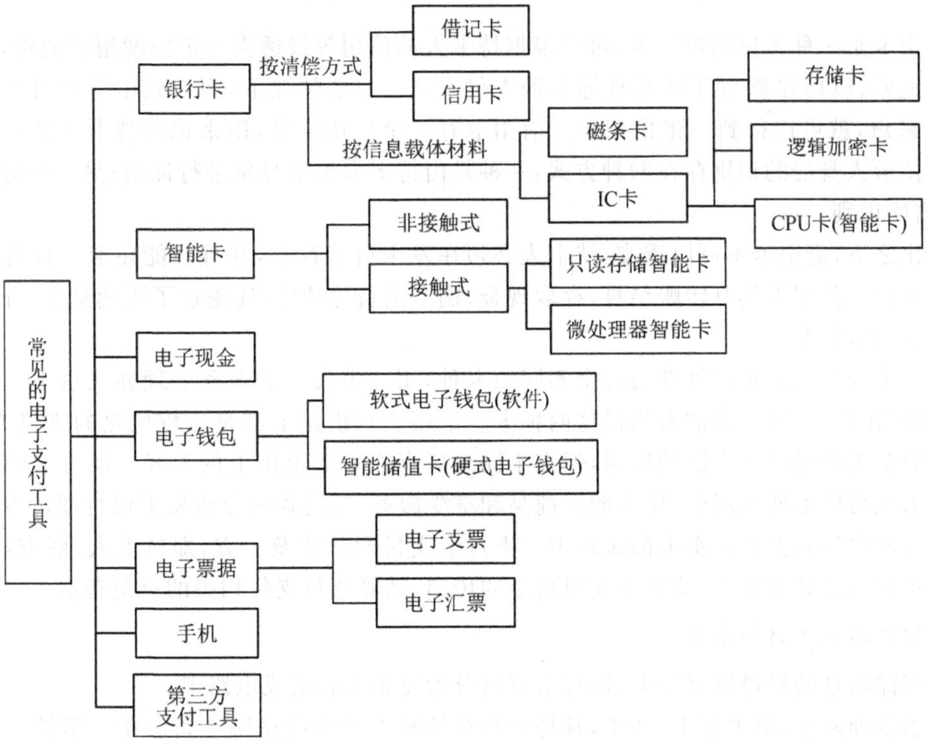

图 3－5 常见的电子支付工具

3.2.3 银行卡

1. 银行卡的定义

银行卡是商业银行(含邮政金融机构)向社会公开发行,具有消费信用、转账结算、存取现金等全部或部分功能,作为结算支付工具的各类卡的统称,是商业银行签发的允许信用良好者据以赊购商品和劳务的身份证明卡。可见,银行卡是经中央银行批准的金融机构发行的卡基支付工具。

2. 银行卡的分类

1)按清偿方式分类

银行卡按清偿方式,分为信用卡(credit card)和借记卡(debit card),图 3-6 为信用卡和借记卡的外观图示。

图 3-6 信用卡和借记卡

信用卡是一种常见的银行卡,可以根据持卡人的信用等级透支一定额度用于消费,可以采用刷卡记账、POS 结账、ATM 提现等多种支付方式。一般情况下,用户到银行申请开通一个信用卡账户,就可以得到一张信用卡。信用卡有一个信用卡号,用来识别持卡人的信用卡账户。而持卡人身份的识别存在两种方式:一种是由持卡人出示身份进行证明;另一种是通过口令,即密码识别。

相比之下,借记卡不可以透支,持卡人必须在发卡行有存款,并且只能在卡上存有的金额范围内支付。借记卡具有转账结算、存取现金、刷卡消费等功能,还附加了买卖基金、外汇及缴费等大量增值服务。

信用卡和借记卡是两种性质完全不同的卡种,用之消费后的账务处理办法也不一样。此处我们用"银行卡"这一称谓来指代这两种卡。信用卡和借记卡都是比较成熟的支付方式,且在全世界范围内得到了广泛的应用,但在不同地区存在业务范围上的差异。银行卡的最大优点是持卡人可以不使用现金,凭卡购买商品和享受服务,支付款项会由发卡银行通过专用网络从持卡人账户转入商家或卖家的账户中。银行卡支付通常涉及三方,即持卡人、商家和银行。支付过程包括清算和结算,清算指支付指令的传递,结算指与支付相关的资金转移。

2)按信息载体材料分类

按存储信息的材料类型分类,银行卡可以分为磁条卡和集成电路卡。

磁条卡即磁卡,诞生于 1970 年,其特征是在塑料卡的背面粘贴一条磁条。磁性介质能够高密度、大容量地保存数据,且电磁信号易于高速转换。持卡人在 ATM、POS 等联机设备上使用银行卡时，由磁条读写器读取相应的内容，规范正确的银行卡磁条格式是保证磁条卡联网使用的重要条件。磁卡的主要优点是制作成本低。同时，磁卡存在不少缺点：一是安全性低，磁条中的数据易被破译和仿制；二是不适合脱机处理；三是磁卡的记忆容量小，存储信息有限。

与磁卡相比，IC 卡具有较为明显的优点，第一，安全性高，很难模仿；第二，具有 CPU 和强大的存储容量，具有联机处理和脱机处理的双重能力；第三，可以作为多功能卡使用。

IC 卡按芯片类型的不同，又可分为存储卡、逻辑加密卡和 CPU 卡。CPU 卡也称为智能卡，卡内的集成电路包括中央处理器、可编程只读存储器、随机存储器、固化的卡内操作系统和只读存储器，具备计算和加密能力，其安全性较高。虽然 CPU 卡的容量不固定、价格高于逻辑加密卡，但良好的处理能力和较强的保密性，使其成为 IC 卡发展的主要方向。CPU 卡适用于保密性要求高的场合，如金融 IC 卡、军事密令传递卡。有关智能卡的详细内容，参见后续章节对智能卡的介绍。

3. 金融 IC 卡

1)金融 IC 卡概述

2011 年 3 月 15 日，中国人民银行发布《中国人民银行关于推进金融 IC 卡应用工作的意见》，决定在全国范围内正式启动银行卡芯片迁移工作，“十二五”期间全面推进金融 IC 卡应用。

金融 IC 卡又称为芯片银行卡，是以芯片作为介质的银行卡。芯片卡容量大，可以存储密钥、数字证书、指纹等信息，其工作原理类似于微型计算机，能够同时处理多种功能，为持卡人提供一卡多用的便利。金融 IC 卡是由商业银行(信用社)或支付机构发行的，采用集成电路技术，遵循国家金融行业标准，具有消费信用、转账结算、现金存取等全部或部分金融功能，是可以具有其他商业服务和社会管理功能的金融工具。

市场上有两种芯片卡标准，一种是国际上应用较多的 EMV 标准，一种是中国人民银行的 PBOC2.0 标准。中国工商银行 2005 年 12 月推出国内首张 EMV 标准信用卡，并于 2007 年 11 月推出国内首张 PBOC2.0 标准信用卡。芯片卡按介质类型分为纯芯片卡和磁条芯片复合卡。其中，纯芯片卡以芯片作为唯一交易介质，只能在具有芯片读取设备的受理点使用；磁条芯片复合卡可同时支持芯片和磁条两种介质，在可以受理芯片的受理点使用时读取芯片，在其他受理点则读取磁条，与传统磁条卡使用范围相同。未来，单芯片卡将成为金融 IC 卡的主体。

简单来说，金融 IC 卡完全覆盖了金融磁条卡的功能，在与磁条卡一样进行银行存取款、转账和各种消费支付的同时，还可以利用 IC 卡的多功能性加载其他特殊功能，以实现金融 IC 卡的扩展应用，如社会保障、军人保障、个人身份证明、医疗、公交地铁支付等，上海市新版社保卡就兼具医保账户和一般金融账户功能。

案例

你拿到新版社保卡了吗？新版社保卡七大功能，一看就明白！

自 2019 年 1 月起，上海市启动上海新版社会保障卡(以下简称新版社保卡)集中换发工作，并计划于 2020 年底前，全面完成本市户籍人员新版社保卡换发、基本完成非本市户籍参保人员换发。新版社保卡也被称为“第三代(3.0 版)社保卡”，较之老版社保卡只具有医保卡的功能，它具有七大功能，3.0 版社保卡就是为了实现：跨地域、跨行业的“一卡多用，全国通用”。新版社保卡的功能如图 3-7 所示。

图 3-7 新版社保卡的功能

功能 1:医疗卡

划重点:异地就医、异地结算

持新版社保卡,上海人不仅可以在上海本地进行挂号、诊疗、妊娠登记、住院登记、购药等,也可以在异地进行就医,实时结算。医疗保险、工伤保险、生育保险涉及的医疗费都可以实现跨地区的即时结算。但也请记住,未来新版社保卡将成为异地就医结算的直接凭证,届时其他证件均无法办理结算。

功能 2:电子身份凭证

划重点:身份认证

居民身份证号将成为社保卡号,终身不变。新版社保卡将成为主要电子身份凭证,在就业登记、失业登记、参保登记、工伤认定、职业培训、技能鉴定等公共服务领域,如有需要,可凭社保卡享受相关服务。

功能 3:信息记录

划重点:个人档案随身带

在社保卡后台系统中,记录了很多个人的重要信息:个人基本信息、人力资源和社会保障关键业务信息等。换言之,拥有一张新版社保卡就相当于在后台系统中拥有了一份个人档案的副本,办事再也不用带着全部“家当”到处跑。

功能 4:自助查询

划重点:查询个人人社权益信息

通过新版社保卡,在自助服务一体机或其他服务渠道连接后台系统,持卡人就可以查询个人的人力资源和社会保障权益信息,并可办理相关业务。

功能 5:金融支付

划重点:一张银行借记卡

通过新版社保卡的银行账户就可以直接办理存取款、转账、代收代付等业务,相当于多了一张银行借记卡,同时免收银行管理费、年费及开卡费等。需要注意的是,社保卡的金融功能必须到卡对应的银行机构进行激活后才能使用。

功能 6:缴费和待遇领取

划重点:必须先激活金融账户

持新版社保卡,可以实现各类缴费和待遇领取,包括:个人各项社会保险缴费、人事人才考试缴费、各项社会保险定期待遇和一次性待遇领取、报销费用领取、就业扶持政策补贴资金领取、重点行业(企业)农民工工资领取等,但前提是个人必须先激活社保卡的金融功能。

功能 7:健康管理

划重点:健康档案库

患者就医时,医生一划社保卡,就可以看到患者的历史健康信息、就诊记录、检验报告等。想想是不是很方便?再也不用担心由于找不到检验报告而重复做检验,带着一大堆检验报告和 X 光片到处跑了。

2023 年 6 月 30 日起,上海新申领或补换的社保卡又加载了交通功能。使用新版社保卡可以在上海乘坐公交、地铁等交通工具。社保卡交通账号一年一续期,最高可存储 200 元。

随着民众生活水平的不断提高,银行也在不断创新以发掘消费者新的需求,并提供相应的服务去满足这些需求,从而进一步加强自身的竞争力。同时,网络支付给人们的生活带来了很大的便利,银行卡作为重要的网络支付工具,可以根据自身的特性去发展新的业务,实现更多的功能。

以上案例中的新版社保卡可以把它看作银行卡的新型应用,相比而言金融 IC 卡具有明显的优点,主要包括以下 3 点。

(1)安全性高。金融 IC 卡是以智能 CPU 卡为介质,卡内信息不可复制,可以有效保障持卡人银行账户的资金安全。

(2)快捷便利。金融 IC 卡除具备磁条卡所有的功能外,还可以进行小额快速支付,无需密码和签名,方便快捷。

(3)一卡多用的革命性优势。金融 IC 卡可用于医保、社保、公交、地铁等公共领域,实现一卡多用。

2)金融 IC 卡在我国的应用

2012 年中国人民银行发布了中国金融移动支付系列技术标准,明确了我国移动金融发展的各项技术要求,引导和规范了我国移动金融创新性发展;2013 年建成了国家级移动金融安全公共服务平台(MTPS),解决了跨机构间的应用共享、实体互信、系统互通问题,为我国移动金融的创新发展提供了平台基础;2014 年中国人民银行与国家发改委开展了国家电子商务示范城市移动电子商务金融科技服务创新试点工作,旨在探索移动金融一卡多应用运作模式。2014 年底中国人民银行印发了《关于进一步做好金融 IC 卡应用工作的通知》(以下简称《通知》),以全面提升金融 IC 卡一卡多应用在各行业的影响为出发点,将金融 IC 卡在公共服务领域的一卡多用按照实现方式梳理总结为 3 类。

一类应用为普通消费类应用(例如零售业、快餐业、一票制公交车、出租车),是实现金融 IC 卡普惠民生的重要基础,可采用标准借贷记或电子现金实现;二类应用为分时分段扣费类应用(例如停车咪表、分段扣费制公交和地铁),是提升金融 IC 卡公共服务水平的有效途径,可通过电子现金扩展应用实现;三类应用为行业个性化应用(例如医疗健康应用、园区卡),是商业银行提供差异化服务、增强自身竞争力的重要手段,可通过金融 IC 卡加载行业应用程序或数据实现。

在金融 IC 卡多应用实现方式的推行上,其中第一、二类应用都提到了通过"电子现金"的方式来实现。而且在《通知》中明确提出了,要提升电子现金的使用率和便捷性,应将金融 IC 卡电子现金作为实现普惠金融的重要工具,充分发挥电子现金一类应用的普惠、便民效果。同时，要注重拓展电子现金二类应用，积极推动三类应用，切实提升电子现金使用率和便利性。

2015 年 11 月，银联开始试点银联卡“小额免密免签”，持卡人使用具有“闪付”功能的银联芯片卡或移动支付设备，在指定商户的 POS 机上闪付交易时，单笔消费小于或等于 1000 元人民币时无需密码、无需签名，也就是所谓的“联机闪付”。而曾花费大量精力进行推广的电子现金，即“脱机闪付”，由于市场反应平平，甚至因为圈存、闪卡等问题而引来槽点不断，逐渐退出了市场。

4. 国内外银行卡组织

国际上主要的发卡组织有威士国际组织（VISA International Service Association），万事达卡国际组织（MasterCard International），美国运通（American Express，AE），大来信用卡有限公司（Diners Club）、日本信用卡株式会社（Japan Credit Bureau，JCB），中国银联股份有限公司（China UnionPay Co.，Ltd.）。

案例

国际信用卡组织

1. 威士国际组织（VISA International）

威士国际组织是目前世界上最大的信用卡和旅行支票组织，其前身是 1900 年成立的美洲银行信用卡公司。1974 年，美洲银行信用卡公司与西方国家的一些商业银行合作，成立了国际信用卡服务公司，并于 1977 年正式改为威士国际组织，成为全球性的信用卡联合组织。威士拥有 VISA、Electron、Interlink、Plus 及 VISA Cash 等品牌商标。威士自身并不直接发行信用卡，而是由参加威士国际组织的会员（主要是银行）发行。

2. 万事达卡国际组织（MasterCard International）

万事达卡国际组织是全球第二大信用卡国际组织。1966 年美国加州的一些银行成立了银行卡协会（Interbank Card Association），1970 年启用 Master Charge 的名称及标志，1978 年再次更名为现在的 MasterCard。

万事达拥有 MasterCard、Maestro、Mondex、Cirrus 等品牌商标。万事达卡本身并不直接发行信用卡，而是由参加万事达卡国际组织的金融机构会员发行。

3. 美国运通国际股份有限公司（American Express）

美国运通在 1850 年创建之初，只是一家从事快递服务的公司，后来逐渐发展成一家在全球范围内开发并销售金融产品的公司。如今，美国运通已成为多元化的全球旅游、财务及网络服务公司，提供签账卡及信用卡、旅行支票、旅游、财务策划、投资产品、保险及国际银行服务等。

在中国，信用卡发行主要是通过中国银联，此外，还有联合威士、万事达卡、JCB 等发行的双币种卡和多币种卡，因此我国内地银行发行的信用卡一般都有银联标志。

我国的银行业是在吸收外资银行成熟经验的基础上，结合国内情况逐步发展起来的。经过几十年的发展，已具备产业化发展的基本格局，形成了较为完善的以银行卡为载体的支付网络和支付产业链，初步构成了具有一定规模的产业体系。在我国，银行卡种类较多，满足了不同用户的需求；另外，中国银联在我国银行卡产业发展的历史上起到了重要的推动作用，在银联的推行下，各类银行卡具有一定的标准，这些都为银行卡网络支付的发展和普及做了积极的铺垫。

思政拓展

丰富的银联卡——China Unionpay

中国银联是经国务院同意，中国人民银行批准设立的中国银行卡联合组织，成立于 2002 年 3 月，总部设于上海。目前已拥有近 400 家境内外成员机构。

作为中国的银行卡联合组织，中国银联处于我国银行卡产业的核心和枢纽地位，对我国银行卡产业发展发挥着基础性作用，各银行通过银联跨行交易清算系统，实现了系统间的互联互通，进而使银行卡得以跨银行、跨地区和跨境使用。此外，推广统一的银联卡标准规范、推动银行卡的发展和应用、维护银行卡受理市场秩序，也是中国银联的主要职责。

民众不仅可以在 ATM 自动取款机、商户 POS 刷卡终端等使用银行卡，还可以通过互联网、手机、固定电话、自助终端、数字电视等各类新兴渠道实现公用事业缴费、机票和酒店预订、信用卡还款、自助转账等多种支付。

说明：银联卡，就是发卡行识别码(BIN)经中国银联分配和管理，按照中国银联制定的银联卡业务规则和技术标准发行，卡面带有“银联”标识的银行卡。目前中国银联各成员机构发行的银联卡主要是‘62’字头 BIN 卡，也称‘62 银联卡’(图 3－8)。

图 3－8　中国银联卡

5. 基于 SSL 协议机制的信用卡网络支付方式

1)信用卡网络支付 SSL 模式简介

SSL 协议机制是一种具有较高效率、较低成本、比较安全的网上信息交互机制，它大量应用于网络支付的实施中。SSL 的设计初衷是用来保证互联网信息传递的保密性，而不是专门用于电子支付。

所谓基于 SSL 协议机制的信用卡支付模式，就是在电子商务过程中利用信用卡进行网络支付时遵守 SSL 协议的安全通信与控制机制，通过它可以实现信用卡的即时、安全可靠的在线支付。也就是说，持卡客户在公共网络(即 Internet)上直接与银行进行相关支付信息的安全交互，即持卡人通过信用卡账号、数据的加密并且安全传递，以及与银行间相关确认信息的交互，实现快速安全支付的目的。

在这种信用卡网络支付模式中，运用了一系列先进的安全技术与手段，如私有密钥加密法、公开密钥加密法、数字摘要以及数字证书等手段，还有一个发行数字证书的 CA 协助。

一般这种简单加密模式采用的加密协议有 HTTPS(hypertext transfer protocol secure，超文本传输安全协议)、SSL 等，这种支付方式给用户带来很多方便，SSL 在信息传递上的安全性，刚好适应了电子支付的需要。又由于架构简单，处理的步骤少，速度快，所以虽然存在一定的安全性漏洞，但依然被广泛的应用在银行卡在线支付模式中。

2)信用卡网络支付 SSL 模式工作流程

信用卡网络支付 SSL 模式的工作流程如图 3-9 所示。

(1)身份认证。SSL 模式的身份认证机制比较简单，只是付款人与收款人在建立“握手”关系时交换数字证书。

(2)交易双方确认进行交易后，会由付款人发起并建立和收款人之间的加密传输通道，将商品订单和银行卡(包括信用卡)转账授权传递给收款人。也就是说，收款人(商家服务器)收到的是一个带有信用卡类别经过加密的订货单。

(3)收款人(商家)收到订货单后，并不进行发货，而是将订单加上其他支付信息通过支付网关将转账授权传递给其收单行(或者借助第三方网络支付平台)。

(4)收单行通过银行卡清算网络向付款人的发卡行验证授权信息，发卡行验证银行卡相关信息无误后，通知收单行。从这一步骤开始，SSL 协议机制便开始介入并发挥其效用，具体表现在付款人的客户端浏览器会弹出新窗口，表示即将建立与发卡银行端网络服务器的安全连接。因为之前的步骤，信息交互都是在支持 WWW 应用的普通 HTTP 协议状态下进行的，这时的交互信息没有加密，也没有特别的、不能公开的或造成安全问题的信息，SSL 也并未介入。这一步骤是正式利用银行卡或信用卡进行网络支付流程的开始，也是最容易出现安全问题的阶段，所以 SSL 在此介入并发挥作用。

(5)付款人端会自动验证发卡行网络服务器的数字证书，之后 SSL 握手协议完成，这意味着付款人浏览器与发卡行网络服务器的安全连接通道已经建成，进入正式加密通信。具体表现为浏览器下端状态栏出现一个“闭合锁”的标志，它是 HTTP 通信的标志。

(6)随后，出现的支付页面会显示收款人(商家)发来的订单号和支付金额，付款人必须输入自己的信用卡号和支付密码，确认支付后，收单行会通知收款人电子支付成功，收款人再向收单行请款。

(7)支付成功后，屏幕提示会离开安全的 SSL 连接，SSL 介入至此结束。至此，基于 SSL 协议的信用卡支付方式的网上购物过程完成。

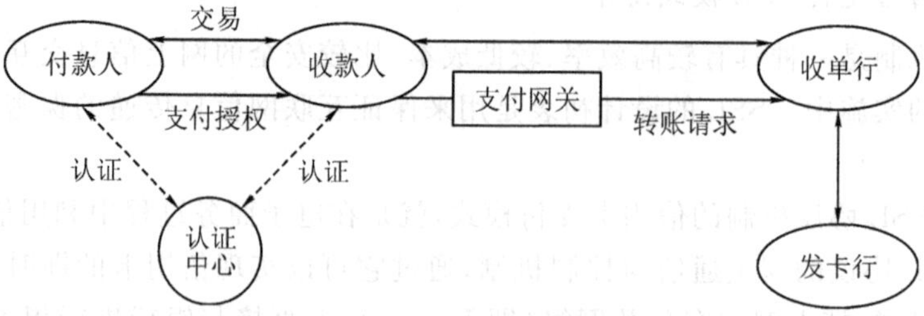

图 3-9 基于 SSL 的网络支付方式

从上述过程可以看出，SSL 介入时，交易时需要传送的隐私信息不是通过商家中转，而是付款人与银行服务器的直接加密通信，这是很安全的。

3)信用卡网络支付 SSL 模式的特点

分析银行卡网络支付 SSL 模式工作流程，可以总结出该支付方式的以下特点：

(1)实现的是部分信息加密,以提高效率。

(2)使用对称密钥加密和非对称加密(公开密钥加密)技术,各尽所长,安全性较高。

(3)客户端可选对商家身份验证数字证书,以提高支付效率。

(4)由于持卡客户端进行网络购物时只需一个银行卡号和密码,无须任何其他硬件设施,可以说比传统的银行卡支付投入要少,所以这种支付方式更方便,处理速度也更快。

(5)另外,在基于 SSL 协议机制的银行卡网络支付方式的业务流程中,由于需要一系列的加密、授权、认证及相关加密信息传送,需要有一定的交易成本,所以对微额支付而言不太适用。

6. 基于 SET 协议机制的信用卡网络支付方式

1)信用卡网络支付 SET 模式简介

SET 协议最初是由 VisaCard 和 MasterCard 两大顶级国际信用卡机构于 1996 年 2 月合力推出,IBM、Microsoft、Netscape、Verisign 等业界巨头也参与其中,共同制定了进行在线交易的安全标准。SET 主要是为了用户、商家和银行通过信用卡交易而设计的,用来保证支付信息的机密、支付过程的完整、商户和信用卡持卡人的合法身份以及可操作性。银行卡网络支付 SET 模式遵守 SET 协议,以实现银行卡的即时、安全可靠的网络支付。为了能够胜任工作,SET 使用了大量技术并运用了一系列安全技术与身份认证手段,如 Hash 算法、对称加密、公开密钥加密、数字摘要、数字签名和双重签名、数字证书等。安全电子交易的目的是提供信息的保密性,确保付款的完整性和能对商家及持卡人进行身份验证。

SET 协议为了能达到以上目的,必须要架构一个 PKI 对参与的成员进行认证,同时利用密钥对传送信息进行加密。在 SET 协议中对认证的架构规定严谨,认证是采用层级式的架构,而无论是付款人、收款人或收单银行都需要经过认证才能参与交易。当利用银行卡进行 SET 网络支付时,需要在客户端上安装一个特殊的客户端软件配合银行卡的运用才行。

2)信用卡网络支付 SET 模式的工作流程

在 SET 协议环境下,应用银行卡进行电子支付,需要在客户端下载一个客户端软件(电子钱包软件),在商家服务端安装商家服务器端软件,在支付网关安装对应的网关转换软件等,并且各参与者还要各自下载一个证实自己真实身份的数字证书,借此获取自己的公开密钥和私人密钥对,且把公开密钥公开出去,手续稍显复杂。具体的支付流程见图 3-10。

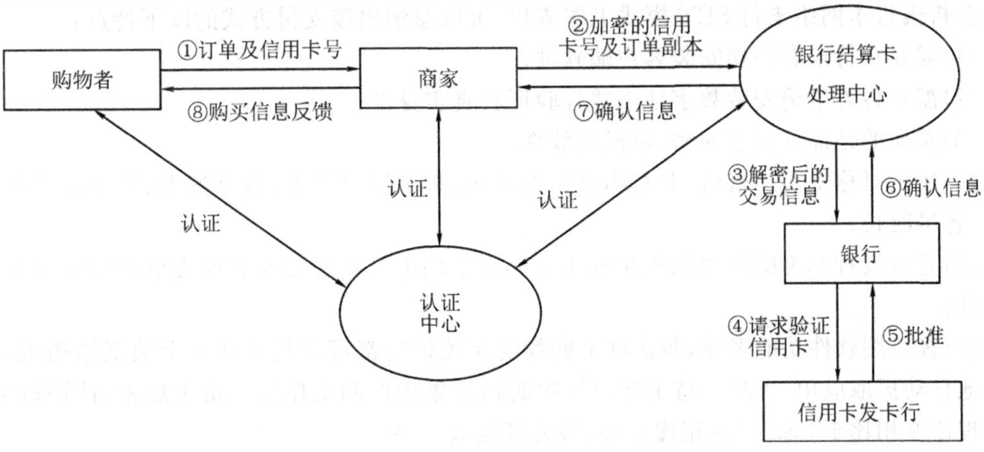

图 3-10　基于 SET 的网络支付流程

首先需要进行必需的预备工作：

(1)付款人在发卡行柜台办理应用 SET 网络支付的银行卡；商家与收单行签订相关结算合同，得到商家服务器端的 SET 支持软件，并安装。

(2)付款人从银行网站下载客户端软件，安装后设置应用此软件的用户名、密码等，以防止被人非法运行。

(3)付款人访问认证中心网站，把银行卡相关信息，如卡类别、卡号、密码、有效期等资料填入客户端软件，并且申请一张数字证书。

以下是 SET 支付过程：

(1)购物者在支持 SET 的网站上购物，选择好商品并填写订单后，商家会用一份自己数字证书的副本作为给顾客的答复，由购物者再次确认订单。

(2)在结账时付款人选择 SET 银行卡结算方式。确认订单后，发送给商家一个完整的订单及要求付款的指令。这时客户端软件被激活，付款人在软件中输入用户名和密码，取出里面的相应银行卡进行支付。此时 SET 开始介入，用哈希加密算法对订单和付款指令生成“消息摘要”，由购物者进行数字签名。

(3)客户端软件自动与商家服务器相应的软件进行身份验证，双方验证成功后，对银行卡号码使用银行的公钥进行加密，再用商家的公钥加密，生成“数字信封”，将订单信息及银行卡信息一同发送到商家。

(4)商家用私钥打开“数字信封”，解密订单、验证“消息摘要”。商家的服务器将 SET 加密的交易信息连同订单副本一起发给支付网关，再由支付网关转发给银行结算卡处理中心。

(5)银行后台会将此交易信息解密并进行处理，银行验证商家的身份和传输消息的完整性。认证中心验证数字签名是否属于购物者，并检查购物者的信用额度。通过各项验证审核后，银行将此交易信息发到购物者信用卡的发行机构，请求批准划拨款项。

(6)商家通过支付网关收到购物者开户银行批准交易的通知，交易金额从购物者的银行卡账户里划给商家账户，并且商家要给付款人发回相关购物确认与支付确认信息。

(7)付款人收到商家发来的购物确认与支付确认信息后，表示这次购物与网络支付成功，客户端软件关闭，网络支付完毕。客户端软件会记录交易日志，以备将来查询。

3)银行卡网络支付 SET 模式的特点

分析银行卡网络支付 SET 模式工作流程，可以总结出该支付方式的以下特点：

(1)需要在持卡客户端安装客户端软件；

(2)需要各方申请安装数字证书并且验证其真实身份；

(3)实现的是部分信息加密，以提高效率；

(4)使用对称密钥加密法、非对称密钥加密法、数字摘要技术、数字签名、数字信封等多种技术，各尽所长；

(5)充分发挥 CA 的作用以维护在 Internet 上的电子商务参与者所提供信息的真实性和保密性；

(6)客户端软件功能多样，每次网上购物的相关信息都可以集成在一个数据结构里，以后整体地自动提取应用，可减少持卡客户每次购物的繁琐度和工作量。由于加密、认证较多，支付处理速度相比于 SSL 机制稍慢一些，各方开销大一些。

与 SSL 协议机制的银行卡网络支付方式一样，基于 SET 协议机制的银行卡网络支付方式对微额交易而言是不太适用的，成本相对较高。可在持卡客户端软件里装电子零钱应用，加密与认证次数就少多了，应用起来效果更佳。

3.2.4　智能卡

1. IC 智能卡的概念(IC Smart Card)

智能卡的概念是 20 世纪 70 年代中期提出来的。其发明人是法国的罗兰·莫瑞诺(Roland Moreno)。1976 年，法国 BULL 公司制造出了第一张智能卡，但第一代智能卡实际上并不拥有任何“智慧”，且是采用接触式读取方式。后来随着信息化程度加快，将集成电路技术应用到传统的基于磁卡技术的信用卡上，促成了智能卡的诞生。

这个概念涉及三个特征。

第一个是“卡片”。IC 智能卡是一张塑料卡片，智能卡外形上类似信用卡的大小、形状。按国际标准 ISO/IEC 7816—1，它的尺寸应为长 85.6 mm，宽 53.98 mm，厚 0.76 mm。也有特殊的、不采用这个标准的 IC 智能卡，如手机行业中为追求小型化所采用的长 25 mm，宽 15 mm 的小卡片。

第二个是 IC(integrated circuit)，即“集成电路”，也称“集成电路芯片”。卡上不是磁条，而是计算机集成电路芯片，如微型 CPU 与存储器 RAM 等，用来存储用户的个人信息及电子货币信息，具有存储信息和进行复杂运算的功能。集成电路芯片的尺寸很小，通常只有几十平方毫米。它是 IC 智能卡的重要组成部分，IC 智能卡的信息和数据都是以电子信号的方式记录在芯片的存储器里。

第三个是“智能”。智能来源于英文 smart，因而也有人将 IC 智能卡称为“smart card”。一般而言，IC 智能卡的智能主要体现在数据的防窃取及防非法修改等安全性方面。

智能卡被广泛地应用于电话卡、金融卡、身份识别卡以及移动电话、付费电视等领域。它是结合了信用卡的便利，集信息存储与计算机编程等多个功能为一体的综合体，用在网络支付上也表现出多种特征。智能卡本质上是硬式的电子钱包，它既可以支持电子现金的使用，也可与信用卡功能一样；既可以应用在专用网络平台上，也可用于基于 Internet 公共网络平台的电子商务网络支付中。

由于智能卡安装了嵌入式微型集成电路，能够存储并且处理比较丰富的数据，包括持卡人身份证号码、客户的住址、客户持有的电子货币信息(如信用卡号码与电子现金)等，这是一般磁卡所不具备的。对智能卡上的存储信息还可设置一个安全的个人识别码(personal identification number，PIN)进行保护，只有得到授权才能访问它，因此智能卡是非常安全的。大家使用的智能手机就是一个典型的例子，其核心部件就是带有用户信息的智能卡，它的应用与付款方式就是智能卡的典型支付模式。

目前，多功能的智能卡内还嵌有高性能的 CPU，并且配备单独的操作系统，能够像个人计算机那样自由地进行编程，以增加和改变智能卡的功能，从而使其更加智能化。

案例

ETC 即将全面普及

2019 年 5 月，国务院常务会议审议通过《深化收费公路制度改革，取消高速公路省界收费站实施方案》,标志着新一轮高速公路改革全面启动,拆除省界收费站,全面普及 ETC(electronic to collection,不停车电子收费系统)成为推进改革的核心措施。计划到 2019 年底全国 ETC 用户新增 1 亿以上,各省(区、市)汽车 ETC 安装率达到 80%以上,通行高速公路的车辆 ETC 使用率达到 90%以上。

从 2009 年开始,交通部门决定启动高速公路电子支付及不停车收费系统试点工程,以解决交通流量迅速增长带来的收费站拥堵问题。该系统建成后,申请并安装了电子标签和电子支付卡的车辆在通过收费站时,将无须停车领卡、交卡和缴费,而是由不停车电子收费系统自动完成入口信息记录和出口扣费工作,通行效率可望提高 5 倍。届时,通行车辆只要凭挡风玻璃上安装的识别卡与收费系统感应之后,就可经专用车道而不需停车,直接驶出高速公路收费站。

交通运输部 2019 年出台的新政,将会进一步推广普及 ETC 通行方式,提高高速通行效率,通过智慧交通的解决方式,缓解高速公路通行压力。

思考:不停车收费是如何实现的?

目前智能卡在专用网络平台(如金融专用网)与公共网络平台(如 Internet)上均能支持很多种应用:金融行业有信用卡;电信行业有 SIM(subscriber identify module,用户标志模块)卡和电话充值卡;工商、税务、公安、海关、人事等政府部门也开始采用智能卡技术。以上案例是智能卡技术在交通领域的应用,利用非接触式智能卡实现不停车收费。

2. 智能卡的分类

智能卡按其嵌入的芯片种类划分,可以分为接触式智能卡和非接触式智能卡两大类。接触式智能卡需要一种叫做读卡器的装置进行信息的读、写操作。与信用卡上的磁条不同,这种卡上镶嵌着一个小的金属片,当把卡插入读卡器时,金属片就会与读卡器的一个电子接头相接触,通过这个电子接头对芯片读、写数据。非接触式智能卡内嵌了一个天线和一个微电子芯片,当卡片接近读卡器的天线时,它们之间就可以完成信息的交换。因此,非接触式智能卡不用与耦合感应器做任何接触,就能完成信息交换,而且处理时间极短。这一特性使非接触式智能卡在一些要求大批量、超快速运转的场所(如高速公路收费站)成为理想的使用工具。

接触式智能卡按卡的结构来分,可以分为只读存储智能卡和微处理器智能卡两大类。只读存储智能卡不包含复杂的处理器,它不能动态地管理文件,存储卡与读卡器的通信是同步通信,如 IC 电话机中的 IC 卡就是存储卡。微处理器智能卡具有动态处理数据的功能,如 SIM 卡、银行卡等都是微处理器智能卡。

智能卡按集成电路的组成分类,可以分为存储卡、逻辑加密卡和 CPU 卡三类。

3. 智能卡的发展及应用

20 世纪 70 年代中期,法国 Roland Moreno 公司采取通过在一张信用卡大小的塑料卡上安装嵌入式存储器芯片的方法,率先成功开发 IC 存储卡。经过 20 多年的发展,真正意义上的智能卡,即在塑料卡上安装嵌入式微型控制器芯片的 IC 卡,由摩托罗拉和 Bull HN 公司于 1997 年共同研制成功。

在美国,人们更多地使用 ATM 卡。智能卡与 ATM 卡的区别在于两者分别是通过嵌入式芯片和磁条来储存信息。但由于智能卡存储信息量较大,存储信息的范围较广,安全性也较好,逐渐引起了人们的关注。近年来,智能卡技术飞速发展,取得了很多重大突破,支付业的全球领袖维萨也不甘落后，于 2008 年 7 月推出非接触技术，引领了支付领域的技术发展方向。

思政拓展

中国银联非接触品牌——闪付 QuickPass

金融 IC 卡是智能卡在金融银行领域的典型代表应用，“闪付 QuickPass”是中国银联为 PBOC 2.0 非接触支付定义的一个品牌，用于 PBOC 2.0 非接触式 IC 卡等支付应用。非接触的电子钱包应用都可以被称作“闪付 QuickPass”。非接触式银联 IC 卡具备非接触线圈，使用时只需将卡片贴近机具的指定部位“挥卡”，即可进行交易，类似公交卡和门禁卡。非接触式银联 IC 卡具备“电子现金账户”，此账户需要预先存入资金后再使用，使用时脱机，不需要输入密码，从而提升了交易速度、节约了通信成本，这就是闪付的优势。

问题：

1. “闪付”卡是智能卡吗？它跟现有的智能卡有什么相同和不同之处？

2. 对比传统的磁条卡，“闪付”卡有哪些优势？

3. “闪付”卡能在中国得到广泛使用吗？可能会遇到哪些困难？

我国从 1993 年起在全国范围内开展“金卡工程”，计划用 10 年左右的时间，在 3 亿城市人口中推广普及金融交易卡，实现支付手段的革命性变化，跨入电子货币时代，其总体构想是建立全国统一的金卡专用网、金卡服务中心和金卡发行体系。诞生于 20 世纪 70 年代的具有智能性且便于携带的智能卡迅速在我国普及、发展，为我国电子信息产业开辟了广阔的市场。与作为智能卡发源地的欧洲国家相比，我国智能卡的应用领域还远不够广泛，应用深度也远不及发达国家，但我国智能卡应用领域及深度的发展速度却令人惊喜。

随着国家对智能卡行业的支持和智能卡行业的迅速发展，智能卡在技术、市场等各方面都得到了完善，但目前我国智能卡在推广应用中还存在安全问题和成本问题等障碍。关于安全问题，由 MasterCard(万事达卡)和 VISA(维萨)联合开发的安全电子交易标准为网上信息及资金的安全流通提供了充分的保障；对于成本问题，存在智能卡制作成本较高，且不能实现一卡多能、一卡多用，不同种类的智能卡和读写器之间不能跨系统操作等问题。

智能卡在专用网络平台(如金融专用网)与公共网络平台(如 Internet)上均能支持多种应用，其主要的应用范围涉及如下四个方面。

(1)传统的电子支付。在一些专用网络上的支付，如 IC 电话卡、IC 卡电表、IC 路费卡、IC 卡月票(如北京城铁使用的 IC 卡月票)等。

(2) Internet 上的网络支付。充当硬式电子钱包，存放信用卡号、存折号、电子现金等电子货币及个人的相关信息，在 Internet 上支付。

(3)信息存储。实时存储和查询持卡人的相关信息，如存储和查询病历、目标跟踪信息或处理验证信息。IC 卡身份证、学生证中就存储了大量的这种信息。

(4)电子身份识别。能把相关授权信息存放在卡里，控制对门户、应用信息系统、计算机等的入口访问。很多银行也常常把网络银行业务中证实客户身份的数字证书等信息做成 IC 卡式，以使里面的密钥、密码等更加安全。

4. 智能卡的网络支付模式

智能卡的一个主要功能就是进行电子支付，包括基于 Internet 平台为电子商务服务的网络支付。在Internet上,智能卡基本具备在线支付方式和离线支付方式两种网络支付方式,这两种支付方式均用到了私有、公开密钥加密技术,数字签名,数字摘要以及数字证书技术等,因此,这两种支付方式均具有较高的安全性。

1)智能卡的在线支付方式

智能卡的在线支付方式根据获取智能卡信息手段的不同,可以分成带读卡器的智能卡网络支付方式和不带读卡器的智能卡网络支付方式。

(1)带读卡器的智能卡网络支付模式。使用这种方式进行网络支付时,客户需要购买一个专用的智能卡读卡器,安装连接在能够上网的客户计算机上,这会使成本有一定的增加。由于智能卡硬件进行自动化操作,所以操作过程安全且保密性高,同时还减少了不必要的重复劳动。Mondex智能卡的支付就属于这种形式。带读卡器的智能卡网络支付方式基本流程如下。

①客户在连网的PC上启动Internet浏览器,进入商家网站进行购物,双方认证后,填写订单,并选择智能卡支付。

②如果利用智能卡里的银行资金账户支付,那么可借助安装在PC上的智能卡读卡器,登录到相应银行Web站点上,智能卡自动告知银行有关客户的真实身份、银行账号(如信用卡账号或存折账号)、密码和其他一切加密信息。

③银行根据客户的要求从客户资金账户转移资金到商家的收单银行账户上,通知商家确认客户的订单并发货,由此完成网络支付。

④如果利用智能卡里的电子现金支付,那么智能卡在对商家身份认证后,直接把相应数目的电子现金发送给商家,商家接收后借助银行审核,确认订单并发货。

(2)不带读卡器的智能卡网络支付方式。银行发行的智能卡均有一个智能卡卡号,即拥有智能卡的顾客在发卡行同时拥有一个与这个智能卡对应的资金账号。当此智能卡号用于网络支付结算时,该种智能卡的网络支付方式类似信用卡的网络支付方式,即用智能卡进行网络支付时,就是用这个资金账号进行支付,它类似于网络银行账号。在这种方式下,客户不用购买一个专用的智能卡读卡器连接在能够上网的计算机上,而是通过直接在网络页面上填写智能卡号与应用密码来支付,这样做的缺点是势必牺牲智能卡本身的安全保密度,因此目前智能卡很少采用这一网络支付方式。不带读卡器的智能卡网络支付方式与银行卡(信用卡)的网络支付模式一样,可以采用SSL协议机制,也可以采用SET协议机制。其基本流程如下:

①客户在连网的PC上启动Internet浏览器,进入商家网站进行购物,双方认证后,填写订单,选择智能卡支付。

②类似前面的信用卡支付步骤,填写智能卡的号码和使用密码,然后加密登录到相应银行Web站点上,准备进行支付。

③银行通过持卡客户的身份认证,确认智能卡号码与密码无误后,根据客户的要求从客户的资金账户转移资金到商家的收单银行账户上,通知商家确认客户的订单并发货,就完成了网络支付。

随着技术的进步,非接触式智能卡正逐渐投入使用。如果说这种非接触式智能卡用于网络支付,并不一定属于不带读卡器的智能卡网络支付方式,那是因为其智能卡信号是无线传播的。

2)智能卡的离线支付方式

由于智能卡的存储能力强大,卡中可以存入电子现金这样的电子货币,因而持卡人可以使用智能卡进行离线支付。

所谓离线支付,也需要网络的支持,不是智能卡与持卡客户或商家的计算机离线,而是指使用智能卡进行网络支付时,智能卡的读卡器不需要和发卡银行的网络实时连接,如公交卡、餐卡的使用。无须银行的实时中介支付处理,而直接通过读卡器的读写功能完成支付结算。

智能卡的离线支付使得持卡人的网络支付行为不再受网络好坏与银行处理效率的影响,使支付更加方便快捷,扩大了智能卡的使用范围。但是离线支付必须使用读写卡设备,而且基本上只适用于在卡内存放了电子现金、电子零钱等电子货币的智能卡,因为只有这些电子货币的转让不需要银行的实时中介。

智能卡离线支付方式的基本流程如图 3 - 11 所示。

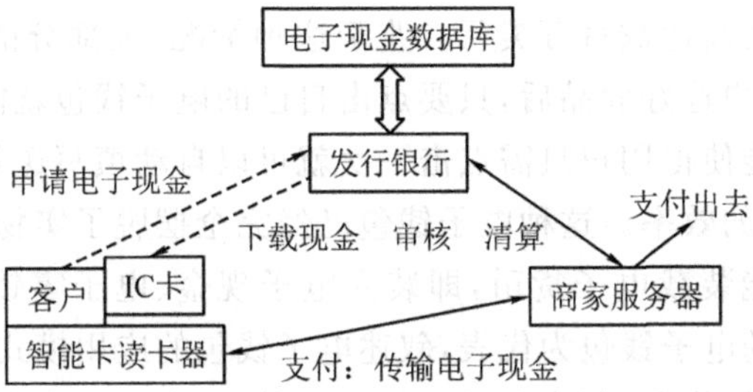

图 3 - 11　智能卡离线支付模式基本流程图

(1)智能卡持卡客户到发行电子现金的银行申请电子现金,将电子现金下载并存入智能卡。

(2)持卡客户在商家网站选订购买的商品,填写订单,选择智能卡支付。

(3)支付时将智能卡插入智能卡读卡器中。

(4)客户输入智能卡 PIN,确认支付金额。

(5)读卡器对客户输入的 PIN 与卡中的 PIN 自动比较,若一致,则打开智能卡,受理支付请求。

(6)读卡器将客户智能卡中的电子现金发送给商家(商家也应用智能卡存放电子现金)。这个过程中读卡器需要进行查对黑名单、核实资金是否够用、对支付后的余额进行更新等处理,且将交易记录登记到自身的日志文件和客户的智能卡中。

(7)商家收到电子现金后,确认客户的订单后发货。可用收到的电子现金继续进行其他网络支付业务,也可以到发行电子现金的银行进行兑换。

3.2.5　电子钱包

1. 电子钱包的定义

电子钱包(electronic purse 或 e-wallet)是电子商务活动中购物顾客常会用到的一种支付工具,是在小额购物或购买小商品时常用到的新式“钱包”。它是用户进行安全网络交易和储存交易记录的特殊计算机软件或硬件设备,其功能和实际的钱包一样,可存放信用卡信息、电子现金、钱包所有者身份证、地址及其他信息。

从本质上来讲，电子钱包是一个装载电子货币的“电子容器”，可以把有关方便网上购物的信息，如信用卡信息、电子现金、钱包所有者身份证、地址及其他信息等集成在一个数据结构里，以备整体调用，需要时能方便地辅助客户取出其中的电子货币进行网络支付。因此，在电子商务中应用电子钱包时，真正支付的不是电子钱包本身，而是它装载的电子货币。

2. 电子钱包的类型

电子钱包有纯粹的软件和小额支付的智能储值卡两种类型。

(1)纯粹的软件主要用于网上消费、账户管理，这类软件通常与银行账户或银行卡账户连接在一起。比如可以免费下载中国银行的电子钱包软件并进行安装，之后可以从中国银行的电子商城中，选择接收长城借记卡的网上商店，购买商品并进行 SET 支付。亚马逊最早意识到需要简化消费者结账前需要填写的各种信息。因为，多数消费者对每次结账前均要填写烦琐的表格感到无比厌倦，甚至因此放弃填写表格，在付款前丢下电子购物车扬长而去，电子商务行业因此而导致的损失高达数百万美元。鉴于这种情况，大部分的电子钱包都会罗列出接收其服务的商家名单，用户选好商品后，只要点击自己的电子钱包就能完成付款过程。电子钱包的“一次点击购物”功能使得用户只需点击一次就可以自动填写送货和信用卡信息来完成交易，从而大大提高了购物的效率。这种电子钱包已经完全摆脱了实物形态，成为虚拟形态的电子钱包。电子钱包内只能装载电子货币，即装入电子现金、电子零钱、电子信用卡、数字货币等。本节主要以软件式的电子钱包为代表，叙述电子钱包的应用模式及其应用特点。

(2)小额支付的智能储值卡(硬式电子钱包)需要持卡人预先在卡中存入一定的金额，交易时直接从储值账户中扣除交易金额。目前世界上除了有 VISAcash 和 Mondex 两大电子钱包服务系统，还有 MasterCardcash、EuroPay 的 Clip 和比利时的 Proton 等其他电子钱包服务系统。以 Proton 为例，这种电子钱包在使用时十分简单，从外观上看与智能卡十分相似，一般是在顾客的银行卡上集成了一个 IC 芯片，使用时把卡插入终端，只需 3～5 秒时间，读取器能够快速从卡中将要支付的钱款扣除掉，并且收据也从终端中送出，一笔交易即告结束。这种预付卡式的电子钱包能够快速应用于超级市场、便利店、餐饮店、停车场、电话亭和公共交通中。硬式电子钱包的使用流程与智能卡的应用类似，可参考智能卡的网络支付模式。

3. 电子钱包的功能

(1)个人资料管理。用户成功申请电子钱包后，系统将在电子钱包服务器中为其建立一个属于个人的电子钱包档案，用户可在此档案中增加、修改、删除个人资料。

(2)网上付款。用户在网上选择商品后，可以登录到电子钱包，选择入网银行卡，向银行的支付网关发出付款指令来进行支付。

(3)交易记录查询。用户可以对通过电子钱包完成支付的所有历史记录进行查询。

(4)银行卡余额查询。用户可通过电子钱包查询个人银行卡余额。

(5)使用电子钱包购物。通常需要在电子钱包服务系统中进行。在电子商务活动中，电子钱包的相关软件通常都是免费提供的。

电子钱包使用者通常在银行里有相应的账户。在使用电子钱包时，用户需要先安装相应的应用软件，该软件系统中设有电子货币和电子钱包的功能管理模块，称为电子钱包管理器，用户可以用它来改变口令或保密方式等，以及用它来查看自己银行账户上电子货币收付往来的账目、清单和其他数据。该系统中还提供了一个电子交易记录器，顾客通过查询记录器，可以了解自己的购物记录。

值得注意的是，顾客使用电子钱包前一般要进行注册，在以后每次使用钱包时都要进行"登录"，进行电子钱包的身份确认。所以电子钱包持有者对自己的用户名及口令应该严格保密，以防电子钱包被他人窃取，否则就会像生活中钱包丢失一样会带来一定的经济损失。

4. 电子钱包的应用情况

电子钱包最早于 1997 年由英国西敏史银行开发，经过多年的发展，电子钱包已经在世界各国得到广泛使用，特别是预付式电子钱包，即 IC 卡式或智能卡式电子钱包的应用更为普及。纯软件电子钱包方案由于只能在 Internet 平台上应用，投入较大，配置麻烦，成本较高，所以应用范围上具有局限性。目前世界上最主要的三大电子钱包解决方案是 Visa Cash，Mondex 和 Proton，不过多是基于卡式的，既可用于传统 POS 支付，也可用于 Internet 平台上的网络支付。纯软件形式的电子钱包解决方案，如支持电子现金与电子支票等进行网络支付的解决方案，也在发展与试运行之中，应该说还在发展的过程之中。

我国目前的电子钱包大致分由行业卡演变而成的行业电子钱包（预付卡）和银行发行的通用电子钱包两大类。预付卡一般是由非金融机构发行的具有电子钱包性质的多用途卡种，它需要先存款储值，才能分散零星消费，具有不记名、不挂失、适应小额支付领域的特点。公交行业是行业预付卡应用最发达的领域，也是行业电子钱包的摇篮。上海、广州的公交卡行业发展比较迅速，如上海的公交"一卡通"，广州的"羊城通"（现为"岭南通"）。可与公交卡媲美的行业电子钱包是各地发行的餐饮卡和用于超市、百货商店购物的商业卡，这种类型的卡在市场营销上有着其他行业卡所无法企及的特殊优势。对于通用电子钱包，各家银行根据人民银行的金融 IC 卡规范发行的 IC 卡，基本上都是标准的通用电子钱包，如北京和上海的牡丹交通卡、中行的石化加油卡等。

5. 世界上主流的开放式电子钱包

使用电子钱包可以减少社会上的现金流通，也体现了现代社会的文明程度。在一个典型的电子钱包项目中，发行电子钱包的运行商（大多为银行）负责向持卡人提供电子钱包，并维护电子钱包系统，同时进行资金的清算，将资金拨入零售商户的银行户头，以完成一次完整的支付。

对于一个完整的电子钱包项目来说，仅向消费者推广电子钱包智能卡是不够的，还必须有大多数零售商户的支持，并安装 POS 机来接受这个电子钱包。这就涉及整个相关的金融基础设施的建设问题，只有当这个电子钱包在几乎任何地方都能使用的时候，才会有更多的消费者愿意使用它。从另外一个层次来讲，电子钱包应该具有现金所具有的最重要的特性——自由的流通，但这一点对应到电子钱包上时，却没这么简单了。

这里介绍一下当今世界上几种主流的开放式通用电子钱包标准。现在世界上有 Visa Cash、Proton 和 Mondex 3 种主要的开放式电子钱包标准在相互竞争，下面分别对它们进行详细介绍。

（1）Mondex。

英国西敏寺（National-Westminster）银行开发的电子钱包 Mondex 是世界上最早的电子钱包系统，于 1995 年 7 月首先在有"英国的硅谷"之称的斯温顿（Swindon）市试用。

Mondex 是一种灵活的电子现金，它可以实现资金在一张 Mondex 电子钱包卡和另外一张 Mondex 电子钱包卡之间的轻松划拨。Mondex 还有一个交易不被追踪的特点，这也是 Mondex 电子现金最有争议的地方。有人说，由于银行无法追踪审计每笔交易，这就给违法犯罪者进行非法资金划拨提供了便利。但也有人说，这恰恰是 Mondex 最灵活最优越的地方，正是由于 Mondex 电子现金可以方便实现卡与卡之间资金无追踪的划转，它才是真正的电子现金，而且可以保证持卡人的隐私。可现实生活中，持卡人在使用电子钱包网上购物付账时，有时并不想让自己的行为被某处银行的计算机记录下来的。

我们能够在英国、法国、挪威、澳大利亚、新西兰、哥斯达黎加、菲律宾、以色列、加拿大、美国等使用 Mondex 电子钱包。

(2)Proton。

Proton 最初是由比利时的 Banksys(比利时全国的支付系统运营商)开发，已经在荷兰、比利时、瑞典、瑞士、澳大利亚、马来西亚、菲律宾、巴西、智利、墨西哥、美国等得到应用，它与 Mondex 电子钱包最大的区别是每笔交易都可以被追踪审计。在欧洲，Proton 是目前使用最广泛的电子钱包。

(3)Visa Cash。

Visa Cash 电子钱包卡有一次性 Visa Cash 电子钱包卡、可充值的专用 Visa Cash 电子钱包卡，作为一个电子钱包应用可以具有与其他应用共存于同一张银行卡上的存在形式。目前，Visa Cash 电子钱包在阿根廷、澳大利亚、巴西、加拿大、哥伦比亚、德国、爱尔兰、以色列、意大利、日本、墨西哥、挪威、波多黎各、俄罗斯、西班牙、英国、美国等国得到应用。

思政要点

生态拓展的华为电子钱包

华为钱包是华为软件技术有限公司开发的一款基于 EMUI 系统的应用软件，可以装载各类卡、证、票、券、电子钥匙等。支持添加银行卡、交通卡、eID(公民网络电子身份标识)、零钱、会员卡、发票，以及社区门禁卡、智能家用锁门卡、智能酒店房卡等，通过一部手机即可满足交通出行、移动支付等生活场景。

华为钱包目前已覆盖移动支付、交通出行、生活服务等多种使用场景。手机熄屏状态下，使用华为钱包 Huawei Pay 不打开 App 即可完成支付，还支持刷手机搭乘公交地铁、解锁门禁以及身份认证等。在华为钱包中还可开通会员卡，预定火车票、机票、酒店，进行手机充值，还信用卡，签约活期存款，申购货币基金，申请银行贷款等。

思政拓展

华为钱包，是如何做到不止于数字钱包的？

2020 华为 HDC 开发者大会，成为近期业界与媒体的热点刷屏事件，华为钱包能力的全面开放，无疑是一大关注重点。

华为钱包的功能服务，已经远超业界对“移动支付”与“数字钱包”的传统定义，并且成为高效连接开发者与用户、满足全场景智慧生活的重要创新平台与新价值生态，对于华为、开发者和合作伙伴来说都具备巨大的变革想象力。

万物互联时代，整个产业都急需寻找可以帮助用户完成人—终端—场景无缝连接、打通物理世界与数据世界的新入口模式，以及在此基础上建立全新的商业生态，这其中涉及到了无感识别、智慧交互、服务直达，以及全新的生态支付方式。华为钱包所具备的智慧识别＋多形态支付优势，以及其开放的能力构建与应用生态策略，已经让我们看到了万物互联时代新用户入口的趋势形态，这也是新技术商业时代所具备的重要基础设施之一。

就如华为钱包相关负责人所说：华为钱包，是开启数字世界的万能钥匙，其目标是打破原有技术时代的边界，构建全新的数字孪生世界。

3.2.6　电子现金

1. 电子现金的定义

电子现金(electronic cash)又称数字现金，是纸币现金的电子化。广义上来说电子现金是指那些以电子形式储存的货币，它可以直接用于电子购物。狭义上的电子现金通常是指一种以数据形式流通的货币，它把现金数值转换成一系列的加密数据序列，通过这些序列数来表示现实中各种交易金额的币值。用户使用电子现金进行购物，需要在开展电子现金业务的银行设立账户并在账户内预存现金。

数字现金是纸币现金的电子化，具有直观、方便等与纸币现金一样的优点。随着电子商务的发展，必将成为一种重要的网络支付工具，特别是涉及个体、小额网上消费者的电子商务活动，比如相距很远的两个个体消费者进行电子商务时的网络支付与结算。

2. 电子现金的属性

电子现金从产生到投入应用，具备下列属性特点。

(1)货币价值。电子现金必须有银行的认证、信用与资金支持，才有公信的价值。

(2)可分性。电子现金可用若干种货币单位，并且可像普通的纸质现金一样，把大钱分为小钱。

(3)可交换性。电子现金可以与纸币、商品与服务、银行账户存储金额、支票等进行互换，体现了等价物性质。

(4)不可重复性。同一个客户在使用某个电子现金后，就不能再用第二次，也不能随意复制使用。所以发行银行应有巨大的数据库记录存储电子现金序列号，应用相应的技术与管理机制防止复制。

(5)可存储性。电子现金能够安全地存储在客户的计算机硬盘、智能卡或电子钱包等特殊用途的设备中，最好是不可修改的专用设备，取出应用时需要严格的身份认证。

(6)匿名性。电子现金用于匿名消费。买方用电子现金向卖方付款，除了卖方之外买方的身份或交易细节无人能知。

(7)不可跟踪性。电子现金不能提供用于跟踪持有者的信息，不可跟踪性可以保证交易的保密性，即维护了交易双方的隐私权。电子现金丢失，如同纸币现金丢失一样将无法追回。

3. 电子现金的种类

从电子现金的表现形式来看，有预付卡式电子现金和纯电子形式电子现金。

(1)预付卡式电子现金。该类电子现金以预付卡储值卡的形式存在，虽然预付卡与电话卡有些相似，但流动性更大。电话卡只能用于支付电话费，流动性相对较小，而预付卡在许多商家的 POS 机上都可使用，常用于小额现金的支付。中国移动曾经发行的“神州行”充值卡就与这种预付卡式电子现金类似，用一点扣减一点，非常方便。很多大学里的校园一卡通，广州羊城通、中国香港的八达通、台湾的悠游卡以及大学里使用的校园一卡通等都属于这种类型的电子现金。预付卡式电子现金的应用，与带读卡器的智能卡网络支付模式基本相同，这里不再重复叙述。

(2)纯电子形式电子现金。这种形式的电子现金没有明确的物理形式，以特殊的电子数据形式存在，特别适用于买卖双方处于不同地点，通过网络进行网络支付的情况。支付行为表现为把电子现金从买方扣除并传输给卖方，卖方可以继续使用也可以去银行兑换。在传输过程中，通过加密来保证只有真正的卖方才可以使用这笔电子现金。通常所讲的电子现金即纯电子形式的电子现金，本节将对其进行阐述。

4. 电子现金网络支付系统

在整个电子现金支付系统中，电子现金发行机构的参与十分重要。为控制电子货币的发行量，发行机构应在央行的严密监控下进行电子现金的发行，发行机构本身也应有十分严格的资格审批过程。发行机构根据客户所存款项向客户发放等值的电子现金，并保证电子现金的防伪性。客户则可以持电子现金进行日常支付、网上购物以及网上个人之间的其他支付等活动。

目前，针对电子现金，国际上已开发出了多种应用系统，如 Digicash、Mondex、Netcash 等。此处以荷兰的 Digicash 公司(E-Cash)和数字设备公司(DEC)的 Millicent 电子现金系统为例来分析电子现金交易的详细过程。

客户和商家在电子现金银行开立账户，客户可以从他的银行账户中提取电子现金，并存到自己的电子钱包里，客户有了电子现金就可以随时到商家消费。当客户拿电子现金消费时，商家首先将电子现金送到银行，由银行来验证电子现金的真伪并确认该电子现金是否消费过，然后将电子现金存入商家的账户并通知商家，此时商家就可以寄商品或发货给客户，具体支付流程如图 3-12 所示。

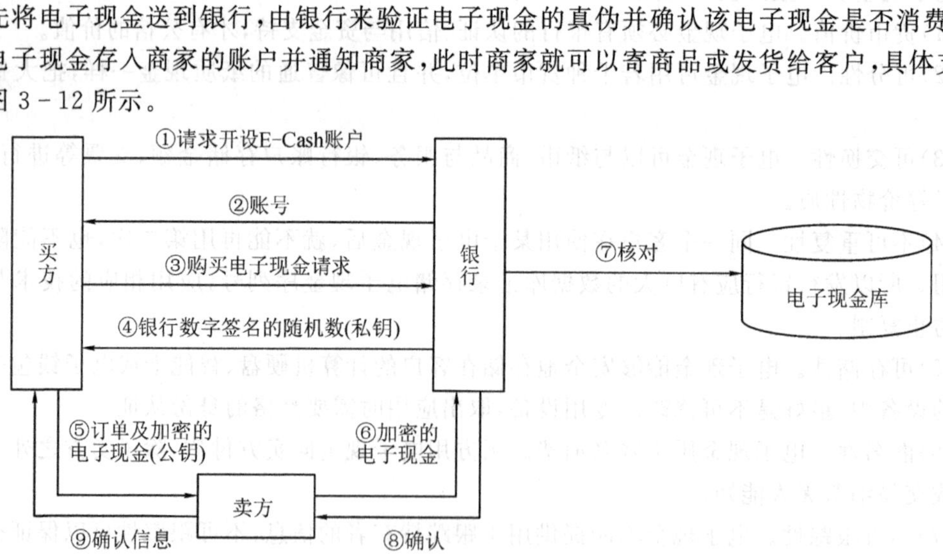

图 3-12 电子现金的支付过程

5. Mondex 电子现金支付实例

Mondex 是以英国的 West Minster 银行和 MidLand 银行为主开发出来的一种智能卡型电子现金系统，它通过在卡中事先存入一定金额的电子现金来实现消费或在个人账户间进行资金的转移，属于预支付类系统。

Mondex 智能卡型电子现金的使用流程如图 3－13 所示。

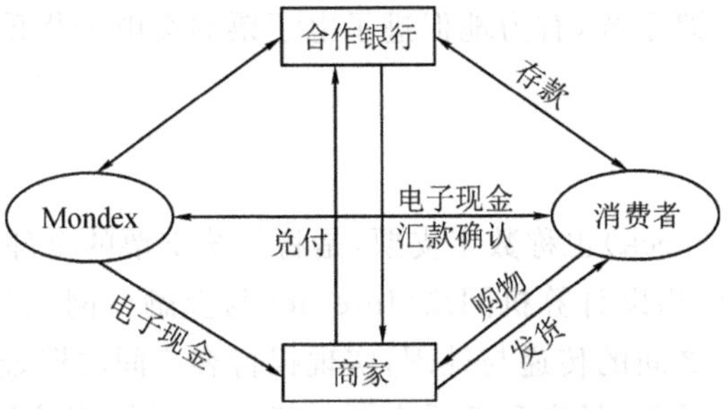

图 3－13　Mondex 智能卡型电子现金的使用流程

(1)客户到银行申请 Mondex 电子现金，并存放到 Mondex 智能卡中。该过程中，银行存款与 Mondex 智能卡中电子现金金额是此消彼长的关系。

(2)客户浏览商家网站并选择所需要的商品，填写相应的订单，选择智能卡支付。

(3)商家的“币值转移终端”设备与客户的 Mondex 智能卡建立起通信。客户输入智能卡 PIN 码，“币值转移终端”设备将客户输入的 PIN 码与 Mondex 智能卡中的 PIN 码相比较，若一致，则受理支付请求。

(4)客户将 Mondex 智能卡中的电子现金发送到商家处。这一过程中智能卡的读写设备无须与发卡银行网络进行实时连接，即 Mondex 智能卡可实现离线支付。

(5)商家收到 Mondex 电子现金后，立即组织发货，并可持 Mondex 电子现金到发卡行请求兑付，发卡行将等额的货币转入商家的银行账户中。

在上述支付流程中，客户与商家在使用 Mondex 电子现金进行交易时，客户不需要出示自己的身份，并且依据客户发送的 Mondex 电子现金，商家与银行也无法发现客户的身份，因此，Mondex 智能卡的应用能够避免商家与银行获悉客户的身份，在一定程度上保护了客户的隐私。此外，Mondex 智能卡也可用于个人之间卡内电子现金的转移。付款方将 Mondex 智能卡插入读写设备中，将相应的金额存入读写设备的存储器芯片中，然后由收款人将 Mondex 智能卡插入读写设备中，读写设备将存储的电子现金转入收款人的 Mondex 智能卡中。

3.2.7　电子票据

电子票据是出票人以数据电文形式制作的，委托付款人在指定日期无条件支付确定的金额给收款人或者持票人的票据。电子票据的核心思想就是将实物票据电子化，然后借助网络完成票据的传递，实现出票人和收款人之间的资金结算。电子票据可以同实物票据一样进行转让、贴现、质押和托收等。传统票据业务中的各项流程均没有改变，只是每一个环节都加载了电子化处理手段，使业务操作的手段和对象发生了根本的改变。

电子票据的界定从广义上看包括两种：一是传统票据的电子化，即以网络和计算机为依托，通过电子信息取代传统的纸质凭证来进行资金流转的电子信息传递，目前中国人民银行的“支票影像交换系统”就是通过票据电子化来进行支票异地跨行流动；二是用电子信息完全取代传统票据，信息传递的过程也就是资金流动的过程，中国人民银行的“电子商业汇票系统”属于这一类。这二者可称为电子票据的信息层面和货币层面。从信息层面过渡到货币层面，这期间即是纸质票据和电子票据共存的混合支付阶段。

目前,国内电子支票和电子汇票已经全面使用,依托中国人民银行牵头建设的全国支票影像交换系统和电子商业汇票系统,有力地促进了电子票据类电子货币的应用推广。

1. 电子支票

1)电子支票的定义

电子支票(electronic check)也称数字支票,是将传统支票的全部内容电子化和数字化,形成标准格式的电子版票据,借助计算机网络(Internet 与金融专网)完成其在客户之间、银行与客户之间以及银行与银行之间的传递与处理,实现银行客户间的资金支付结算。简单地说,电子支票就是纸质支票的电子版,具有和纸质支票一样的支付结算功能。它包含和纸质支票一样的信息,如支票号、收款人姓名、签发人账号、支票金额、签发日期、开户银行名称等。同时,电子支票包含有数字证书和数字签名,它们连同加密解密技术一起,被用来防止针对银行和银行客户的欺诈,提高电子支票的安全性,以保证信息的真实性、保密性、完整性和不可否认性。另外,一些附件(如付款清单等)也可以一起"捆绑"传送。

电子支票系统传输的是电子资金,最大限度地利用当前银行系统具有电子化和网络化设施的自动化潜力。例如,借助银行的金融专用网络,可以进行跨省市跨行的电子汇兑和结算,以实现全国范围的中大额资金传输,甚至在世界银行之间进行资金传输。

一个电子支票支付方案包括以下 3 部分:①消费者和他合作的银行;②商户和他的合作银行;③不同银行之间支票的清算处理。

第一,电子支票将整个处理过程自动化,帮助银行降低处理支票的压力,能够节省大量的人力和开支,极大地降低了处理成本;第二,电子支票可以在任何时间、地点通过互联网进行传递,打破了地域的限制,最大限度地提高了支票的收集速度,从而为顾客提供了更方便快捷的服务和减少了在违资金;第三,电子支票通过应用数字证书、数字签名以及加密解密技术,提供了比使用印章和手写签名更加安全可靠的防欺诈手段。电子支票在以上 3 个方面的巨大进步,无疑会使其成为支票发展史上的一次革命。

2)电子支票的属性

电子支票从产生到投入应用,一般具备下列属性。

(1)货币价值。电子支票同电子现金一样,必须有银行的认证、信用与资金支持,才有公信价值。

(2)价值可控性。电子支票可用若干种货币单位,如美元电子支票、人民币电子支票,客户可以像使用普通的纸质支票一样,灵活填写支票代表的资金数额。

(3)可交换性。电子支票可以与纸币、电子现金、商品与服务、银行账户存储金额、纸质支票等进行互换。

(4)不可重复性。同一个客户在使用某张票号的电子支票后,就不能再用第二次,也不能随意复制使用。发行银行拥有巨大的数据库记录存储电子支票序列号,能够应用相应的技术与管理机制防止复制或伪造等。

(5)可存储性。电子支票能够在许可期限内存储在客户的计算机硬盘、智能卡或电子钱包等具有特殊用途的设备中,最好是不可修改的专用设备,也可直接在线传递给银行要求兑付。

(6)应用安全与方便。电子支票在整个应用过程中应当保证其安全、可靠、方便,不可随意否认、更改与伪造,同时,电子支票还要易于使用。

电子支票所具备的各个属性决定电子支票需要由一个有公信力的企业或组织发行,需要高技术支持,并与各个银行联合实施。

案例

渣打银行推出电子旅游支票

2006 年,渣打银行计划在中国内地首推一种外形和功能都类似于借记卡的电子旅行支票,这类支票可以在商家消费,也可以在 ATM 机上取现,但该电子旅行支票仅限于境外使用。渣打银行也是国内首家推出此类电子旅行支票的外资银行。

持有渣打银行的电子旅行支票的客户外出旅游将不再需要携带大量现金,可以随时在境外约 2400 万家接受 VISA 的餐厅、宾馆和商店内支付购物和服务的花费,并能在境外带有 VISA 标志的约 100 万台自动提款机上提取当地货币。

虽然功能和形式与借记卡都比较接近,但此电子支票不同于一般的银行借记卡,不能在境内使用,做成类似银行卡的形式是为了在境外自动提款机上提现方便,但该产品本质上并没有超出旅行支票的范围,只是比现行的纸质旅行支票更方便、功能更强大。

本案例中的旅游电子支票是由银行或专门的金融公司提供的一种非现金支付工具,它既可以直接用于消费,又可以和现钞混用。电子旅行支票则是一种替代纸张旅行支票的产品,它具备在 ATM 及 POS 上使用的功能,还可重复充值使用。通济隆和渣打银行联手 VISA 在上海推出了国内首张电子旅行支票——易世金,充分显示了银行、汇兑公司等金融机构抢占出境游市场的计划。

可以看出,电子支票的形式和作用可以是多样化、个性化的,但作为传统支票的衍生,所有的电子支票在实现网络支付时都要遵循一定的模式。

3)电子支票的网络支付模式

虽然电子支票的形式和作用可以多样化、个性化,但作为传统支票的衍生,所有的电子支票在实现网络支付时都要遵循一定的模式。

电子支票支付方式按照参与银行的情况,可分为同行电子支票网络支付方式和异行电子支票网络支付方式两种。在同行电子支票网络支付方式中,金融机构只有一家银行;在异行电子支票网络支付方式中,则借助票据交易所,可由一个独立的机构或现有的一个银行系统承担,其功能是在不同的银行之间处理票据和清算。

(1)同行电子支票网络支付模式。同行电子支票的应用由于只涉及同一个银行的资金结算问题,比较简单、方便与可靠。因此,同行电子支票的支付流程也比较简单,如图 3-14 所示。

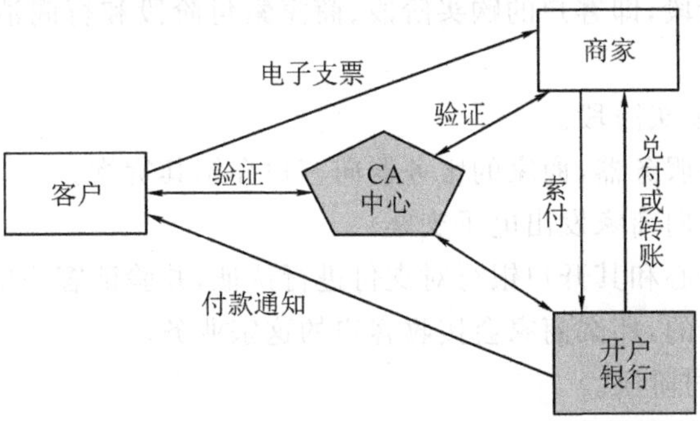

图 3-14　同行电子支票网络支付流程示意图

①预备工作。客户与开户银行、商家与开户银行之间密切协作,通过严格的认证,为利用电子支票进行网络支付做准备,如相关资料的认定、数字证书的申请与电子支票相关软件的安装应用、电子支票应用的授权等。

②客户和商家达成网上购销协议,并选择使用电子支票支付。

③客户通过网络向商家发出电子支票。

④商家收到电子支票后,通过认证中心 CA 对客户提供的电子支票进行验证,验证无误后将电子支票送交银行索付。

⑤开户银行在商家索付时通过认证中心 CA 对客户提供的电子支票进行最后验证,若支票有效即向商家兑付或转账,则从客户资金账号中转拨相应资金余额到商家资金账号。若支票无效(如余额不够、客户非法等),则把电子支票返回商家,并告知索付无效消息。

⑥开户银行代理转账成功后,在网上向客户发出付款成功通知消息,以方便客户查询。

(2)异行电子支票网络支付模式。异行的电子支票由于涉及两个或两个以上银行,以及中间的用于银行间资金清算的票据交易所(资金清算系统),所以流程较为复杂,但实施技术难度上与同行的电子支票应用并无太大区别,需要银行间、银行与票据交易所间在电子支票的应用上达成协议。完整的异行电子支票网络支付业务的支付流程如图 3-15 所示。

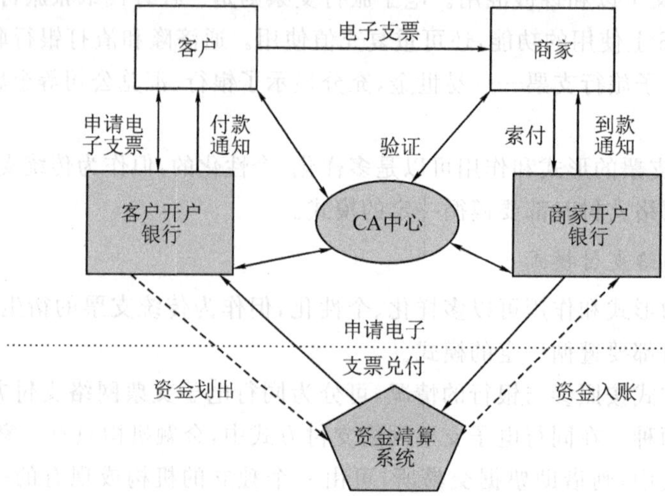

图 3-15　异行电子支票网络支付流程示意图

异行电子支票的支付流程,除包含与前面所述一样的电子支票应用预备工作阶段外,一般还包含另外 3 个不同阶段,即客户的购买阶段、商家索付阶段和行间清算兑付阶段,每一阶段又由若干个步骤构成。

第一阶段:客户的购买阶段。

①客户访问商家的服务器,商家的服务器向客户介绍其货物。

②客户挑选货物并向商家发出电子支票。

③商家通过认证中心和其开户银行对支付进行认证,并验证客户电子支票的有效性。

④如果支票是有效的,那么商家会接收客户的这宗业务。

第二阶段:商家索付阶段。

商家把电子支票发送给自己的开户行,何时发送由商家根据自己的需要自行决定,只要在电子支票使用期限内就行。

第三阶段：行间清算兑换阶段。

①商家的开户行把电子支票发送给票据交易所的资金清算系统，以兑换现金，进行清算。

②票据交易所向客户的开户行兑换支票，并把现金发送给商家的开户银行。

③商家的开户银行向商家发出到款通知，即资金入账，而客户的开户银行则向客户发出付款通知，即为客户下账。

异行电子支票网络支付模式实现了款项的跨行存取，提高了资金的周转率，在实际应用中，其具体形式也是多种多样的。

4)电子支票支付系统实例

目前基于 Internet 的电子支票系统在国际上日趋成熟，中国也对这方面进行了更加深入的研究。随着数字签名、数字证书和加密解密技术日趋完善，实际的大额网络支付应用需求已经出现，考虑到电子交易的飞速增长，B2B 交易将成为网上交易的主流，同时由于研发的前瞻性，我国开展电子支票研发的时机已经成熟。特别是对于银行来说，我国已加入 WTO，金融机构必将与国外的金融机构在提供现代化的金融服务方面展开激烈的竞争，因此研发我国自己的电子支票系统也就特别紧迫。

目前，电子支票支付主要遵循国际金融服务技术联盟(financial services technology consortium，FSTC)提的银行因特网支付系统(bank internet payment，BIP)标准(草案)。典型的电子支票系统有 FSTC Electronic Check(FSTC 电子支票)、NetCheque(网络支票)、Netchex 以及美国匹兹堡 Carnegie Mellon 大学的 NetBill 等。

(1)NetCheque。NetCheque 是由南加州大学信息科学研究院开发出来的一种基于 Kereros(一种身份认证协议)应用的在线电子支票支付系统。NetCheque 支付系统中不仅有客户、商家与银行，还包括 Kereros 服务器。NetCheque 支付系统使用 Kereros 服务器提供客户签发支票的信用担保，允许被授权的持票者从 NetCheque 银行账户上提取资金，同时防止非法持有者存储不是发行给他的 NetCheque 支票。NetCheque 支付系统的运作流程如下。

①客户在签发支票时，首先生成支票的明文部分，包括支票数额、货币单位、日期、账户号码、收款人等信息。然后从 Kerberos 服务器获得一个标签 TC(事先客户应通过 Kerberos 生成的信任验证标签)，用以证明 Kerberos 服务器对这张支票的信用授权。客户再用 TC 向开户行证明身份，并获得开户行的加密证明文件(AC)，这是开户行对其所签支票的授信。支票的明文部分再加上 TC 和护航的 AC 就构成了一张完整的电子支票。

②电子支票通过公共网络上的电子邮件或加密线路传送给商家服务器。

③商家收到支票后，根据 TC 和 AC 验证客户身份及信用，取出明文部分，再经过类似签发支票的方法对此支票进行背书，加上商家名称，背书时间等内容，形成背书后的支票。

④背书后的支票被传送给商家的开户行，若客户与商家是同一个开户行，则直接将客户银行账户上的资金划拨到商家账户上；若非同一个开户行，则支票需要在各银行间进行清算，最终将客户银行账户上的资金划拨到商家账户上。

(2)FSTC 电子支票。FSTC 成立于 1993 年，是由包括美国的银行、大学以及政府机构等在内的 60 多家机构联合成立的非营利性组织，其目的在于提高全美金融服务业的竞争能力。其运作流程如下。

①付款人在签发支票时，使用由电信设备公司生产的，被称为“智能辅币机”的安全硬件设

备来产生一张电子支票。该设备的功能就是安全地存储密钥和证书信息，并保存最近签发或背书过的支票记录。

②生成的电子支票通过安全电子方式，或双方之间加密过的交互对话方式进行传送。

③收款人收到支票后，将利用票据交换所来清算支票。电子支票通过银行清算网络进行传送，相应地，资金从付款人银行账户转到收款人银行账户。

(3)NetBill。NetBill电子支票系统是美国卡耐基-梅隆大学开发的一种支付系统。该系统尽可能地改善了低价值信息产品的买卖。系统参与者包括客户、商家以及为他们保存账户的NetBill服务器。这些账户是信用卡预存资金账户，可与银行账户相连，客户可将银行账户上的资金划拨到NetBill账户，而商家则可以将NetBill账户中的资金存入其银行账户。客户在使用NetBill账户购买商品时，只用选择自己所需要的商品，余下的处理过程将由NetBill自行完成。整个交易包括价格协商、商品传送以及支付三个阶段。NetBill通过向客户与商家提供一种工具(在客户处称为“支票簿”，商家处称为“收款机”)来支持交易的实现。“支票薄”在客户端是一个使NetBill和客户的浏览器之间实现通信的程序，它能保存客户的NetBill账户资料，解密商家发来的信息，并显示客户的交易记录、期内平衡信息和账户平衡信息等，安全地处理交易、修改密码、检查交易状态；“收款机”在商家的服务器端是一个使NetBill和商家的服务器之间实现通信的软件，它能够对相关信息进行加密处理，保存客户的交易记录。与NetCheque支付系统相类似的是，在该支付系统中，也使用基于Kereros的保密密钥加密机制。具体交易流程如下。

①客户通过填写报价单与商家之间进行相关商品的价格磋商，磋商完毕，制定出具体价格后，由商家将报价单返回给客户。

②客户收到报价单后，若对价格满意，则通过支票簿向商家收款机发送购买请求。

③商家收到购买请求后，收款机使用对称加密算法对该信息产品进行加密，并将其传送到客户的支票簿。

④客户支票簿在收到加密过的信息产品后，向商家收款机发送一份带有签名的电子支付订单。

⑤商家收款机收到电子支付订单后对其进行背书，并将之发送到NetBill服务器。

⑥NetBill服务器验证电子支付订单后，将货款由客户的NetBill账户划拨到商家的NetBill中，并返回支付确认信息。

⑦商家收款机收到支付确认信息后，将对称密钥发送到客户支票簿。客户支票簿使用对称密钥解密，得到信息产品。

由上述流程可以看出，NetBill传送的货物非一般意义上的商品，而是能够在网络上进行传输的信息产品，因此，交易商品的种类受到了极大的限制，并且在整个交易中还必须涉及NetBill服务器。尽管在NetBill支付系统中参与各方的通信量已很低，但众所周知，信息产品的价值一般都比较低，相比而言NetBill通信成本还是比较高的，同时，系统的可扩展性也不强。

5)支票影像交换系统

支票是一种成本低廉、使用便捷、流通性强的信用支付工具，在我国各企事业单位中有着广泛的应用。长期以来，由于受到业务和技术条件的制约，我国支票基本只在统一城市范围内使用，不能适应区域经济发展和人们日益增长的多样化支付需要。中国人民银行根据我国支票使用状况及发展趋势，借鉴国际支票截留的先进经验，于2007年6月25日建成全国支票影像交换系统，实现了支票在全国范围的互通使用。

全国支票影像交换系统是指运用影像技术将实物支票转换为支票影像信息，通过计算机及网络将影像信息传递至出票人开户银行提示付款的业务处理系统，它是中国人民银行建成的继大、小额支付系统后的又一重要金融基础设施。影像交换系统定位于处理银行机构跨行和行内的支票影像信息交换，其资金清算通过中国人民银行覆盖全国的小额支付系统处理。支票影像业务的处理分为影像信息交换和业务回执处理两个阶段，即支票提出银行通过影像交换系统将支票影像信息发送至提入行提示付款，提入行通过小额支付系统向提出行发送回执完成付款。

随着系统建成，支票作为新的异地结算工具，将在经济活动中得到更广泛的运用，这有助于减少现金交易，推广使用非现金支付工具，方便经济活动，满足企业和个人日益多样化的支付需求。

2. 电子汇票

2000 年以来，我国商业汇票市场进入快速发展阶段，票据业务走上规模化和专业化发展轨道，票据业务总量成倍增长。但是，商业汇票市场饱受遗失、损坏、抢劫、假票、克隆票等问题的困扰，诸如此类的保管风险、传递风险、诈骗风险等给银行和企业带来了极大的风险隐患。面对这些棘手而又紧迫的问题，发展电子票据逐渐成为市场各参与方的共识。

1)电子汇票定义

电子商业汇票是指出票人依托电子商业汇票系统，以数据电文形式制作的，委托付款人在指定日期无条件支付确定金额给收款人或者持票人的票据。电子商业汇票分为电子银行承兑汇票和电子商业承兑汇票。电子银行承兑汇票(如图 3 - 16 所示)由银行业金融机构、财务公司承兑，电子商业承兑汇票(如图 3 - 17 所示)由金融机构以外的法人或其他组织承兑。电子商业汇票的付款人为承兑人。

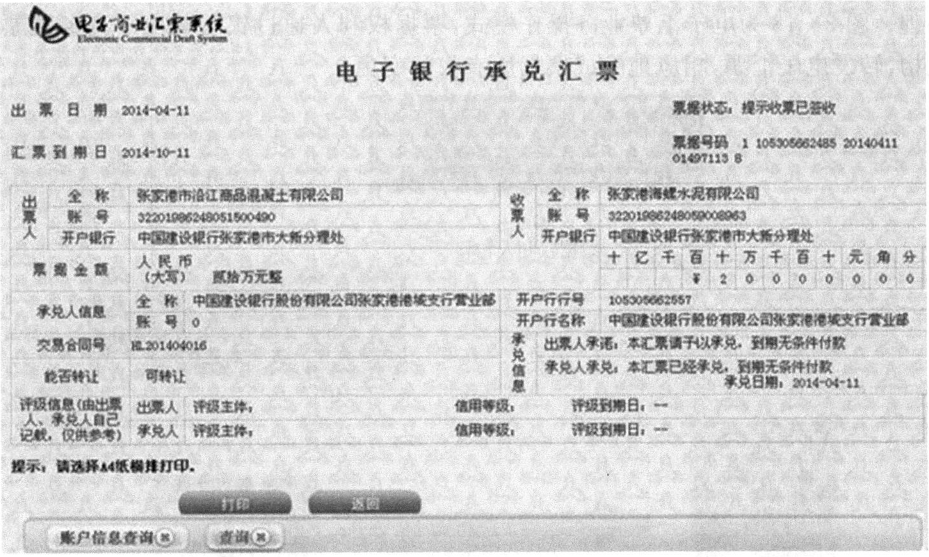

电子商业汇票系统
Electronic Commercial Draft System

电子银行承兑汇票

出票日期 2014-04-11　　票据状态：提示收票已签收

汇票到期日 2014-10-11　　票据号码 1 105305662485 20140411 01497113 8

出票人	全称	张家港市沿江商品混凝土有限公司	收票人	全称	张家港海螺水泥有限公司
	账号	32201986248051500490		账号	32201986248059008963
	开户银行	中国建设银行张家港市大新分理处		开户银行	中国建设银行张家港市大新分理处
票据金额	人民币（大写）	贰拾万元整		十 亿 千 百 十 万 千 百 十 元 角 分	¥ 2 0 0 0 0 0 0 0
承兑人信息	全称	中国建设银行股份有限公司张家港港城支行营业部		开户行行号	105305662557
	账号	0		开户行名称	中国建设银行股份有限公司张家港港城支行营业部
交易合同号		HL201404016	承兑信息	出票人承诺：本汇票请予以承兑，到期无条件付款	
能否转让		可转让		承兑人承兑：本汇票已经承兑，到期无条件付款　承兑日期：2014-04-11	
评级信息(由出票人、承兑人自己记载，仅供参考)	出票人	评级主体：	信用等级：	评级到期日：--	
	承兑人	评级主体：	信用等级：	评级到期日：--	

提示：请选择A4纸横排打印。

打印　返回

账户信息查询　查询

图 3 - 16　电子银行承兑汇票样本

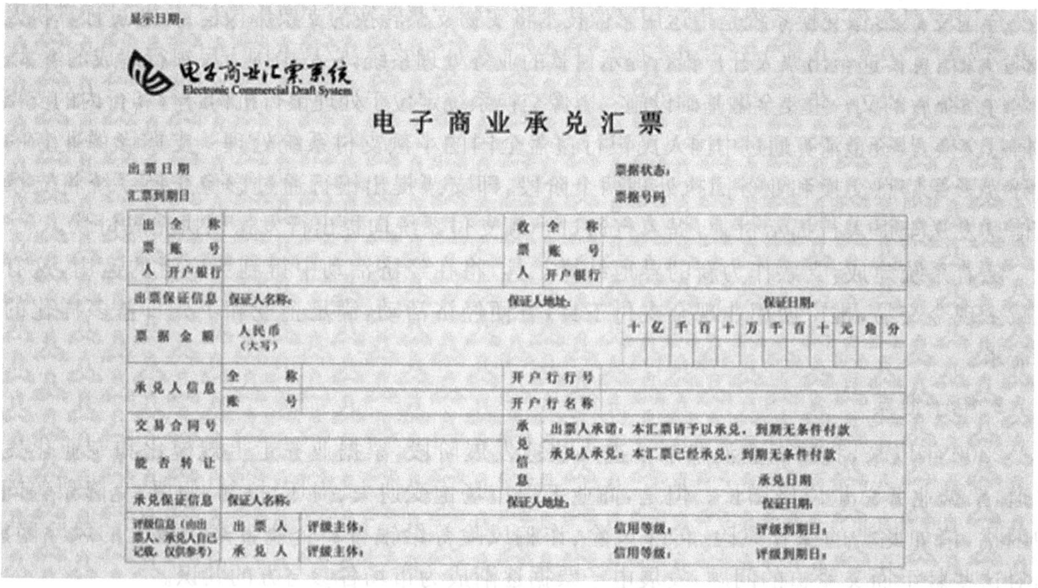

显示日期：

电子商业汇票系统
Electronic Commercial Draft System

电子商业承兑汇票

出票日期　　　　票据状态：

汇票到期日　　　　票据号码

出票人	全　称		收票人	全　称	
	账　号			账　号	
	开户银行			开户银行	
出票保证信息	保证人名称：		保证人地址：		保证日期：
票据金额	人民币（大写）		十 亿 千 百 十 万 千 百 十 元 角 分		
承兑人信息	全　称		开户行行号		
	账　号		开户行名称		
交易合同号			承兑信息	出票人承诺：本汇票请予以承兑，到期无条件付款	
能否转让				承兑人承兑：本汇票已经承兑，到期无条件付款	
				承兑日期	
承兑保证信息	保证人名称：		保证人地址：		保证日期：
评级信息（由出票人、承兑人自己记载，仅供参考）	出票人	评级主体：	信用等级：		评级到期日：
	承兑人	评级主体：	信用等级：		评级到期日：

图 3-17　电子商业承兑汇票样本

电子商业汇票为定日付款票据，付款期限自出票日起至票据到期日止，最长不得超过 1 年。与纸质商业汇票相比，电子商业汇票具有以数据电文形式签发、流转，以电子签名取代实体签章两个突出特点。

2）电子汇票业务操作模式

电子商业汇票的出票、承兑、背书、保证、提示付款和追索等业务，必须通过电子商业汇票系统办理。图 3-18 为电子汇票业务操作模式，票据权利人通过银行等电子商务汇票系统的接入机构，转发电子汇票，相应地完成票据所有权的变更。

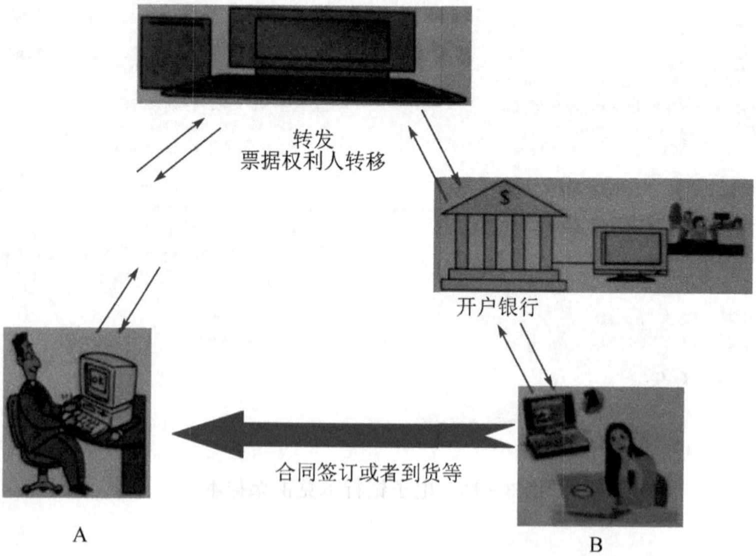

图 3-18　电子汇票业务操作模式

电子商业汇票是纸质商业汇票的继承和发展，其所体现的票据权利义务关系与纸质商业汇票相同。但是电子商业汇票以数据电文形式替代原有纸质实物票据，以电子签名取代了实体签章，以网络传输取代了人工传递，以计算机录入代替了手工书写，实现了出票、流转、兑付等票据业务过程的完全电子化。票据安全性和交易效率得到了极大提升。

3）电子商业汇票系统

2010 年 6 月 28 日，由中国人民银行组织建设的电子商业汇票系统在全国范围内推广并上线运行，接入电子商业汇票系统的机构共计 316 家，网点共计 64681 个。

电子商业汇票系统是经中国人民银行批准建立，依托网络和计算机技术，接收、存储、发送电子商业汇票数据电文，提供与电子商业汇票货币给付、资金清算行为等相关服务的业务处理平台。电子商业汇票系统采用基于公钥基础设施（PKI）的电子签名以保证业务数据的完整性和不可抵赖性。

电子商业汇票系统为电子票据业务提供了安全高效、互联互通、标准统一、方便快捷的多功能、综合性业务处理平台。与现行纸质商业汇票相比，其最大的特性就是签发和流转都采取电子化方式，以数据电文来完成。电子商业汇票系统的建成将从根本上解决了纸质商业汇票交易方式效率低下、信息不对称、风险较大等问题。

此外，电子商业汇票系统的建成对企业、商业银行、中央银行和票据市场的发展意义重大。对企业来说，电子商业汇票不仅具有纸质票据的所有功能，更重要的是它的使用不受时间和空间的限制，从而使交易资金在途时间大大缩短，资金周转效率明显提高。对商业银行来说，电子商业汇票系统的建成不但使电子票据能够实现实时、跨地区流通使用，而且节省了纸质票据业务的人工成本，节约了票据印制成本，降低了票据保管成本，规避了票据遗失风险，增强了业务的安全性，加快了结算速度，从而有效提高了银行的金融服务效率。对中央银行来说，电子商业汇票系统的建成将使中央银行成为电子商业汇票市场的一个经常性交易主体，未来可能成为中央银行公开市场操作的一个主要手段，从而增加了中央银行货币政策操作的弹性和力度，提高了中央银行调控货币市场的能力，畅通货币政策传导机制。通过电子商业汇票系统，中央银行能够全面监测商业汇票的各种票据行为，准确了解资金流量流向，为宏观经济决策提供重要参考依据。

电子商业汇票业务的推出，标志着我国商业票据业务进入电子化时代，对降低票据业务风险和成本、促进全国统一的票据市场的形成、丰富支付结算工具、便利中小企业融资、完善利率生成机制、以及促进经济发展具有重要意义。

3.2.8　电子资金划拨

根据美国 1978 年《电子资金划拨法》，电子资金划拨是不以支票、期票或其他类似票据的凭证，而是通过电子终端、电话、电传设施、计算机、磁盘等命令，指示或委托金融机构向某个账户付款或从某个账户提款，或通过零售商店的电子销售、银行的自动提款机等电子设施进行的直接消费、存款或提款等。

电子资金划拨系统（Eletronic Funds Transfer System，EFTS）根据发起人的不同，可以分为贷记划拨和借记划拨。贷记划拨（Credit Transfer）是由债务人发起的划拨，即债务人（支付人）向其开户银行发出支付命令，将其存放于该银行账户的资金，通过网络与电信线路，划入债权人（收款人）开户银行的一系列转移过程。借记划拨（Debit Transfer）是由债权人发起的划拨，即债权人（收款人）命令开户银行将债务人（支付人）资金划拨到自己的账户。

电子资金划拨系统根据服务对象的不同与支付金额的大小分为小额电子资金划拨系统与大额电子资金划拨系统。前者服务对象主要是广大个人消费者，特点是交易发生频繁、交易金额小且多样化；后者的服务对象包括货币、黄金、外汇、商品市场的经纪商与交易商，在金融市场从事交易活动的商业银行，以及从事国际贸易的工商企业，其特点是金额巨大，对支付的时间性、准确性与安全性有特殊要求，在电子资金划拨中处于主要地位。

2020年，我国大额实时支付系统处理业务5.12亿笔，金额5647.73万亿元，笔数同比下降53.17%，金额同比增长14.08%。日均处理业务205.78万笔，金额22.68万亿元。小额批量支付系统处理业务34.58亿笔，金额146.87万亿元，同比分别增长31.63%和142.46%。日均处理业务944.94万笔，金额4012.98亿元。

互联网条件下电子资金划拨系统的运作如图3-19所示。

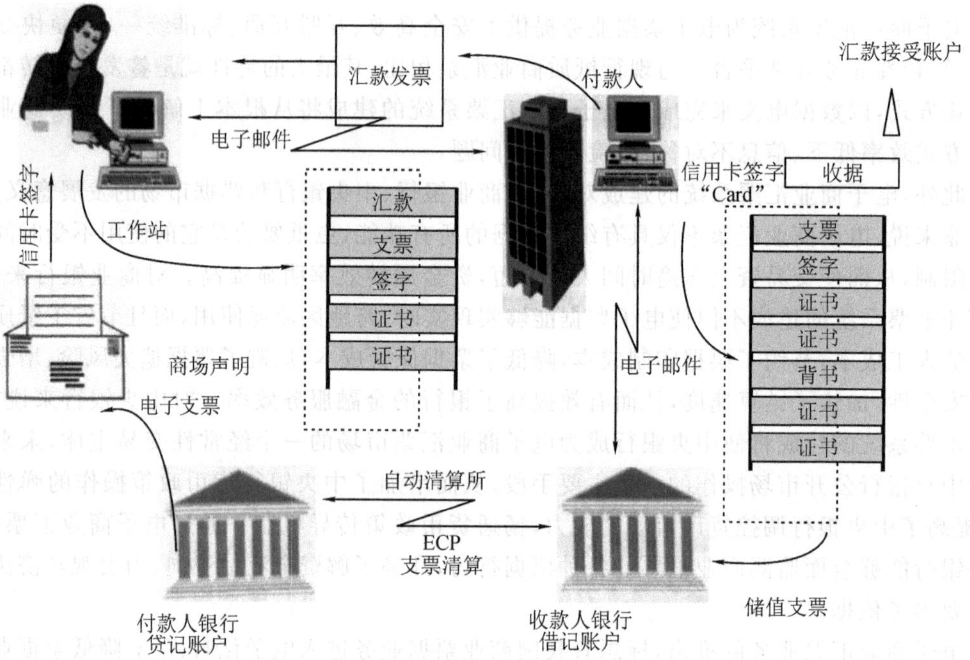

图3-19 电子资金划拨流程图

3.3 电子支付系统

3.3.1 电子支付系统概述

1. 电子支付系统的构成

电子支付系统(electronic payment systems, EPS)是能够提供一种或者几种支付功能的若干软件按照一定的排列次序组合在一起的计算机结构，电子支付系统是电子商务的重要组成部分。消费者、商家和金融机构之间使用安全的电子支付手段交换商品和服务，这里的安全电子支付手段包括电子现金、信用卡、借记卡、智能卡等，支付信息通过安全网络和安全电子支付手段传送到银行或相应的处理机构，以此来实现电子支付。

因此，电子支付体系可以说是融购物流程、支付与结算工具、安全技术、认证体系、信用体系，以及现在的金融体系为一体的综合系统。基于Internet公共网络平台的电子商务的电子支付体系的基本构成如图3-20所示，其中主要涉及七大构成要素。

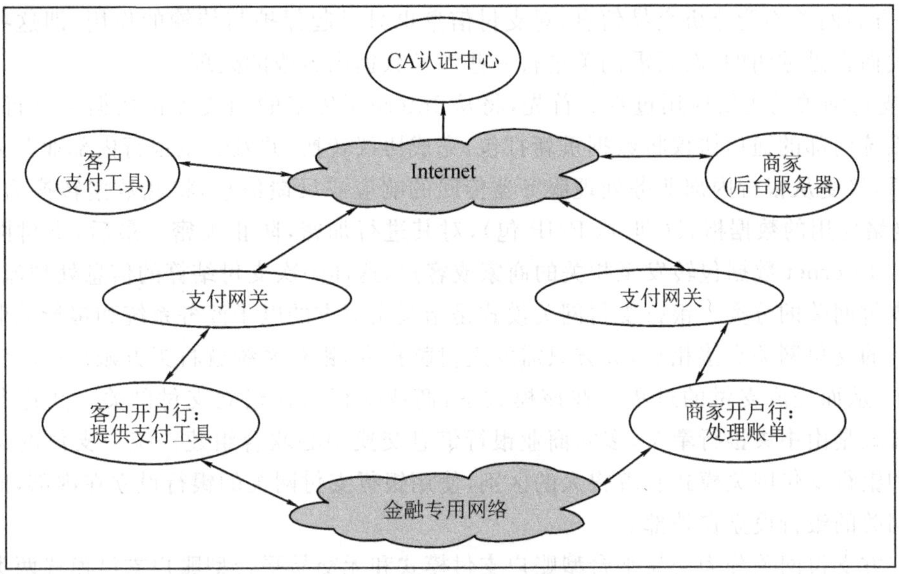

图3-20　电子支付系统的构成

(1)客户是指在Internet与某商家有交易关系并存在有未清偿的债权债务关系的一方(一般是债务)。客户用自己已有的支付工具(如信用卡、电子钱包等)来发起支付，是支付体系运作的原因和起点。

(2)商家是拥有债权的商品交易的另一方，可以根据客户发起的支付指令向中介的金融体系请求获取货币给付，即请求结算。商家一般设置专门的后台服务器来处理这一过程，包括协助身份认证及不同网络支付工具的处理。

(3)客户开户行是指客户在其中拥有资金账户的银行，客户所拥有的网络支付工具主要是由开户银行提供的。客户开户行在提供网络支付工具的同时也提供一种银行信用，即保证支付工具是真实并可兑付的。在利用银行卡进行网络支付的体系中，客户开户行又被称为发卡行。

(4)商家开户行是商家在其中开设资金账户的银行，其账户是整个支付结算过程中资金流向的地方或目的地。商家将收到的客户支付指令提交其开户行后，就由开户行进行支付授权的请求，以及进行商家开户行与客户开户行之间的清算等工作。商家开户行是依据商家提供的合法账单(客户的支付指令)来工作的，因此又称为收单行或接收行。

(5)支付网关(payment gateway)是Internet公用网络平台和银行内部的金融专用网络平台之间的安全接口，其网络支付的电子信息必须通过支付网关进行处理后才能进入安全的银行内部支付结算系统，进而完成安全支付的授权和获取。支付网关的建设关系着整个网络支付结算的安全及银行自身的安全，关系着电子商务支付结算的安排及金融系统的风险，必须谨慎对待。

① 支付网关的作用。因为在电子商务交易中同时传输了两种信息:交易信息与支付信息。必须保证这两种信息在传输过程中不被无关的第三者获取,因此有以下要求:商家不能看到其中的支付信息(如客户信用卡号、授权密码等),银行不能看到其中的交易信息(如商品种类、商品总价等)。这就要求支付网关一方面必须由商家以外的银行或其委托的卡组织来建设,另一方面网关不能分析交易信息,对支付信息也只是起保护与传输的作用,即这些保密数据对网关而言是透明的,而无需网关进行一些涉及数据内容级的处理。

② 支付网关的主要应用过程。首先,将从 Internet 传来的相关支付数据包进行解密,按照银行系统内部的通信协议将数据重新打包,完成协议转换,并发送至银行内部业务处理服务器。然后,接受从银行内部业务处理服务器传回的响应或反馈信息,将此数据转换为外部 Internet 网络使用的数据格式(即 TCP/IP 包),对其进行加密,防止失密。最后,支付网关将经过加密的 Internet 数据包转发至相关的商家或客户,这样一次支付结算的信息处理流程结束。

③支付网关的分类。银行支付网关模式是指买卖双方的电子商务系统和银行的业务系统通过银行的支付网关直接相连,买方只需发送付款指令,银行系统就将买方账户中的钱打到卖方账户中,从而完成支付的过程。在该模式下,商业银行单独建立支付网关。共建支付网关(银联)模式是由中央银行牵头,多家商业银行信息交换中心联合组建。统一支付网关模式在设立上和银行支付网关模式有着很大的区别,使用银行支付网关的银行设立在内部,而使用统一支付网关的银行设立在外部。

第三方支付网关分为交易平台型账户支付模式和无交易平台型账户支付模式两类。

①交易平台型账户支付模式——监管型账户支付模式:是指第三方支付平台机构具有交易平台(如支付宝就有淘宝网作为其交易平台),该模式中买卖双方达成付款意向后,由买方将款项划至其在支付平台上的账户,待卖家发货给买家,买家收货后通知第三方支付平台,第三方支付平台再将买方划来的款项从买家的账户中划至卖家的账户。这种模式的实质是以支付公司作为信用中介,在买家确认收到商品前,代替买卖双方暂时保管货款。此类模式的典型代表是支付宝。

②无交易平台型账户支付模式——无监管型账户支付模式:是指第三方支付平台机构没有独立的交易平台(如易宝支付就没有独立的交易平台),该模式是指买卖双方均在第三方支付平台内部开立账号,第三方支付公司负责按照付款方指令将款项从其账户中划付给收款方账户,以电子货币为介质(付款人的账户资金需要从银行账户充值)完成网上款项支付,使支付交易只在支付平台系统内循环。此类模式的典型代表是快钱(99Bill)和易宝支付。

(6)金融专用网络则是银行内部及银行间进行通信的专用网络,它不对外开放,因此具有很高的安全性。如前面提过的中国国家金融通信网,其上运行着中国国家现代化支付系统、工商银行电子汇兑系统、银行卡授权系统等。目前中国传统商务中的电子支付与结算应用如信用卡 POS 支付结算、ATM 资金存取、电话银行、专业 EFT 系统等,均运行在金融专用网上。银行的金融专用网发展迅速,虽然不能直接为基于 Internet 平台的电子商务进行直接的支付与结算,但是它为逐步开展电子商务提供了必要的条件。归根结底,金融专用网络是电子商务网络支付 Internet 平台的一部分。

(7)CA 认证中心是指网上商务的准入者和市场的规范者,它与传统商务中工商局的作用类似,是第三方的公正机构。它主要负责为 Internet 上参与网上电子商务活动的各方(包括客户、商家、支付网关和银行)发放与维护数字证书,以确认各方的真实身份,也发放公共密钥及提供数字签名服务的支持等，以保证电子商务支付结算的安全与有序进行。

除以上七大构成要素外，在电子商务网络支付系统的构成中还应该包括在支付时使用的支付工具及遵循的支付通信协议，即电子货币的应用过程。其中经常被提及的网络支付工具有银行卡、电子现金、电子支票等。支付通信协议主要指支付的安全通信与控制模式，如 SSL 模式与 SET 模式等，本书将在后面章节结合具体电子支付工具和支付方式进行较详细的叙述。

综上所述，电子商务网络支付体系即为电子商务活动参与各方与网络支付工具、支付通信协议的结合体。

2. 电子支付系统的功能

虽然货币的不同形式会导致不同的支付方式，但安全、有效、方便、快捷是所有支付方式或支付工具追求的共同目标。对于一个实用的支付与结算系统而言(可能专门针对一种支付方式，也可能兼容几种支付方式)，它应该具有以下基本功能。

(1)能够通过使用数字签名和数字证书等实现对网上商务各方的认证，以防止支付欺诈。为实现网上交易与支付的安全性，对参与网上贸易的各方身份的有效性进行认证，通过认证机构或注册机构向参与各方发放数字证书，以证实其身份的合法性。例如，防止一些网上黑店利用 Internet 的漏洞来骗钱，最近就有不法分子利用工商银行的名义在网上骗取用户资金账号的使用密码。

(2)能够使用较为尖端的加密技术，对相关支付信息流进行加密。可以采用单密钥体制或双密钥体制进行信息的加密和解密，可采用数字信封、数字签名等技术加强数据传输的保密性与完整性，防止未被授权的第三者获取信息的真正含义。例如，防止网上信用卡密码被黑客破译窃取。

(3)能够使用数字摘要算法确认支付电子信息的真伪性，防止伪造假冒等欺骗行为。为了确保数据能够完整无缺地到达接收者一方，不被未授权者建立、嵌入、删除、篡改、重放等，可以采用数据杂凑技术(Hash 技术)。比如一些商家为了片面追求自身的利益而在网上伪造、修改双方确认的支付与结算条款信息。

(4)当网上交易双方出现纠纷，特别是有关支付结算的纠纷时，系统能够保证对相关行为或业务的不可否认性。电子支付系统必须在交易的过程中生成或提供足够充分的证据来迅速辨别纠纷中的是非，可以用数字签名等技术来实现。例如，当客户运用信用卡在本月 10 日支付完毕，可是商家因为自身的某些原因而故意认为本月 20 日才收到货款而延迟发货，甚至否认收到客户的网上支付款项，从而产生纠纷。

(5)能够处理网上贸易业务的多边支付问题。网上支付结算牵涉客户、商家和银行等多方，传送的购货信息与支付指令信息还必须连接在一起，这是因为商家只有确认了某些支付信息后才会继续交易，银行也只有确认支付指令后才会提供支付。为保证安全，商家不能读取客户的支付指令，银行不能读取商家的购货信息，这种多边支付的关系能够借用系统提供的诸如通过双重数字签名等技术来实现。

(6)整个网络支付结算过程对网上贸易各方，特别对客户来讲，应该是方便易用的，手续与过程不能太烦琐，大多数支付过程对客户与商家来讲应该是透明的。

(7)能够保证网络支付结算的速度，即应该让商家与客户感到快捷，这样才能体现电子商务的效率，发挥网络支付结算的优点。例如，一位客户在情人节当天早上从网上购买鲜花，需要快速通过填入信用卡号码与密码并在线提交支付表单，可是以银行为基础的电子支付体系却迟迟不能与商家进行结算，从而导致商家在第二天才收到货款并发货，这样送出的鲜花就失去了应有的价值。

3. 传统电子支付系统

电子支付系统最早出现于 20 世纪 60 年代。美国率先开发出全球首个电子资金转账(EFT)系统，随后英国和德国也相继研制出自己的电子资金转账系统。到 1985 年，世界上出现了电子数据交换(EDI)技术并在电子支付中得到了广泛的应用。随着 EFT 技术的推广，产生了各种各样的电子支付系统。例如，用于零售业务的银行卡授权支付体系、自动清算所，以及 20 世纪末发展起来的网上支付和移动支付等；在批发业务方面，企业银行系统与金融机构间的电子汇兑系统等大额支付系统也迅速发展。

EFT 系统缩短了银行之间支付指令传输的时间，并减少了在途流动资金。然而 EFT 系统并没有改变支付系统的基本结构。在过去的 20 年，很多所谓的支付革新致力于减少银行成本、加快支票清算速度以及减少欺诈，而消费者很少与 EFT 系统进行交互。电子商务中的支付创新改变了消费者处理支付的方式。消费者电子支付系统正在迅速地完善，包括网络支付和移动支付在内的支付形式，与以往的各种电子支付相比，无论在技术上还是在经营理念上都发生了巨大的变化。

在传统电子支付系统中，应用比较广泛的主要有 ATM 系统、POS 系统、电话银行系统及电子汇兑系统。

1)ATM 系统

CD/ATM 系统(简称 ATM 系统)即自动柜员机系统，是利用银行发行的银行卡，在自动存款机或自动取款机上，执行存取款和转账功能的一种自助银行系统。ATM 系统是银行柜台存取款系统的延伸，能以联机或脱机方式自行完成存取款和转账等金融交易。该系统是最早获得成功的电子资金转账系统。2020 年我国有 ATM 机具 6101.39 万台，较上年末减少 8.39 万台。全国每万人对应的联网机具为 273.78 台，同比增长 9.10%，每万人对应的 ATM 机具为 7.24 台，同比下降 7.95%。

一次典型的 ATM 交易过程通常包括 3 个步骤。

(1)顾客将银行卡插入卡片输入口，然后机器通知顾客在数字键盘上输入其密码，并要求输入密码的时间每次不能超过 30 秒，若连续三次输入错误的密码，ATM 会将卡片自动扣留，并打印吞卡收条，合法的持卡人可以凭此收条，到管理该 ATM 的银行领回被扣留的卡片；若顾客未能在规定时间内完成操作，则 ATM 将会拒绝受理该业务并退卡。

(2)顾客输入正确的密码后，可选择交易类型，机器会进一步提示顾客用数字键输入交易额，这项操作同样要求在 30 秒内完成。在按 Enter(确定)键之前，顾客可以改变交易金额。

(3)顾客按 Enter 键后，系统将检验持卡人的身份和权限，若检验通过，顾客则可以得到相应的服务，并获得相关凭证。

一笔典型的交易所用的时间，一般在 30 秒到 60 秒，软件预制的交易时间不得超过 2.5 分钟。一旦超过此时限，机器将退回银行卡，拒绝受理此交易，并返回至初始状态。

自动存款机具有自动识别纸币真伪的功能，客户存款时可直接将现金放入现金输入口，自动存款机检验无误后，系统即将存款金额过账到客户的账户。

2)POS 系统

从 20 世纪 60 年代末开始，发达国家的金融机构为了扩大银行卡的功能和使用范围，在零售商店、酒吧等销售点处开办了销售点终端系统(POS)。持卡人在消费点消费后，可通过 POS 系统直接进行电子资金转账工作。

POS 机的发展经过了几个阶段，从最早使用借记卡专有系统，到共享的联机系统，再到现在能够完成网上购物、网上支付和电子转账的 POS 系统。截至 2019 年第一季度末，我国联网的 POS 机具达到 323542 万台，全国每万人对应的 POS 机具数量为 23187 台，环比下降 5.61%。

为了使用 POS 系统，银行必须首先与特约点签约并安装 POS 终端系统，通过通信网络连接银行的主机系统。同时，客户必须向银行申请信用卡账户，经审核批准后方可获得信用卡，并提供相应密码，银行随后也将客户资料输入主机系统，客户完成消费活动后，在特约商户的 POS 上使用信用卡就可以完成转账结算。POS 系统组成如图 3－21 所示。

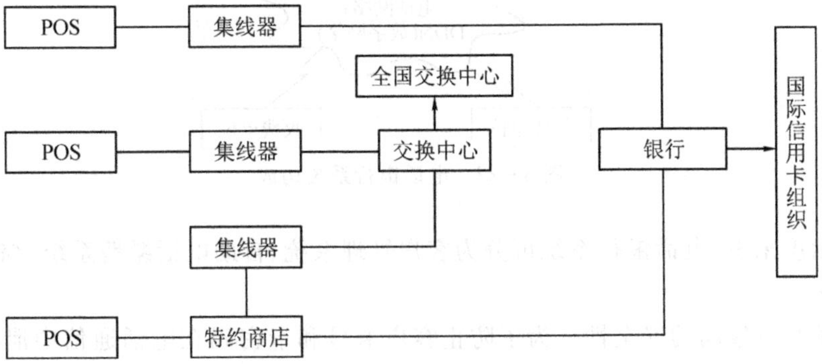

图 3－21 POS 系统组成

POS 交易流程通常分为 3 步。

(1)顾客递交银行卡并输入密码，营业员负责刷卡并输入交易数据，这些信息通过通信网络传输到银行的主机系统。主机方面先检查银行卡的合法性，再检查用户密码是否正确。若密码正确，则可进入下一步账务处理；若密码不正确，则要求顾客重新输入；若错误次数达到 3 次，则在 POS 终端做压卡处理。

(2)完成合法性检验后，银行主机系统会进行自动的账务处理，并向 POS 终端返回交易成功的信息。

(3)POS 终端收到交易成功的信息以后，自动打印客户凭单，将银行卡返回客户，整个 POS 交易完成。

POS 系统的推广使用使银行、商场、客户 3 方的交易都能在短时间内完成，给 3 方都带来了较大的经济效益和社会效益。

3)电话银行系统

电话银行中心是通过数字处理技术及软硬件技术的结合将电信网络紧密地融合在一起，利用电话、手机、计算机等通信方式向客户提供金融服务的机构。电话银行中心提供的服务可以实现与客户沟通的渠道多样化、服务方式自动化、服务过程个性化、服务管理科学化；受理通过电话、手机、计算机、传真、电子邮件等多种通信方式发出的业务请求；不受时间、地域的限制，向客户提供365天每天24小时不间断的金融服务。

作为银行卡工程的增值服务系统之一，电话银行是在银行卡工程的基础上，依托各入网银行的银行卡授权及清算网络，通过电话语音系统，为多家银行的持卡人提供综合缴费服务，如缴纳电信通信费、水电费、直接打长话服务、查询银行卡余额等。

从技术角度来看，可以将电话银行系统分为支付网关、语音平台两大部分，基本结构如图3-22所示。

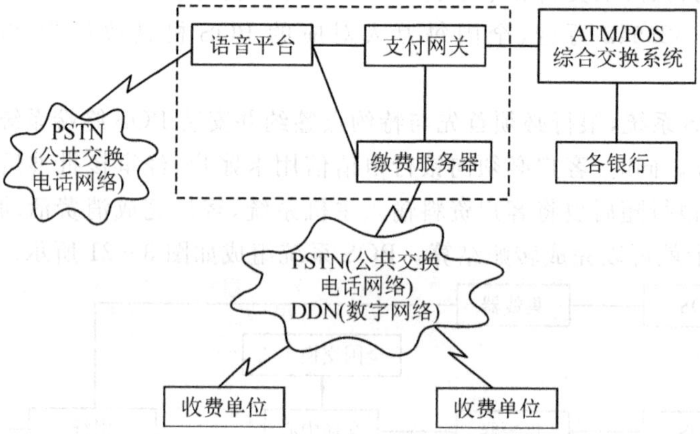

图3-22　电话银行系统构成

从业务角度来看，电话银行系统可分为客户管理系统、自助电话缴费系统、综合查询系统、电话支付系统。

电话系统具有较高的安全性。为了防止客户卡号和卡密码在电话通信中泄露，系统在设计上要求客户必须先在系统开户后才能使用。客户在交易时输入客户号和部分卡信息后，由系统找到相应卡号，再结合卡密码一起打包送至银行，这样，就防止了客户的卡号和卡密码在电话通信中泄露。

4)电子汇兑系统

电子汇兑系统泛指行际间各种资金调拨作业系统，包括一般的资金调拨业务系统和清算作业系统。一般的资金调拨业务系统，如托收系统用于行际间的资金调拨；清算作业系统用于行际间的资金清算。电子汇兑系统是银行之间的资金转账系统，它的转账资金额度很大，是电子银行系统中最重要的系统。

通常来讲，一笔汇兑交易由汇出行发出，至汇入行收到为止。一般将汇兑作业分成两类：联行往来汇兑业务和通汇业务。联行往来汇兑业务是指汇出行与汇入行隶属同一银行的汇兑业务；通汇业务实际是一种行际间的资金调拨业务，它的资金调拨作业需要经过不同银行多重转手处理才能顺利完成。

电子汇兑系统由于功能和作业性质的不同可分为以下几个部分。

(1)通信系统：负责为银行、资金调拨系统或清算系统提供信息服务，为其成员金融机构传送与汇兑有关的各种信息。成员行接收到信息后，若同意处理，则将其转送到相应的资金调拨系统或清算系统内，再由后者进行各种必要的资金转账处理。最著名的通信系统是国际环球同业财务电信系统。通信系统的存在，可以解决没有资金往来历史的银行间的汇兑问题，在国际贸易中，这类系统的存在是十分必要的。

(2)资金调拨系统：这类系统是典型的汇兑作业系统，它们的功能比较齐全，提供资金调拨和清算服务。代表性的系统包括美国的 CHPS、FEDWIRE 和日本的全银。中国各商业银行的电子汇兑系统以及中国人民银行的全国电子联行系统均属此类。

(3)清算系统：当汇入行接受汇出行委托，执行资金调拨处理，导致行际间发生借差或贷差，且两家银行又无直接清算能力时，则需委托另一个适当的清算系统进行处理。以美国为例，CHIPS 除可做资金调拨外，还可兼做清算，但对象仅限于纽约地区的银行。纽约以外的银行清算要交给具有清算能力的 FEDWIRE 来处理。中国的异地跨行转汇，必须经过中国人民银行的全国电子联行系统，才能得以最终清算。

图 3－23 是一个典型的联行电子汇兑系统。

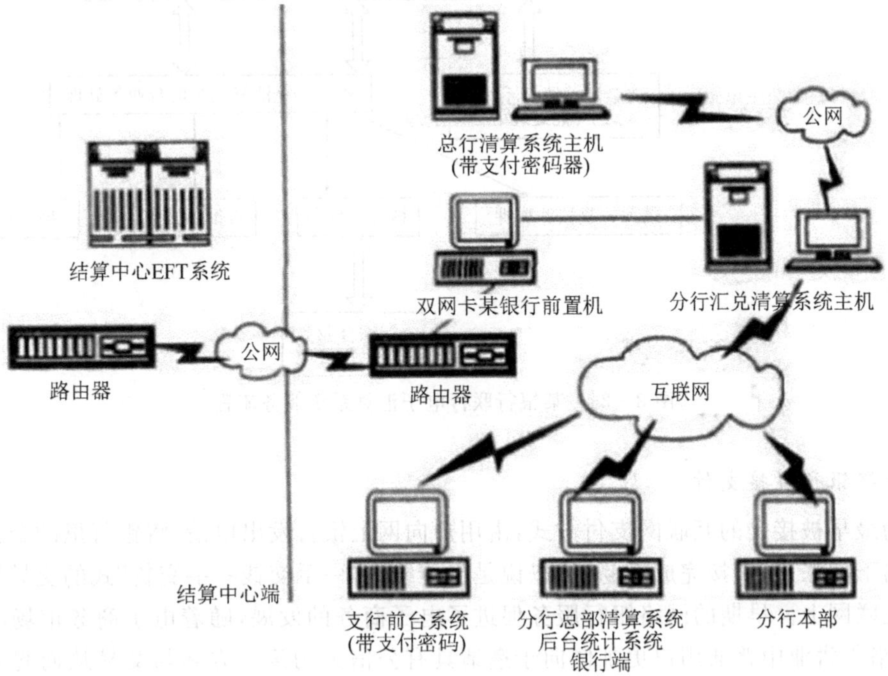

图 3－23　某银行联行电子汇兑系统

联行电子汇兑系统的业务流程图如图 3－24 所示。

4. 互联网支付系统

互联网支付系统最大的特点是利用互联网进行支付指令的传输。网络基础服务的发展，使得互联网支付的成本较之前更为低廉和易于获得，而电子商务的蓬勃发展更是给予这种支付方式以无限的前景和活力。大量的现金流化为数据通过网络光缆，超越地域和国别，转瞬便可以完成整个支付过程。互联网支付的便捷和快速是人们青睐这种支付方式的最大原因，然而在便捷背后，危险和罪恶也成了互联网支付挥之不去的阴影，这使得互联网支付的安全问题成为电子商务交易中最重要的安全问题。

按支付方式分类，互联网支付分为网络银行直接支付、第三方辅助支付和第三方支付平台 3 种类型。

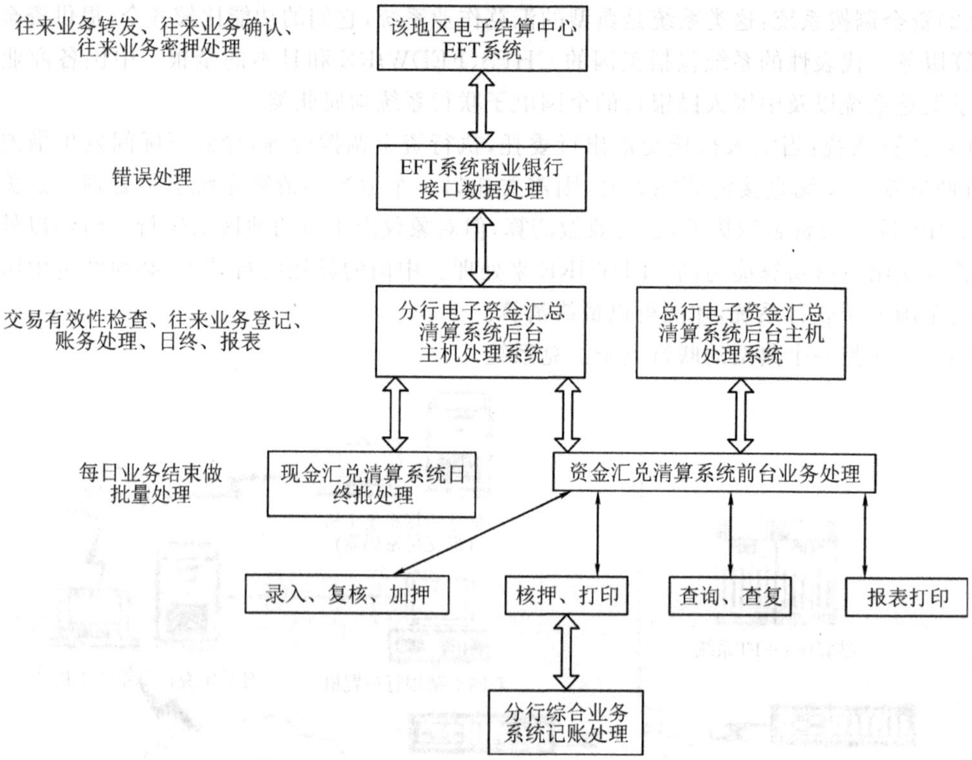

图 3-24　某银行联行电子汇兑系统业务流程

1)网络银行直接支付

作为最早被接受的互联网支付方式,由用户向网上银行发出申请,将银行里的金钱直接划到商家名下的账户,直接完成交易,可以说是将传统的“一手交钱一手交货”式的交易模式完全照搬到互联网上。早期的网络银行服务促进了电子商务的发展,随着电子商务市场的不断发展,在网络零售业中普通用户更加倾向于邀请具有公信力的第三方参与交易从而起到监督的作用。但是在一些数额较大的 B2B 交易中,仍然普遍使用此种支付模式,主要原因是随着交易金额的增大,对于第三方机构信誉的要求也越来越高,而且 B2B 支付要求有很高的资金收付速度。

2)第三方辅助支付

此种支付方式除了用户、商户和银行外还会经过第三方的参与,但是与第三方支付平台不同的是,在此种支付方式中,用户无需在第三方机构拥有独立的账户,第三方机构的存在也更注重为了使得双方交易更方便快捷。以超级网银为例,它是 2009 年央行最新研发的标准化跨银行网上金融服务产品。通过构建“一点接入、多点对接”的系统架构,实现企业“一站式”网上跨银行财务管理,是以方便企业金融理财操作为目的的金融服务产品。

3)第三方支付平台

所谓第三方支付平台,就是一些和产品所在国家以及国外各大银行签约、并具备一定实力和信誉保障的第三方独立机构提供的交易支付平台。在通过第三方支付平台进行的交易中,买方选购商品后,使用第三方平台提供的账户进行货款支付,由第三方通知卖家货款到达、进行发货；买方检验物品后，就可以通知第三方付款给卖家，第三方接到通知后再将款项转至卖家账户。因此买卖双方均需在第三方支付平台上拥有唯一的识别标识，即账号。第三方支付能够给买卖双方的交易提供足够的安全保障。

互联网支付并不完全等同于第三方支付，互联网支付与第三方支付只是拥有一定的交集，既不是等价关系也非从属关系。互联网支付除了包含第三方支付以外就还包括个人网络银行直接支付方式，而第三方支付的本质是通过第三方参与交易使得交易更加安全、方便，因此除了可以在互联网上进行外还可以通过其他渠道完成，如易付宝就已实现了离线支付，允许通过电话进行第三方支付。

按照支付工具分类，互联网支付可以分为：电子信用卡网络支付、电子现金支付、智能卡支付、虚拟货币支付、网银支付、电子支票网络支付、电子汇票系统支付等，这些内容在 3.2 电子支付工具中已做了详细介绍，此处不再赘述。

按支付终端分类，互联网支付可以分为：移动支付、电脑支付、互联网电视支付，其中互联网电视支付主要分为两种，一是将类似 POS 机的装置植入到遥控器当中；二是将银行卡的支付功能植入到数字电视机顶盒里面。

3.3.2 国内电子支付系统

1. 我国支付系统发展历程

(1)票据化的支付结算工具——“三票一卡”。

(2)建立手工联行往来系统：主要处理跨行纸凭证异地支付交易，目前几乎被全国电子联行和电子汇兑系统代替。

(3)1989 年建立以卫星通信为传输手段的全国电子联行系统：办理跨行的贷记转账业务。

(4)1996 年建立商业银行行内电子汇兑系统。

(5)银行卡授信系统：通过支付系统进行授权信息转接的跨行或行内 ATM 卡和 POS 卡授权系统。

(6)邮政汇兑系统：主要用于个人消费者支付汇款。

(7)中国现代化支付系统(CNAPS)。

2. 中国现代化支付系统

中国现代化支付系统是中国人民银行按照我国支付清算需要，充分利用现代计算机技术和通信网络开发建设的，能够高效、安全处理各银行办理的各种异地、同城支付业务及其资金清算和货币市场交易的资金清算的应用系统。它是各银行和货币市场的公共支付清算平台，是中国人民银行发挥其金融服务职能的重要的核心支持系统。

中国人民银行通过建设现代化支付系统，将逐步形成一个以中国现代化支付系统为核心，以商业银行行内系统为基础，各地同城票据交换所并存，能够支撑多种支付工具的应用和满足社会各种经济活动支付需要的中国支付清算体系。

目前，中国现代化支付系统业务覆盖全国所有省、自治区和直辖市，连接中国境内办理结算业务的各银行金融机构、香港和澳门人民币清算行以及中央债券登记结算公司、中国银联、中国外汇交易中心、全国银行同业拆借中心和城市商业银行汇票处理中心，为他们提供实时全额资金清算服务、净额资金清算服务、支付管理信息服务。

1)中国现代化支付系统的体系结构

如图 3－25 所示，中国现代化支付系统(CNAPS)的物理结构包括两级处理中心，分别是以国家处理中心(NPC)为核心和以城市处理中心(CCPC)为接入点。全国一共有 32 个 CCPC，除了深圳外其他都是省会城市。NPC 通过 PMTS(payment message transmission system，支付报文传输平台)分别与各个 CCPC 相连，核心的支付业务处理都是在 NPC 完成的，CCPC 主要负责报文的转发。各政策性银行、商业银行的分支行可以与当地的支付系统城市处理中心连接，也可以由其总行通过所在地城市处理中心集中接入支付系统，商业银行下属各分支机构通过各商业银行的行内系统连接中国现代化支付系统处理支付业务。

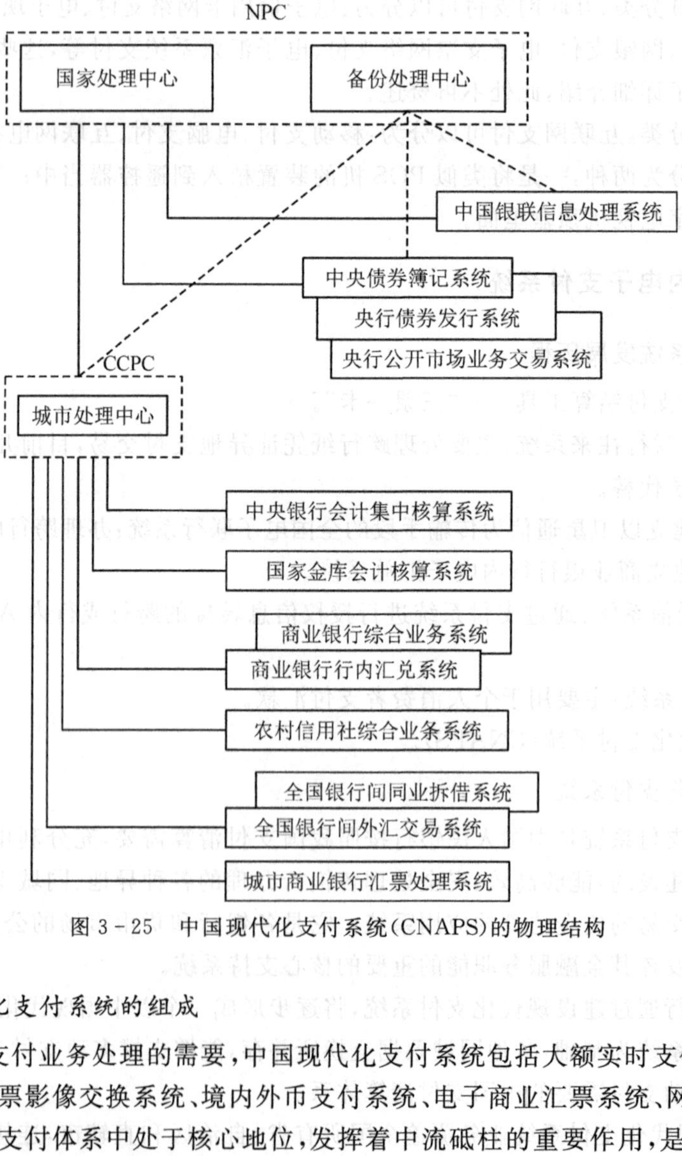

图 3－25　中国现代化支付系统(CNAPS)的物理结构

2)中国现代化支付系统的组成

为适应各类支付业务处理的需要，中国现代化支付系统包括大额实时支付系统、小额批量支付系统、全国支票影像交换系统、境内外币支付系统、电子商业汇票系统、网上支付跨行清算系统等，在我国的支付体系中处于核心地位，发挥着中流砥柱的重要作用，是连接国内银行业金融机构和外资银行的重要枢纽和桥梁，是连接商品交易和社会经济活动的"大动脉"，系统实行 7×24 小时不间断运转，具有安全、高效、快捷的特点。

(1)大额实时支付系统(HVPS)。大额支付系统是中国现代化支付系统(CNAPS)的重要组成部分，于 2002 年 10 月投产，2013 年 10 月升级到第二代。主要处理规定金额起点以上的跨行贷记支付业务、规定金额起点以下的紧急跨行贷记支付业务、商业银行行内需要通过大额支付系统处理的贷记支付业务、特许参与者发起的即时转账业务、城市商业银行银行汇票资金的移存和兑付资金的汇划业务。

大额支付系统逐笔实时处理支付业务，全额清算资金。目前，系统运行工作日为国家法定工作日的 8:30—17:00。中国人民银行根据管理需要可以调整运行工作日及运行时间。

(2)小额批量支付系统(BEPS)。小额批量支付系统于 2005 年 11 月投产，2013 年 10 月升级为第二代，为广大人民群众和企事业单位提供 7×24 小时的服务(2015 年 7 月 11 日之后开始 24 小时服务)，比如水电燃气缴费、公司发工资、社保公积金的入账等，都是小额支付系统的典型业务。工作日期间，小额支付系统通常只提供 5 万元以下的汇兑业务(实时借记、定期借贷记、集中代收付等业务不设限额)，节假日期间则通常会把单笔额度上调至 50 万元。

(3)全国支票影像交换系统(cheque image system，CIS)。CIS 是指综合运用影像技术、支付密码等技术，将纸质支票转化为影像和电子信息，实现纸质支票截留，利用信息网络技术将支票影像和电子清算信息传递至出票人开户行进行提示付款，实现支票全国通用的业务处理系统。

影像交换系统于 2007 年 6 月建成推广，定位于处理银行机构跨行和行内的支票影像信息交换，资金清算通过小额支付系统处理。影像交换系统支持 7×24 小时连续运行，每个系统工作日的运行时间为上一工作日的 16:00 至当前工作日的 16:00 。影像交换系统日切时间和小额支付系统日切时间保持一致，系统在每一工作日的 16:00 日切后进入下一工作日。中国人民银行可根据需要调整日切时点。

从 2017 年 9 月起，为了提升客户服务质量，小额支付系统扩大了业务处理范围，全国支票影像交换业务迁移至小额支付系统处理。通过流程再造，继续为持有、喜好使用支票结算的客户提供服务。

(4)电子商业汇票系统(electronic commercial draft system，ECDS)。电子商业汇票系统是由中国人民银行建设并管理的，依托网络和计算机技术，接收、登记、转发电子商业汇票数据电文，提供与电子商业汇票货币给付、资金清算行为相关服务并提供纸质商业汇票登记、查询和商业汇票(含纸质、电子商业汇票)公开报价服务的综合性业务处理平台。目前，电子商业汇票系统各类业务的运行时间均与大额支付系统运行时间相同，ECDS 于 2009 年 10 月建成。

(5)境内外币支付系统(China foreign exchange payment system，CFXPS)。境内外币支付系统是为我国境内的银行业金融机构和外币清算机构提供外币支付服务的实时全额支付系统，是境内商业银行间外币支付的主要渠道。该系统于 2008 年 4 月 28 日投产，以清算处理中心为核心，由直接参与机构等单一法人集中接入，由代理结算银行进行银行间外币资金结算。清算处理中心负责外币支付指令的接收、存储、清分、转发，并将参与者支付指令逐笔实时清算后，分币种、分场次提交给结算银行结算。结算银行是人民银行指定或授权的商业银行，为直接参与机构开立外币结算账户，负责直接参与机构之间的外币资金结算。

境内外币支付系统运行时间为每日的 9:00—17:00，可处理包括港币、英镑、欧元、日元、加拿大元、澳大利亚元、瑞士法郎和美元在内的 8 种货币支付业务，满足了国内对多种币种支付的需求，提高了结算效率和信息安全性。

(6)网上支付跨行清算系统(Internet Banking Payment System，IBPS)。此系统俗称超级

网银，是第二代支付系统的核心业务子系统，已于2010年8月30日先期投产运行，并于2011年1月24日推广至全国。此系统突破了时间和空间上的限制，主要支持网上支付等新兴电子支付业务的跨行(同行)资金汇划处理。网上支付跨行清算系统采取实时传输及回应机制，可处理跨行支付、跨行账户信息查询以及在线签约等业务。系统支持商业银行以及经中国人民银行批准的非金融支付服务机构接入，并向客户提供7×24小时全天候服务。

通过商业银行的网上银行，客户可以足不出户、方便及时地办理多项跨行业务，如跨行5万元以下贷记转账、信用卡跨行还款等业务。可依托一个银行账户，方便办理公共事业缴费等业务，也可跨行集中管理多个银行的账户，并及时了解业务的最终处理结果，是节约时间、提高效率的不二选择。随着移动支付场景和网银系统业务量的大幅增加，2017年8月，网银系统V1.6投产，增加了短信认证和扫码支付等新功能。2018年1月，IBPS系统架构调整为分布式架构，进一步增强了该系统的处理能力。

作为和我们生活息息相关的两大支付清算系统，BEPS和IBPS每天处理的交易量都非常大，根据央行发布的《2019年支付体系运行总体情况》来看，小额支付系统每天要处理支付交易719.86万笔，金额1659.62亿元；超级网银每天要处理支付交易3838.58万笔，金额3034.72亿元。从数据不难看出，我国电子支付的使用率已经远高于传统的银行柜面业务。

(7)人民币跨境支付系统(cross-border interbank payment system，CIPS)。此系统是专司人民币跨境支付清算业务的批发类支付系统，旨在进一步整合现有人民币跨境支付结算渠道和资源，提高跨境清算效率，满足各主要时区的人民币业务发展需要，提高交易的安全性，构建公平的市场竞争环境。

CIPS是我国重要的金融市场基础设施，在助力人民币国际化等方面发挥着重要作用。该系统于2012年4月12日开始建设，2015年10月8日上午正式启动。2018年3月26日，CIPS系统(二期)成功投产试运行。实现对全球各时区金融市场的全覆盖，支持全球的支付与金融市场业务，满足全球用户的人民币业务需求。

思政要点

人民币国际化重要里程碑——人民币跨境支付系统成功上线运行

2015年10月8日，人民币跨境支付系统(一期)成功上线运行。人民币跨境支付系统(CIPS)为境内外金融机构人民币跨境和离岸业务提供资金清算、结算服务，是重要的金融基础设施。该系统按计划分两期建设，一期工程便利跨境人民币业务处理，支持跨境货物贸易和服务贸易结算、跨境直接投资、跨境融资和跨境个人汇款等业务。其主要功能特点包括：一是CIPS(一期)采用实时全额结算方式处理客户汇款和金融机构汇款业务。二是各直接参与者一点接入，集中清算业务，缩短清算路径，提高清算效率。三是采用国际通用ISO20022报文标准，便于参与者跨境业务直通处理。四是运行时间覆盖欧洲、亚洲、非洲、大洋洲等人民币业务主要时区。五是为境内直接参与者提供专线接入方式。

人民币已经成为中国第二大跨境支付货币以及全球第四大支付货币，跨境支付结算需求迅速增长，对金融基础设施的要求也越来越高。因此，CIPS的建成运行是我国金融市场基础设施建设的又一里程碑意义的大事件，标志着人民币国内支付和国际支付统筹兼顾的现代化支付体系建设取得重要进展。作为重要的金融基础设施，CIPS符合《金融市场基础设施原则》等国际监管要求，对促进人民币国际化进程将起到重要支撑作用。

CIPS 只是一个金融基础设施，是人民币资金的搬运工，它本身并不直接创造巨大的价值，但是正是因为有了这位搬运工，才使得人民币在国际贸易、资本市场等交易环节上打通了任督二脉，没有 CIPS 这样的金融基建，人民币在全球的流动就无法来去自如、风险也无法被掌控和化解，人民币国际化也就无从谈起。

人民币国际化是大国崛起之路上的必争之地，人民币国际化的目标是星辰大海。

3. 全国支票影像交换系统

全国支票影像交换系统是指运用影像技术将实物支票转换为支票影像信息，通过计算机及网络将影像信息传递至出票人开户银行提示付款的业务处理系统，它是中国人民银行继大、小额支付系统后建成的又一重要金融基础设施。影像交换系统定位于处理银行机构跨行和行内的支票影像信息交换，其资金清算通过中国人民银行覆盖全国的小额支付系统处理。支票影像业务的处理分为影像信息交换和业务回执处理两个阶段，即支票提出银行通过影像交换系统将支票影像信息发送至提入行提示付款；提入行通过小额支付系统向提出行发送回执完成付款。

(1)全国支票影像交换系统采用两级两层结构，如图 3 - 26 所示。

第一层是影像交换总中心，负责接收、转发跨分中心支票影像信息。

第二层是影像交换分中心，分中心设在省(区)首府和直辖市，负责接收、转发同一省、自治区、直辖市区域内系统参与者的支票影像信息，并向总中心发送和从总中心接收跨分中心的支票影像信息。

系统参与者包括办理支票结算业务的银行业金融机构和票据交换所。

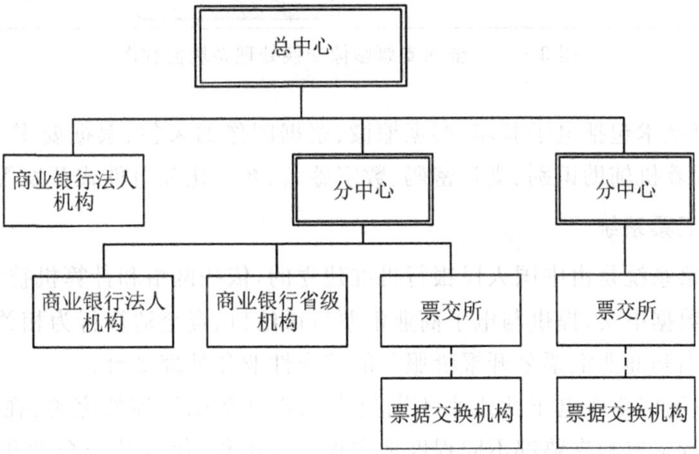

图 3 - 26　全国支票影像交换系统拓扑图

(2)系统处理流程，如图 3 - 27 所示。

第一阶段是纸基票据流，即实物支票经过出票、转让和提示付款等环节流通到收款行或票据交换所，完成实物支票的截留和影像采集。

第二阶段是影像信息流，即将采集的支票影像业务信息通过影像交换系统传递给出票人开户行审核付款。

第三阶段是资金清算流，即出票人开户行收到支票影像信息审核无误后，全额通过小额支付系统返回业务回执和完成资金清算。

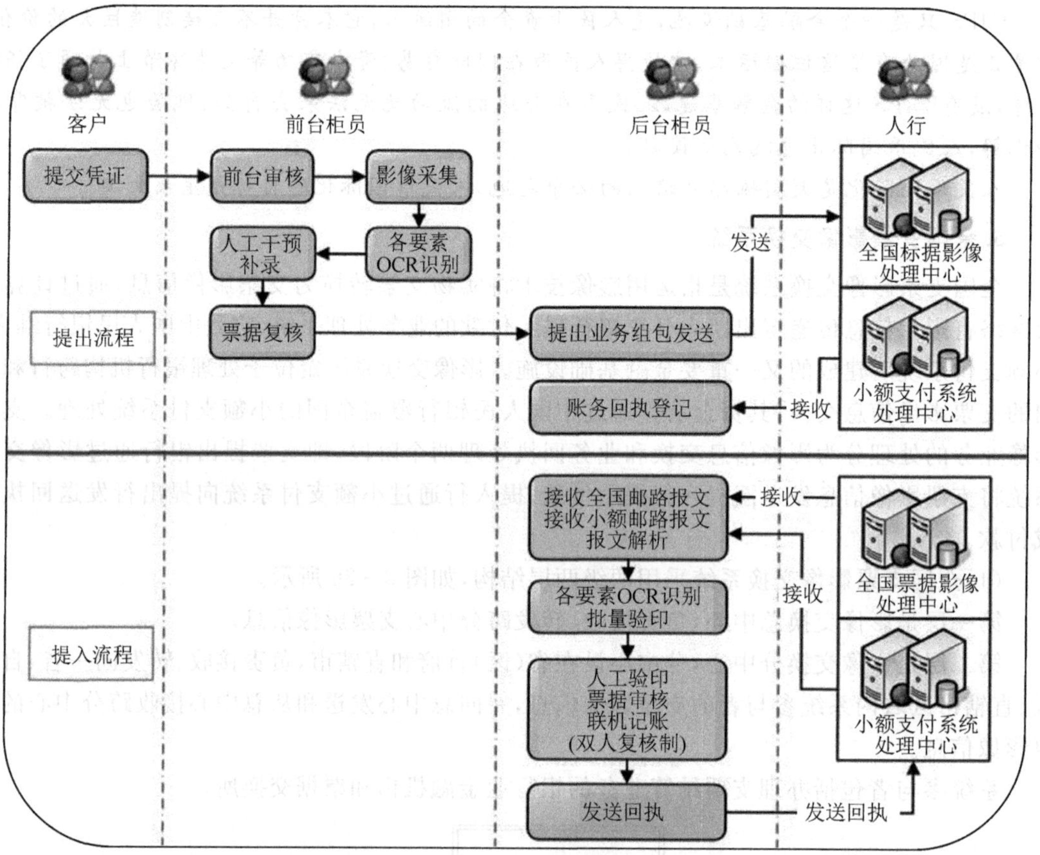

图 3－27　全国支票影像交换处理系统流程图

(3)系统关键技术包括电子验印、票据缩微、票据图像的采集、票据要素识别、票据涂改识别、手写签字的计算机辅助识别、支付密码、数字签名、客户化和组件式开发等。

4. 电子商业汇票系统

电子商业汇票系统是由中国人民银行批准建立的，依托网络和计算机技术，接收、登记、转发电子商业汇票数据电文，提供与电子商业汇票货币给付、资金清算行为相关服务并提供纸质商业汇票登记查询和商业汇票公开报价服务的综合性业务处理平台。

近年来，随着我国金融电子化水平不断提高和金融基础设施的完善，在银行票据业务方面，银行汇票、银行本票和支票都不同程度地实现了电子化，使得其安全性和效率得到极大改善。2007 年全国支票影像交换系统的建立，实现了纸质支票处理的部分电子化；2008 年，银行本票和华东三省一市银行汇票的业务可以通过小额支付系统进行清算，实现了电子化处理。但是，相对而言，商业汇票的电子化步伐比较滞后，其业务处理基本上采用传统的手工、纸质方式，效率低、风险高，不利于商业汇票的进一步发展。2005 年开始，虽然国内部分商业银行在票据电子化和电子票据应用方面进行了积极的探索和尝试，但由于缺乏统一的票据集中登记机制和跨行交易平台，业务开展受到了极大限制。

为进一步推动国内票据业务和票据市场发展，便利企业支付和融资，支持商业银行票据业务创新，在充分调研论证的基础上，中国人民银行于 2008 年 1 月决定组织建设电子商业汇票系统，于 6 月正式立项，至 2009 年 10 月 28 日电子商业汇票系统建成并投入运行。

由中国人民银行建设并管理的全国电子商业汇票系统（ECDS）的建成运行，标志着我国票据市场迈入电子化时代。ECDS 的运行顺利实现了业务全流程办理，商业银行基本确立了电子票据业务处理模式，全国电子票据业务呈现良好的发展势头，主要商业银行积极推动电子票据业务的开展。但同时，ECDS 的推广应用也面临电子票据法规制度尚不完善、电子票据流动性不足和业务发展不均衡等问题，应通过健全法规制度、改进技术手段、加强政策引导等途径，提高电子票据业务的发展水平。

1）主要构成及其功能

电子商业汇票系统由一个核心功能模块即电子商业汇票业务处理功能模块，两个辅助功能模块即纸质商业汇票登记查询系统和商业汇票转贴现公开报价系统组成。

电子商业汇票业务处理功能模块是电子商业汇票系统的核心模块，通过该模块可为各行客户签发的电子商业汇票实行集中登记存储，并提供互联互通的流通转让平台，实现电子商业汇票出票、承兑、背书、保证、提示付款、追索等业务流程的电子化。同时，与银行、财务公司行内系统及人民银行的现代化支付系统连接，可实现电子商业汇票贴现、转贴现、再贴现等融资交易和提示付款的即时转账结算，同步完成票据融资交易的交割，实现票款对付。

纸质商业汇票登记查询功能模块是系统参与者必须参加的模块，它能够为纸质商业汇票承兑、贴现、转贴现、再贴现、质押、质押解除、挂失止付等票据行为提供登记查询服务，实现纸质商业汇票票面信息的集中登记存储，便利纸质商业汇票的贴现、质押业务查询。

商业汇票转贴现公开报价模块能够实现电子商业汇票和纸质商业汇票转贴现公开报价，为银行、财务公司进行询价交易提供信息。目前商业汇票转贴现公开报价模块暂不开通。

2）影响及意义

电子商业汇票系统的建成运行，是我国金融信息化、电子化进程中的又一个重要里程碑，标志着中国现代化支付体系基本建成，标志着我国商业票据业务进入电子化时代，对促进电子商务和票据市场发展将产生深远影响。

首先，电子商业汇票系统为电子票据业务提供安全高效、互联互通、标准统一、方便快捷的多功能、综合性业务处理平台。与现行纸质商业汇票相比，其最大的特性是签发和流转都采取电子化方式，以数据电文来完成。电子商业汇票系统的建成将从根本上解决纸质商业汇票交易方式效率低下、信息不对称、风险较大等问题。

其次，电子商业汇票系统的建成对企业、商业银行、中央银行和票据市场的发展意义重大。对企业来说，电子商业汇票不仅提供了纸质票据的所有功能，更重要的是它的使用不受时间和空间的限制，从而使交易资金在途时间大大缩短，资金周转效率明显提高。对商业银行来说，电子商业汇票系统的建成不但使电子票据能够实现实时、跨地区流通使用，而且节省了纸基票据业务的人工成本，节约了票据印制成本，降低了票据保管成本，规避了票据遗失风险，增强了业务的安全性，加快了结算速度，从而有效提高了银行的金融服务效率。对中央银行来说，电子商业汇票系统的建成将使中央银行成为电子商业汇票市场的一个经常性交易主体，未来可能成为中央银行公开市场操作的一个主要手段，能够增加中央银行货币政策操作的弹性和力度，提高中央银行调控货币市场的能力，畅通货币政策传导机制。通过电子商业汇票系统，中央银行能够全面监测商业汇票的各种票据行为，准确了解资金流量流向，为宏观经济决策提供重要参考依据。

电子商业汇票系统的建成为全国性的电子商业汇票的推出提供了基础条件。企业在使用电子商业汇票过程中能够不受时间和空间的限制,交易效率大大提高,从而提高了企业资金周转速度,畅通了企业的融资渠道,提升了企业的融资效率。电子商业汇票以数据电文代替纸质票据,采用电子签名代替实体签章,确保了电子商业汇票使用的安全性,大大降低了票据业务的欺诈风险。电子商业汇票的付款期最长为一年,更是增强了企业的短期融资能力,有助于进一步降低企业短期融资成本,降低企业财务费用。

5. 中国国家金融网络

1991 年 10 月,中国开始着手建设中国国家金融网络(CNFN),这是一个基于开放系统结构的,支持国家级金融应用系统的数据通信网络。CNFN 是把中国中央银行、各商业银行和其他金融机构有机连接在一起的全国性与专业性的金融计算机网络系统,CNFN 的目标是向金融系统用户提供专用的共用数据通信网络,通过文件和报文传输向应用系统提供服务,是中国支付清算网络体系运作的网络基础,成为中国现代化支付系统(CNAPS)的可靠网络支撑。

CNFN 分为两级网络和三层节点。一级节点为国家处理中心(NPC),二级节点为城市处理中心(CCPC),三级节点是中国人民银行县支行处理节点(country level bank,CLB)。CNFN 在北京和无锡分设有两个 NPC,这两个 NPC 互为备份,由单路单载波(single channel per carrier,SCPC)高速卫星线路和地面高速 E1 线路相连。正常情况下,由主用 NPC(北京主站)控制、管理全网,一旦发生灾难,备用 NPC(无锡主站)就接管瘫痪的主用 NPC 的所有业务。其网络拓扑结构如图 3-28 所示。

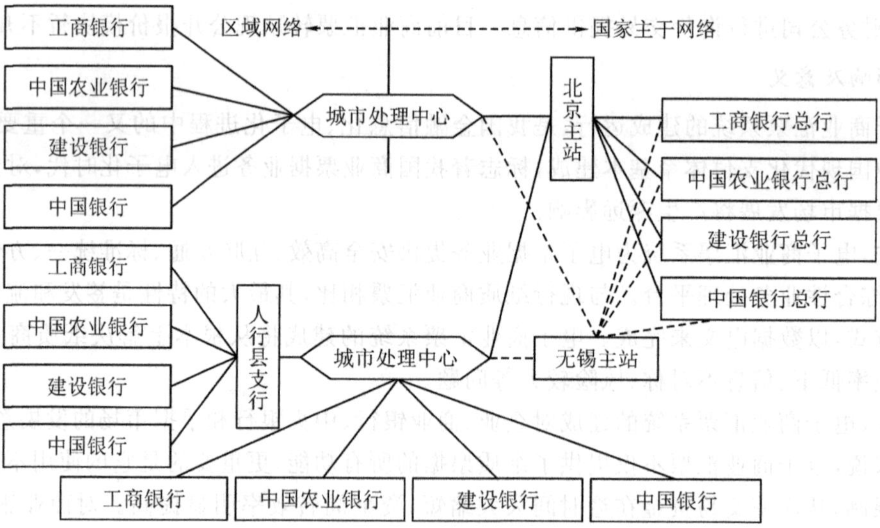

图 3-28 中国国家金融网络拓扑结构

上述三层节点组成了两级网络:由 NPC 与 600 个 CCPC 构成国家级主干网和 CCPC 与几千个 CLB 构成区域网络。国家级主干网以中国人民银行的卫星通信网为主体,以中国金融数据地面通信骨干网和邮电部门的公用数据通信网数字数据网(digital data network,DDN)为辅助信道,卫星网与地面网互为备份、互相补充。各商业银行总行要采用 DDN 线路与 NPC 连接。而区域网络的物理线路,则根据当地通信状况可选用中国金融数据地面通信骨干网、

DDN、X. 25 或公共交换电话网络(public switched telephone network,PSTN)等,少数边远地区及交通不便或有特殊需要的地区,也可采用卫星通信网构成区域网络。邮电部门的数字数据网(China DDN)正向光纤网发展,可为广大用户提供高质量的数据通道。

3.3.3　国际电子支付系统

21 世纪全球经济一体化进程加快,中国经济必然会以更快的速度融入全球化经济之中。因此有必要了解国际金融电子化与信息化方面的竞争情况,特别是支撑国际贸易发展的跨区域国际资金支付结算应用系统方面,其电子化、网络化的进程也必然促进方兴未艾的国际企业间电子商务的发展。

1. 国际资金清算系统

国际资金清算系统(society for worldwide interbank financial telecommunications,SWIFT),环球同业银行金融电讯协会,是国际银行同业间的国际合作组织。它是一个由金融机构共同拥有的私营股份公司,按照比利时的法律登记注册,由会员银行和其他金融机构协同管理,全球大多数国家的大多数银行已经使用 SWIFT 系统。SWIFT 的使用,为银行的结算提供了安全、可靠、快捷、标准化、自动化的通讯业务,从而大大提高了银行的结算速度。

1973 年 5 月,来自美国、加拿大和欧洲的 15 个国家的 239 家银行宣布正式成立 SWIFT,其总部设在比利时的布鲁塞尔,它是为了解决各国金融通信不能适应国际间支付清算的快速增长而设立的非盈利性组织,负责设计、建立和管理 SWIFT 国际网络,以便在该组织成员间进行国际金融信息的传输和确定路由。从 1974 年开始设计计算机网络系统,到 1977 年夏完成了环球同业金融电信网络(SWIFT 网络)系统的各项建设和开发工作,并正式投入运营。

该组织创立之后,其成员银行数逐年迅速增加。从 1987 年开始,非银行的金融机构,包括经纪人、投资公司、证券公司和证券交易所等,开始使用 SWIFT,该网络已遍布全球 206 个国家和地区的 8000 多家金融机构,提供金融行业安全报文传输服务与相关接口软件,支援 80 多个国家和地区的实时支付清算系统。1980 年 SWIFT 联接到香港。我国的中国银行于 1983 年加入 SWIFT,是 SWIFT 组织的第 1034 家成员行,并于 1985 年 5 月正式开通使用,成为我国与国际金融标准接轨的重要里程碑。之后,我国的各国有商业银行及上海和深圳的证券交易所,也先后加入 SWIFT。

进入 90 年代后,除国有商业银行外,中国所有可以办理国际银行业务的外资和侨资银行以及地方性银行纷纷加入 SWIFT。SWIFT 的使用也从总行逐步扩展到分行。1995 年,SWIFT 在北京电报大楼和上海长话大楼设立了 SWIFT 访问点(SWIFT access point,SAP),它们分别与新加坡和香港的 SWIFT 区域处理中心主节点连接,为用户提供自动路由选择。为了更好地为亚太地区用户服务,SWIFT 于 1994 年在香港设立了除美国和荷兰之外的第三个支持中心,这样,中国用户就可得到 SWIFT 支持中心讲中文的员工的技术服务。SWIFT 还在全球 17 个地点设有办事处,拥有来自 55 个国家的 2000 名专业人员,其北京办事处于 1999 年成立。

SWIFT 为全世界提供金融数据传输、文件传输、直通处理(straight through process,STP)、撮合、清算和净额支付服务、操作信息服务、软件服务、认证技术服务、客户培训和 24 小时技术支持。

SWIFT 自投入运行以来,以其高效、可靠、低廉和完善的服务,在促进世界贸易的发展,加速全球范围内的货币流通和国际金融结算,促进国际金融业务的现代化和规范化方面发挥了积极的作用。我国的中国银行、中国农业银行、中国工商银行、中国建设银行、交通银行、中信实业银行等已成为环球银行金融通信协会的会员,这也就是 PayPal 只支持这几家国内银行的电汇业务的原因。

SWIFT 的设计能力是每天传输 1100 万条电文,而当前每日实际传送量为 500 万条电文,这些电文划拨的资金以万亿美元计,它依靠的是其提供的超过 240 种电文标准。SWIFT 的电文标准格式,已经成为国际银行间数据交换的标准语言,其中用于区分各家银行的代码,就是"SWIFT Code",原名是 BIC (Bank Indentifier Code,银行识别码),依靠 SWIFT Code 能够将相应的款项准确的汇入指定行。

2. 美国支付系统

纽约清算所协会经营的银行清算所同业支付系统(CHIPS)是一个带有 EDI(电子数据交换)功能的实时的、大额电子支付系统。它是一个著名的私营跨国大额美元支付系统,于 1970 年建立,是跨国美元交易的主要结算渠道。通过 CHIPS 处理的美元交易额约占全球美元总交易额的百分之九十五,因此该系统对维护美元的国际地位和国际资本流动的效率及安全显得十分重要。CHIPS 归纽约清算所协会所有并经营,该协会的会员来自 140 个国家,其中外国银行占 60%,成员主要有纽约清算所协会会员、纽约市商业银行、外国银行在纽约的分支机构等。

1970 年纽约清算所协会(NewYork clearing house association,NYCHA)建立 CHIPS,代替原有纸质支付清算方式,为企业间和银行间的美元支付提供清算和结算服务。1998 年 CHIPS 归 CHIPSCO 公司所有并由其管理。2001 年 CHIPS 采用新系统,开始向实时净额清算系统过渡。2007 年 CHIPS 成为全球最大的私营支付清算系统之一,主要进行跨国美元交易的清算,拥有安全、可靠、高效的支付系统,能够处理全球 95%左右的国际美元交易,每天平均交易量超过 34 万笔,金额约 1.9 万亿美元。

通过 CHIPS 进行资金转账的好处包括实时的、多边网络系统、全球处理时间、94%的支付可直接进行处理、排除日间透支费用、最大的流动性、联机的资金管理工具、汇兑信息提交以及支付等。CHIPS 系统的应用特点有:允许事先存入付款指示、完善的查询服务功能、自动化程度高、安全性好等。

CHIPS 采用层层代理的支付体制,拥有庞大复杂的国际资金调拨清算网,如图 3 - 29 所示。

第一次变革自 1990 年起,CHIPS 规定在一天清算结束时,若有一家或多家银行出现清偿问题且这些银行找不到为其代理的清算银行,则被视为倒闭。这时,由此造成的损失由其余各成员行共同承担,以确保一天清算的完成。第二次变革出现在 2001 年,科学技术的进步使实时交易成为可能与同类交易系统竞争者的竞争,以保持自身系统的优越性。CHIPS 采用新系统,逐步成为了实时净额清算系统。2003 年 11 月 4 日 CHIPS 对系统接入方式做了新的调整,并且提供基于 Internet 的管理报告和更高效的清算处理,参与者和其他用户可以利用 Internet 更加方便地使用该系统,新服务主要有追加资金(supplemental funding)和在线的管理报告。

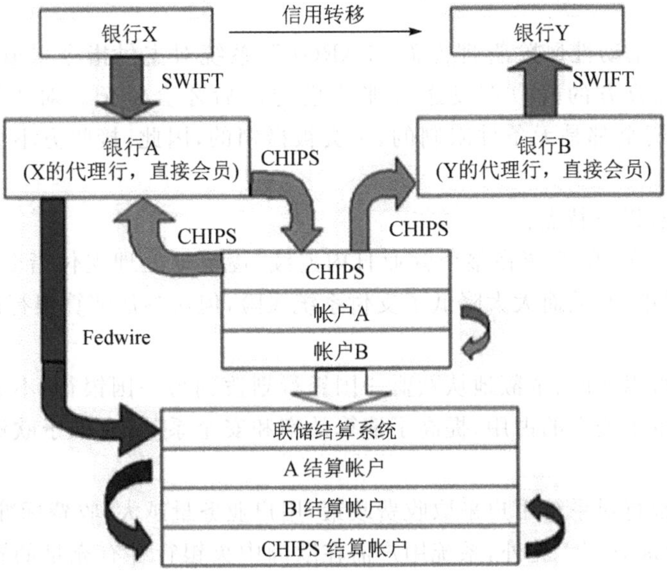

图3-29 CHIPS支付体制结构图

3. 欧洲支付系统

泛欧实时全额自动清算系统(the trans-european automated real-time gross settlement express transfer，TARGET)为欧盟国家提供实时全额清算服务，始建于1995年，1999年1月1日正式启用。TARGET由16个国家的实时逐笔全额交收(RTGS)系统、欧洲中央银行的支付机构(ECB payment mechanism，EPM)和相互间连接系统(interlinking system)构成。互联系统将各国的RTGS系统与EPM相连，这样支付指令就能从一个系统传递到另一个系统。

TARGET系统的管理成员包括欧盟成员国中授权管理客户账户的公共机构，在EEA(European economic area，欧洲经济区)建立的由权威机构授权并监管的投资银行以及由权威机构监管的、提供清算和结算服务的机构。

TARGET交易服务包括：与中央银行运作直接相关的支付(即与实施货币政策直接相关的支付)，发送方或接受方使用欧洲中央银行系统，该项支付是委托TARGET进行的清算服务之一；提供大额支付服务的净额清算系统以欧元为单位进行清算，需委托TARGET完成，目的是降低支付系统的风险；以欧元为单位的银行间支付以及商业支付。

TARGET是一个实时全额清算系统，RTGS系统成员在该国的中央银行设立清算账户，以支付命令发出方在该账户中的资金来实现支付。在处理支付命令时，TARGET采取实时、逐一处理的方式，支付信息在与之相关的两国的中央银行间直接传送而不通过某个中间机构进行。

在进行跨国支付时，提出请求的信用机构先通过本地的RTGS系统将支付指令传送到国内的中央银行。中央银行检查支付命令的有效性(提交的支付命令要符合标准并包含必要的信息)以及该机构是否有足够的资金或该机构是否超出透支限额。

TARGET的清算过程体现了两大特点：第一是不可撤销性。各国的RTGS系统均规定，当支付命令发送方在RTGS中的账户被该国的中央或欧洲中央银行借记后，支付命令不可撤销。第二是终结性。一旦接收方在该国的中央银行或欧洲中央银行的账户被贷记后，支付即告终结。

在信用风险与流动性风险管理方面，TARGET 系统对支付指令采取立即结清的方式。在 TARGET 中，接收方的账户在发送方账户借记以后才会贷记。对于接收方而言，通过 TARGET 得到的资金都是无条件限制的、不会被撤销的，因此，接收方不会因这些支付而面临信用风险。

TARGET 具有以下特点：

(1)采用 RTGS 模式，系统在整个营业日内连续、逐笔地处理支付指令，所有支付指令均是最终的和不可撤销的，从而大大降低了支付系统风险，但对参加清算银行的资金流动性具有较高的要求。

(2)由于资金可以实时、全额地从欧盟一国银行划拨到另一国银行，不必经过原有的货币汇兑程序，从而减少了资金的占用，提高了清算效率和安全系数，有助于欧洲中央银行货币政策的实施。

(3)欧洲中央银行对系统用户采取收费政策，用户业务量越大，收费标准越低，这一收费规则似乎对大银行更加有利。此外，系统用户需在欧洲中央银行存有充足的资金或备有等值抵押品，资金规模要求较高。加之各国中央银行对利用该系统的本国用户不予补贴，故 TARGET 系统的清算成本高于其他传统清算系统。

4. 英国的支付系统

英国的清算系统(the clearing house automated payment system，CHAPS)，是全球最大的大额实时结算系统之一，提供以英镑计值和以欧元计值的两种独立的清算服务。CHAPS 系统的成员可以在同一个平台上办理国内英镑支付和跨国欧元支付，确保了英镑和欧元在伦敦金融市场交易中具有同等的计值地位。

CHAPS 支付体系是处理大额同日内的英镑转移的主要支付体系，属于批发性支付体系。CHAPS 清算系统可分为 CHAPS 英镑(1996 年实施)和 CHAPS 欧元(1999 年实施)，后者通过其与 TARGET(欧洲的欧元清算体系)的联系，便利了英国国内与境外交易者之间的欧元批发性支付。CHAPS 属于实时全额支付系统，即它可以对支付指令逐一自动地进行处理，所有支付指令均是最终的和不可撤销的。在营业日内，这一过程连续不断进行。在每个营业日结束时 CHAPS 会进行最终结算。CHAPS 一直都是全球最大的全额实时结算系统之一，能够提供高效、可靠、无风险的支付服务。

CHAPS 允许银行以自己的账户或代表客户对其他银行发放有担保的、不可撤销的英镑信贷，结算通过在英格兰银行持有的清算账户进行。CHAPS 英镑系统通过直接或间接的方式几乎能够覆盖英国所有的银行，因此该系统也被认为是英国各银行的支付系统的中央清算所。

从 1996 年开始英国使用 CHAPS 系统进行同日内的英镑支付。1999 年清算系统分为英镑 CHAPS 和欧元 CHAPS 两大系统。后通过其与 TARGET(欧洲的欧元清算体系)的联系，使得英国国内与境外交易者之间的欧元批发性支付更加便利。

新 CHAPS 系统由 CHAPS 有限公司运营，是全球大额支付系统，也是实时全额结算系统，尽管无金额起点限制，但它主要用于处理大额支付。它由 CHAPS 英镑系统和与 TARGET 连接的 CHAPS 欧元系统组成，两个系统共享同一平台。TARGET 是泛欧实时全额结算系统，它将各国的实时全额结算系统 RTGS 联网，实现欧盟区内跨境支付的实时全额结算。

新 CHAPS 系统目前有 20 个直接参与者，其中 13 个是 CHAPS 英镑系统的参与者，19 个是 CHAPS 欧元系统的参与者。新 CHAPS 的运营时间与 TARGET 一致，为周一到周五每天 6：00—17：00GMT（格林威治标准时间），银行提交的电子支付指令采用 SWIFT 格式，结算通过参与者在英格兰银行的账户完成。2017 年 CHAPS 被 BOE（bank of England）收编，成为了英国最重要的银行间转账基础设施。

目前为止，CHAPS 一共有 30 家成员银行（中国银行是其中之一），间接为 5000 多家金融机构提供大额转账服务。虽然 CHAPS 每年处理的支付笔数只占英国国内总支付笔数的 0.5%，但金额却占到了总额的 92%。2019 年，CHAPS 处理了大约 83.4 万亿英镑的交易（作为世界第二大经济体的中国，2019 年 GDP 折合成英镑大约是 10 万亿），日均处理的支付金额为 3300 亿英镑，日均处理的支付笔数约 19.2 万笔，平均每笔金额约 170 万英镑。

本章小结

在信息化技术高度发达的今天，电子支付和网络支付已经逐渐渗透到人们的生活之中，而电子支付的实现需要各种工具和系统的支持。

本章比较完整地介绍了电子支付的基本理论，给出了电子支付的定义与特征，以支付指令在用户和电子支付机构之间或相互之间的流转方式来进行分类，将电子支付分为网上支付、电话支付、移动支付、销售点终端交易、自动柜员机交易和其他电子支付等类型，以辅助读者理解电子商务下的电子支付方式。

电子支付工具包括卡基支付工具、网络支付和移动支付（手机等移动终端）等。随着电子银行的兴起和微电子技术的发展，电子支付技术日趋成熟，电子支付工具品种不断丰富。电子支付工具从基本形态上看是电子数据，它以金融电子化网络为基础，通过计算机网络以传输电子信息的方式实现支付功能，利用电子支付工具可以方便地实现现金存取、汇兑、直接消费和贷款等功能。

最后，从国内与国外两个方面介绍了代表性的电子支付与结算系统的发展与应用情况，以实例重点说明了我国电子支付清算系统的发展前景。

思考题

1. 简述电子支付与网络支付的关联。
2. 简述电子支付的常用支付工具及其主要特点。
3. 简述电话支付和银行卡支付的异同，以及它们各自的优势是哪些？
4. 在本节介绍的支付模式中，哪些可以用于 B2B 业务？可能存在哪些问题？
5. 信用卡 SSL 在线支付模式和 SET 支付模式有哪些不同？
6. 请说明移动支付和互联网支付存在哪些异同点？
7. SWIFT 是怎样一个结构？它提供哪些服务？
8. 我国现代化支付系统的组成是什么？具有哪些功能？
9. 人民币跨境支付系统（CIPS）成功上线运行，标志着人民币国内支付和国际支付统筹兼顾的现代化支付体系建设取得重要进展。如何理解人民币国际化是大国崛起之路上的必争之地？

拓展阅读

术语中英文对照

第4章　电子银行与网络银行

内容提要

本章梳理了电子银行相关基础知识，分析了电子银行业务系统的构成，介绍了网络银行、手机银行、自助银行等各类电子银行的相关知识。

学习目标

- 掌握电子银行、网络银行、手机银行、自助银行的概念。
- 了解电子银行综合业务体系结构。
- 了解网络银行的系统结构、支付模式。
- 了解我国手机银行的发展。
- 了解自助银行的系统结构。

思政目标

- 了解科技与金融结合的应用，激发投身金融科技行业的热情。
- 认识电子银行业务系统的知识以及我国电子银行在技术和业务两个方面的领先优势，增强职业认同感，增强民族自信心。

开篇案例

4.1　电子银行概述

4.1.1　电子银行的定义和特点

1. 定义

随着互联网的普及和生活节奏的加快，电子银行作为一种新型的银行服务方式，越来越受到银行的重视和客户的青睐。电子银行涵盖的范围比较广泛，各界对电子银行的界定并不统一。有学者认为电子银行是一个通用术语，它包括基于计算机技术进行交割、转账、记账等相关的所有金融服务活动。另外，也有学者认为，广义的电子银行还包括银行后台操作系统，如银行会计稽核管理信息系统等。

根据我国银行业的实际情况，本书认为电子银行是一个广义的概念，既包括金融电子化的成果，又涵盖了基于互联网技术的新型网络银行的服务领域。电子银行是指银行借助各种电子业务系统，利用网络平台，向客户提供全方位、全天候、高品质、高安全性的银行服务方式。

2. 主要特点

(1)不设置分支机构。电子银行依托于无边界的互联网，不用设置任何分支机构，其触角就可以伸到世界的每一个角落。此外，随着全球经济一体化步伐的加快，电子银行将比传统银行更容易开展跨国业务。

(2)成本低廉。电子银行没有分支机构，节省了成本，因此，具有储蓄利息高的优势。有关数据显示，有的银行的活期存款利息为1%，而电子银行存款利息可以提高至4%。

(3)提供"3A"服务。电子银行不受时间、地点的限制，客户可以随时随地在不同的计算机终端通过互联网申请和办理银行业务。所以，它是一种能在任何时间(anytime)、任何地点(anywhere)，以任何方式(anyhow)提供服务的银行，因此可称之为"3A"服务。

4.1.2 电子银行业务

根据相关研究总结，电子银行业务是指商业银行等银行业金融机构利用面向社会公众开放的通信通道或开放型公众网络，以及银行为特定自助服务设施或客户建立的专用网络，向客户提供的银行服务。

电子银行的业务范畴比较宽泛。电子银行业务包括：利用计算机和互联网开展的银行业务(简称网上银行业务)；利用电话等通讯设备和电信网络开展的银行业务(简称电话银行业务)；利用移动电话和无线网络开展的银行业务(简称手机银行业务)；以及其他利用电子服务设备和网络由客户通过自助服务方式完成金融交易的银行业务。因此，常见的电子银行业务有：网上银行业务、电话银行业务、手机银行业务、短信银行业务、其他离柜业务和电子货币业务。

以我国为例，理解电子银行业务时，需要注意以下几个方面。

(1)电子银行概念中提到的银行业金融机构，主要指我国境内设立的金融资产管理公司、信托投资公司、财务公司、金融租赁公司以及经中国银行业监督管理委员会(简称中国银监会)批准设立的其他金融机构。满足我国法律和中国银监会要求，并达到开办条件的外资金融机构也可以开展电子银行业务，其运营系统和业务处理服务器可以设置在中华人民共和国境内或境外。

(2)电子银行业务包括跨境电子银行业务。电子银行的跨境业务活动，是指开办电子银行业务的金融机构利用境内的电子银行系统，向境外居民或企业提供的电子银行服务活动。经中国银监会批准，符合条件要求的金融机构可以在我国境内开办电子银行业务，向我国国境内企业、居民等客户提供电子银行服务，也可按照有关规定开展跨境电子银行服务。

(3)开展电子银行业务的机构必须有风控体系并接受中国银监会监管。金融机构应根据电子银行业务特性，建立健全的电子银行业务风险管理体系和内部控制体系，设立相应的管理机构，明确电子银行业务管理的责任，有效地识别、评估、监测和控制电子银行业务风险。中国银监会负责对电子银行业务实施监督管理。

案例

中国电子银行发展的成绩

中国金融认证中心于 2020 年 12 月 10 日发布了《2020 中国电子银行发展报告》。经过近 30 年的发展，电子银行业务取得了举世瞩目的成绩，2019 年银行业金融机构网上银行交易笔数超过 1600 亿笔，交易金额超过 1600 万亿元；手机银行交易笔数超过 1200 亿笔，交易金额超过 330 万亿元，行业离柜率超过 90%。2020 年第三季度，我国手机银行活跃用户规模为 3.5 亿户，环比增长 6.1%，覆盖面不断拓展；服务深度方面，电子银行不仅在发达地区得到普及，也在农村等偏远地区扎根发展。截至 2019 年末，我国农村地区手机银行、网上银行开通数累计分别为 8.2 亿户和 7.1 亿户，同比分别增长 21.9%和 16.4%。

（来源：中国政府网 http://www.gov.cn/xinwen/2020-12/11/content_5568807.htm）

4.1.3　电子银行的发展

1. 银行的电子化发展阶段

银行的电子化主要经历了手工操作转为计算机处理、提供自助银行服务、提供金融信息服务和提供网上银行服务这四个阶段。

20 世纪中期，在电子商务这个概念出现之前，银行就开始了自身的电子化革命。由于当时银行传统办公手段的效率已经无法满足社会对银行服务的需要，人们逐渐将计算机和通信技术引入银行的业务处理，如各种银行卡和电子销售 POS 机的推出、电子资金转账等系统的建立和推广应用，使商务中资金支付活动的各方真正有机地联系在一起，形成了应用于不同场合的电子支付结算系统。

电子资金转账系统是用于银行与客户之间的金融数据通信，是各银行自行开发应用的专用金融系统，传输与金融交易有关的信息，并为客户提供基于网络的支付结算服务。通过电子资金转账系统，银行利用网络把通过它进行的支付服务从银行分支机构的柜台延伸到零售商店、超级市场、企事业单位乃至家庭和个人。

银行为充分发挥电子化处理的效率，开发了大量新型的自助银行服务项目。在实现支付结算服务电子化的基础上，银行又积极将信息技术融入银行业务中。例如，银行利用交易数据的统计和分析结果向客户提供金融信息增值服务，强化银行的经营管理，完善银行的电子监控体系，从而使传统银行进入电子银行时代。

2. 国外电子银行的发展状况

在国外，主要发达国家的电子银行业务发展迅猛，形成了以网上银行、手机银行、电话银行等为主体，同时包括家庭银行、无人银行等在内的全方位、一体化的金融电子服务体系。尤其在美、日、英等国家，电子银行的地位举足轻重。

1）网上银行发展概况

20 世纪末，美国网上银行业务开始进入创新阶段。美国出现了全球首家网上银行即安全第一网络银行，开创了一种全新的银行业务模式。当时的网络银行只有总部，并无任何分支机构，不设立营业大厅，互联网是所有业务受理的唯一渠道。客户可以通过网上交易进行电子货币的兑付、支票转账等多种业务。美国网上银行业务飞速发展，业务种类实现了除现金之外的零售业务全覆盖，同时还涉及部分投资银行业务。其中，花旗银行比较具有代表性，当时就在20多个国家和地区拥有百万以上的在线客户，并且成立了单独的电子银行，拥有了独立的品牌。

在欧洲，英国和德国是网上银行业务发展较为迅速的两个国家。其中，具有代表性的是英国的巴克莱银行和德国的德意志银行。英国的巴克莱银行在21世纪初就通过关闭境内多家分行所筹措的资金发展网上银行业务。同时，德国的德意志银行也提出"全球电子商务战略"，全面拓展互联网金融业务。

亚太地区网上银行业务是在美、欧等国家的基础上兴起的，起步相对较晚，但发展迅猛。21世纪初日本首家网络银行宣告诞生，其后多家银行均推出网上银行业务。在日本，有不设店铺的网络银行，也有部分银行下设的因特网分行等。它们的主要特点是业务手续费低廉，另外开展了一些新型业务，比如与Yahoo(雅虎)互动，参与相关的拍卖活动。在新加坡，目前大多数银行都提供网上银行服务。

2)手机银行发展概况

手机银行业务是随着手机的推广和普及在国外逐渐兴起的。

在欧洲，捷克的有些银行与移动通信运营商联合推出商业化运作的手机银行项目，可为客户提供包括账户资料和安全支付在内的大量在线金融服务。

在美国，电信公司通过与银行联合推出手机银行业务。通过这项业务，客户可以使用手机处理基本的银行业务，如交易明细的查询、核算收支平衡等，并不收取任何附加费用。同时，其他美国银行也推出了手机银行业务，客户可以通过短信息向银行发送关于执行交易的口令。

在韩国，手机银行业务已初具规模。2010年前后，韩国大部分银行陆续开通智能手机银行业务。韩国手机银行业务之所以发展得如此迅速，主要有两个原因：一是韩国银行业对手机银行业务的重视程度非常高；二是手机银行领域技术的不断革新成为韩国手机银行快速发展的源动力。

在日本，由实力雄厚的移动运营商牵头，利用其在产业链中的有利地位，整合各方资源，与商业银行联合提供手机银行业务。例如，日本最大的移动通信运营商NTT DoCoMo较早地推出了手机银行的在线服务，满足客户利用手机上网处理银行业务的需求。

3)电话银行发展概况

国外商业银行开展电话银行业务较早，早在20世纪中期美国就开通了电话银行服务，随后欧洲的各个国家相继推出电话银行业务。相比而言，亚洲国家的电话银行业务相对滞后，普遍在20世纪90年代中期才开始发展这一业务。

下面介绍几种有特色的电话银行业务。

花旗银行作为美国的知名银行，开展电话银行业务较早，服务的范围也比较广泛，其中"个人银行专业到家"业务是其一大特色服务。客户只要通过电话银行约定时间和地点，花旗银行就会派专人当面为其作投资理财分析，这样大大方便了客户。美国亨廷顿银行成功的电话银行业务是"十分钟电话贷款服务"。银行系统接到客户电话申请后，会立即把相关资料传入电脑，电脑系统便会自动翻查过去有关该客户的银行往来记录，之后系统会自动以传呼方式联络经验丰富的业务员，可在十分钟内决定是否批准该贷款。加拿大帝国商业银行的电话银行专门为听说残障人士准备了一条特殊的800免费电话通道，相关残障人士可以使用传真设备与银行进行交易。

英国汇丰银行电话银行主要为企业客户提供商业电话理财服务。这一服务的特别之处在于,企业除了可以使用商业电话理财服务外,还可以为其员工设定不同的转账限额和管理账户。例如,企业可通过这一服务授权企业所有者及高层管理者处理的转账范围,而一般员工只可查询账户结余并享受一般账户服务。英国渣打银行的电话银行系统使用了预计等待时间功能,专门针对很多客户不愿排队需求,给予不同客户相应的通知,有效改善了客户排队等待时间过长的问题,提高了客户的满意度。

4)自助银行发展概况

自动取款机又称 ATM(Automated Teller Machine,ATM),是一种客户进行自助服务的电子化设备。它的诞生可以追溯到 20 世纪 60 年代末期。这一时期,随着计算机技术的飞速发展,银行业务开始寻求更高效、便捷的服务方式。ATM 的出现不仅改变了银行业务的服务模式,更对人们的日常生活产生了深远影响。进入 21 世纪以来,新兴市场的 ATM 产业规模也得到了迅速的扩张。ATM 的功能日益丰富,目前,亚太地区成为全球重要的 ATM 市场。

3. 我国电子银行的发展概况及主要特点

1)发展概况

我国的电子银行系统和业务已经取得了令人瞩目的进展。尤其是 20 世纪 90 年代后期,我国电子银行业务的发展进入快车道并已初具规模,在某些产品功能和客户服务方面已不亚于国外的商业银行。

根据中国人民银行在 2020 年 11 月发布的 2020 年第三季度支付体系运行总体情况来看,2014—2020 年前三季度,中国电子支付交易规模整体呈现波动上升趋势。细分来看,电子支付业务量从 2014 年的 333.33 亿笔上升至 2020 年前三季度的 1685.85 亿笔,较 2014 年上升了 405.76%。同时,电子支付金额从 2014 年的 1404.65 万亿元上升至 2019 年的 2607.04 万亿元,上升了 85.6%;而 2020 年前三季度这一金额达到了 1973.11 万亿元,超过了 2014 年的电子支付总额(图 4-1)。

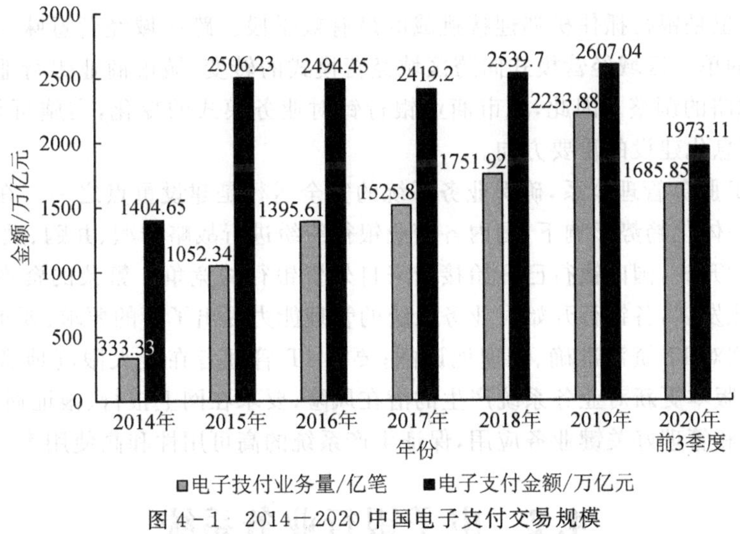

图 4-1 2014—2020 中国电子支付交易规模

中国香港的商业银行在 2000 年前后开始拓展网上银行业务。香港地区银行业网上银行的发展策略是以市场为导向,采取多渠道营销策略,依托优惠的价格和完善的金融服务吸引客户。其中,具有代表性的银行有汇丰银行、恒生银行、渣打银行和东亚银行,它们不仅在客户数量上占据优势,而且业务种类也较为齐全,涉及网上理财服务、网上投资服务、网上保险及网上融资等各类业务,可谓是应有尽有。中国台湾地区已有数十家银行开通了网上银行业务,随着台湾地区网络设备普及率的不断提高,使用网上银行的客户日益增多。

2)主要特点

(1)电子银行成为金融业务与服务创新的主旋律。金融业务与服务创新一直是近年我国银行业发展的主题,而借助网上银行、电话银行、自助银行、手机银行等实现银行业务与服务创新,也一直是我国各商业银行业务与创新的主要手段。目前,各商业银行正在依靠信息技术为客户提供全天候服务,向客户提供信息检索、网上支付、转账、贷款、代缴各种费用、债券买卖、个人理财等一揽子金融服务。特别是各商业银行利用信息技术使信用卡特色更加鲜明,多卡共用额度、密码选择、消费交易短信提醒等满足个性化需求的功能日益繁多,使产品之间的差异性十分明显、目标客户群更加明确。

(2)加强 IT 风险控制成为银行信息化建设的热点。目前,银行业务日益灵活,业务创新步伐加快,在业务种类不断增加的同时,单一业务数量开始下降,使得银行 IT 系统的复杂性大大增加。为此,银行在建设新的业务系统时,不仅要考虑新业务的需要,还要考虑如何与旧系统进行整合。银行业务高度依赖于 IT 系统,IT 风险已成为银行操作风险的重要因素,这引起了银行金融机构和监管部门的高度重视。2023 年以来,《商业银行金融资产风险分类办法》和《商业银行资本管理办法(征求意见稿)》接连发布,这两项重要监管制度将推动商业银行数据治理和风险管理能力再上新台阶。因此,对于银行而言,如何有效防范 IT 风险将成为下一阶段银行信息化建设的重点。

(3)跨区域经营,驱动城商行全面的 IT 战略规划。伴随商业银行改革力度的加大,城市商业银行纷纷改制上市,跨区域开设分行。面对如此变革,国内城市商业银行必须应对业务经营模式与发展战略改变所带来的潜在挑战。信息技术已是支撑银行业务发展、提升核心竞争力的重要工具,也是银行抓住机遇迎接挑战的最有效手段。跨区域经营意味着城市商业银行的定位从过去的单一区域经营模式向跨区域经营模式的转变,城市商业银行业务战略的变革必然带来 IT 战略的调整。因此,城市商业银行针对业务模式的变化,实施可行的 IT 战略规划,成为未来信息化建设的重要方向。

(4)构建 IT 服务管理体系,确保业务系统的安全运行是建设重点之一。在中国经济国际化和金融全球一体化趋势影响下,国内各商业银行纷纷进行战略转型、并购、融资、上市。由于中国金融市场的开放,国内银行已开始接受来自外资银行的竞争。繁荣的资本市场促进了银行业务的多元化发展,各银行开始对业务系统的管理能力提出了新的要求:要求确保在客户交易高峰时段做到对 IT 资源准确、合理地调配;要求 IT 管理者在最大限度地满足业务需求的同时,规避频繁版本更新对业务系统产生的潜在风险;要求在网上银行、银证通、银行卡等业务量翻番时,监控和管理好关键业务应用,保证生产系统的高可用性和高使用率。

4.2 电子银行业务系统

在过去的半个多世纪里,人们为银行的电子化付出了巨大的努力,银行业推出了各种电子银行系统，这些不同的电子银行系统构成了完整的电子银行体系。随着新技术的不断应用与银行业务的扩大，电子银行业务系统的结构逐渐从较为简单的形式演变为复杂的体系，并不断地改进和完善。

4.2.1 电子银行的业务渠道

电子银行业务包括传统银行业务的电子化和在电子货币基础上进行的银行电子业务。在实际应用中，这两个层次是相互交织的，电子货币行为融合在银行业务中，而电子货币基础上的银行业务是网络经济时代对金融服务提出的新要求。图4-2为电子银行提供的业务渠道，主要由网上银行、电话银行、手机银行、商业POS系统、自助银行等组成。

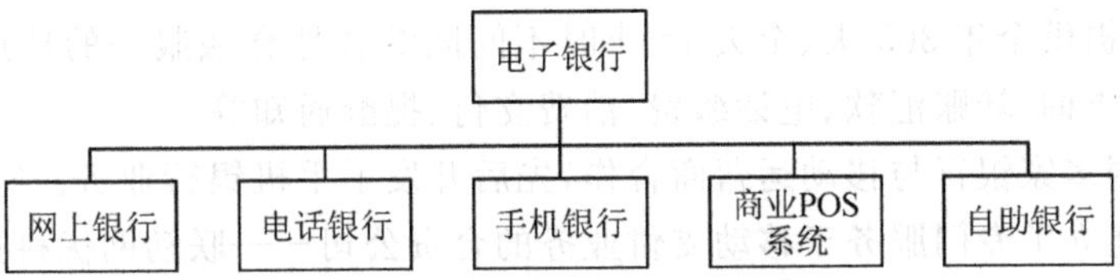

图4-2 电子银行提供的业务渠道

1. 网上银行

网上银行，又称在线银行，是指银行通过互联网提供金融服务，主要包括个人网上银行和企业网上银行。网上银行可以从服务载体、服务场所和服务内容三个层次来理解。

(1)网上银行的服务载体脱离了传统银行的分支结构和各种纸介的票据表单，使得客户无须与银行的业务人员见面，通过填制电子表格和电子凭证，借助虚拟的网络空间就可以享受银行服务。

(2)网上银行的服务场所不再需要交通方便的商业地段和设施齐全的营业柜台，银行只需要设计美观、操作方便的用户界面，借助客户自己的网络终端就可以向其提供跨地域、无时间限制的服务。

(3)目前各大银行提供的网上银行服务主要有账户管理、查询、转账汇款、投资理财、网上购物、缴费支付、收付款、代理业务等。实际上，由于网上银行的交互性特征，网上银行提供的服务已经不局限于传统的银行服务。由于新技术的引入所带来的新型业务，网上银行还跨越了银行业的界限，向证券、保险和其他行业渗透。

有的网络银行咨询公司要求在线银行至少提供网上支票账户、网上支票异地结算、网上货币数据传输、网上互动服务和网上个人信贷这五种业务中的一种，才有进入网络银行评价体系的资格。目前，我国各银行的网上银行基本实现了网上货币数据传输、网上互动服务和网上个人信贷业务。中国人民银行早于2007年建成全国支票影像交换系统，实现了支票在全国范围的互通使用，企事业单位和个人持任何一家银行的支票均可在境内所有地区办理支付。目前，该系统运行稳定，全国支票使用量逐步增加，并在逐步实现业网上支票账户、网上支票异地结算业务。

2. 电话银行

电话银行是指利用计算机电话集成技术，采用电话自动语音和人工座席等服务方式为客户提供金融服务的一种业务系统。它集金融交易、投资理财、咨询投诉等功能于一体，为客户提供全年365天、全天24小时不间断的综合性金融服务。它具有多通道、个性化和大容量、集中服务等时代特征，是现代通信技术与银行金融理财服务的结合产物。

电话银行一般适用于个人银行业务，主要的电话服务类型有以下三类：第一类是语音自动提示系统，要求客户在使用该系统时，必须用双音频电话把数字化信息传递到银行自动服务系统中，系统通过不断提出一个又一个问题来引导客户完成交易。第二类是指完全由接线员为客户服务，而不使用自动语音提示系统。第三类是以与银行自动服务系统联机的个人计算机作为服务载体，再通过电话传输数字式信息的方式完成交易。

3. 手机银行

手机银行主要是指通过短信的形式与客户交互，并提供自动化金融服务的一种业务系统，同样具有为客户提供全年365天、全天24小时不间断综合性金融服务的特点。目前，手机银行的主要功能有查询、转账汇款、电话缴费、消费支付、提醒通知等。

近年来，中国多家银行与移动运营商合作，先后开发了手机银行业务。2003年8月，中国移动、中国银联建立了专门服务于移动支付业务的合资公司——联动网优科技股份有限公司。作为专业化的移动支付服务商，它为移动用户提供了“手机钱包”和“银信通”服务，为广大商户提供方便、快捷的支付渠道，为手机银行提供良好的应用环境。

4. 商业POS系统

POS系统在各行各业中的应用十分广泛。POS是“point of sale”的缩写，意为销售点终端。销售点终端通过网络与银行主机系统连接，当用户将信用卡或借记卡在POS机上“刷卡”并输入有关业务信息（交易种类、交易金额、密码等）后，由POS机将获得的信息通过网络送给银行主机，银行主机进行相应处理并向POS机返回处理结果，从而完成一笔交易。使用POS机刷卡支付，在给人们带来安全、便捷和时尚的同时，也给银行带来了稳定的中间收入和存款。目前，POS机主要有有线POS机和无线POS机两种。有线POS机一直在我国特约商户中普遍使用，近两年移动POS机开始应用并显示出一定的市场前景。

5. 自助银行

自助银行是指通过计算机控制的金融自助式终端设备（如现金存取款机、外币兑换机、自助式存折补登机、客户信息打印设备、多媒体信息服务设备、电子保险箱、找零机等），为持卡人提供24小时自助式服务的银行现代化综合应用管理系统。持卡人可以通过该系统自主完成大部分银行柜台业务的办理。其中，ATM是自助银行的主要设备之一，它可针对银行机构发行的银行卡执行提款及自动转账等功能。在配有不同设施的情况下，它还具有账户查询、接单打印、存折打印、存折补登和信封存款等功能，甚至具有现钞存款功能。除ATM外，自助银行还包括现金存款机、现金循环机、外币兑换机、自助式存折取款机、专用自助式存折补登机和专用自助式接单打印机等。

4.2.2 电子银行综合业务体系

电子银行业务系统是在电子资金转账系统基础上发展起来的。电子银行业务系统主要用于传输与金融交易有关的电子货币和相关的指令信息，通过上述电子银行渠道，为企事业单位、往来银行（包括其他金融机构）、商业部门，以及代表普通消费者的个人客户提供电子银行业务。

本节中的电子银行综合业务体系(图 4－3)是指银行对其客户提供包括支付结算服务在内的各种传统银行业务的系统,它是电子银行最重要的组成部分,也是目前国内商业银行正在建设并不断完善的系统。世界各国的银行机构根据本国的需要,以及经济规模、经济发展水平及公民的消费习惯等因素,建立各种不同的电子银行综合业务体系,以便从事它们各自的银行网上业务。也就是说,每个综合业务服务体系实际上都是一个庞大而复杂的社会系统,因而建立一个符合国情的电子银行综合业务体系是至关重要的。

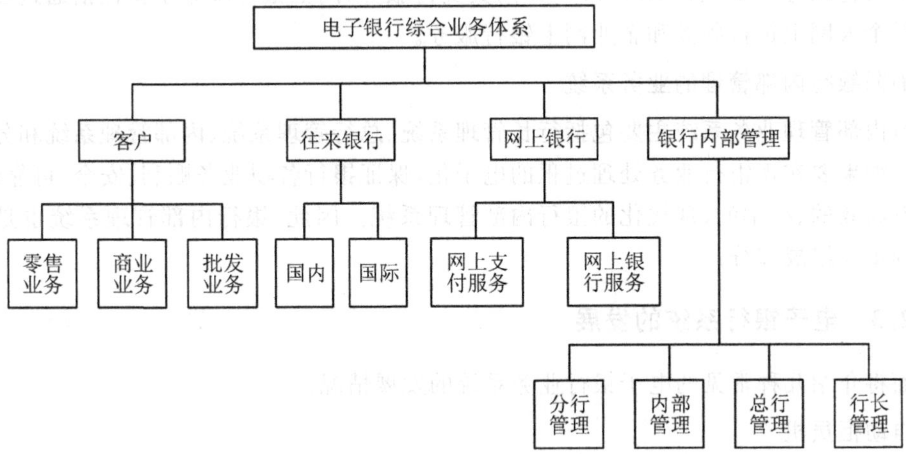

图 4－3　电子银行综合业务体系结构图

1. 面向客户的业务系统

面向客户的业务系统又可细分为零售业务系统、商业业务系统和批发业务系统。银行通过这 3 种面向客户的电子银行业务系统,借助通信网络把对客户的支付结算服务和金融信息增值服务从银行柜台延伸到相关企事业单位、商店等消费场所和家庭中。

1)零售业务系统

零售业务系统包括联机柜员系统、自动柜员机系统和个人银行系统。银行的客户可以到银行柜台通过联机柜员系统进行金融交易,也可以通过街头的 ATM 系统进行存、取款和转账交易,也可以在家里或办公室用电话和计算机通过个人银行系统进行金融交易。目前许多大学校园、大型宾馆、购物中心和商厦内,以及商业银行各网点都提供了 ATM 系统。

2)商业业务系统

商业业务系统指的是销售点电子资金转账系统。消费者在特约商店和其他消费场所可以通过该系统中的 POS 终端、数据终端或计算机等设备实现电子转账,从而完成购物的支付结算。

3)批发业务系统

批发业务系统主要是指企事业单位与银行联机的企业银行系统,这些系统一般处理交易额较大的银行业务。企事业单位通过终端对终端的方式,或企业的财务服务器与银行主机联机的方式进行金融交易业务处理,完成资金的转账及查询业务。

2. 面向往来银行的业务系统

该系统可完成国内银行之间的结算业务等金融交易,这一交易主要是通过自动清算系统和各种国内电子汇兑系统完成的。同国外银行往来的金融交易则通过 SWIFT、CHIPS 网络或其他专用金融网络进行。

3. 面向网上银行的业务系统

网上银行业务系统是 20 世纪 90 年代中期基于互联网的普及应用逐渐发展起来的网上金融交易服务系统，主要包括为电子商务提供的网上支付服务和为广大客户提供的网上银行服务。网上支付服务主要包含 B2C 和 B2B 两类支付服务，网上银行服务主要包括通过互联网为客户提供个人网上银行服务和企业网上银行服务。

4. 面向银行内部管理的业务系统

银行内部管理业务系统主要包括行长管理系统、总行管理系统、内部管理系统和分行管理系统等。如果要实现银行业务处理过程的电子化，保证银行各项业务顺利、安全、可靠地运转，就必须有高效的、科学的、现代化的银行内部管理系统。因此，银行内部管理系统也是现代电子银行的重要组成部分。

4.2.3　电子银行系统的发展

下面将介绍几种常见的电子银行业务系统的发展情况。

1. 自动柜员机

最常见的电子银行形式是自动柜员机(ATM)，它可以提供多种服务，最大的优势是成本低，且使用地点非常多，比如在超市、加油站等地。世界上第一台 ATM 取款机于 1967 年在英国诞生，我国于 1987 年引进了第一台 ATM 机。2002 年，中国银联的成立也标志着 ATM 机步入专业化、市场化时代，但随着移动支付的快速普及，自 2016 年起，ATM 机市场开始遭受冲击。图 4 - 4 展示了中国 ATM 机行业的发展历程。

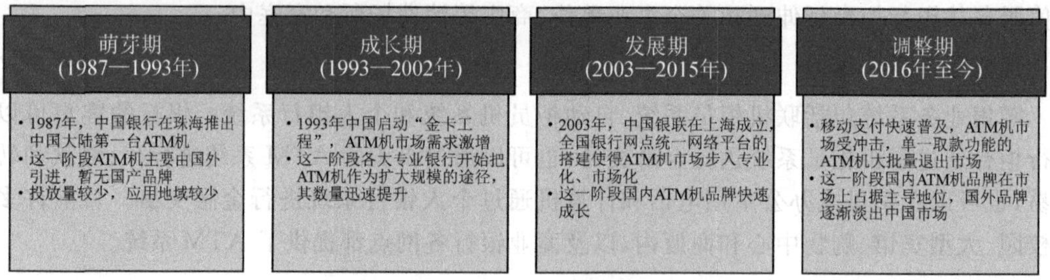
萌芽期
(1987—1993年)
• 1987年，中国银行在珠海推出中国大陆第一台ATM机
• 这一阶段ATM机主要由国外引进，暂无国产品牌
• 投放量较少，应用地域较少
成长期
(1993—2002年)
• 1993年中国启动“金卡工程”，ATM机市场需求激增
• 这一阶段各大专业银行开始把ATM机作为扩大规模的途径，其数量迅速提升
发展期
(2003—2015年)
• 2003年，中国银联在上海成立，全国银行网点统一网络平台的搭建使得ATM机市场步入专业化、市场化
• 这一阶段国内ATM机品牌快速成长
调整期
(2016年至今)
• 移动支付快速普及，ATM机市场受冲击，单一取款功能的ATM机大批量退出市场
• 这一阶段国内ATM机品牌在市场上占据主导地位，国外品牌逐渐淡出中国市场

图 4 - 4　中国 ATM 机行业发展历程

根据前瞻产业研究院的调查，国内 ATM 市场需求量和保有量均增速下滑。如图 4 - 5 所示，截至 2021 年第二季度末，我国 ATM 机保有量为 98.67 万台，较 2020 年末减少 2.72 万台。

前瞻产业研究院认为，ATM 机数量下降有两个原因：一是银行网点数量减少，大部分 ATM 机与银行网点相伴相生，会因银行网点数量减少而受到影响；二是银行加强线上服务的发展，银行 App 服务、微信服务、网站服务等逐步成为 ATM 的替代品。

目前，我国 ATM 机的主要生产商有广电运通集团股份有限公司、恒银金融科技有限公司、深圳怡化电脑股份有限公司、广州御银科技股份有限公司和中电科东方通信集团有限公司等。随着我国第三方移动支付的快速发展，国内 ATM 机行业遭受冲击，国外企业纷纷退出国

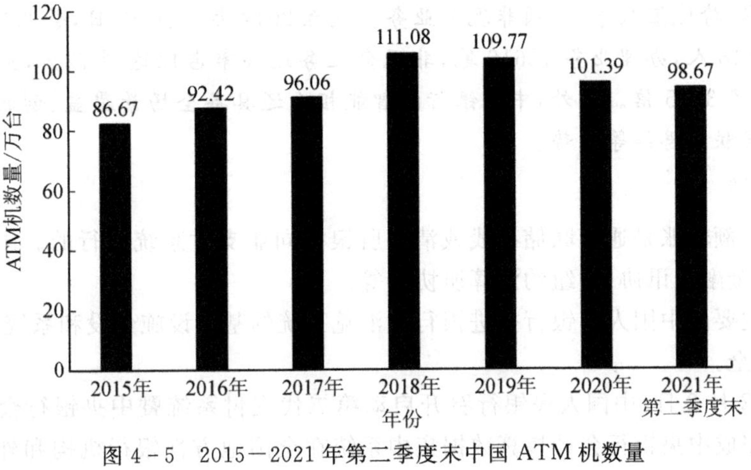

图 4-5　2015—2021 年第二季度末中国 ATM 机数量

内市场。根据《金融时报》发布的《2020 年银行网点市场综述》中的数据，广电运通集团股份有限公司连续 13 年蝉联网点设备销量第一。

另外，根据前瞻产业研究院的调查，在银行数字化转型的过程中，智能化金融设备的升级改造成为刚需。融合了人工智能、语音识别、人脸识别等一系列新技术的金融智能终端将成为银行服务网点的标配，这样不仅加速提升了银行服务，也为国内 ATM 机生产厂商的转型提供了方向。

2. 网上银行

1995 年，美国安全第一网络银行（Security First Network Bank，SFNB）成为第一家全面可交易的互联网银行。它的发展非常迅速，1998 年被皇家银行财务集团收购时，已拥有 1800 亿美元资产和 950 万客户。花旗银行、美洲银行等陆续开展了网上银行业务，甚至开展了一些特色服务，比如为企业客户提供衍生产品交易、外汇交易和全球财富服务。1996 年底，招商银行成为我国第一家开展网上银行业务的银行，建成了招商银行网上银行——“一网通”。

在数字化给银行等金融机构带来律动的同时，其未来需要向更加精准化、智能化、渠道多元化的方向发展，同时重视隐私安全问题。2020 年 12 月，由中国金融认证中心联合其成员银行发布了《2020 中国电子银行调查报告》。该报告指出，随着开户等业务逐步实现线上办理，用户希望银行业务全面实现线上化、无卡化办理。在线上服务方面，客户对金融资讯等知识性内容有较高需求，例如投资理财、贷款、“五险一金”等金融知识，但更希望网上银行智能客服能够精确识别用户所问的问题。未来，银行方需要进一步加强智能客服语义识别的精确度，提升客服的智能化程度，为用户提供多种客服形式，借助网上银行还应该充分发挥其社交化功能属性，考虑建立金融资讯和知识共享社区。

案例

中国银行的智能柜台

中国银行从 2017 年开始全面推进网点智能化升级改造，至 2021 年，已有 764 家网点完成新版形象改造，4000 余家网点推出智能柜台政务民生服务。

2017 年 1 月 16 日，中国银行北京市分行的 3 家网点首批投产智能柜台。随后的半年时间里，该行的智能柜台已覆盖北京市 16 个辖区。客户可以在智能柜台办理开立借记卡、签约网银、打印流水、跨境汇款等20项非现金业务。截至2017年6月23日，营业部智能柜台已累计接待客户9248人，办理业务12616笔，非现金业务迁移率占比达到72%，业务办理速度较传统柜台提升了3～5倍。此外，中国银行的智能柜台还具备全场景覆盖、创新业务处理和风控模式、借鉴互联网思维等优势。

3. 汇兑系统

在美国，大额转账是通过联储有线或清算所银行同业支付系统进行的。国际支付还涉及环球同业银行金融电讯协会、纽约清算所协会等。

在我国，主要由中国人民银行推进银行业汇兑系统的基础设施建设和系统建设，同时由它来维护系统安全。

2009年12月2日，中国人民银行召开启动第二代支付系统暨中央银行会计核算数据集中系统建设，完成中央银行会计核算数据集中系统在全国地方性银行机构和外资银行上线运行，满足中央外汇业务中心服务需求，以提供高效、安全的对外服务。

2011年中国人民银行开始组织开发人民币跨境支付系统（Cross-border Interbank Payment system，CIPS）并稳步推进CIPS参与者扩容。特别是推动中银香港有限公司成为CIPS境外参与者，充分发挥其在人民币国际化中的重要地位和前哨作用，带动CIPS业务量大幅增长，促进人民币跨境支付主渠道作用日益显现。

2016年的中国支付清算协会的第二届会员代表大会上通过组织建设非银行支付机构网络清算平台的议案。由中国人民银行指导中国支付清算进行建设，为非银行支付机构提供统一的资金清算服务。网络支付清算平台的建成运行，有利于畅通支付机构业务处理通道，进一步满足社会公众日益多样化的支付需求；有利于支付机构降低业务处理成本，提升业务处理稳定性和处理效率；有利于实现支付机构相关业务资金清算的透明化，提高金融监管的有效性。与传统清算平台建设不同，网络支付清算平台已经成为我国重要的金融基础设施，是中国人民银行组织指导市场主体首次运用分布式架构开发建设的，在我国支付体系发展史上具有划时代的意义。

4.3 网络银行

4.3.1 网络银行的概念

网络银行（internet bank），也叫网上银行（本书中的网络银行和网上银行是同一概念，不需要加以区别）。由于网络银行目前正在快速发展，其标准、发展模式尚处于演变之中，因此它在国际上没有一个非常规范、准确的定义。巴塞尔银行监管委员会对于网络银行的定义：那些通过电子通道，提供零售与小额产品与服务的银行。这些产品与服务包括：存贷、账户管理、金融顾问、电子账务支付，以及其他一些诸如电子货币等电子支付的产品与服务。欧洲银行标准委员会将网络银行定义为：那些利用网络为通过使用计算机、网络电视、机顶盒及其他一些个人数字设备连接上网的消费者和中小企业提供银行服务的银行。

本书认为，网络银行是指金融机构利用Internet网络技术，在Internet上开设的银行。网络银行是一种全新的银行客户服务渠道，使得客户可以不受时间和空间的限制，只要能够上网，无论在家里、办公室，还是在旅途中，都能够安全、便捷地管理自己的资产和享受银行的服务，是 Internet 上的虚拟银行柜台。发展网络银行是金融业迎接信息时代挑战的一个重要的战略措施。目前，市场也已并非传统意义上的有形市场，快速将企业的营销系统布置到 Internet 上的能力变得至关重要。

目前，网络银行的模式基本上有两种：一类是纯网络银行；另一类是电子分行。纯网络银行就是仅仅通过网络为客户提供储蓄、查询、转账等银行服务的金融机构，此类网络银行在美国和欧洲大量存在。但在中国，根据中国人民银行在《网络银行业务管理暂行办法》中的规定来看，纯网络银行目前没有生存的法律环境。另外，从实际情况看，由于中国各大商业银行在网上银行业务方面的积极态度和中国人的消费习惯，纯粹的网络银行在中国也缺乏生存的商业空间。电子分行是在传统银行的基础上同时设立网上支持服务，提供银行柜台同等的服务内容。目前我国大部分商业银行正在推行和发展此类网络银行。

4.3.2　网络银行的特点

网络银行通过 Internet 或其他公用电信网络与客户直接联系，从而开展各种资产、负债等业务。其实质是为各种通过 Internet 或其他公用电信网络进行商务活动的客户提供电子结算手段，它主要有以下几个不同于传统银行的特点。

(1)突破时空限制的银行。“3A”特征是网络银行的基本特点，即网络银行是全天候运作的银行(anytime)、开放的银行(anywhere)、服务方式多样化的银行(anyhow)。也就是说，网络银行的服务突破了时间和空间的限制，突破了服务手段的限制。

“3A”特征的具体理解：全天候运作的银行，即由于因特网不分昼夜每天 24 小时运转，因此，网络银行服务不受时间因素的制约，可以全天候地连续进行，摆脱了上下班的时间制约，摆脱了白天和黑夜的时间制约，也摆脱了全球时区划分的限制。开放的银行，即全球化银行，突破了空间限制。由于因特网把整个世界变成了“地球村”，地域距离变得无关紧要，使得网络银行不受空间因素的制约，这大大加快了银行全球化的进程，金融市场的相互依存性也就空前加强了。服务方式多样化的银行，即客户不必到银行柜台才能办理业务，而是可以通过家中、办公室或宾馆的计算机终端享受查询、转账、证券交易等银行服务，此外，还可以通过电话、手机等方式享受银行服务。随着 5G 时代的到来，手机银行将得到更快的发展。移动终端设备的灵活性以及无线网络的广泛覆盖，使得手机网络银行不仅具有“3A”特征，而且更加开放。

(2)虚拟化银行。虚拟化银行，即可以在虚拟世界中进行活动的银行。因特网在把地球变小的同时又为经济活动构筑了一个虚拟世界，即网络空间，使网络经济得以在线上线下虚实结合、同时并存、相互促进。与其他行业相比，金融产品的交易以虚拟资本为交易对象，不是实物的交换，这就使得金融与构筑虚拟活动空间的信息网络具有天然的结合基础，使得银行服务无纸化程度大大增强，服务效率大大提高。虚拟化特征还使人们心中固有的银行概念受到全面冲击。银行不一定再以高楼大厦的形态出现，客户面对的将可能不是现实中的银行柜台，而是计算机屏幕上显示的虚拟银行柜台。银行无须再为扩张分支行网络而投入大量购置或租用办公场地的资金，也无须为刻意树立银行形象而建造或租用高档的办公大楼。

案例

不去银行营业厅能不能办理贷款？

新冠疫情爆发，湖北的金融行业受到了很大的冲击。疫情期间，腾讯云计算(北京)有限责任公司、飞虎互动科技(北京)有限公司、深圳法大大网络科技有限公司联合推出了虚拟营业厅,并与湖北省多家金融机构快速对接需求,基于微信小程序快速部署的特性,最快 2 天就可以为一家银行部署上线。

金融虚拟营业厅是基于腾讯云的实时音视频、AI 等技术,飞虎互动的金融远程视频服务产品,以及法大大的电子签名平台,把实时互动视频场景与银行业务系统进行有效整合,进一步将个人信息修改、贷款面签、对公开户法人面签等过去需要到营业厅办理的业务转移到线上办理,同时通过视频双录、双向传输加密等技术手段做到全程留证。

(来源:亿邦动力讯网 https://baijiahao.baidu.com/s?id=1676704900427579199&wfr=spider&for=pc)

(3)速度型银行。速度型银行,即高效率银行。因特网使银行服务活动的节奏大大加快,一步落后就会步步落后,产品老化在变快,创新周期在缩短,竞争越来越成为时间的竞争。"大吃小"将变成"快吃慢",银行不论大小,转型快的必将战胜转型慢的。大、中、小银行将在同一起跑线上竞争,许多金融机构将有机会利用自身优秀的服务在网络上重构自己的地位,中小银行也能够凭借技术优势掌握商业先机,赢得传统金融服务时代难以得到的客户资源和竞争优势。

(4)创新型银行。创新型银行,即技术创新与制度创新、产品创新紧密结合的银行。随着网络技术的不断更新,市场对银行提供的服务手段和提供产品的功能要求也会随之不断提高,这就要求银行要不断地进行创新,通过创新建立竞争优势,维持银行的持续发展。

案例

烟台银行威海分行——有特色的创新型银行

烟台银行威海分行助力区域民营小微企业发展。一方面结合民营、小微企业经营特点和金融需求,为其"量体裁衣"打造创新型金融产品,扩充包含海域使用权、渔船、新三板上市公司股权及知识产权等在内的多元化抵质押;推出无还本续贷、贸保通、链式快贷等特色产品,联合中信保和担保公司推出贸保通等创新产品,能够有效解决企业抵押物匮乏、融资担保难问题。另一方面,切实担当起社会责任,业务流程能简则简,最大限度满足企业资金时效性需求,业务收费能减则减,切实减轻企业不必要的融资负担,同时综合运用股权、融资租赁、资产证券化、产业基金、投资银行等金融产品,拓宽企业融资渠道,降低企业融资成本,以长期互惠互利合作构建银企共赢发展。烟台银行威海分行已累计为 56 家民营、小微企业投放表内外融资 55 亿元,为科创型小微企业投放 7 亿元;2019 年入选威海市科技支行和小微企业合作银行。

(来源:大众网威海 http://m.dzwww.com/df/news/16882231.html)

(5)全方位服务的银行。通过银行传统营业网点销售保险、证券、基金等金融产品很难成功,其原因在于客户在购买这类产品时往往要进行详细的咨询和了解,而一般营业网点的业务人员不能为客户提供咨询,聘请金融专家提供咨询成本又过高。网络银行具有很强的交互性。利用互联网的交互性,银行只需要少数专业职员就可以低成本地同时回答各类客户的疑问,从而顺利地实施分销。从国际银行提供的网络银行服务看,网络银行已经成为"一站式服务"的金融超市。客户不仅可以得到各种银行服务,而且可以在网络银行的平台上进行各类证券投资,购买不同的保险产品,甚至可以获得其他行业的交易信息。

(6)个性化银行。相对于传统银行,网络银行的客户散布于不同的终端之前,传统的大众营销方式已不适合新的客户结构。在网络银行的竞争环境中，如何根据客户的实际需要，为客户提供个性化的服务，是网络银行竞争成败的关键所在。借助网络银行完善的交易记录，银行可以对客户的交易行为进行分析和数据挖掘，从中发现重要的价值客户。通过对客户行为偏好的分析，细分服务市场，利用互联网交互性的特点，利用投其所好的营销策略和服务内容，对产品进行金融创新，从而为客户提供量身订制的服务。

4.3.3 网络银行的分类

网络银行的理论、应用体系、形式都处于发展之中，因此出现了一些关于网络银行的不同分类。目前，网络银行主要有两种分类方式。

1. 按照网络银行的主要服务对象分类

按照服务对象不同，网络银行可以分为企业网络银行和个人网络银行两种。

1）企业网络银行

企业网络银行主要适用于企业与政府部门等企事业单位客户。企事业单位可以通过企业网络银行实时了解财务运作情况，及时调度资金，轻松处理大批量的网络支付和工资发放业务，并可处理信用证相关业务。对电子商务的支付而言，一般涉及的是金额较大的支付结算业务，因此对安全性的要求较高。

2）个人网络银行

个人网络银行适用于个人与家庭的日常消费支付与转账。客户可以通过个人网络银行进行实时查询、转账、网络支付和汇款等。个人网络银行服务的出现，标志着银行的业务触角直接伸展到个人客户的各个方面。

近年来，无论是企业网络银行还是个人网络银行，在我国都取得了快速的发展，交易量逐年增加，虽然完全取代传统银行有待时间的考证，但毋庸置疑，网络银行将在各领域被广泛且频繁的使用。

2. 按照网络银行的组成架构分类

按照组成架构不同，网络银行可以分为纯网络银行和以传统银行拓展网络业务为基础的广义网络银行两种模式。

1）纯网络银行

纯网络银行也可称为“只有一个站点的银行”，这类银行一般只有一个办公地点，既无分支机构，也没有营业网点，几乎所有业务都通过网络进行。对于现金支付、贷款监督与调查、客户诉讼与纠纷处置等需要人工处理的业务，纯网络银行一般采取两种办法解决：一是委托代理机构，如邮政局、咨询公司、事务所等；二是通过 ATM、数据仓库与数据挖掘、合同风险明示等技术手段解决。

2）广义网络银行

广义网络银行主要指已拥有传统物理分支机构和营业点的银行，又通过 Internet 开展银行金融服务。这是原有的银行与网络信息技术相结合的结果。原有银行利用互联网作为新的服务手段，建立银行站点，提供在线服务。其网上站点相当于它的分支银行或营业部，既为其他非网上分支机构提供辅助服务，如账务查询、划转等，也单独开展业务。但广义网络银行与纯网络银行的业务方式和侧重点不同，一些必须依赖于手工操作的业务需要依托于传统的分支机构，这种形式的网络银行占了网络银行总数的90%以上。目前我国开办的网络银行业务均采取此种模式。

4.3.4 网络银行系统结构与支付模式

1. 网络银行的系统结构

开展网络银行业务对银行来说是一个崭新的系统工程，也是银行信息化建设的新内容，没有太多的标准模式可以参考。因此，在大体遵循一般业务信息系统建设原则的情况下，可以结合银行自身的技术、人员、资金、业务等各方面的实际情况以及 Internet 技术的特点，做好网络银行业务的需求分析，确定建设目标，依据建设目标设计网络银行的系统结构，再进行系统实施。

网络银行的系统架构主要通过技术架构、管理架构、业务拓展来描述，也基本从这三个方面进行系统建设。我国的网络银行一般以传统商业银行拓展网络为基础，其架构基本相同，只是涉及与传统业务系统的接口问题。

1）网络银行系统的总体建设目标与建设原则

一个高水平的综合型网络银行应该是将各类金融业务处理、智能化经营管理和客户服务集成一体的金融信息系统，以全面改善银行的经营环境，增强银行在数字经济与网络经济环境下的竞争力。具体来说，网络银行的总体建设目标主要包括以下四个方面。

(1)实现金融业务的网络化、综合化与低成本运作。建立具有集中财务结算处理的全面、完整的基于信息网络技术的银行综合应用系统，保证银行现代化、电子化和信息化的持续发展。

(2)体系结构的适应性要强，且富于拓展性，以保证银行能不断拓展新业务，使银行长期处于电子商务和各种服务新领域的前沿，从而使银行更具竞争力。

(3)在银行电子化的基础上，实现银行信息化，对银行的运营进行科学分析，为银行的发展提供及时、准确、科学的决策支持，降低金融风险。

(4) 随着网络银行建设的不断完善与发展，当时机和条件成熟时，将网络银行建成全面的金融服务中心，提高客户的满意度与忠诚度。

为了达到上述网络银行的建设目标，在具体实施时必须把网络银行系统当作一个系统工程来对待，遵循科学的建设原则。从本质上来说，网络银行系统也是一个业务信息系统，或者说是一个综合的管理信息系统，同时具有较强的数据统计分析、多维分析甚至数据挖掘功能。

2）网络银行的系统结构组成

网络银行的系统结构主要由网络银行技术架构、管理架构、业务架构组成。这与电子银行的架构相似，只是增加了 Web 技术与相应工具的应用。当然，随着未来网络银行业务的进一步拓展，相应的系统结构也可能会进行调整与拓展，但核心框架在可预见的将来不会有太大的变化。比如，无线网络技术的应用将支持无线或移动金融业务(如移动支付、移动办公)的开展，相应的网络银行系统框架中将加入无线应用支持模块。

(1)网络银行的技术架构。网络银行的技术架构是根据银行的业务需求及其现有的 IT 系统，基于 CA 证书安全体系的网络银行建设架构。它采取“客户、网络银行中心、后台业务系统”三层体系结构，提供信息服务、客户服务、账务查询和网络支付转账功能。其中，信息服务和客户服务由银行指定的管理部门在全行范围内规划、运作和管理，网络银行中心具体实现账务查询和实时交易功能，以及银行后台业务主机系统与网络银行中心的实时连接，为网络银行中心开展网络金融业务提供支持。

网络银行中心是网络银行顺利运作的核心，其架构一般由 Web 服务器、应用服务器、数据库服务器、路由器、防火墙及内部管理和业务操作工作台组成。网络银行系统的具体业务功能，通常由银行端 Web 服务器和两台互为备份的应用服务器及数据库服务器完成。在银行系统建立一个统一的网络银行中心，不仅有利于提高网络银行的管理效率和网络银行系统的安全系数，还有利于网络银行向客户提供更高质量的金融服务。

典型的网络银行技术结构如图 4-6 所示。

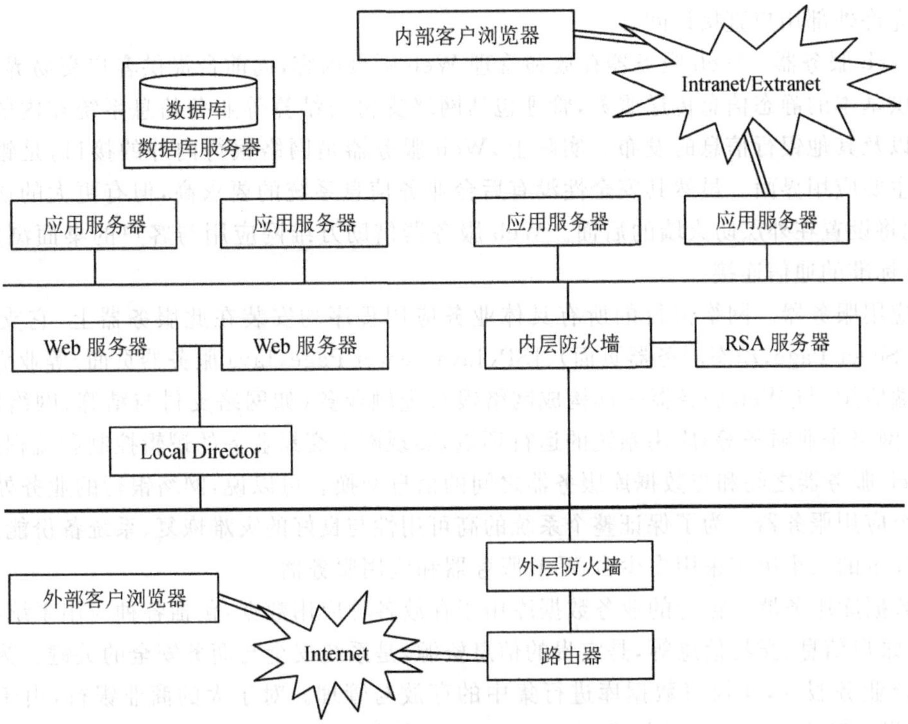

图 4-6　典型的网络银行技术结构

①客户。网络银行系统的客户端包括外部客户和内部客户两种。外部客户是寻求银行为其提供存款、取款、支付转账、贷款等金融业务的用户，而内部客户主要是银行内部员工与管理人员等。网络银行的外部客户体现为 Internet 用户，通过计算机的浏览器访问网络银行的 Web 服务器(网站)，需要通过外层防火墙的认证才可登录到网络银行系统。网络银行的内部客户体现为 Intranet 用户或 Extranet 用户，访问系统也要通过内层防火墙认证。防火墙将 Intranet 用户与系统外界隔离开，以保护其安全性。特别是，为了保证安全，在后台的应用服务器与外部客户之间设置两重或多重防火墙。

网络银行系统可有多种接入方式，客户端可从 DDN 接入、Modem 拨号接入、局域 LAN 接入或 ADSL 等接入，应用方式采用专用客户端软件的 C/S(client/server，客户端/服务器)模式或基于 Web 应用的 B/S(browser/server，浏览器/服务器)模式。为了防止监听、中断截取等非安全情况发生,银行应与国内外权威安全认证中心达成安全数据传送以及数字签名等协议。只有认证的用户才可进入网络银行系统,并且传送数据时必须以密文传送。

②路由器与防火墙。路由器与防火墙对流入网络银行系统的数据流进行过滤,并且隔离银行内部网络与非安全的 Internet。一般来说,目前的网络银行系统通常采用两层防火墙。外层防火墙将 Web 服务器同外部网段隔离,以阻止非法的访问和数据的进入。内层防火墙用于隔离网络银行的 Web 服务器与应用服务器,在软件上可以增加管理手段,如内部数据库可设定只对从特定接口传送来的请求作出反应,对其他的 IP 地址则不予理会,以保证数据和文件的保密性。通过内外两层防火墙隔离 Internet 和网络银行的核心业务系统,内层和外层防火墙配合形成"非军事化"区,形成对 Internet 访问的双重隔离,使网络体系结构受到更好的保护。Web 服务器放在"非军事化"区内,其他应用和数据库服务器等均位于内部应用区,该区主机不允许外部用户直接访问。

③Web 服务器。Web 服务器存放和管理 Web 网页内容,向前台提供客户交易界面,同时对外提供基本的静态信息传递服务,管理包括网络支付与结算等业务信息系统在内的相应网页文件以及其他银行信息的发布。实际上,Web 服务器是网络银行内外的接口,是银行外部客户的主要应用界面。虽然其安全性没有后台业务信息系统的要求高,但有更大的访问量需求,因此将设置在外层防火墙的后面。Web 服务器借助万维网应用与客户的桌面浏览器(如 IE)进行标准的通信连接。

④应用服务器。网络银行的所有具体业务应用程序均安装在此服务器上,它支持 ASP(Active Sever Page,动态服务器页面)、JSP(Java Server Page,Java 服务器页面)等业界标准的服务器端应用,与 Web 服务器一起构成网络银行金融业务(如网络支付与结算、网络转账、网络理财、网络企业财务等)应用系统的运行环境,实现网上交易业务的逻辑控制和流程处理,完成与 Web 服务器之间和与数据库服务器之间的信息交换。可以说,网络银行的业务处理核心就是这个应用服务器。为了保证整个系统的高可用性与良好的灾难恢复、系统备份能力,可以根据业务量的大小决定采用多少台 Web 服务器和应用服务器。

⑤数据库服务器。银行的业务数据库用于存放各种应用数据,包括各种应用系统参数、客户信息、账户信息、交易信息等,是宝贵的信息资源,是系统安全与商务安全的关键。为了便于发展综合业务服务,建议将数据库进行集中的存放与管理。对于大的商业银行,由于数据量大,应当设立独立的数据库服务器。对于中小商业银行,也可以将数据库服务器与应用服务器软件结合在一起,通过双机互为备份方式保证数据的高可靠性。一旦其中一台服务器意外停机,另一台能够立即接管全部工作,从而实现系统的高可用性与维护性。数据库服务器的主要作用是保存、共享各种即时业务数据(如客户的支付金额)和静态数据(如利率表),支持业务信息系统的顺利运作。客户登录时进行客户的合法性检查,并对数据库中的关键数据进行加密,以保证客户数据的安全。

⑥RSA(Rivest-Chamir-Adleman)服务器。当用户试图访问受保护的系统时,可以通过设置安全认证服务器,如 RSA 认证服务器,应用相关 RSA 代理软件等启动一个认证会话,设置并且实施安全策略,保护对专用网络系统、文件及应用的访问。其中包括可以根据每天的时间、周期或根据小组或用户定义的权限,确定内部资源的访问权限,定义和报告报警情况(如某个网络端口访问失败重试次数),创建用户访问日志等。借助 RSA 认证服务器所提供的功能,可用 RSA 代理软件保护网络银行的各种访问端口、数据文件、应用,以及其他资源,针对外部

攻击和恶意破坏，进行重点防护。

(2)网络银行的管理架构。网络银行的管理结构主要体现为人员与部门的组成架构，一般以系统结构、应用结构、数据结构和网络结构为原则设置管理部门，使软件运行与硬件维护获得良好的支持。典型的网络银行管理架构如图 4－7 所示。

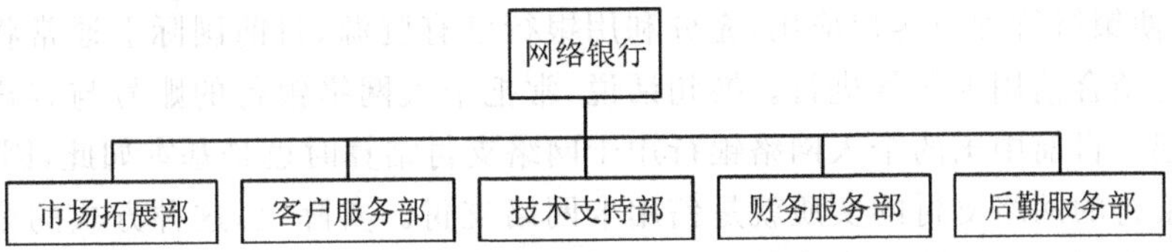

图 4－7　典型的网络银行管理架构

①市场拓展部(也称为市场部)。网络银行市场部专注于网络金融品种及网上金融服务市场的开拓和发展，不断对网络金融品种及服务进行创新，形成适合于网络经济的各种金融服务营销方式和理念。

②客户服务部(也称为客户部、信用卡部、银行卡部)。客户服务部负责对网络银行的网络客户提供技术支持和服务咨询，密切银行与客户的联系，把握客户对网上金融服务需求的变化趋势。

③技术支持部。网络银行的技术支持部不仅需要负责对网络银行的软、硬件系统设备进行维护，而且需要对银行内部和外部非网络银行领域的信息技术管理提供服务和技术支持。

④财务服务部。财务服务部负责对网络银行的硬、软件系统以及软件的投资、服务资金、成本和收益等财务指标进行控制。

⑤后勤服务部。后勤服务部负责对网络银行服务活动过程中的各种后勤需求提供支持，包括文件打印、购买消耗品和邮寄账单等业务。

(3)网络银行的业务架构。网络银行根据主要客户的需求变化，设置网上的金融服务品种和业务流程；根据服务品种和业务流程，构筑网络银行的具体业务内容。当然，网络银行的业务领域也会随着网络银行的发展和不断完善而更加丰富多彩。

总结国内外网络银行业务的开展情况，目前网络银行的基本业务架构主要包含以下三个部分。

①基本技术支持业务。如网络技术、数据库技术、系统软件和应用软件技术的支持，特别是网络交易安全技术的支持，这是基本要求。

②网上客户服务业务。如客户身份认证，客户交易安全管理，客户信用卡、银行卡等电子货币管理以及客户咨询业务，还有结算中心、业务代理、业务调度、客户服务、统计查询、决策支持等。

③网上金融品种及服务业务。该项是网络银行的核心业务，如电子货币、网络支付与结算业务、网上股票交易、信用卡、网上财经信息查询、网上理财以及综合网上金融服务等都属于网上金融品种及服务业务。

2. 网络银行的网络支付模式

1)个人网络银行的网络支付模式

个人网络银行的网络支付模式一般包括基于信用卡账户的网络支付模式与基于网络银行

独立账户的网络支付模式两种形式。

(1)基于信用卡账户的网络支付模式。个人网络银行的资金账号与客户的信用卡(银行卡)资金账号在技术与应用上本质是一样的,都代表一个用户 ID(identity,身份标识)。目前,支持信用卡应用支付结算的银行后台信息网络系统建设已经完成,而且相当成熟。为了节省运作成本,方便银行管理与客户应用,充分利用银行已有资源,目前国际上通常将个人网络银行的网络支付结合信用卡账号进行。换句话说,常把个人网络银行的账号与客户信用卡的账号绑定在一起。目前中国的个人网络银行用于网络支付结算时也是基本如此,因此,在中国基于个人网络银行的网络支付的实质就是信用卡网络支付。实际上,这种方式的个人网络银行网络支付就是应用客户的信用卡账号进行支付。

(2)基于网络银行独立账号的网络支付模式。这种模式只是把网络银行独立账号当作资金账号,当在网络支付时出现要求输入资金账号的窗口时,输入此独立账号与密码即可,如同输入信用卡号码与密码一样。

2)企业网络银行的网络支付模式

企业网络银行的网络支付模式与使用个人网络银行(专业版)账号进行支付结算的过程比较像,只是企业的网络支付通常涉及中大额的资金转移等,采用的安全防护手段更多,更加安全,而且涉及与银行后台的基于金融专用网的电子汇兑系统、行间结算系统等的配合使用。例如,企业网络银行网络支付中一般用到数字证书的验证,以及加密和解密、支付密码的使用等。有些网络银行为了保证数字证书及包含内容(如密钥)的安全,便把这些客户账户有关的资料信息写入 IC 卡,借用 IC 卡的安全来保证客户使用的安全。招商银行企业网络银行就是以提供安全的数字证书 IC 卡进行登录的,当然也可使用非数字证书 IC 卡的登录方式。由于企业网络银行在进行支付结算时,实质上在后台传递的也是支付的指令,体现为 Web 支付表单以及相关的付款通知表单,这与电子支票传递本质上是一样的。只是电子支票是在买方企业与卖方企业间进行直接传递,而网络银行支付表单则直接提交给买方开户银行,买方开户银行确认真实有效后,直接在后台利用电子汇兑系统或电子联行系统等进行相关资金转账处理。

企业网络银行的网络支付模式在客户前台是基于 Internet 平台的,采用数字签名、数字证书等相关安全技术,以保证支付表单的真实性与有效性。该模式在银行后台则是基于金融专用网络的,类似电子汇兑系统的后台处理方式。企业网络银行的网络支付模式流程描述如图 4-8 所示。其中,买方企业开户银行与卖方企业开户银行不是同一个银行,即该图为异行的企业网络银行支付流程示意图。如果买方企业开户银行与卖方企业开户银行是同一个银行,那就更为简单方便,处理速度会更快,只需利用银行后台的同行资金转账系统就可以了,即将买方开户银行与卖方开户银行合为一个。

进入企业网络银行的网络支付模式流程前,买方首先需要申办网络银行服务的客户手续,配置企业网络银行客户端软件,安装数字证书,可能还需要进行企业内部财务软件数据接口配置等预备工作。网络支付一般分成 3 个不同的阶段,即买方的购买阶段、买方的支付阶段和银行后台清算兑付阶段,其中每个阶段又由若干步骤构成。

(1)买方的购买阶段。

①买方借助网络访问卖方的服务器,浏览卖方服务器中推荐的货物,达成购买意向后,签订电子合同,选择使用企业网络银行方式进行网络支付,产生支付页面。

②系统自动启动企业网络银行的应用页面。

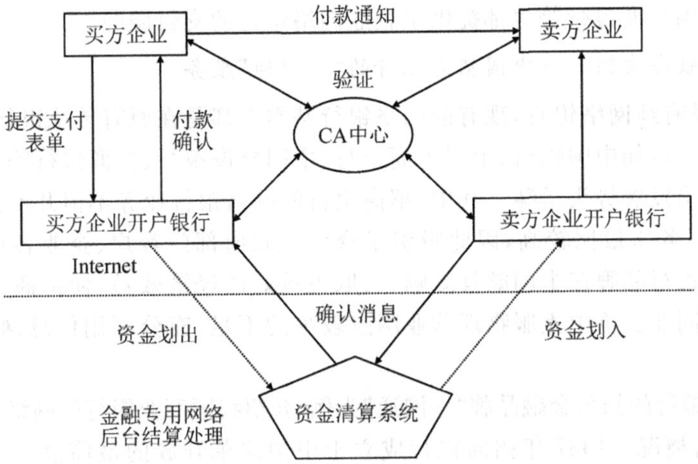

图 4 - 8　企业网络银行的网络支付模式流程示意图

(2)买方的支付阶段。

①出现企业网络银行系统登录页面，选择相应的登录工具(如招商银行的数字证书 IC)，就会出现相应的银行企业网络银行的登录页面。

②在登录窗口中输入企业的用户账号和密码，进入企业网络银行支付表单页面。这时表单中已有买方支付账号及买方企业的相关信息，在表单中再填入卖方以及支付的相关信息，如票据号、收款方账号与名称、收款方开户行、支付金额以及支付期限等信息，就可确认支付。确认支付的过程就是把相应的支付表单借助相关安全手段安全提交给买方开户银行，同时给卖方发送付款通知。

(3)银行后台清算兑付阶段。

①买方开户银行(即企业网络银行)收到买方提交的支付表单后，通过 CA 中心对买方身份、支付表单内容的真实性与有效性进行认证，如果验证不能通过，则回复买方拒绝处理消息。

②上述验证通过后，买方开户银行则向买方企业发出支付表单确认通知，利用后台的资金清算系统，向卖方开户银行的卖方资金账号划出相应资金金额。

③卖方开户银行确认卖方资金账号按相应金额收到款后，向买方开户银行回复收款确认消息，同时向卖方企业发出到款通知。

④买方开户银行收到卖方开户银行发来的收款确认消息后，向买方企业发出付款确认通知，至此，整个网络支付流程结束。

在实际业务处理中，包括企业网络银行支付在内的金融服务，特别是在 Internet 平台上的应用还需要在业务流程、技术应用、法律保护等方面进一步规范，也需要银行后台基于金融专用网络的业务系统的良好接口与支持。当然，属于 B2B 网络支付的企业网络银行支付方式在支付结算时间上、一次支付金额上与 B2C 型网络支付方式(如信用卡、电子现金等)均有所区别。例如，企业网络银行的支付可与签订合同等交易环节分离进行，也就是说，买方企业可以在商家网站签订订货合同后，单独登录网络银行进行支付，也可以分几次完成支付，这与 B2B 的商务特点是吻合的。

无论如何，企业网络银行的出现给信息网络时代的商务贸易，特别是 B2B 电子商务提供了一个方便快捷、低成本的支付手段。目前，国际上在企业网络银行中均已开发了支付结算功能，招商银行、中国工商银行等也都提供了企业网络银行的支付服务。

3）网络银行服务案例——中国招商银行的“一网通”服务

目前，中国没有纯网络银行，现有的网络银行基本上都是在原有传统银行的基础上发展起来的，一些主要银行（如中国银行、中国工商银行、中国建设银行、招商银行等）近几年陆续推出的网络银行服务均发展势头迅猛。其中，招商银行的网络银行业务不但开展的比较早，而且金融产品种类多，服务质量比较高，因此吸引了众多的政府部门客户、企业客户以及个人客户。其“一网通”网络银行品牌在中国颇具影响，已取得较好的经济效益，使招商银行进入21世纪后能够在激烈的同业竞争中克服物理营业网点较少的不足，充分利用信息网络技术取得一定的竞争优势。

下面以招商银行的知名金融品牌“一网通”为例，介绍我国商业银行的网络银行发展情况。

（1）招商银行概况。1987年招商银行成立于中国改革开放的最前沿——深圳蛇口，是中国境内第一家完全由企业法人持股的股份制商业银行，也是国家从体制外推动银行业改革的第一家试点银行。招商银行发布的2020年业绩快报显示，截至2023年，招商银行资产总额110285.00亿元，较上年末增加8895.88亿元，增幅8.77%；负债总额99427.76亿元，较上年末增加7581.02亿元，增幅8.25%。其2023年全年实现营业收入2391.23亿元，同比降幅1.64%，利润总额1766.06亿元，同比增涨6.96%；归属于银行股东的净利润1466.02亿元，同比增长6.22%。存款方面，招商银行2023年客户存款总额为81554.38亿元，较上年末增长8.22%。截至2023年12月31日，招商银行不良贷款率为0.95%，较上年末下降0.01%；不良贷款拨备覆盖率为437.70%，较上年末下降13.09%；贷款拨备率为4.14%，较上年末下降0.18%。

总体上看，招商银行的经济效益稳步增长，资产质量继续好转，业务结构得到进一步的改善，并已经步入效益、规模、质量协调发展的快车道，在《财富》杂志发布的2023年世界500强排行榜中，招商银行位列第179位。经过多年的发展，招商银行已从当初偏居深圳蛇口一隅的区域性小银行，发展成为具有一定规模与实力的全国性商业银行，初步形成立足深圳、辐射全国、面向海外的机构体系和业务网络。

截至2024年6月末，招商银行拥有境内外分支机构逾1800家，在中国境内的130余个城市设立了服务网点，拥有6家境外分行和2家境外代表处，员工84000余人（含子公司及派遣人员）。此外，招商银行还在境内全资拥有招银租赁、招银理财，控股招商基金，持有招商信诺和招联消费金融各50%的股权，在香港全资控股招商永隆银行和招银国际，成为一家拥有商业银行、金融租赁、基金管理、人寿保险、境外投行等金融牌照的银行集团。

（2）招商银行一网通概况。从1997年开始，招商银行便把目光瞄向刚刚兴起的Internet，迅速取得国内网络银行发展的优势地位，近年来，招商银行加快数字化转型，致力于打造“最佳客户体验银行”。2020年以来，招商银行持续加大信息科技投入，打造“金融科技银行”，在信息科技领域投入了近40亿元，持续提升全行数字化能力，累计有超1000个金融科技创新项目投产上线，为招行3.0经营模式探索提供了坚实支撑。

1997年4月，招商银行开通了自己的网站“http://www.cmbchina.com”，这也是中国银行业最早的域名之一。1999年9月招商银行在国内首家全面启动网络银行服务，建立的“一网通”网络银行服务品牌，无论在技术性能还是在业务量方面都在国内同业中始终处于领先地位，被许多国内著名企业和电子商务网站列为首选或唯一的网上支付工具，招商银行的金融电子服务从此进入“一网通”时代。2003 年 6 月 2 日，“一网通”作为中国电子商务和网络银行的代表，被国际计算机 CHP(Computer-world Honor Program，计算机世界荣誉计划)授予 21 世纪贡献大奖决赛提名大奖，这是中国企业第一次获得此项荣誉。2003 年，北京大学和《经济观察报》联合评选出 50 家“中国最受尊敬的企业”，招商银行荣列第三。2019 年招商银行的主站名称正式改为“一网通”，并成为招商银行各类网上银行业务的统称。

(2)“一网通”的服务内容。目前，招商银行的“一网通”已经形成了包括个人银行大众版、个人银行专业版、i 理财大众版、电子商务专业版、企业网银等的较为完善的网络银行服务体系，并且提供丰富的金融信息增值服务。招商银行“一网通”页面如图 4 - 9 所示。

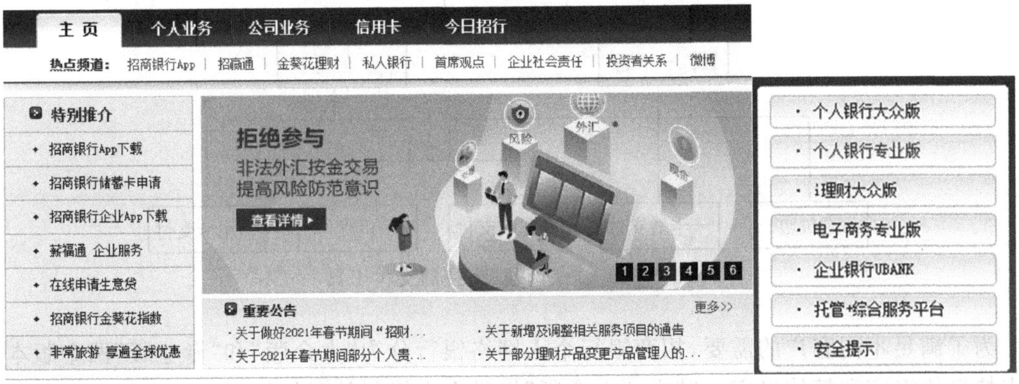

图 4 - 9　招商银行“一网通”页面

①企业网络银行。企业网络银行是招商银行面向企业或政府部门，通过 Internet 平台或其他公用信息网，将客户的电脑终端连接至银行主机，实现将银行金融服务直接送到客户办公室、家中或出差地点的银行对公服务系统，使客户足不出户就可享受招商银行的服务。招商银行企业网络银行将传统银行服务和现代新型银行服务结合起来，利用完善的高科技手段，保证使用的安全性和便利性，包括账务查询、内部转账、对外支付、代发工资、信用管理、集团支付、定期与活期存款互转、用于 B2B 电子商务网上信用证支付、银行信息通知等功能，涵盖并且延伸了现有的对公银行业务。无论中小型企业还是大型集团公司或者政府部门，招商银行的企业网络银行都可以使客户随时掌握自己的财务状况，轻松处理大量业务。

1995 年 11 月招商银行首次推出企业客户终端，以高科技内涵的创新与专业服务品质，引领着国内企业金融服务的创新浪潮。U-Bank 作为招商银行全面的网上公司金融服务支持平台，集产品、服务、渠道和创新为一体，历经多年的不断创新与发展，已构建成为包括企业账户管理、支付结算、现金管理、供应链融资、贸易金融、投资理财、财资管理等在内的功能完善的网络化金融服务体系，其用户数、交易量、客户满意度等多项指标一直处于同行业领先地位。

2017 年 11 月，招商银行宣布正式推出网上企业银行第十代产品 U-Bank X，通过运用区块链、移动互联、大数据、机器学习等核心技术，突破银行账户属性，视所有企业为用户，倾力打造开放智能化的互联网服务，创新全渠道场景化的支付结算产品，用区块链技术重塑全球现金管理平台，以大数据金融支撑产业互联网新生态。U-Bank X 的推出是招商银行实践“金融科技银行”的集成创新之作，通过探索应用最新技术，用金融科技变革所蕴藏的巨大能量对公司金融既有的底层架构、服务流程、产品体系进行深层次重塑和优化，实现了企业网银从封闭到开放、从工具到平台、从人脑到 AI、从场景到生态的重大升级。

②个人网络银行。个人网络银行是招商银行面向家庭与个人,通过 Internet 平台或其他公用信息网,将客户的电脑终端连接银行主机,实现将银行金融服务直接送到个人家中的对私服务系统,使客户足不出户就可享受招商银行的服务。招商银行自 1997 年 4 月推出个人网络银行服务以来,功能不断增加,其功能主要包括账务查询、个人转账、自助贷款、用于 B2C 电子商务的网络支付、网上缴费、网上证券、网上理财、银行信息通知、修改密码等。通过这个平台,数千万招商银行持卡人可以向特约商户进行网上付款,实时到账,足不出户即可进行网上消费。图 4-10 为"一网通"支持的支付工具。

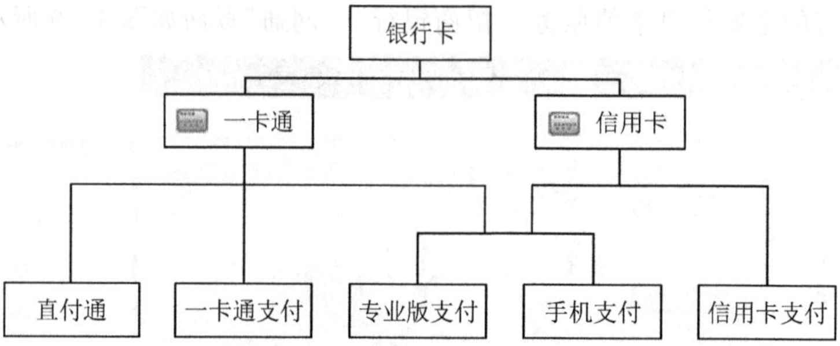

图 4-10 "一网通"支持的支付工具

为了满足不同客户的需要,招商银行个人网络银行分为"大众版"和"专业版"两个版本,同时支持简体汉字和繁体汉字。其中,"大众版"提供个人银行的系统管理功能和基本业务功能,适合业务量不大、应用要求简便的个人客户,采用 B/S 应用模式;"专业版"提供个人银行的系统管理功能、基本业务功能以及其他增强功能,适合业务种类需求较多、强调安全性的客户,采用 C/S 应用模式。图 4-11 为招商银行个人网络银行(专业版)系统的下载页面。

③电子商务专业版。招商银行电子商务专业版是一款银行卡管理软件,可以帮助用户更轻松便捷地管理招商银行卡,非常方便实用。该软件的服务对象是持有公司卡或信用卡、公务卡的持卡人,具有更安全、更强大、更方便等优势,随时随地都可以轻松使用,非常方便快捷。主要的功能除账户管理、账户查询、修改密码、公司卡激活、转账汇款、批量转账汇款等之外,还有电子商务功能。客户可以使用其中的网上支付功能,通过专业版实现网上购物或实时付款结算。

④i 理财。"i 理财"的"i"寓意自我(i)的、互联网(internet)的、互动(interaction)的,是招商银行首创的,主要依托网上银行、电话银行进行业务处理的个人综合理财账户。i 理财账户具备"一网通"的大部分投资理财功能,即使不是招行客户,只要在线绑定任意一家银行的账户都可以开通招商银行 i 理财账户。在网络上开通的 i 理财账户,也可以关联招行信用卡并自动还款。由此可见,i 理财突破了物理和时空界限,为客户提供投资理财服务。

⑤托管与综合服务平台。2020 年 11 月,招商银行推出"托管+"增值服务体系,这是招商银行继托管大数据平台、全功能网上托管银行之后,面向全市场资管客户推出的多维、综合服务。

招商银行自 2002 年开展托管业务以来,经过 20 多年的蜕变与积淀,现已形成集安全、高效、开放、智能、全面五大优势于一体的托管基础服务体系,从资金保管、资金清算、投资监督、估值核算、信息披露等各环节提供全方位、全客群、全流程、全资产及全维度的高质量托管服务。其业务内容在传统网上托管银行的基础上,增加了"托管+运营外包""托管+投研报告""托管+交易结算""托管+风险管理"和"托管+绩效评估"五大服务模块。

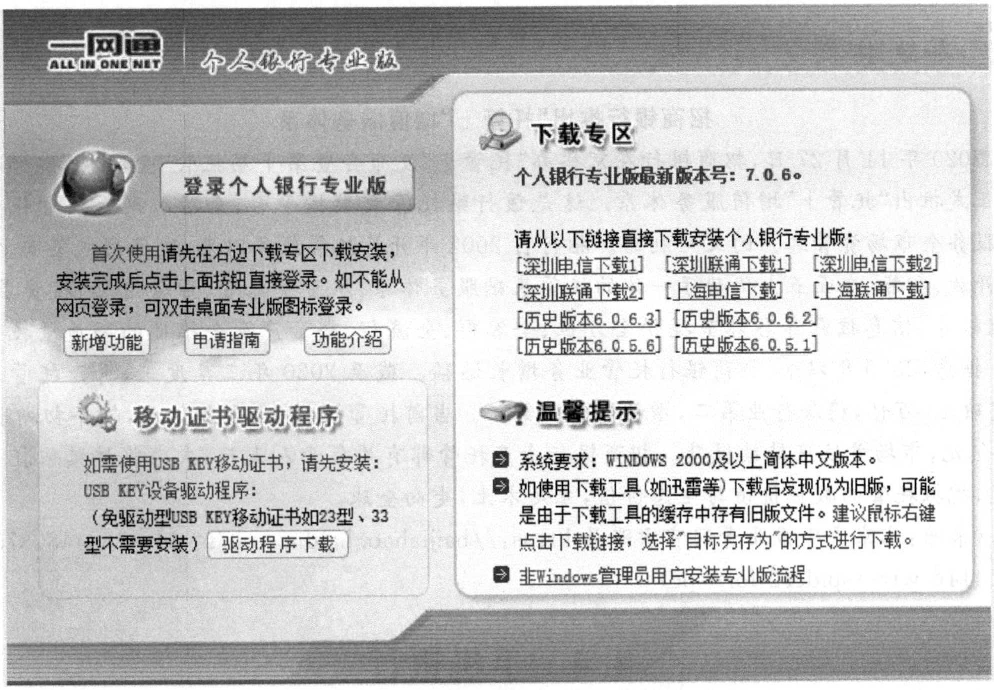

图 4-11 招商银行个人网络银行(专业版)系统的下载页面

依托“托管＋运营外包”模块，招商银行将 20 多年专业托管服务优势嫁接至外包服务，将管理人从日常繁琐的运营工作中解放出来，释放中后台产能，助力管理人聚焦核心投研工作。通过“托管＋投研报告”模块，精选招银智库——招商银行研究院和招银理财等专业研究团队众多分析师的投研报告，以第三方独立视角从宏观政策、行业研究、微观实体等维度，全面、客观地为管理人投资提供有价值的研究支撑。

“托管＋交易结算”模块的预估值功能可支持管理人前瞻性地测算产品每笔交易对净值和收益的影响，动态掌握产品变化，进而轻松完成投资试算。该模块也在持续探索开发其他功能。

“托管＋风险管理”模块以银行内评模型和大数据为基础，利用多种金融科技手段，提供资管产品投资标的主体的综合信用评价和风险预警服务，通过压力测试，帮助客户优化投资决策，管理投资风险。

“托管＋绩效评估”模块则依托招商银行多年的绩效评估能力和模型迭代，通过对管理规模、机构钟情度、进攻能力、防守能力、稳定性的五维度模型综合研究，结合托管大数据定量验证，全方位为管理人、投资经理画像，为委托人遴选优秀投资机构，助力管理人提升投资管理能力。

思政要点

我国银行业在金融科技方面的投入已经取得累累硕果，新的金融技术不断提高银行效率，也有助于我国银行开拓新的金融服务。

思政拓展

招商银行推出“托管＋”增值服务体系

2020 年 11 月 27 日，招商银行在京举办“托管＋”发布会暨第十届托管“金眼睛”奖颁奖典礼，正式推出“托管＋”增值服务体系。这是该行继托管大数据平台、全功能网上托管银行之后，服务全市场资管客户的又一利器。招行自 2002 年开展托管业务以来，现已形成集安全、高效、开放、智能、全面五大优势于一体的托管基础服务体系，从资金保管、资金清算、投资监督、估值核算、信息披露等各环节提供全方位、全客群、全流程、全资产及全维度的高质量托管服务。据悉，2020 年以来，招商银行托管业务增长迅猛。截至 2020 年三季度末，资产托管总规模突破 15 万亿，稳居行业第二，增量全行业第一。当前托管规模 15.5 万亿元，较年初增长 2.2 万亿元，市场首位度持续提升。招商银行资产托管部有关负责人表示，未来将持续依托金融科技，挖掘托管的数据价值与生态价值，立足本土，走向全球。

（来源：北京青年报北青网官方账号 https://baijiahao.baidu.com/s?id=1684480875054715414&wfr=spider&for=pc）

4.4 手机银行

伴随着 5G 时代的到来，网络高宽带和高传输速率的特点，使手机银行作为一种融合电子货币与移动通信的新型金融服务，不仅丰富了银行业务与服务的内涵和外延，而且满足了人们期望的任何时间、任何地点和任何方式的真正 3A 式金融服务。同时，作为重要的媒介载体，手机在我国已经拥有了庞大的用户群体。手机银行成为银行又一个新的服务渠道，给银行带来了巨大的商业机会。

4.4.1 手机银行概述

1. 手机银行的定义

手机银行由手机、GSM(global system for mobile communications，全球移动通信系统)短信中心和银行系统构成，利用移动通信网络及终端办理相关银行业务的简称。手机银行业务是指银行利用移动电话技术为客户提供的金融服务，主要包括账户查询、转账、缴费、支付、外汇买卖等。

手机银行并非电话银行，电话银行是基于语音的银行服务，而手机银行是基于短信的银行服务。目前通过电话银行进行的业务都可以通过手机银行实现，手机银行还可以完成电话银行无法实现的二次交易。比如，银行可以代用户缴付电话、水、电等费用，但在划转前一般要经过用户确认。由于手机银行采用短信息方式，用户随时开机都可以收到银行发送的信息，从而可在任何时间与地点对划转进行确认。

2. 手机银行的操作机制

在手机银行的操作过程中，用户通过 SIM(subscriber identity module，用户标志模块)卡上的菜单对银行发出指令后，SIM 卡根据用户指令生成规定格式的短信并加密，然后指示手机向全球移动通信系统网络发出短信，GSM 短信系统收到短信后，按相应的应用或地址传给相应的银行系统，银行对短信进行预处理，再把指令转换成主机系统格式，银行主机处理用户的请求，并把结果返回给银行接口系统，接口系统将处理的结果转换成短信格式，短信中心将短信发给用户。

3. 手机银行的特点

手机银行是以各种移动智能终端为运行平台，为客户提供随时、随地、随身的金融服务自助渠道。借助手机和无线网络，将银行柜台延伸到客户手机中，可为客户提供方便、快捷、大范围、全天候的金融服务，可以满足人们在任何时间、任何地点处理多种金融业务的需求，被形象地誉为“把银行装进口袋”。手机银行的主要特点如下：

(1)满足顾客在零碎时间、移动过程中的金融需求，实现“3A”银行功能。

(2)转账汇款、小额支付是其应用的主要方向。

(3)手机银行是网银服务的简版，同时提供基于位置的个性化服务。

(4)手机银行提供的金融服务侧重于实时性、便捷性与贴身性，支持客户随时查询、转账、购买理财等活动。

4.4.2　手机银行的系统结构

手机银行作为一个实时在线、交互性强的交易渠道，首先，它是基于银行账户的交易，而不是基于手机话费的交易，因此需要客户将手机和其银行账户对应绑定。其次，一方面，银行将有大量金融产品通过该渠道发布，需要将银行的金融产品解释成手机银行渠道的业务流程；另一方面，由于其贴近客户的特性，且手机这种移动终端的界面表达能力有限，不可能把所有的功能一次性全部展示在客户面前，需要为不同客户提供不同的定制服务。最后，手机银行系统需要支持多通信服务提供商和多接入技术。

手机银行系统可以由 STK(SIM tool kit，SIM 卡工具包)、SMS(short message service，短消息业务)、WAP(wireless application protocol，无线应用协议)等不同的技术实现，各银行系统的厂家采用的技术和方案也各不相同。下面以江苏银行手机银行为例，其系统网络拓扑结构如图 4 - 12 所示。

该银行的手机银行系统主要由集中签约(个性化设备)系统、业务集成系统和交互流程控制组成。

1. 集中签约(个性化设置)系统

银行通过集中签约系统，实现客户信息的集中共享，为以客户为中心的服务模式提供基础。多渠道签约方便客户完成签约过程，降低营销成本。目前，手机银行的集中签约系统主要具有以下功能。

(1)客户信息集中管理：实现客户信息的最大化利用。

(2)提供客户定制的个性化的信息：体现客户差别化的服务。

(3)产品管理功能：提供抽象的产品要素和交互流程管理，提供同样的产品在不同渠道上的一致表现。

(4)统一的渠道属性管理：包括渠道信息维护管理、统一的渠道交易状态控制、统一的渠道交互安全控制、渠道产品控制和客户渠道产品的签约控制。

(5)统一的产品计费管理：按客户需要提供相应功能的统一机制，针对不同客户进行针对

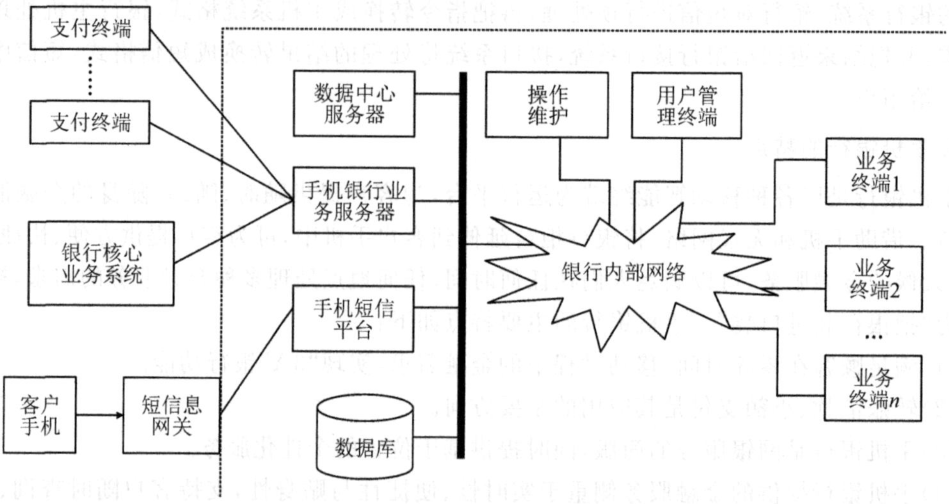

图 4-12　江苏银行手机银行系统网络拓扑结构示意图

性定价和优惠策略，为客户提供套餐、优惠等计费服务，集中签约系统中则记录了客户定制的所有渠道、产品信息。

2. 业务集成系统

由于手机银行本身仅为一个交易渠道，真正的银行商业逻辑由核心产品层的功能组件提供，而这些功能组件往往不是直接面向客户的产品，因此，业务集成系统的主要功能包含两个方面：对于可单独提供产品能力的服务将其通过配置进行发布；对于需组合使用的服务，提供封装服务，以达到通过配置使其以新的产品服务形态表现的目的。同时，业务集成系统根据客户预先定制签约系统中的定制信息，自动组织并完成核心产品需要的交易信息。这样，同样的金融功能由于不同客户不同的定制信息而体现出个性化特性。业务集成系统提供面向技术的配置化的产品——服务封装功能。

3. 交互流程控制

交易交互流程控制系统实际包括两个部分：一是对具体渠道的协议转换；二是对签约系统中制定的产品要素流程的具体交互控制。由于非结构化补充业务数据（unstructured supplementary service data，USSD）接入模式的特性（面向实时连接）和手机终端表达能力的限制，客户在手机上对每个产品的每个交互步骤的控制均由交互流程控制前置系统控制。在设计和实施中除去与移动 USSD 平台的 SMPP（short message peer to peer，短消息对等协议）协议转换部分，交互流程控制前置实际上是一个通用的交易交互流程控制系统，能够保持客户在具体渠道终端上的交易流程状态，并交互式在向渠道终端提供交易序列。交互流程控制前置的交互流程控制通过与不同渠道的内容管理组件的配合，可以提供基于文本、语音、图形、图像等不同表现形式的业务流程，可以方便地将业务集成系统包装的产品实现在多媒体终端、电话银行、电视银行等渠道上。

4.4.3 我国手机银行的发展

1. 我国手机银行的发展阶段

手机银行伴随技术革新的脚步发展而来，2000 年之前，电子技术催生出 ATM、网上银行以及 POS 终端等多种银行产品，这些产品帮助银行开展业务并取得良好成效。进入新世纪，移动通信技术完成了从量变到质变的飞跃，也为手机银行的出现奠定了基础。如图 4－13 所示，手机银行的发展经历了短信银行、WAP 银行和 App 银行三个阶段。

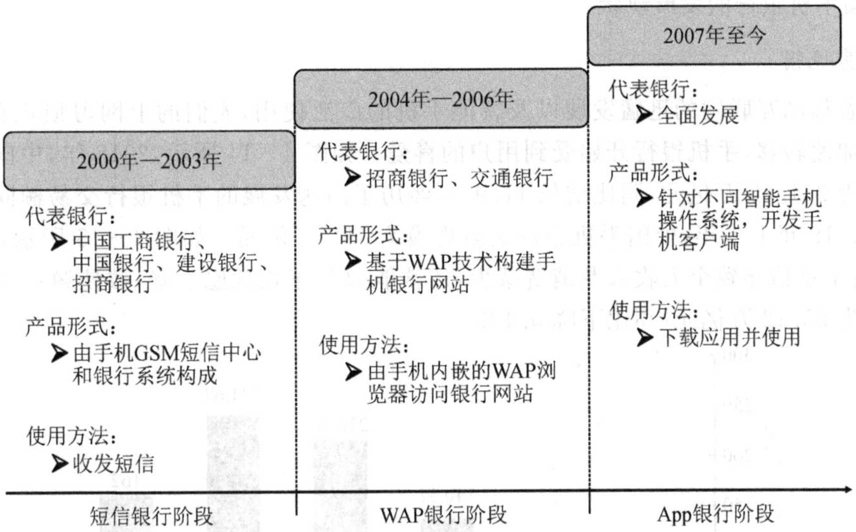

图 4－13 手机银行的发展史

1）短信银行阶段

2000 年以后，工商银行、中国银行、建设银行和招商银行先后推出了基于 GSM 短信中心和银行系统构成的短信手机银行服务，这标志着中国手机银行进入了短信时代。各银行的短信手机银行服务可以帮助用户完成账务查询、自助缴费、银行转账等基础业务，并且可借助短信帮助用户自由查询股市行情、航班信息、外汇牌价等信息。短信手机银行时代的特点是使用门槛低、用户易于接受，但同时期一些具有更高安全保障性的手机卡也出现了更换成本高，普及率低以及手机短信输入复杂等缺点。

2）WAP 银行阶段

2004 年至 2006 年，手机银行进入无线应用协议（WAP）时代。几大门户网站率先推出了 WAP 网站，迅速抢占移动互联网市场。银行紧跟这股热潮推出基于 WAP 技术标准的手机银行产品。该产品将相对成熟的网上银行业务部分移植到手机终端，使得用户可以通过手机完成大部分网上银行办理的业务。WAP 手机银行时代的特点是增强了用户的可操作性，丰富了手机银行的业务内容，但是 WAP 手机银行也受无线网络的资费和速度等因素的影响，而且由于引入了电信运营商的必要支持，使得产业链逐步走向复杂化。

3）App 银行阶段

2007 年至今，随着智能手机的出现以及移动互联网技术的迅猛发展，手机的概念被重新定义。它不再只是一个通信工具，而是具备了更丰富的内涵，人们的生活习惯从此被颠覆。包括银行业在内的所有行业都在针对移动互联网进行改革和升级，不断满足不同用户的需求，手机银行业因此跨入了 App 时代。App 手机银行时代的特点是进一步提升了用户体验，而且随着手机功能的增加，使得手机银行能够完成的业务更加多元化，这也促使产业链更加复杂，同时也使银行的竞争者成倍增加。目前，App 手机银行面临的最重要的一个问题就是如何突出手机银行的金融属性，只有将更多金融创新融入手机银行中，才可以凸显手机银行的竞争优势。

2 我国手机银行的发展现状

1）交易规模

伴随着移动互联网的迅猛发展以及智能手机的广泛使用，人们的上网习惯正在从 PC 端向移动端加速转移，手机银行开始受到用户的喜爱。如图 4－14 所示，2018 年，中国手机银行交易规模为 241.68 万亿元，同比增长 11.9%，经历了高速发展的手机银行交易额同比增速继续放缓。2019 年上半年，中国手机银行交易规模为 162 万亿元。如图 4－15 所示，2020 年第一季度，由于疫情导致个人收入及消费减少，还款能力及还款意愿下降，致使第一季度手机银行交易额为 85.12 万亿元，环比下降 5.1%。

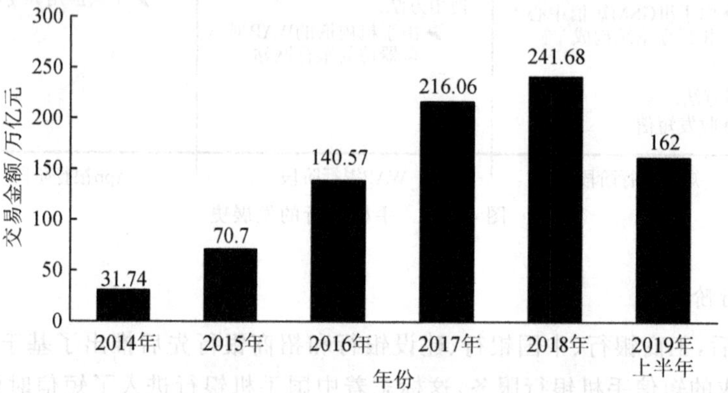

图 4－14　2014 年—2019 年上半年中国手机银行交易金额

（资料来源：中国产业信息网）

2020 年 3 月，由于国内疫情好转、个人客户金融需求回升和各大手机银行 App 布局在线教育、医疗、买菜等场景引流等多因素的共同助力，手机银行 App 活跃用户增长。其中，大型手机银行 App 活跃用户数达到 20810.7 万户，股份行活跃用户数为 10135 万户。用户也更多地主动使用手机银行来办理金融业务，使得手机银行的转账、投资理财等金融交易额上升。2020 年第 4 季度交易额达 135.66 万亿元，创 2020 年新高。

手机银行交易规模高速增长的原因有以下三个方面：首先，用户规模的扩大。用户量级的快速增长使得手机银行有更多的使用机会，对交易规模提升是一种促进。其次，银行优惠活动的刺激。目前阶段，各大银行为了抢占手机银行市场份额，纷纷采取优惠促销、降低转账汇款手续费率等措施，鼓励和吸引客户使用手机银行，因此通过其他渠道进行的交易，有一部分向手机银行迁移。最后，用户使用习惯的养成。随着手机银行的普及，越来越多的用户开始接受并逐渐习惯使用手机银行，在用户疑虑被打消以后，通过手机银行进行交易将成为常态。

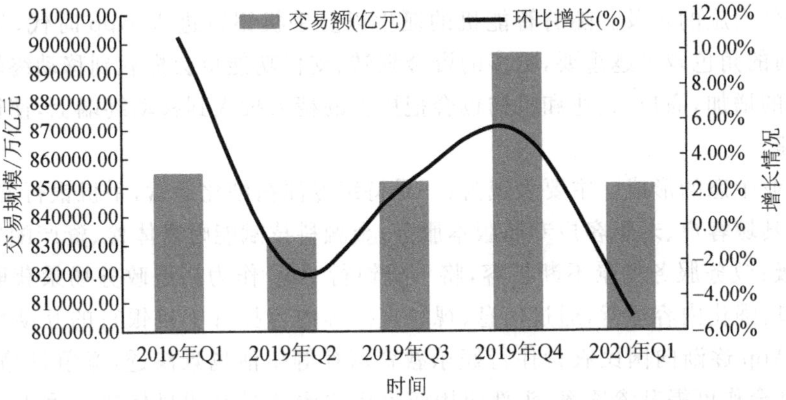

图 4-15　2019—2020 年 1 季度中国手机银行 App 交易规模及增长情况

2)手机银行数字化运营现状

中国金融认证中心发布的《2020 中国电子银行发展报告》显示，2019 年 9 月至 2020 年 8 月，手机银行 APP 单机月均有效使用时间为 26.3 分钟，增长了 18.4%，中国人民银行科技司二级巡视员杨富玉表示："以手机银行为代表的电子银行作为银行业务与科技融合的服务业态，是传统银行转型升级的重要体现。"2020 年第三季度，我国手机银行活跃用户规模为 3.5 亿户，环比增长 6.1%，覆盖面不断拓展；服务深度方面，电子银行不仅在发达地区得到普及，也在农村等偏远地区扎根发展。截至 2019 年末，我国农村地区手机银行、网上银行开通数累计为 8.2 亿户和 7.1 亿户，同比分别增长 21.9%和 16.4%。我国手机银行发展综合指数如图 4-16 所示。

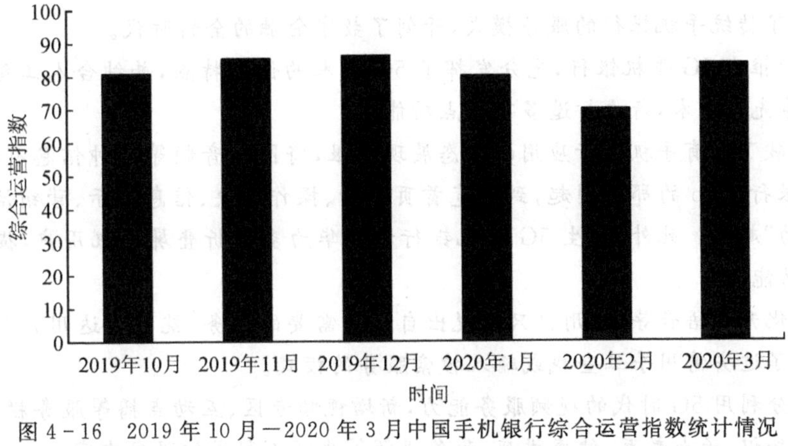

图 4-16　2019 年 10 月—2020 年 3 月中国手机银行综合运营指数统计情况

推动手机银行数字化运营发展的主要原因有以下 3 个方面。

首先，银行的大力推动。目前，各大银行都将手机银行业务定为未来业务拓展的主要方向，给手机银行的开通提供了很大便利，并且大幅降低了手机银行的使用成本。丰富的优惠政策以及广泛的宣传推广，使手机银行得到最大程度的普及，交易量自然上涨。另外，2020 年 4 月，央行表示将运用现有的商业银行 IT 基础设施及应用和服务体系，采用双层运营体制，因此未来有望将数字货币钱包内嵌于手机银行 App 中，以提高手机银行的使用便捷性和灵活性，从而间接提升手机银行 App 的使用率和活跃度，行业未来可期。

其次，硬件设施的普及。随着智能机的诞生以及手机银行进入App时代，移动终端在用户生活中扮演的角色越来越重要，更多的资金划转、支付功能也会搭载到移动终端上。不仅如此，由于用户的增加，商户、企业和机构也会把更多的精力投入到移动终端上，使得手机银行的使用更加便捷。

最后，商业生态的形成。主要表现为：一是持续专注精细化运营，手机银行普惠性、易用性提升，如开拓县域客户、老年客户专属版本服务；金融科技赋能财富体检、资产配置建议等智能理财服务升级；政务服务场景不断扩容，将手机银行App作为拓展政务场景获取政务服务流量的重要入口；强化内容运营，通过信息、视频直播等内容提升手机银行的互动性及黏性。二是手机银行App逐渐向国民衣食住行娱乐教育医疗等生活场景渗透，竞争日趋激烈，持续与外部场景深度合作可提升渗透率，头部应用商家用户渗透具有明显优势。手机银行和移动互联网产业二者相辅相成，移动互联网被誉为互联网的二次革命，未来移动互联网产业会更加成熟，形成更加稳定的商业环境，作为最重要的支持产业，手机银行必然随之繁荣。

思政要点

我国领先的5G技术，为金融服务创新插上了翅膀，随着“一带一路”的发展，我国金融行业必将服务于更加广阔的世界范围。

思政拓展

民生银行的5G手机银行

2020年5月民生银行在业内首推5G手机银行，第一次将5G等前沿技术应用于移动金融领域，颠覆了传统手机银行的服务模式，开创了数字金融的全新时代。

民生银行推出5G手机银行，充分发挥了5G技术的优势特点，并结合人工智能、大数据、AR、物联网等先进技术，着力打造多项亮点功能。

一是，突破了原有手机银行应用的静态展现局限，将图文音频等多种信息有机融合，从用户打开手机银行App的那一刻起，到浏览首页背景、操作模块、信息展示、营销活动等所有信息，全部都“动”起来。此外，民生5G手机银行还为华为多款折叠屏手机用户，提供跨屏展示和同步操作功能。

二是，优化升级语音导航，用户只需说出自己所需要的服务，就能直达用户所需所想的服务界面，改变了过去需用手工查找或输入搜索服务的模式。

三是，充分利用5G时代的视频服务能力，新增视频专区、互动点播等服务栏目，还提供财富讲堂、财经知识、子女教育、健康讲座、税务讲解等生活百科式的服务内容。

四是，将远程银行服务范围拓展，为所有5G设备用户适配专属服务通道。

五是，充分应用人工智能、机器学习技术，基于海量的金融数据，训练形成产品推荐模型、用户运营模型、数据产品模型，打造具备智能决策能力的智慧大脑。

六是，民生5G手机银行应用新技术持续提升安全性，推出手机U宝，采用数字证书+安全芯片双重手段，为用户资金交易安全保驾护航。

此外，5G手机银行后续还将陆续推出更多基于AR(增强现实技术)、AI(人工智能技术)的智能应用服务；运用智能语音、NLP(自然语言处理)、仿真合成技术，打造具备虚拟形象和人工智能交互能力的仿真数字客服，为用户提供更加人性化、智能化的业务咨询和服务办理。

4.5　自助银行

4.5.1　自助银行的概念

银行在节省成本的前提下，分流柜台客户流量，以减轻柜台工作压力，进而产生了引入自助取款机设备的想法。在技术供应商的支持下自动取款机应运而生，接着又研发了自助存款机、外币兑换机、信息查询机等一系列自助银行设备。世界上第一个完全意义上的自助银行设立于美国俄亥俄州哥伦布市 1972 年 3 月开设的亨奇顿国民银行的总行之中。这种新型银行自助服务的诞生，为客户提供了跨越时空限制的多功能银行服务。

在我国，1988 年中国银行深圳分行推出国内第一台联机服务的 ATM 机。1994 年中国银行又在广东、湖南、福建等地开通了“中国通一银联网”，客户可以在华南地区的 ATM 机上办理取款及查询业务。1997 年初我国的第一家自助银行由中国银行上海市分行在虹桥开发区开设，它的出现标志着我国无人银行的研究开始从技术准备阶段转向实现阶段。

自助银行系统是指在一个独立、安全的室内区域，根据银行提供的各种自助设备，由客户自己操作，独立完成存取款业务、外币兑换业务、账户金融信息查询等一系列操作的银行系统。简单地说，自助银行是一种现代化的银行服务方式，它是商业银行为满足客户的理财需求而开发的金融创新产品，属于银行柜面业务的延伸，是银行电子化和自动化的一部分，它将银行的自助服务终端集中起来，为客户提供全天候 24 小时的综合全面的金融服务，一般由自动柜员机（ATM）、现金存款机（CDM）、外汇兑换机、存折补登机、夜间金库、自助查询终端等多种自助设备组成。

4.5.2　自助银行的类型

1. 交易类型

自助银行基本上是一个功能完善的零售业务系统。随着更多种类的银行自助设备不断推出，自助银行提供的服务也越来越完善。目前，自助银行提供的服务，按其性质可分为以下四种类型。

1）交易服务

交易服务指银行提供的一些传统服务功能，即一般的柜台业务功能，包括银行卡的存款、取款、转账、密码修改、账户资料查询、存折补登、对账单打印、夜间金库服务等。

2）销售服务

销售服务功能可以帮助银行吸引更多的客户，提高银行的业务量，主要包括信用卡贷款和信用卡购物消费，新开户申请、支票申请、信用卡申请，银行业务介绍和查询。

3）客户服务

客户服务主要是可以提供理财服务、资讯服务等方便客户的辅助功能服务项目，如公共事业缴费、理财试算服务、自动保管箱服务、金融顾问服务、信用卡交费等。

4)资讯服务

资讯服务为客户提供金融信息,使客户享受高质量的金融附加服务,如金融市场行情、汇率、利率、股市行情、房产销售情报、热点购物信息等。

2. 营业网点的形式

鉴于自助银行的方便快捷低成本,越来越多的银行采用自助银行系统。目前,从国内外来看,开展自助银行营业网点的方式主要有以下三种。

1)附行式自助银行

在现有银行网点中划出一个部分作为自助银行的服务区域,放置自助银行服务设备,白天可以分流银行柜台工作,夜间可以提供自助银行服务,以满足客户 24 小时的业务办理需求。

2)离行式自助银行

该银行为完全独立于传统营业网点的自助银行。该模式的自助银行规模较大,功能完备且设备齐全,一般设置在城市中心、繁华的商业地段等人口密集的区域。这种方式的自助银行是传统营业网点的延伸,并能节省开办营业网点的巨大开支。

3)便利型自助银行

在需要频繁使用银行自助设备的场所配备其所需要的自助服务设备的自助银行。如在机场、宾馆等放置 ATM、外币兑换机等;在商场安置 ATM、夜间金库等;在高级住宅区放置多媒体查询系统、自动保管系统等,以方便客户存款和取款,满足客户理财的需要。

4.5.3 自助银行的系统结构

1. 自助银行的系统组成

自助银行由银行卡业务处理系统、自助银行管理平台和自助银行设备等共同组成,如图 4-17 所示。自助银行的设备通过广域网络和自助银行的管理平台相连接,采用 TCP/IP 协议进行数据交换,每台自助设备作为一台终端通过专线和相关网络设备连接到前置机,对于向自助银行管理平台发送的业务处理请求,作为支持运行多种操作系统平台和不同应用软件的自助银行终端设备的前置系统,自助银行管理平台对自助银行设备的业务进行实时监控和管理,并完成通信、网络连接和数据转换工作,向卡处理中心提供一致的"面向交易"的数据报文,减轻主机的管理工作,并将主机和网络服务器的授权下传给相应的设备,这样能大大节省主机的通信资源,实现更多的设备接入。

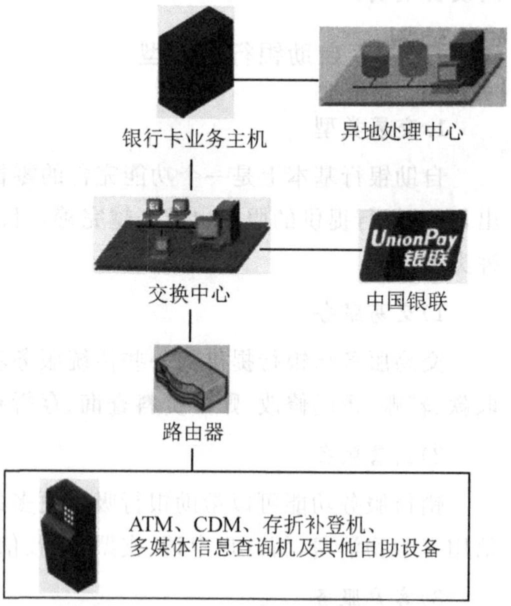

图 4-17 自助银行系统的组成

2. 自助银行的主要设备

随着计算机技术和通信技术的发展，具备不同功能的自助银行的终端种类也日益增多，自助银行按设备可分为现金交易类设备、非现金交易类设备、保安监控设备、门禁设备、消防设备、电源及配电设备、照明设备、空调及统发设备等。其中，最主要的是现金交易类设备和非现金交易类设备。现金交易类设备包括：自动柜员机、现金存取款机、外币兑换机、夜间金库或组合上述功能的设备。非现金交易类设备包括：自动存折补登机、查询机、IC 卡圈存机等。自助银行基本的设备配置及功能介绍如下。

1）现金存款机

现金存款机能够识别钞票的真伪，并及时将钞票存入客户的账户，在很大程度上为客户提供了方便。它的及时入账与传统的 ATM 的“T＋1”天才能处理存款交易的方式不同，及时入账能给客户以安全感。

2）外币兑换机

外币兑换机可以将港币、美元等外币兑换成人民币。它不仅可以方便客户，还可以通过收取手续费来获得一定的收益，另外，通过外汇的买卖差价也可以赚取利润，同时它也是吸收外汇的一种途径。

3）自助存折补登机

自动存折补登机可以用于打印存折未登明细，它是一种方便客户存折信息更新需要的自动服务终端设备。

4）多媒体信息查询系统

多媒体信息查询系统可通过触摸屏、磁卡阅读器、热敏打印机和电话等设备来向客户提供银行服务及客户信息的全方位多媒体查询。多媒体信息查询系统一方面可分担包括查询、转账等在内的非现金交易，另一方面还可以提供利率、汇率、牌价查询，银行业务、网点介绍、个人理财服务、投资收益比较、公积金、社会保障查询等信息。

5）IC 卡圈存圈提机

能够为作为电子钱包和现金卡使用的 IC 卡提供存、取款服务。

6）电话银行系统

利用储蓄电话银行系统进行账户余额、明细等信息查询和转账等操作。

7）夜间金库

可方便客户在夜间将现金、票据和有价证券等贵重物品存入银行。它提供两种存款方式：一种是信封投入，采用这种方式无须钥匙；二是钱袋投入，客户需要用钥匙打开钱袋入口才能存入钱袋。

8）自动保管系统

自动保管箱由金库安全壁、整理室隔间、移栽机、保管箱存储架、整理室搬动机、检修专用门、前室卡片读入器等构成。客户只需将保管箱卡片插入装置并输入密码，保管箱就会自动从金库传到指定的整理室，使用完毕后又自动返回金库收藏。该系统最大的好处是安全性高以及对客户隐私的高度保护。

9)自动柜员机

ATM是数量最多、使用最为广泛的自助设备,是自助银行系统的重要组成部分。ATM的使用有效地提高了银行的运作效率,降低了运营成本,进而大幅度提高了银行的利润。

ATM系统中的ATM是自动取款机装置,客户可直接在ATM上自行完成存取款和转账等金融交易。ATM既可安装于银行内,也可安装于远离银行的其他公共场所。通过ATM系统,银行可以把金融服务扩展到银行柜台和银行网点以外的区域。ATM系统的方便快捷性使客户能够得到随时随地的服务,所以一经推出就得到了迅速的发展。

最有名的国际性信用卡组织VISA和MasterCard在全球积极推广其ATM服务,并各自建立了全球性ATM系统,从而大大促进了全球ATM系统的发展。目前,VISA全球ATM网络拥有商户2900万家,拥有超过120万台VISAPLUS ATM,为全球持卡人提供全天候的现金存取服务。MasterCard组织的ATM网络遍布全球210个国家和地区,总共有超过100万台的ATM。

我国也在大力发展ATM系统。截至2014年8月,我国联网的ATM数量已经达到52万台,连续7年增速在20%以上。从每百万人口拥有的ATM数量指标来看,国内每百万人口拥有的ATM数量每年都加速递增,截至2011年底,中国每百万人均ATM数量从2007年底的104台剧增至265台,翻了一倍多。中国ATM需求缺口依然很大,与世界每百万人均343台的水平相比,中国ATM市场仍处在成长期,发展迅速,发展空间大。

(1)ATM的主要功能。ATM系统中,只能做现金配出器使用的终端机被称作CD(cast dispenser,现金配出器);不仅可用于取现,还可接收存款,可在不同账户之间进行转账的终端机被称为ATM。ATM系统可提供多种功能。一台典型的ATM,可提供下述一部分或全部功能。

①取现功能。从一张支票账户提取现金,从一个存款账户提取现金,从一个信用卡账户提取现金。

②存款功能。存款到一个支票账户,存款到一个存款账户,存款到另一个账户。

③转账功能。从支票账户到存款账户的转账,从存款账户到支票账户的转账,从信用卡账户到支票账户的转账。

④支付功能。从支票账户扣除,从存款账户扣除,函内支付。

⑤账户余额查询功能。当顾客提出查询请求时,系统就检索该特定账户的余额,并将结果显示于屏幕上,或打印出来。

⑥非现金交易功能。修改个人密码 、支票确认、支票保证、电子邮递、验钞,缴付各种公共事业账单等。

⑦除了交易和非交易功能外,ATM还能提供各种管理性处理功能。例如,查询终端机现金余额,终端机子项统计,支票确认结果汇总,查询营业过程中的现金耗用,填补及调整后的数据,安全保护功能等。

当今的ATM系统,正向多功能化发展。ATM不仅可用于存取款作业,还可当作自助银行的一台自助银行终端机使用。

(2)自助银行的交易流程(图4-18)。持卡人将银行卡插入ATM,经读卡机检查是合法的银行卡后,就提示顾客输入个人识别码(Personal Identification Number,PIN)。ATM对输入的PIN格式进行检验,若检验通过,就提示顾客输入交易类型和交易额并将请求信息(含银行卡信息和顾客输入的相应数据)发往银行主机或代理行。银行主机及代理行对请求信息进行检验,检验操作者是否是该卡的合法持卡人,是否有权进行本笔交易,若检验通过,存款交易时还需进行相应的账务处理。银行主机与代理行进行完上述响应处理后,向 ATM 发出响应信息。ATM 根据响应指令作相应的处理,例如,若响应信息是肯定性指令,则打印单据、退卡,取现交易时还要吐出现金;若响应信息是否定性指令,ATM 则吞卡或按响应指令作相应处理。

在上述流程中,若持卡人在 ATM 上作跨行交易,则通过收单机构送往交换中心,完成对账、清算处理。

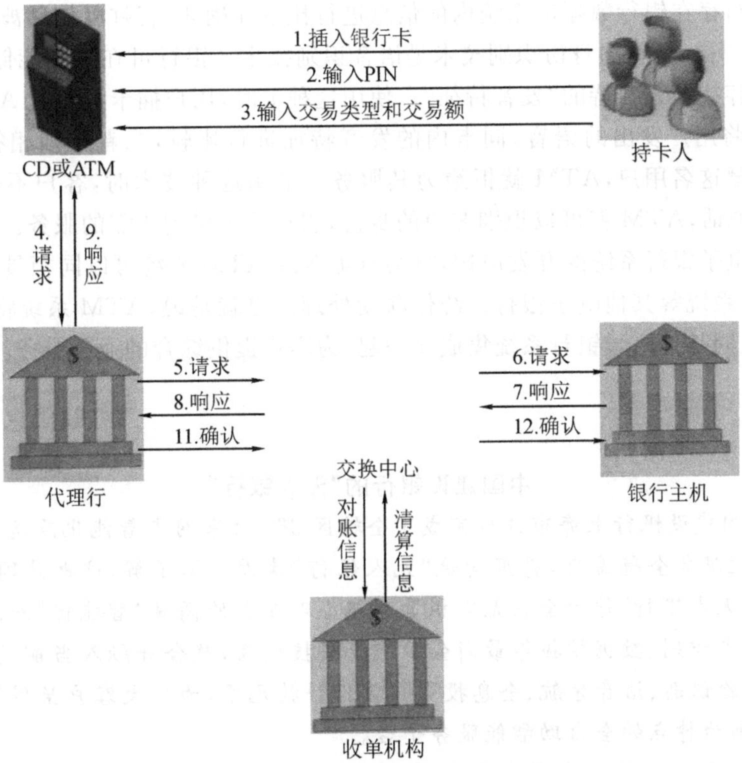

图 4-18　自助银行的交易流程

(3)ATM 系统的发展趋势。在 ATM 系统推出的 30 年里,ATM 系统始终保持快速发展的势头。在发达国家,银行不断投资、扩大和完善 ATM 系统,增强 ATM 系统的服务功能,并采用一系列措施吸引客户使用 ATM 服务。可以预见,ATM 服务还将在全球范围内保持强劲的发展势头。

目前,为了增加 ATM 系统的服务功能,特别是非现金交易功能,已研制开发能处理多种类型资料的 ATM 或专用自助终端机,从而使 ATM 系统能提供支票存款、支票兑现、识别和验证现钞,以及缴付各项账单,提供各种非现金交易服务等多种自助服务。例如,有的专用自助终端机能读取写在支票上的金额,在支票存入或兑现之前,能核查付款人在支票上的签名和收款人在支票背面的签名。客户在具备手写识别技术的专用终端机上,凭手写的支票可进行提款、存款和转账。有的专用自助终端机具有磁性墨水字符识别(MICR)和光学字符识别(OCR)功能,能读取公用设施账单和汇款单上的磁性墨水字迹、光学字符条码线,还能识别账单上的各种文字、手写字和图形。这样，通过这些专用自助终端机可为储蓄户提供验证现钞服务，可用之缴付各种公共事业账单，不仅可以用转账方式缴税、缴房租、缴水电费，还可以用它缴停车罚款，办理驾驶执照续期等非现金交易事务。有的自动服务终端机，还可以为储蓄户办理提款和打簿。

ATM 系统还开发了各种新的身份识别技术，以提高系统的安全性。1998 年，NCR 公司将虹膜识别技术应用于 ATM 机。采用该技术时，需事先将用户的虹膜图像信息存入银行的数据库；此后，当使用 ATM 的客户站在距 ATM 机 30～100 厘米处时，ATM 机的摄像镜头就开始工作，拍摄客户的面部轮廓和虹膜的黑白数字图像，将虹膜信息转化成 256 位的“个人条形码”，并将其与存在银行数据库系统内的信息进行比较和确认，若虹膜信息被接受，使用者就可使用 ATM。另一个新的身份识别技术是语音识别技术。银行可在一种能储存语音特征的“智能卡”中储存持卡人独特的“发音特征”。使用这种卡时，用户插卡后对着 ATM 说 1～2 个字，ATM 就会将用户发出的语音，同卡内的发音特征进行比较，二者必须相符，才能进入系统。若有人假冒这名用户，ATM 就拒绝为其服务。采用这种技术时，客户不必输人 PIN，只需对着 ATM 说话，ATM 就可以识别客户的身份，用户便可得到所需的服务。

随着其他电子银行系统的开发应用，将会有更多的 ATM 系统可以同柜员联机系统、POS 系统、家庭银行系统等其他电子银行系统作联动处理。也就是说，ATM 系统将作为电子银行系统的一部分、同其他电子银行系统集成在一起，为客户提供综合的业务服务。

案例

中国建设银行的“无人银行”

2018 年中国建设银行上海市分行完成了全辖区 360 余家网点智能化改造，在系统内首家实现网点智能化服务全覆盖后，再度尝试“无人银行”建设。据了解，这也是国内银行业首家“无人银行”。“无人银行”作为全程无需柜员参与办理业务的高度“智能化”网点，通过充分运用生物识别、语音识别、数据挖掘等最新金融智能科技成果，整合并融入当前炙手可热的机器人、VR、AR、人脸识别、语音导航、全息投影等前沿科技元素，为广大客户呈现了一个以智慧、共享、体验、创新为特点的全自助智能服务平台。

“无人银行”使用机器人、智慧柜员机、VTM 机、外汇兑换机以及各类多媒体展示屏等金融服务与体验设备。智能服务机器人担负起了网点大堂经理的角色，可以通过自然语言与到店客户进行交流互动，了解客户服务需求引导客户进入不同服务区域体验完成所需交易。生物识别、语音识别等人工智能技术得到广泛应用，实现对客户身份识别与网点设备的智慧联动，使“一脸走天下”成为现实。通过 AR 网点导览功能，客户手机 APP 在真实空间和精准位置识别不同的设备，为客户介绍不同场景功能，可代替网点员工辅助客户完成交易。各种自助机具承担了 90% 以上传统网点的各项现金及非现金业务，对于 VIP 客户的复杂业务还专门开辟了私密性很强的单独空间，可在这里通过远程视频专家系统由专属客户经理为其提供一对一的尊享咨询服务。此外，除了上述智慧功能外，作为首个与书店、品牌商店等相结合的集金融、交易、娱乐于一体的场景化共享场所，“无人银行”完全改变了人们对传统银行网点程式化、专业化的印象。

（来源：中国建设银行 http://www.ccb.com/cn/ccbtoday/newsv3/20180411_1523440881.html)

10)销售终端机

销售终端系统是通过把销售终端机安装在银行卡的特约商户和受理网点中,而形成的具有消费、预授权、余额查询和转账等功能的自助银行系统。POS 系统能记录客户信息,并能处理银行卡和网络上其他系统的连接。

(1)POS 系统概述。POS 是一种多功能终端,它的网络覆盖面广,服务网点多,能够提供实时的、全天候的电子资金转账服务。POS 系统最早适用于零售业,后来逐渐扩展到金融、服务行业等。

第一代 POS 系统产生时,由于当时通信技术不够发达,该系统不具有通信能力,POS 机只能作为单机适用,可以进行计算、记录商品名称和简单的汇总,不能进行分类统计、查询,能够实现的功能非常有限,因而没有得到广泛的使用。20 世纪 80 年代后,发达国家开始大规模地开发各个银行都参与共享的 EFT 网络,第二代 POS 系统有内置调制解调器、条形码接口、电话接口等,可以登录互联网。第二代 POS 系统成功地与信用卡系统相结合,系统功能也由直接转账扩展为兼具直接转账和信用挂账的双重功能。第三代 POS 系统是在 PC 基础上实现的,POS 机成为多功能的信息处理工具,能够运行商业管理信息系统。这促使 POS 系统得到了飞速的发展。

(2)POS 交易的普及所产生的社会影响。发达国家的 POS 服务,从 20 世纪 80 年代起就获得了起飞所需的支持。经济状况的改善、技术的进步、广阔的前景,刺激了银行、零售商等对 POS 服务的兴趣。随着 POS 服务及其他电子银行服务的推广和普及,对社会产生了深刻的影响。

①深刻地改变着人们的金融习惯和社会的支付体制。POS 交易的普及,使人们在购物时的现金和支票支付转向使用 POS 的电子转账。这深刻地改变着人们的金融习惯和社会的支付体制,并且电子货币的转账速度明显快于支票和纸币的流通速度,这必将加速社会的商品生产和流通,对一国的经济产生了巨大的推动作用。

②使银行业务扩展到商品流通领域。银行业务扩展到商品流通领域,大大加强了银行的金融中介作用,增加了大量的非利息的劳务收入,更重要的是扩大了银行的职能,并为银行从交易领域进入信息领域奠定了重要的基础。

③零售商进入金融领域并参与金融领域的竞争。由于 POS 系统能给零售商带来巨大利益,当今欧美各国的零售巨商几乎都建立起了自己庞大的信用卡和借记卡系统。这样,这些零售巨商具有作为非银行企业进行金融运作的有利条件,并可以提供各种名副其实的银行业务服务,从而开创了各大百货公司和超级市场联合进入银行竞争领域的历史。

(3)POS 系统的发展趋势。

①虚拟 POS。虚拟 POS 是采用网络计算机和虚拟存储等新的信息处理技术,通过多种虚拟 POS 终端,使一台 PC 或 PC-POS 变成由多达几十台 POS 机组成的分布式收款系统,并使之同时处理商业企业前台售货、柜台收款、收款处收款和后台商业管理等实物,并构成适用于柜台售货、开架售货、连锁超市、副食行业和餐饮娱乐等多种经营模式的商业自动化系统。

②Java POS。在软件方面,1998 年, Sun、IBM、EPSON 等 20 多家主要零售商和技术公

司联合发布了Java POS的应用标准。使用Java POS的规范可以降低系统的运行费用，加快应用程序的开发和使用速度，实现POS系统跨平台，跨网络运行，并且使POS系统连接Internet。

③客户关系管理CRM(customer relationship manugement,CRM) 。POS是客户购物的必经之处，也是零售商与客户交换信息最集中的地方。因此，POS可以通过收集客户个人信息、购物历史记录来分析客户的偏好，向客户提供个性化、有针对性的促销服务。

④无线POS支付系统。无线POS支付系统是在原有的POS终端基础上，通过GPRS(general packet radio service，通用分组无线业务)、CDMA(code division multiple access，码分多路访问)等无线网络，使传统POS摆脱电源和电话线的束缚，建立移动的商务模式系统，为客户提供了方便、可靠的随时随地的移动支付方案。无线POS极大地方便了持卡人，改善了用卡环境，有力地推动了银行卡业务的发展。

本章小结

电子银行已在世界范围内普及，并且随着科技的发展，其系统功能和应用愈加丰富。本章共五节内容。

首先，基于广义电子银行的概念，给出了电子银行和电子银行业务的定义，阐述了为了实现电子银行业务，可以使用的渠道以及业务系统，从而明确了电子银行的种类，以及电子银行与网络银行的关系。接下来，着重介绍了网络银行的基本概念，并结合案例说明了网络银行的系统结构、支付模式。最后，补充了手机银行和自助银行的知识，从而形成了较完整的电子银行体系。

本章梳理了大量案例，展示了国内外各类电子银行系统的产生、发展、应用现状，并结合科技发展，展示了各类电子银行系统的应用和创新。

思考题

1. 网上银行的业务有哪些？
2. 通过实例说说网上银行有什么功能
3. 举例说明网上银行个人业务与企业业务分别有哪些？
4. 电子银行有哪些业务系统？
5. 手机银行系统包含哪些组成部分
6. 自助银行包括哪些设备，各自具有什么功能？

术语中英文对照

拓展阅读

第5章 第三方支付

内容提要

随着经济增长速度的加快、信息技术的发展和金融服务的创新，第三方支付近年来取得了“爆炸”式的发展，市场规模迅速发展壮大。本章将介绍最早使用的电子支付形式“支付网关”的概念和应用过程；然后阐述第三方支付发展的背景、概念、意义、分类及第三方支付的产业链；之后将简述新兴的支付形式“聚合支付”；最后介绍几个典型的第三方支付平台。

学习目标

- 理解支付网关的概念及其应用过程。
- 了解第三方支付的发展及特征。
- 了解第三方支付的交易流程。
- 了解聚合支付。
- 了解主要的第三方支付平台。

思政目标

- 感悟中国企业面临的机会和挑战，增强民族自豪感，坚定文化自信，培养政治认同素养。
- 理解支付市场的网络信用机制，培养信息安全管理意识。
- 理解企业责任感和契约精神，深入了解企业面临的诚信、道德问题，加强对企业伦理规范的深刻认识。

开篇案例

5.1 支付网关

5.1.1 支付网关的概述

1. 支付网关的概念

支付网关(payment gateway)是银行金融网络系统和Internet网络之间的接口，是由银行操作的将 Internet 上传输的数据转换为金融机构内部数据的一组服务器设备，或由指派的第三方处理商户支付信息和顾客的支付指令。

支付网关可确保交易在 Internet 用户和交易处理商之间安全、无缝传递，并且无须对原有主机系统进行修改。它可以处理所有 Internet 支付协议、Internet 安全协议、交易交换、信息及协议的转换以及本地授权和结算，另外，它还可以通过设置来满足特定交易处理系统的要求。离开了支付网关，网络银行的电子支付功能也将无法实现。

2. 支付网关的主要应用过程

首先，将从 Internet 传来的相关支付数据包进行解密，按照银行系统内部的通信协议将数据重新打包，完成协议转换，并发送至银行内部业务处理服务器。

其次，接受从银行内部业务处理服务器传回的响应或反馈信息，将此数据转换为 Internet 使用的数据格式(TCP/IP 包)并对其进行加密，以防止失密。

最后，支付网关将经过加密的 Internet 数据包转发给相关的商家或客户，至此，一次支付结算的信息处理流程结束。支付网关的应用过程如图 5－1 所示。

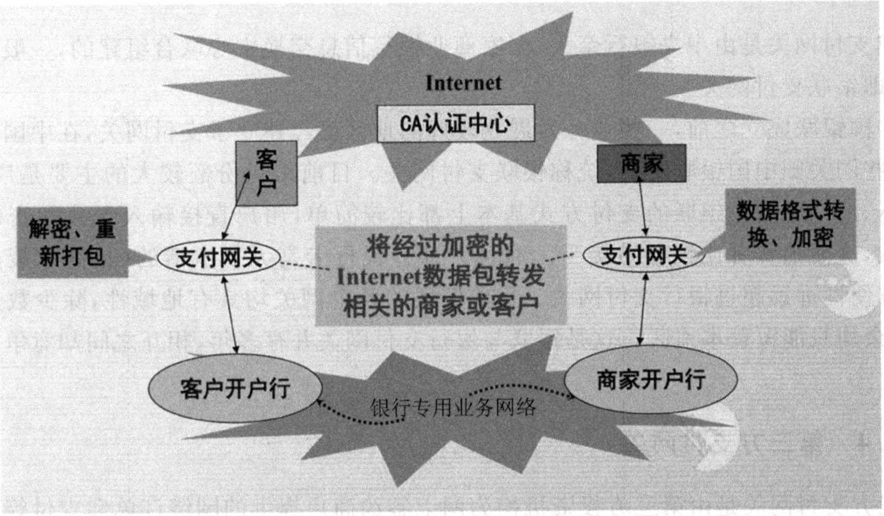

图 5－1 支付网关的应用过程

3. 支付网关的发展现状

国内的支付网关发展现状不容乐观，许多支付网关企业面临困境。实际上，单一的支付网关企业做的仅仅是银行批发商的生意，也就是担任中介的角色。这种定位使得该行业壁垒较低，任何企业都可以进入。而从业务模式上看，支付网关企业和银行合作，只是为银行提供接口，然后再寻找那些需要支付通道的商户，向他们提供平台的接口，仅此而已。这本身就处于整个价值链的底端，所以，在现阶段其他第三方支付模式蓬勃兴起的时刻，单独的支付网关模式确实面临巨大的困境。

因此，支付网关如果想要在激烈的竞争中求得长远发展，探究多元化的业务模式变得非常重要。在支付的三个环节——银行、支付网关和商户中，支付网关公司处于中间环节。它的上游是银行这类基础支付服务提供者，下游是支付宝等应用支付服务的提供者。应用支付提供者的优势在于他们更加贴近终端消费者，为其提供了一些类似担保的增值服务。在这场第三方支付的无声战役中，有电子交易平台支持的第三方支付网关模式远比单独的支付网关企业更具竞争力，这一点也启示国内其他支付网关企业应该进一步推进业务重组与多元化，以促进企业的持续发展。

5.1.2 自建支付网关

自建支付网关又叫银行支付网关，在此模式下，商业银行单独建立支付网关，买卖双方的电子商务系统和银行的业务系统通过银行的支付网关直接相连，买方只需发送付款指令，银行系统就能将买方账户中的钱打到卖方账户中，从而完成支付的过程。目前，银行支付网关是网上支付的主要渠道。银行支付网关是与网上银行相结合的，一般需要用户到柜台主动申请。这种机制虽然有助于提升安全程度，但也抑制了那些只想进行网上支付而无须使用网上银行的客户需求。这种机制适合网上银行内容比较丰富的银行，只有这样才能有助于吸引客户，但对于单纯开展网上支付的客户不具有吸引力。

5.1.3 共建支付网关

共建支付网关是由中央银行牵头，多家商业银行信息交换中心联合组建的，一般设立在银行外部，即银联支付网关。

在中国银联成立之前，一些业务发展比较好的地区已经建立了支付网关，在中国银联成立之后，这些网关归中国银联所有，统称银联支付网关。目前市场份额较大的主要是广州银联、ChinaPay、厦门银联。银联的支付方式基本上都比较简单，用户直接输入卡号和密码就可以进行付款，这使消费者比较容易接受。而且大部分银行卡是无须申请的(具体政策由银行控制)，其方便性远远超过银行支付网关。目前银联的各个网关均具有地域性，除少数开通的小银行，其余均只能覆盖本地区。这是银联与银行支付网关并存多年，相互之间却竞争不强烈的原因。

5.1.4 第三方支付网关

第三方支付网关是由第三方投资机构为网上签约商户提供的围绕订单和支付等多种增值服务的共享平台。这类平台仅仅提供支付产品和支付系统解决方案，平台前端联系着各种支付方法，供网上商户和消费者选择，同时平台后端连接众多银行。由平台负责与各银行之间的账务清算，同时提供商户的订单管理及账户查询等功能。在国内，这种模式以首信易、财付通、快钱等为典型代表。

在支付网关模式下的第三方支付机构的特点是：有独立的网关，灵活性大，一般都有政府背景或者行业背景，根据客户不同规模和特点提供不同的产品，收取不同组合服务费和交易手续费。虽然客户为中小型商户或者有结算需求的政企单位，但这类机构没有完善的信用评价体系，抵御信用风险能力较弱，增值服务开发空间小，技术含量不大，容易被同行复制。

5.2 第三方支付

在电子支付发展初期，银行在整个过程中占主导地位，但银行在处理中小型商户的业务方面显得能力不足，于是非银行类的企业开始介入支付领域，第三方支付应运而生。第三方支付既满足了社会的需求、为社会创造了价值，又为电子商务提供了强有力的支撑，以无与伦比的优势，受到越来越多的企业和消费者的青睐。

5.2.1　第三方支付的发展背景

1. 第三方支付的发展

1998 年 11 月 12 日，由北京市政府与中国人民银行、信息产业部、国家内贸局等中央部委共同发起的首都电子商务工程正式启动，确定“首都电子商城”为网上交易与支付中介的示范平台。首都电子商城的主体企业——首都信息发展股份有限公司(简称“首信”)由北京市财政局资金管理分局等 6 家股东出资设立，于 2001 年在香港联交所上市。首信易支付(前身为“首都电子商城”)在国内首创了第三方支付服务，作为电子支付的推动者，首信易支付为政府决策提供了许多有价值的数据及建设性意见。

1999 年 12 月，国内首家实现在线实时交易的电子商务公司——北京云网公司成立。2000 年 10 月，该公司配合中国建设银行电子银行部，成功地完成了 B2C 网上银行特约商户的接口测试，成为当时国内唯一一家支持中国建设银行网上银行支付的电子商务公司。

2000 年 6 月，银联电子支付有限公司(ChinaPay) 成立，成为电子商务领域中从事专业网上支付服务的先行者。该公司拥有面向全国的统一支付网关，专业从事网上电子支付服务。在之后的两年中，ChinaPay 逐步建立了与各大商业银行及外资金融机构的合作关系，研发了一系列支付产品，为航空票务、网络游戏、保险、零售等数百家商户提供网上支付服务，ChinaPay 也因此成为网上支付领域中的知名品牌。

支付宝(Alipay)成立于 2004 年，虽然成立时间较晚，但是一经成立就表现出强大的实力。

2000 年至 2002 年，中国电子商务整体发展情况不佳，全年电子支付额仅有 18 亿元，在这一阶段，第三方支付公司基本处于维持生存的状态。到 2003 年下半年，电子商务开始复苏，电子商务交易额成倍增长。尤其是 2005 年被业界誉为中国的“网上支付年”，第三方支付平台成为投资热点，第三方支付企业也重新获得了快速发展的机会。

2005 年，第三方支付平台迎来了蓬勃发展期，首都电子商务工程首先推出“易易支付”，具有网上支付、电话支付、手机支付、短信支付、WAP 支付和自助终端，采用二次结算模式，可做到日清日结。紧接着，快钱公司启动覆盖全国 20 个城市的品牌宣传活动，采取的发展方式是对个人用户提供免费服务。网银在线携手 VISA 国际组织共同宣布，在中国电子商务在线支付市场推广“VISA 验证服务”信用卡安全支付标准，期望提高在线支付的便捷性和安全性。同年 7 月，全球领先的在线支付商 PayPal 宣布落地中国，起名“贝宝”；同年 10 月，腾讯公司推出“财付通”，进军网上支付领域。

根据艾瑞咨询的统计报告，自 2010 年起，在网络购物、社交红包、线下扫码支付等不同时期不同推动力的作用下，第三方支付交易规模经历了高速发展。2020 年，第三方移动支付与第三方互联网支付的总规模达到 520.2 万亿元。第三方支付凭借其便捷、高效、安全的支付体验，使得中国的支付市场成为国际领先的支付市场之一。第三方支付交易规模的发展情况如图 5－2 所示。

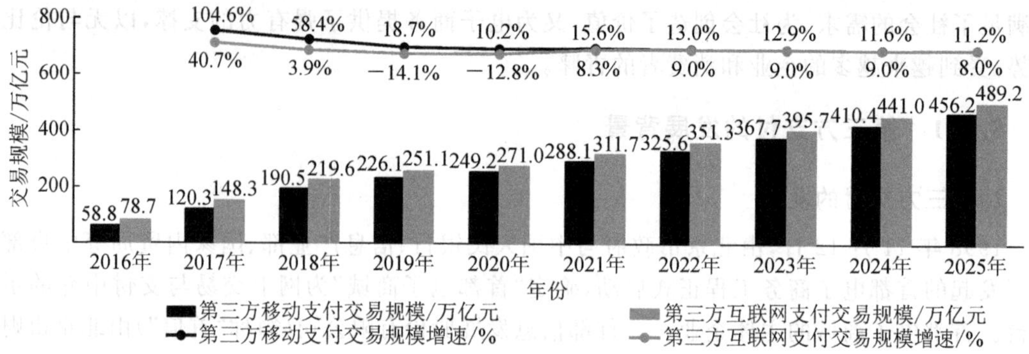

图 5-2　第三方支付交易规模发展情况

思政要点

我国支付行业发展已经处于国际领先地位，因此要能够感悟中国企业面临的机会和挑战，肯定民族企业取得的辉煌成绩，树立民族自信和自豪感。

2. 政策与法律环境

2004 年 8 月 28 日，第十届全国人大常委会第十一次会议通过了《中华人民共和国电子签名法》，并于 2005 年 4 月 1 日起正式施行。《中华人民共和国电子签名法》的通过标志着中国首部“真正意义上的信息化法律”正式诞生。这部法律建立了良好的网络信用机制和高效的网上交易途径，为第三方电子支付的发展提供了法律保障。

2005 年 10 月 26 日，中国人民银行发布了《电子支付指引（第一号）》（中国人民银行公告〔2005〕第 23 号），对银行从事电子支付业务提出指导性要求，以规范和引导电子支付的发展。该指引的出台和实施，有利于推动电子银行业务和电子商务的健康、有序发展；有利于明确电子支付活动参与各方的权利、义务，防范支付风险；有利于推动支付工具创新，提升支付服务质量；有利于防范和打击洗钱及其他金融违法犯罪活动。可以说，该指引开启了中国电子支付法制化建设的大门。

在电子支付初具规模的同时，也出现了利用电子支付进行赌博、洗钱等违法犯罪活动的行为。业内人士分析指出，虚拟货币只要跟人民币发生联系，就会跟现实中的银行一样，面临挤兑等现实风险。在资金短缺时，还可能出现恶意挤兑，或将网上支付用于洗钱、套现等违法犯罪活动，这将影响国家的金融秩序，因此电子支付成为央行的监管重点。

2010 年 6 月 14 日，《非金融机构支付服务管理办法》出台，该办法明确规定，支付机构依法接受央行的监督管理，未经央行批准，任何非金融机构和个人不得从事或变相从事支付业务。这是监管部门首次推出的和第三方支付相关的政策，它对第三方支付企业提出了更高的要求，对于支付行业的发展具有重要意义：一方面，支付企业将在政策框架内充分发挥其创新优势，快速推陈出新，迅速把握市场需求，开拓出更加广阔的市场空间；另一方面，为了保障消费者的合法权益，促进金融支付市场正常有序的运行，合规经营将被迅速提上日程。

思政要点

理解支付市场的网络信用机制，了解企业面临的诚信、道德问题，加强对企业伦理规范的深刻认识。

5.2.2　第三方支付概述

1. 第三方支付定义及特征

所谓第三方支付(third party payment)，指一些和产品所在国家及国外各大银行签约并具备一定实力和信誉保障的第三方独立机构提供的交易平台。在通过第三方支付平台的交易中，买方选购商品后，使用第三方平台提供的账户进行货款支付，由第三方通知卖家货款到达、进行发货；买方收到商品并检验后，就可以通知第三方付款给卖家，第三方将款项转至卖家账户。同传统的银行支付方式比较，第三方支付平台的出现，从理论上讲，杜绝了电子交易中的欺诈行为。

传统的银行支付方式只具备资金的传递功能，不能对交易双方进行约束和监督，支付手段也比较单一，交易双方只能通过指定银行的界面直接进行资金的划拨。在整个交易过程中，货物质量方面、交易诚信方面、退换要求方面等都无法得到可靠的保证，交易欺诈行为也广泛存在，而第三方支付平台的出现则可以解决以上问题。

第三方支付平台有以下三个方面的特征。

(1)第三方支付平台是一个为网上交易提供保障的独立机构。例如，百度公司旗下的第三方支付工具百付宝，就相当于一个独立的金融机构。当买家购买商品时，钱不是直接打到卖家的银行账户上，而是先打到百付宝的银行账户上，当买家确认收到货且没有其他问题后就会通知百付宝把钱打入卖家的账户，百付宝在交易过程中保障了交易的顺利进行。

(2)第三方支付平台不仅具有资金传递功能，而且可以对交易双方进行约束和监督。例如，百付宝不仅可以将买家的钱划入卖家账户，在出现交易纠纷时(如，卖家收到买家订单后不发货或买家收到货物后找理由拒绝付款)，百付宝会对交易进行调查，并对违规方进行罚款等处理，以监督和约束交易双方。

(3)第三方支付平台的支付手段多样且灵活，用户可以使用网上支付、电话支付、手机短信支付等多种方式进行支付。例如，云网的用户不仅可以用网上支付的方式购买飞机票，而且可以用电话支付的方式将银行账户的钱转到云网账户里购买飞机票。

2. 第三方支付交易流程及作用

第三方支付一般的运行模式：买方选购商品后，使用第三方平台提供的账户进行货款支付，第三方在收到代为保管的货款后，通知卖家货款到账并要求商家发货；买家收到货物、检验商品并确认后，通知第三方；第三方将相应的款项划至卖家账户。这一交易过程的实质是一种提供结算信用担保中介的服务方式。图 5-3 以 B2C 交易为例展示了第三方支付模式的交易流程。

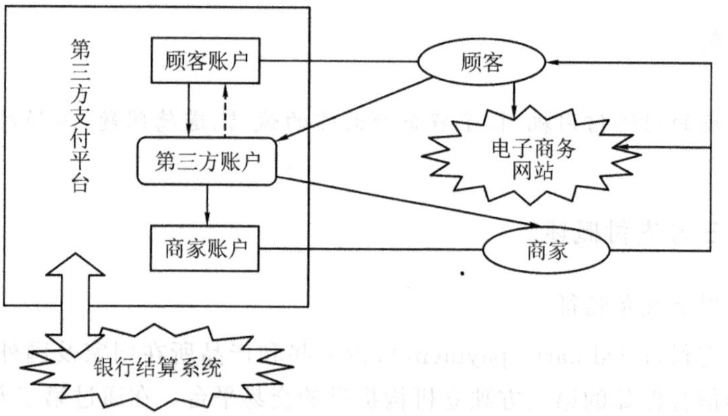

图 5-3　第三方支付交易流程图

从以上的支付过程中，我们可以看出第三方作为信用中介，解决了买卖双方的信任问题。由于第三方并不涉及双方交易的具体内容，相对于传统的资金划拨交易方式，第三方支付可以比较有效地保障货物质量、交易诚信、退换要求等，在整个交易过程中，可以对交易双方进行约束和监督。

综上所述，第三方支付在支付结算的整个过程中的作用主要体现在以下 4 个方面：

(1)具有中介服务作用。

(2)具有资金转移安排的信用担保作用。

(3)具有资金和货物安全的风险防范保证机制。

(4)具有提供方便、快捷的通道服务的性质。

3. 第三方支付存在的意义与价值

由于电子商务中，商家和消费者之间的交易不是面对面进行的，物流与资金流在时间和空间上也是分离的，这种没有信用保证的信息不对称，导致了商家与消费者之间的博弈——商家不愿意先发货，怕货物发出后不能收回货款；消费者不愿意先支付，怕支付后拿不到商品或商品质量得不到保证。博弈的最终结果是双方都不愿意先冒险，从而导致网上购物无法进行。

第三方支付的出现解决了这个问题。作为目前主要的网络支付手段和信用中介，第三方支付在网上商家和银行之间建立起连接，起到了第三方监管和技术保障的作用。采用第三方支付，可以安全实现从消费者、金融机构到商家的在线货币支付、现金流转、资金清算、查询统计等流程，为商家开展 B2B、B2C 交易等电子商务服务和其他增值服务提供了有力的支持，在很大程度上推动了电子商务的发展。第三方支付的优点表现在降低社会交易成本、提升企业竞争力、提高交易诚信和促进产业发展四个方面。

1)降低社会交易成本

(1)银行加快了处理速度，企业减少了人力和时间成本。

(2)通过第三方支付平台实现企业与多家银行的连接，减少了开发和维护成本。

(3)降低了交易取消或延迟、付款失败、信用欺诈的风险，提高了企业的交易成功率。

2)提升企业竞争力

(1)提高了企业的交易效率和效益，促进了许多新型创新服务的出现。

(2)企业的业务覆盖区域扩大，顾客在支付手段上有了更多选择。

(3)第三方支付服务商促使消费者逐步消除了对中小商家交易的疑虑。

3)提高交易诚信

第三方支付不仅可以解决银行经营单一和与公用网挂接可能出现的安全隐患问题，还可以向社会提供信用保证，可以承担因不安全而出现索赔等方面的经济问题，因此第三方支付本身具有承担风险的能力，同时有向社会、法律保证的承诺。目前第三方支付推出的身份确认及“货到付款，款到发货”的方法在一定程度上杜绝了电子交易中欺诈行为的发生。

4)促进产业发展

(1)帮助银行推广了电子银行业务，推动了 B2C、C2C 的发展。

(2)银行、企业能够专注于产品服务设计与市场推广。

(3)第三方支付商客观中立的交易处理方式，维护了各方的合法权益。

4. 第三方支付的分类

根据第三方支付的业务类型，可将该市场分为非独立第三方互联网支付、独立第三方互联网支付、第三方手机支付和第三方电话支付四个类型。所谓非独立第三方互联网支付(又叫宿主型第三方支付)是指依托于大型 B2C、C2C 网站的支付工具。它为自己的电子商务网站的交易支付进行服务。比如，淘宝网的“支付宝”属于这种非独立性的寄生形式。而独立的第三方互联网支付不属于任何一个特定的卖方或买方，它整合了网上支付、电话支付、移动支付等多种支付手段，作为一个公平的第三方能够对买卖双方的支付过程进行全面的监督和保障，具有较强的专业性，如 ChinaPay、快钱等。

从第三方支付服务商的市场定位角度看，第三方支付又可以分为专一型(即专注于某一细分市场)和综合型(即构建综合支付平台)。专注于细分市场已经成为许多支付厂商的选择，快钱专注于电话支付。显然，同样是细分策略，云网和快钱选择的维度并不相同，而选择哪个维度，自己的资源优势则是关键的决定因素。与云网、快钱不同，淘宝的支付宝、腾讯的财付通选择了另外一条路线——构建综合化的电子支付平台，为不同类型的用户提供定制化的解决方案，能够全面满足人们的在线生活对于支付的多元化需求。

5.2.3　第三方支付应用领域

第三方支付的应用领域是比较广泛的，主要适合于 C2C、B2C 的部分领域，比较常用的是电子商务、互联网金融和线下的支付场景。图 5-4 为第三方支付的应用领域。

在实际应用中，B2B 交易还是以银行支付结算和商业信用为主。在 B2C 市场中，银行和第三方支付共存，商业信用高的、金额较大的以银行结算为主，商业信用低的或金额较小的以第三方支付为主。在 C2C 市场中，由于没有可靠的诚信体系，银行结算几乎无能为力，以第三方支付为主。

结合场景来看，C 端发起的支付更多集中在消费领域，B 端发起的支付与生产环节联系更紧密，它们各自的需求特点极大程度上影响了第三方支付服务的供给。目前大众消费场景是第三方支付机构布局的主要领域，与生产制造场景相关的支付服务仍然以银行为主导。

2C
2B
特点
C端
转账
C2C电商消费
生活缴费
餐饮
交通旅游
租房
捐赠/众筹
购物
医疗健康
保险理财
……
支付场景碎片化、多元化；
支付频率高、金额小；
支付决策者通常也是执行者；
支付体验是关键要素；
支付创新接受度相对较高。
B端
劳务支出
奖金福利
物业管理
服务购买
社会保险
商品购买
企业采购
租赁
支付场景相对单一；
支付频率低、金额大；
支付决策者与执行者分离；
支付安全是关键要素；
支付创新接受度相对较低。

图 5-4　第三方支付应用领域

5.2.4　第三方支付产业链

1. 支付行业与类型

第三方支付行业主要包括银行卡收单、网络支付及预付卡发行与受理三种主要的业务类型，进一步细分又分为线下收单、互联网支付、移动支付、跨境支付等。第三方支付从应用场景角度出发，可以分为线上支付和线下支付两个部分。线上支付分为基于电脑端的互联网支付和基于手机端的移动支付；线下支付中占据最大市场份额的是银行卡收单业务，除此之外还包括扫码支付和预付卡业务等。第三方支付的主要类型如图 5-5 所示。

图 5-5　第三方支付的主要类型

2. 支付体系与产业链

在第三方支付核心参与方中，由银联和央行支付系统所组成的支付清算处于电子支付体系最核心的位置，为整个电子支付产业的枢纽。商业银行、线上线下的第三方支付机构、通讯运营商是电子支付体系的参与主体，其参与者数量和交易规模都在电子支付行业中领先。支付软硬件提供商(包括POS机及智能手机等)和收单代理商是在电子支付产业中起到辅助作用的主体,整个支付体系由中国人民银行等监管方进行监督管理,为中国的用户和商户进行服务。第三方支付产业链的具体情形如图5-6所示。

图5-6 第三方支付产业链

5.3 聚合支付

聚合支付也称融合支付,是指只从事支付、结算、清算服务之外的支付服务,借助银行、非银机构或清算组织的支付通道与清结算能力,利用自身的技术与服务集成能力,将上述服务整合在一起,为商户提供包括但不限于支付通道服务、集合对账服务、技术对接服务、差错处理服务、金融服务引导、会员账户服务、作业流程软件服务、运行维护服务、终端提供与维护等服务内容,以此减少商户接入、维护支付结算服务时面临的成本支出,提高商户支付结算系统运行效率,并收取增值收益的支付服务。其中,发展较好的有上海简米网络科技有限公司的"Ping++"支付和深圳盒子支付信息技术有限公司的盒子支付。聚合支付服务领域示意图如图5-7所示。

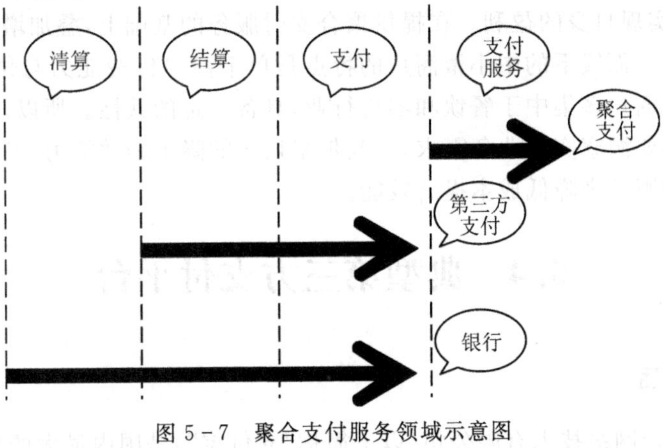

图5-7 聚合支付服务领域示意图

聚合支付的提供方在为商户提供多个支付渠道融合的同时,进一步叠加收银终端销售与维护、营销导流等服务,在提高自身业务收入的同时进一步提高商户的黏性、深化商户数字化转型程度。

聚合支付行业的发展经历了以下 3 个阶段:

起步期:2014—2015 年,随着线上支付市场日趋饱和,支付机构争夺的主战场向线下转移。二维码作为线下支付的主要媒介之一,开始被大范围普及。

爆发加速期:2016—2017 年,在这一时期,聚合支付产品快速迭代更新,被大范围推广,收单外包机构和收单机构纷纷入局,在支付宝和微信的推动下聚合支付规模爆发。

合规发展期:2017 年至今,聚合支付监管政策于 2017 年中下旬陆续出台,行业发展走向健康合规。

近年来,我国聚合支付市场交易规模持续上涨,2024 年中国聚合支付市场交易规模达到 22.6 万亿元,同比上涨 14.1%。2017—2024 年中国聚合支付市场交易规模及增速如图 5-8 所示。

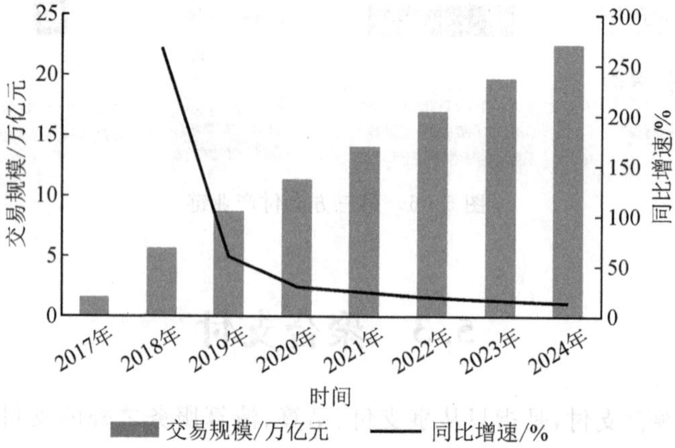

图 5-8　2017—2024 年中国聚合支付市场交易规模及增速

提供聚合支付的收单机构及服务商是整个支付产业链条上直接面向商户的最终落地的业务方,其业务特点是门槛低、起步快,但后期维护成本高、盈利性差。这也造成了在发展早期,行业内参与者数量众多,但由于不能快速完成自身规模的增长以达到规模效应,导致大批的小服务商被市场淘汰,或被其他参与者吞并。而对于行业内的头部玩家而言,在完成一定程度的市场集中后,可以实现自身的盈利。在提供聚合支付服务的基础上,叠加增值服务是其业务逻辑升华的关键所在。而线下的中小微商户的特点是单个商户付费能力与付费意愿不足,聚合支付覆盖的中小微商户多集中于餐饮和零售行业,具备一定的共性。所以,面向中小微商户的增值服务一方面需要洞察实际业务需求,为其带来切实的降本增效能力;另一方面需要应用较为标准化的产品与服务来降低成本提高效能。

5.4　典型第三方支付平台

5.4.1　支付宝

支付宝(Alipay)网络技术有限公司(以下简称“支付宝”)是国内最大的独立第三方支付平

台。从2004年建立开始,支付宝始终以“信任”作为产品和服务的核心。它不仅从产品上确保客户在线支付的安全,同时让客户通过支付宝在网络空间建立起相互之间的信任,为建立纯净的互联网环境迈出了非常有意义的一步。支付宝一直致力于为中国电子商务提供“简单、安全、快速”的在线支付解决方案。

支付宝是一个基于信任的第三方支付平台。当商户和客户进行交易后,客户首先把钱从自己的账户划拨到支付宝账户,而非直接交付给商户。只有当客户确认收货并表示满意后,才同意将划拨到支付宝账户的钱转给商户。这样,就有效地避免了网上交易的欺诈行为。

支付宝提出的建立信任、化繁为简、以技术的创新带动信用体系完善的理念深得人心。在短短几年内,支付宝为电子商务各个领域的用户创造了丰富的价值,成长为全球领先的第三方支付公司之一。

如果说支付宝成立初期主要是依靠淘宝网用户的C2C交易支付,那么短短几年时间,支付宝已经发展成为用户覆盖了整个C2C、B2C及B2B领域的第三方支付平台。

2010年末,支付宝与来自手机芯片商、系统方案商、手机硬件商、手机应用商等六十多家厂商联合成立“安全支付产业联盟”,并针对移动互联网发布无线支付产品——“手机安全支付”,为手机应用开发者提供了一个开放式平台。

自2004年支付宝成立至2014年,10年间全国人民网络支出总笔数为423亿笔,多达50万家独立电子商务企业使用支付宝作为网络支付工具,而支付宝合作商户也进一步涵盖了包括服装、电子、机械、家居、文化等在内的几乎所有已应用电子商务的产业领域。

2014年10月,在支付宝的基础上,蚂蚁金服正式成立。蚂蚁金服致力于通过科技创新能力,推动支付宝整体水平迈上新台阶。2015年10月发布的支付宝9.2版本推出英文版和繁体版,直接跨越语言屏障,让外国人和港澳台人员能够在淘宝和天猫上尽情购物,他们也可以通过支付宝绑定二十多家中外银行在中国大陆发行的银行卡进行支付。

为了让海外用户可以便利地参与购物,支付宝强化了与国际支付机构之间的合作。尤其在俄罗斯、巴西、印度尼西亚等大型新兴经济体中,支付宝不仅接入当地最流行的电子支付方式,还提供了钱包支付、网银支付和线下支付等多种支付方式。2017年6月,摩纳哥与支付宝签订战略合作协议(MOU),举国商户将接入支付宝。这是蚂蚁金服第一次与主权国家政府签订战略合作协议,摩纳哥也成为第12个接入支付宝的欧洲国家。

2019年第二季度,阿里巴巴集团收入达1149.24亿元,同比增长42%;其中净利润191.22亿元,同比增幅达到150%。阿里巴巴公司称,净利润的同比大幅增长来源于蚂蚁金服的影响。

2019年,支付宝在第三方支付市场领域规模依然处于全国领先地位。支付宝的优势在于“线上”与“线下”的融合,线上有淘宝、天猫等电商平台的支持;线下使用支付宝收款的门店数量非常稳定且不断增长。同时,支付宝还陆续开通了越来越丰富的线上服务。2019年8月,支付宝投资30亿元,打响了刷脸支付的圈地战。支付宝的小程序也在不断发展,吸引了大量有意向的合作伙伴入驻。

2020年5月,支付宝宣布打通淘宝直播,正式开放直播平台。商家和小程序开发者在支付宝生活号内通过小程序开通直播,可实现直接跳转小程序、领取优惠券等功能,可以在一个App端内完成全流程。

2020年10月,支付宝上线了“晚点付”的“芝麻信用”功能,该功能可描述为“先交易成功,次日再付款"。

支付宝开放平台基于支付宝海量用户，将支付、营销、数据能力通过接口等形式开放给第三方合作伙伴，帮助第三方合作伙伴创建更具竞争力的应用。通过接入支付宝开放平台，第三方合作伙伴可以获得更多的流量、用户和收益，而第三方合作伙伴提供的服务也让用户获得了更丰富的体验，使平台生态更加繁荣，最终实现多方共赢。图 5-9 展现了支付宝平台的能力。

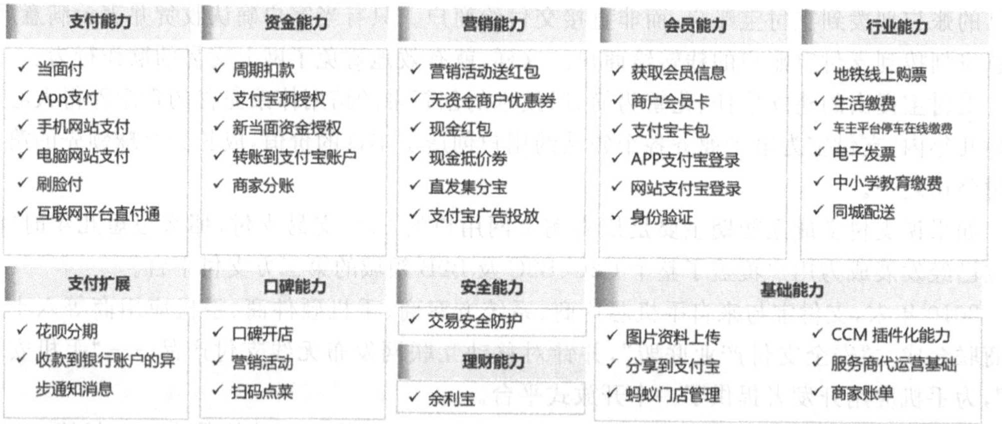
支付能力
✓ 当面付
✓ App支付
✓ 手机网站支付
✓ 电脑网站支付
✓ 刷脸付
✓ 互联网平台直付通
资金能力
✓ 周期扣款
✓ 支付宝预授权
✓ 新当面资金授权
✓ 转账到支付宝账户
✓ 商家分账
营销能力
✓ 营销活动送红包
✓ 无资金商户优惠券
✓ 现金红包
✓ 现金抵价券
✓ 直发集分宝
✓ 支付宝广告投放
会员能力
✓ 获取会员信息
✓ 商户会员卡
✓ 支付宝卡包
✓ APP支付宝登录
✓ 网站支付宝登录
✓ 身份验证
行业能力
✓ 地铁线上购票
✓ 生活缴费
✓ 车主平台停车在线缴费
✓ 电子发票
✓ 中小学教育缴费
✓ 同城配送
支付扩展
✓ 花呗分期
✓ 收款到银行账户的异步通知消息
口碑能力
✓ 口碑开店
✓ 营销活动
✓ 扫码点菜
安全能力
✓ 交易安全防护
理财能力
✓ 余利宝
基础能力
✓ 图片资料上传
✓ 分享到支付宝
✓ 蚂蚁门店管理
✓ CCM 插件化能力
✓ 服务商代运营基础
✓ 商家账单

图 5-9　支付宝开放平台能力

5.4.2　首信易

1998 年 11 月 12 日，由北京市政府与中国人民银行、信息产业部、国家内贸局等中央部委共同发起的首都电子商务工程正式启动，确定首都电子商城(首信易支付的前身)为网上交易与支付中介的示范平台。首信易支付(PayEase)于 1999 年 3 月开始运行，是中国首家实现跨银行跨地域提供多种银行卡在线交易的网上支付服务平台，现支持全国范围 23 家银行及全球范围 4 种国际信用卡在线支付，拥有千余家大中型企事业单位、政府机关、社会团体组成的庞大客户群。首信易支付作为资深的第三方支付机构，支持互联网支付、移动支付、跨境支付，为电子商务、教育培训、航空旅游、跨境电商、软件服务、留学缴费、公共事业等众多行业提供量身定制的"境内外支付＋结算"一站式解决方案。

首信易的盈利方式为根据客户的不同规模和特点提供不同的产品，收取不同组合的年服务费和交易手续费。客户群体主要面向 B2B、B2C 和 C2C 市场，客户为中小型商户或者有结算需求的政企单位。它的优势为独立网关，灵活性大，有行业背景或者政府背景。首信易所使用的物理认证技术是它的一个亮点，能为用户带来很大的便捷性。但是作为一个物理实体，不仅使用首信易需要携带优盘，而且要防止优盘丢失，这给用户带来了一定的麻烦。

首信易支付作为具有国家资质认证、政府投资背景的中立的第三方网上支付平台，拥有雄厚的实力和卓越的信誉。首信易是中国唯一架设在政府专网的支付平台，是中国唯一通过 ISO9001 认证的支付平台，是中国唯一经北京政府认定提供网上公共支付服务的平台。作为国内电子商务的开拓者，首信易支付业务有以下特点。

(1)多元：具有 B2C 与 B2B、网上、电话、手机、终端机等多种服务形式。

(2)专业：凭借多年来积累的服务经验，首信易支付不仅能够成为企业电子商务解决方案的提供者，亦能成为企业的电子商务长期的合作伙伴。

(3)创新：首信易支付不断尝试新技术、新应用，进行积极而有益的探索。

(4)灵活：多种服务套餐，常年促销支持，会员营销支持。

但是首信易支付也存在一些缺点，比如，先付款、后交货，信用度有待提高，经营模式较为单一，创新能力有待提高等。

5.4.3　财付通

财付通(tenpay)是腾讯公司于 2005 年 9 月正式推出的专业在线支付平台，致力于为互联网用户和企业提供安全、便捷、专业的在线支付服务。

财付通构建了全新的综合支付平台，业务覆盖 B2B、B2C 和 C2C 各领域，提供卓越的网上支付及清算服务。针对个人客户，财付通提供了在线充值、提现、支付、交易管理等丰富功能；针对企业用户，财付通提供了安全可靠的支付清算服务和极富特色的 QQ 营销资源支持。

财付通是一个专业的在线支付平台，其核心业务是帮助在互联网上进行交易的双方完成支付和收款。在交易过程中，财付通附带的服务有用户财付通账户的充值、提现、支付和交易管理等。并且，对于企业用户，财付通还提供支付清算服务和辅助营销服务。除了传统的网上支付业务，财付通还提供信用卡还款业务、“财付券”服务、生活缴费业务、影视博览、游戏充值、话费充值和彩票购买等特色服务。

财付通已通过中国国家信息安全测评认证中心的安全认证，成为国内首家经权威机构认证的电子支付平台。中国国家信息安全评测认证中心按照严格的认证程序，对财付通支付系统进行了全面审查，最终授予其一级安全认证资格。公司使用财付通为广大代理结算工资，可以为广大代理免手续费，使其员工安全、快速地收到奖金。目前用户使用财付通服务都是完全免费的。

5.4.4　快钱

2004 年成立至今，快钱公司以“科技，为企业加速”为使命，致力于通过科技创新能力，围绕场景搭建一个开放、共享的数字化服务平台，以整套数字新基建为国际和国内各类企业加速，助推万行千业实现数字化升级，支持实体经济发展。

快钱作为资深第三方支付公司，拥有与时俱进的支付产品体系，多年来根据行业内对支付需求的变化，为行业内客户提供创新型、定制化综合支付解决方案。自 2005 年以来，快钱专注于 B 端的第三方支付业务，并且一直深耕保险、航空客票、零售、餐饮、网络购物等多个行业，在线上和线下积累了大量客户。与万达达成战略控股协议后，快钱的发展再次提速，借助万达海量的自有场景，快钱发展成为“实体商业＋互联网”模式的企业。

快钱同时还提供金融云、增值业务等高品质、多元化的金融科技服务，融合创新的多种支付产品，赋能企业和用户，带来智能、高效、个性化的金融科技新体验。图 5-10 展示了快钱的产品体系。

快钱深耕业内大客户，覆盖国内保险、商旅、零售、金融、物流等现代服务业以及全国 330 余家万达广场的线下场景，同时还为中小微商户构筑从智能收单、智能账户、智能营销等多种增值服务的全链条普惠金融解决方案，有效帮助中小微企业降本增效，激发自身生产力和竞争力。快钱的一站式解决方案致力于服务好每一个微小的个体，通过数字化服务帮助其践行普惠金融可持续发展之路，进一步拉动内需。

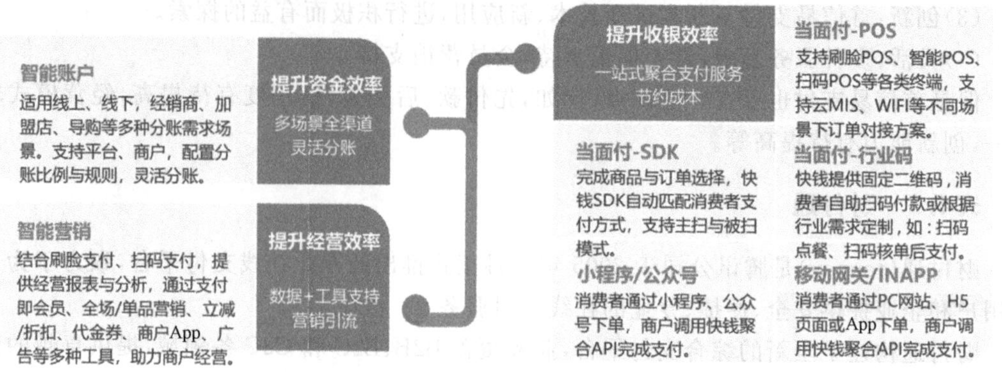

图 5－10　快钱产品体系

5.4.5　PayPal

PayPal(贝宝)成立于1998年12月，是美国eBay公司的全资子公司。PayPal利用现有的银行系统和信用卡系统，通过先进的网络技术和网络安全防范技术，截至2006年底已在全球103个国家和地区为超过1.23亿人提供了安全便利的网上支付和账户管理服务。

PayPal提供网上转账、网上支付、在线销售收款等网络银行相关的服务，但PayPal本身不是网上银行，而是为用户使用网上银行提供更多便利的一种服务。为了进一步说明PayPal的功能，这里用到一个比较恰当的比喻：PayPal相当于各个银行委托的网络银行业务代理人，用户可以把各个签约银行卡的资金转入PayPal账户，通过PayPal可以方便地向持有其他银行卡的用户转账付款，或者在网上销售时作为收款工具。当然，用户也可以随时从自己的PayPal账户中将资金转到自己的银行卡账户中，所以，基本上可以认为PayPal相当于一个专业版的网络银行。与某个具体的网络银行的区别之处在于PayPal这个“网络银行”可以处理多个银行的在线业务。

PayPal作为在线支付最早的开拓者之一，真正做到了安全、快捷、简单。

(1)安全。PayPal拥有先进的欺诈防护系统，能及时发现欺诈行为并预警。PayPal从不与买卖双方共享财务信息，同时采用128位SSL加密技术来确保用户数据的安全。

(2)快捷。用户只要花费1分钟时间，就能通过PayPal轻松地支付或收取交易款。

(3)简单。只需要拥有一个邮件地址，任何人或企业在互联网上就可通过PayPal收取或者支付交易款项。

5.4.6　YeePay

YeePay(易宝)(北京通融通信息技术有限公司)是国内领先的独立第三方支付公司，是专业从事多元化电子支付一站式服务的领跑者。易宝支付是中国行业支付的开创者和领导者，也是互联网金融和移动互联领军企业。自2003年成立以来，易宝支付秉承“行业支付，成就客户”的使命，与产业链上下游共同完善金融基础设施建设。2013年，在公司成立十周年之际，易宝发布了“支付＋金融＋营销”的升级战略，以领跑电子支付、互联网金融和移动互联大潮。

易宝支付是实现国内航空公司全覆盖的支付机构，同时覆盖了所有主流OTA(over the air，空中激活)平台，打通了涵盖航空公司、OTA、票务代理的航空生态，连接航空、铁路、租车的全交通生态，并涉及旅游、酒店到景区的全旅游生态，实现在这一生态下的完全布局。易宝通过打通产业链各环节，搭建账户体系，实现了收付一体化、资金闭环，并以此为基础，联合其他机构提供会员、营销等增值服务，解决企业管理、获客、运营等一系列问题，从而提高企业用户黏性。易宝支付模式如图 5－11 所示。

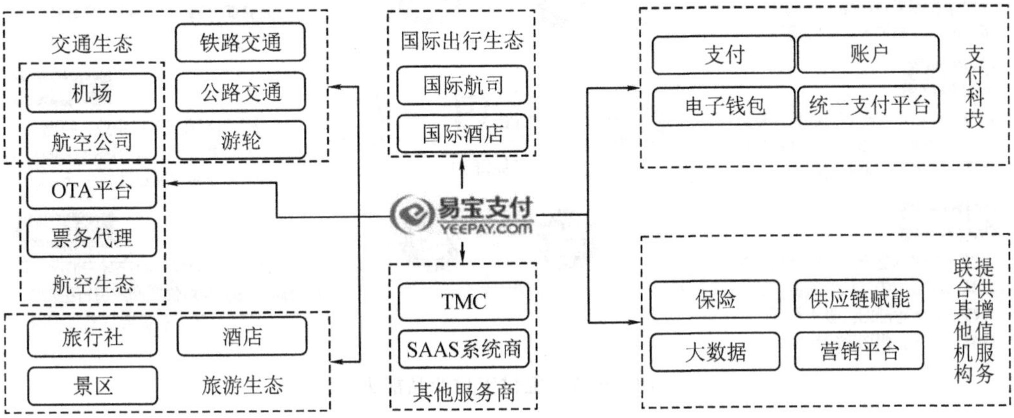

图 5－11　易宝支付模式

易宝支付首倡“绿色支付，快乐生活”的理念，“绿色支付”的内涵是安全、便捷、低成本、高效率、创新、公益，其理念是用“绿色支付”服务绿色商户，用绿色商户创造快乐生活，并为所有公益机构提供“零费率”政策，通过“绿色支付”推动网络公益发展，实现“人人可慈善”。其承诺“每完成一笔支付，将捐赠 1 分钱用于公益事业”，让每笔支付都具有人道的力量。

在“聚焦关键行业”的战略指导下，易宝支付助力传统行业互联网升级。易宝支付以支付为入口和起点，深度把握行业客户的痛点和难点，通过定制化方案以及增值服务，解决支付、结算、账户等一系列问题，帮助客户提升效率、降低成本，推进普惠金融和数字科技发展。通过多年的持续深耕，易宝支付成为了银联、网联、中行、农行、工行、建行等近百家金融机构的战略合作伙伴，服务的商家超过 100 万，在业界树立了良好的口碑。

5.4.7　宝付

宝付支付成立于 2011 年，同年成为中国人民银行许可的第三方支付机构，宝付支付在获得国内监管的持续认可下，先后获得跨境人民币批复和跨境外汇名录登记。拥有国内全面的跨境牌照资质，并同步搭建成熟的海外牌照资质。适应全球变化，宝付支付助力跨境企业新竞态，为国内跨境电商企业搭建全方位跨境服务生态、成熟的跨境收款和外卡收单，以及出海电商企业线上经营工具虚拟信用卡等服务，结合数字化综合金融服务，构建了中国电商企业国际支付业务闭环。

宝付支付以支付和账户为基础，面向不同行业，解决商户收款、分账、账务管理等核心问题。同时，宝付支付持续优化生态布局，深入垂直细分领域，以“大金融行业支付＋整体解决方案”与消费金融、银行、信托等头部客户持续深入合作，并大力拓展互联网保险、物流、SAAS(software asa service，软件即服务)、电商、航旅等细分领域，助力企业降本增效。新冠病毒感染疫情期间，宝付针对数字经济大趋势下中小微企业和商户的数字化升级需求，协同合作机构打造 SAAS 解决方案，为加油、教育、出行、买菜、租房等行业提供一站式资金收付及账务管理解决方案，从支付服务、营销助力、金融赋能等方面支持商户实现数字化升级，在数字化建设中发挥更多的“链接”与“赋能”作用。宝付支付的产品能力如图 5－12 所示。

聚合支付
集支付宝，微信，云闪付，协议支付等主流支付产品，降低商户接入成本，打通收款核心链路
账户管理
通过合作银行账户完善收款分帐能力，通过收款分帐，让企业收款更合规，降低企业财务管理成本
营销服务
通过数字化运营手段，打造集企业发券，聚合广告，私域流量管理，大数据分析等能力，吸引新客户，提高复购率，增加客户粘性
宝付
BAOFU.COM
产品能力
分期支付
整合主流分期支付产品，打造下单即分期，购买即分期产品体验，降低分期支付门槛，提高商户成单率
行业SAAS
整合各行业 SAAS企业，打造教育，大健康，智慧城市等行业解决方案，提升商户展业及商户运营效率
金融服务
根据商户支付流量，商户客户情况，联合持牌金融机构对优质商户进行经营贷、余额增值等综合金融服务

图 5－12　宝付支付产品能力

本章小结

如果说网上银行是国内银行未来经济增长的发动机，那么第三方支付就是这部发动机的主力助推器。第三方支付是在解决电子商务小额支付情形下交易双方因银行卡不一致而造成的款项转账不便的问题上形成和发展起来的，全面启动第三方支付服务成为国内网上支付行业摆脱诚信困扰，迈向下一个里程碑的重要步骤之一。

本章涵盖了第三方支付的相关内容，介绍了支付网关的概念、支付网关的主要应用过程和支付网关的发展现状。阐述了第三方支付的发展背景、概念、交易流程及作用、第三方支付存在的意义与价值和第三方支付的分类。另外，本章简述了第三方支付的应用领域和产业链。最后简要介绍了典型的第三方支付平台——支付宝、首信易、财付通、快钱、PayPal、YeePay、宝付。第三方支付平台是指平台提供商通过通信、计算机和信息安全技术，在商家和银行之间建立链接，从而实现消费者、金融机构以及商家之间货币支付、现金流转、资金结算、查询统计的一个平台。第三方支付和第三方支付平台是两个不同的概念，但二者关系密切，第三方支付平台是第三方支付这种支付方式得以实现所借助的媒介。

思考题

1. 什么是网关支付？它有什么特点？
2. 简述支付网关的应用过程。
3. 什么是第三方支付？它在整个电子商务交易中扮演何种角色？
4. 简述第三方支付平台的特征。
5. 简述第三方支付的交易流程。
6. 支付宝支付平台的主要功能有哪些？
7. 结合政策和法律法规，阐述第三方支付企业的权力和义务以及面对的支付风险。

拓展阅读

术语中英文对照

第 6 章　移动支付

内容提要

本章以狭义的移动支付概念为基础，介绍了移动支付的类型、特点、系统结构，并从远程移动支付和近距离移动支付两个方面，阐述了移动支付的流程和主要技术。在基础知识以外，本章从产业链的视角，梳理了全球及我国移动支付产业的发展现状。最后，本章结合人工智能、大数据等技术，展示了移动支付应用场景和业务创新案例。

学习目标

- 了解移动支付的基本概念。
- 了解移动支付的产业链。
- 了解移动支付的主要技术。
- 了解移动支付应用和发展。

思政目标

- 认识移动支付产业链各组成部分，培养投身移动支付行业的职业理想。
- 增强对我国移动支付技术、服务创新成就的认同感，增强职业自信。

开篇案例

6.1　移动支付概述

中国金融认证中心发布的《2020 中国电子银行发展报告》显示，2019 年 9 月份至 2020 年 8 月份期间，我国个人手机银行 App 单机月均有效使用时间为 26.3 分钟，增长 18.4%，更为突出的是，企业手机银行渗透率为 42%，相比上一年上升 1 个百分点，其中，大型企业手机银行渗透率最高，达到 55%，小微企业手机银行渗透率达到 40%。与此不同，网上银行单机月均有效使用时间较去年下降 5%。由此可见，中国的移动消费者对于便捷且优质的移动支付服务存在强劲需求和信任。

6.1.1　移动支付基本概念

1. 移动支付的定义

广义的移动支付是指交易双方为了某种商品或服务而通过移动终端设备交换金融价值的过程。

狭义的移动支付也称为手机支付，是指基于无线通信技术，允许用户使用其移动终端（通常是手机）实现对所消费的商品或服务进行非语音方式的账务支付的一种服务方式。企业或个人都可以通过移动设备、互联网或者近距离传感直接或间接向银行金融机构发送支付指令产生货币支付与资金转移行为，从而实现移动支付功能。

移动支付将终端设备、互联网、应用提供商以及金融机构相融合，为用户提供货币支付、缴费等金融业务。本书所指的移动支付为狭义的移动支付，即手机支付。

案例

中国移动支付行业动态——全球化布局加强

中国移动支付平台出海是一大趋势。目前中国各类移动支付企业均加强出海布局，包括龙头企业平台微信、支付宝和创新移动支付平台苏宁支付（易付宝）在内，均加强入驻更多地区国家，在满足中国出境游消费者海外消费的同时，加强对境外用户的服务。2019 年中国移动支付行业动态的发展情况如图 6－1 所示。

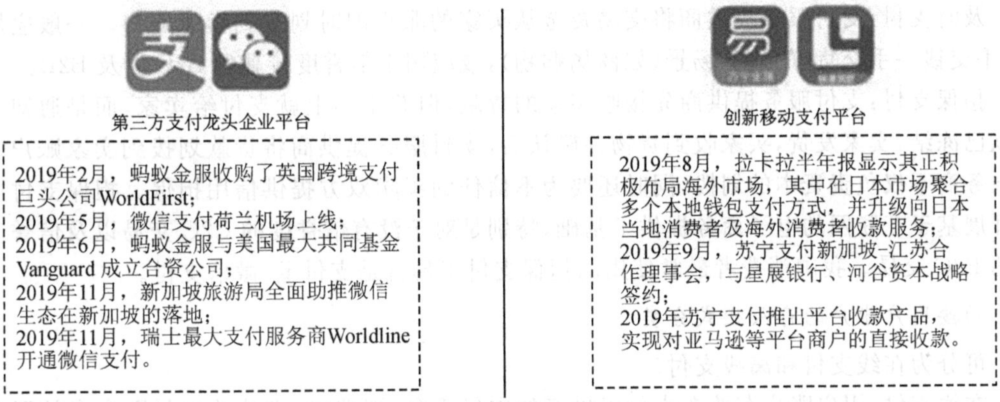

支
易
第三方支付龙头企业平台
2019年2月，蚂蚁金服收购了英国跨境支付巨头公司WorldFirst；
2019年5月，微信支付荷兰机场上线；
2019年6月，蚂蚁金服与美国最大共同基金Vanguard 成立合资公司；
2019年11月，新加坡旅游局全面助推微信生态在新加坡的落地；
2019年11月，瑞士最大支付服务商Worldline开通微信支付。
创新移动支付平台
2019年8月，拉卡拉半年报显示其正积极布局海外市场，其中在日本市场聚合多个本地钱包支付方式，并升级向日本当地消费者及海外消费者收款服务；
2019年9月，苏宁支付新加坡-江苏合作理事会，与星展银行、河谷资本战略签约；
2019年苏宁支付推出平台收款产品，实现对亚马逊等平台商户的直接收款。

图 6－1　2019 年中国移动支付行业动态——全球化布局加强

2. 移动支付的主要分类

移动支付的本质是资金的转移，核心是支付账户，支付介质是移动终端，按照不同的方式有以下分类情况。

1）按用户支付的额度分类

可以分为微支付和宏支付。

微支付一般是指交易额少于 10 美元，通常用于购买移动内容业务，例如游戏、视频下载等。

宏支付是指交易金额较大的支付行为，在线购物和近距离支付均属于宏支付。需要注意的是，微支付方式同样也包括近距离支付，例如交停车费等。

2)按完成支付所依托的技术条件分类

可以分为近场支付和远程支付。

远程支付指通过移动网络，利用短信、GPRS 等空中接口和后台支付系统建立连接，实现各种转账、消费等支付功能。

近场支付指通过具有近距离无线通讯技术的移动终端实现本地化通讯进行货币资金转移的支付方式。

3)按支付账户的性质分类

可以分为银行卡支付、第三方支付账户支付、通信代收费账户支付。

银行卡支付：直接采用银行的借记卡或贷记卡账户进行支付的形式。

第三方账户支付：为用户提供与银行或金融机构支付结算系统接口的通道服务，实现资金转移和支付结算功能的一种支付服务。第三方支付机构作为双方交易支付结算服务的中间商，需要提供支付服务通道，并通过第三方支付平台实现交易和资金转移结算安排的功能。

通信代收费账户支付：移动运营商为其用户提供的一种小额支付账户，用户在互联网上购买电子书、歌曲、视频、软件、游戏等虚拟产品时，通过发送短信等方式进行后台认证，并将账单记录在用户的通信费账单中，月底进行合单收取。

4)按支付的结算模式分类

可以分为及时支付和担保支付。

及时支付：支付服务提供商将交易资金从买家的账户即时划拨到卖家账户。一般应用于“一手交钱一手交货”的业务场景(如商场购物)，或应用于信誉度较高的 B2C 以及 B2B。

担保支付：支付服务提供商先接收买家的货款，但并不马上就支付给卖家，而是通知卖家货款已冻结，卖家发货，买家收到货物并确认后，支付服务提供商将货款划拨到卖家账户。支付服务商不仅负责资本的划拨，同时还要为不信任的买卖双方提供信用担保。担保支付业务为开展基于互联网的电子商务提供了基础，特别是对于没有信誉度的 C2C 交易以及信誉度不高的 B2C 交易。我国消费者最常使用的担保支付工具就是支付宝、微信支付。

5)按用户账户的存放模式分类

可分为在线支付和离线支付。

在线支付：用户账户存放在支付提供商的支付平台，消费时，直接从支付平台中的用户账户扣款。

离线支付：用户账户存放在智能卡中，消费时，通过 POS 机直接在用户智能卡的账户中扣款。

3. 移动支付的主要特征

1)移动性

移动支付随身携带的移动性，消除了距离和地域的限制。结合了先进的移动通信技术，随时随地获取所需要的服务、应用、信息和娱乐。

2)及时性

不受时间地点的限制，信息获取更为及时，用户可随时对账户进行查询、转账或进行购物消费。

3)定制化

基于先进的移动通信技术和简易的手机操作界面,用户可定制自己的消费方式和个性化服务,账户交易更加简单方便。

4)集成性

移动支付业务通常是由移动运营商、移动应用服务提供商和金融机构共同推出的,是构建在移动运营支撑系统上的一个移动数据增值业务应用。移动支付系统将为每个移动用户建立一个与其手机号码关联的支付账户,其功能相当于电子钱包,为移动用户提供了一个通过手机进行交易支付和身份认证的途径。用户通过拨打电话、发送短信或者使用 WAP 功能接入移动支付系统,可以开启多种多样的移动支付应用,例如,可以将移动通信卡、公交卡、地铁卡、银行卡等各类信息整合到以手机为平台的载体中进行集成管理。

6.1.2　移动支付的系统结构及支付流程

1. 移动支付的系统结构

从本质上讲,移动支付就是买方为了获取卖方的某种商品或者服务,通过电子化的渠道,将买方的资金安全地转移给卖方的商业行为。移动支付系统的核心是账户间资金的安全转移,因此,移动支付系统架构应该围绕账户体系,结合移动支付的基本特点进行构建,如图 6－2 所示。移动支付涉及移动通信、互联网、电子商务以及金融行业等,具有明显的跨行业的技术特点。

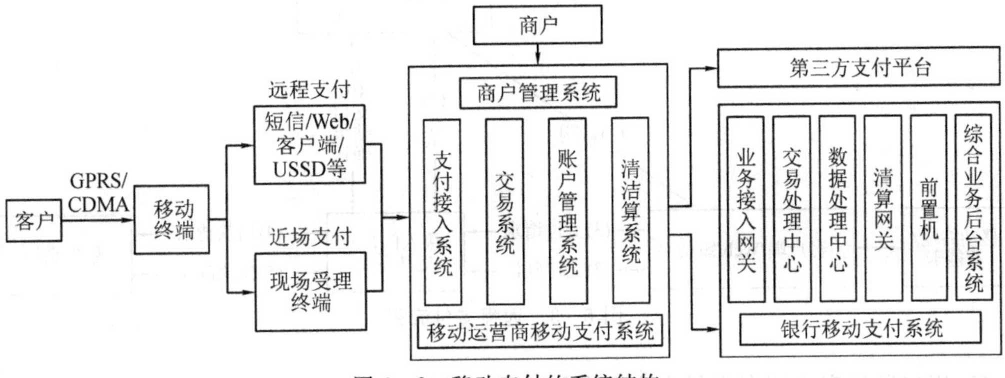

图 6－2　移动支付的系统结构

一般情况下,移动支付系统有客户、商户、移动运营商、银行和第三方支付机构 5 个参与者。

客户:持有移动设备并且愿意采取移动支付来购买商品的组织和个人,是移动支付的发起者。一切移动支付平台的建设与形成,都必须先考虑到客户的兴趣,满足客户的需求。

商户:特指安装有移动支付受理终端的商户,商户出售商品和服务给客户,客户通过移动支付受理终端给商户付款。对于商户来说,移动支付减少了支付的中间环节,降低了经营、服务和管理难度,提高了支付的效率,增强了商户的盈利能力。

移动运营商:为移动支付提供安全通信渠道的通信运营商,目前国内的移动运营商主要是中国移动、中国电信和中国联通。移动运营商是移动支付的第一环节，在整个移动支付中起到了关键性的作用，如何利用先进的技术手段增强支付安全、提高支付效率、简化支付流程是当前移动运营商研究的热点。

银行：一般情况下，银行在电子支付中起到介于买卖双方之间的清算与结算功能，而目前以银行为运营主体的移动支付方式为银行带来了新的角色和利益，银行可以拥有新的营销与增值服务渠道，更好地为客户服务。目前，以银行主导的移动支付主要是远程支付，各商业银行都推出了手机银行、短信银行等电子银行产品，将客户手机号与银行账户绑定，客户可以直接通过手机终端办理银行账户的查询、转账、缴费、理财等金融业务。在近场支付方面，银行主推基于金融 IC 智能卡的行业支付应用。

第三方支付机构：通常情况下，第三方支付机构为用户提供虚拟账户，用户可以通过银行卡充值、购买充值卡充值等方式将资金转移到第三方支付账户。在移动支付的过程中，买家的资金直接从第三方支付账户转移到卖家账户。第三方支付机构在支付过程中，提供了一种信用担保的机制，以避免买卖双方的违约风险。国内的支付宝、财付通都推出了手机客户端的应用，便于客户进行远程支付，同时，支付宝还推出了一维条码支付、二维码支付等近场支付。

2. 支付流程

1)远程支付流程

远程支付流程是指用户与商家非面对面接触，借助无线通信网络与支付平台交互，由支付系统完成交易处理的支付方式，远程支付流程如图 6-3 所示。

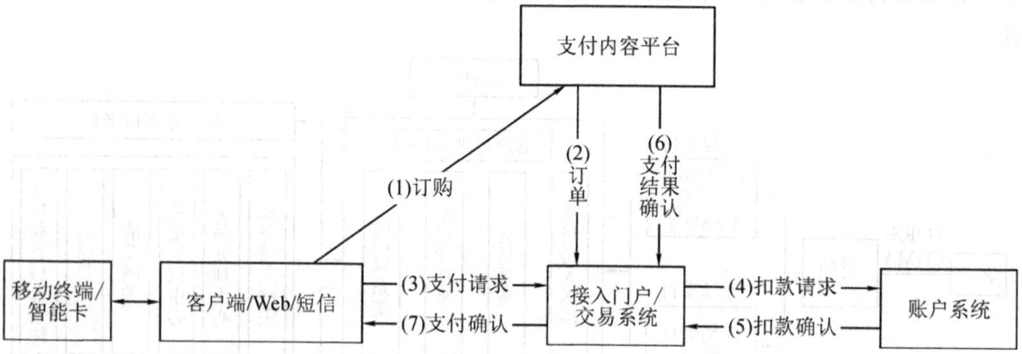

图 6-3　远程支付流程

(1)用户通过客户端在支付内容平台订购商品或服务；

(2)支付内容平台向移动支付平台的交易系统提交订单，用户通过客户端向交易系统发起支付请求；

(3)交易系统接收用户支付请求，检查用户的订单信息，向账户系统发起扣款请求；

(4)账户系统接收扣款请求，对账户信息进行鉴权，鉴权通过后，完成转账付款，并发送扣款确认信息给支付交易系统；

(5)交易系统将支付结果通知支付内容平台；

(6)支付内容平台向交易系统返回支付结果确认的应答；

(7)交易系统为客户端返回支付成功确认，完成交易流程。

2)联机的近场支付流程

联机的近场支付流程是指用户使用移动终端/智能卡，通过现场受理终端接入移动支付平台，在本地或接入收单网络完成支付过程的支付方式。联机的近场支付流程如图6-4所示。

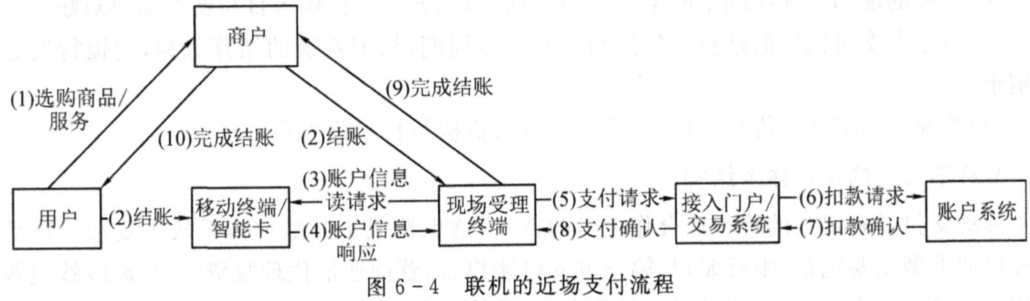

图6-4　联机的近场支付流程

(1)用户在商户店内选择商品或服务；

(2)用户到商户收银台结账；

(3)商户在现场受理终端(POS)输入消费金额，通过近场通信技术，向移动终端/智能卡发起账户信息读取请求；

(4)移动终端/智能卡将账户信息发送给现场受理终端；

(5)现场受理终端发送支付请求指令给交易系统；

(6)交易系统发送账户扣款请求后，进行用户账户鉴权，返回扣款确认信息；

(7)账户系统收到扣款请求、用户账户鉴权，返回扣款确认信息；

(8)交易系统返回支付确认信息给受理终端；

(9)完成结账；

(10)完成结账过程。

3)脱机的近场支付流程

脱机的近场支付流程是指用户使用移动终端/智能卡，直接通过现场脱机受理终端进行鉴权和支付，受理终端定期上传交易数据，第三方支付机构每日与特约商户对账的支付流程。脱机的近场支付流程如图6-5所示。

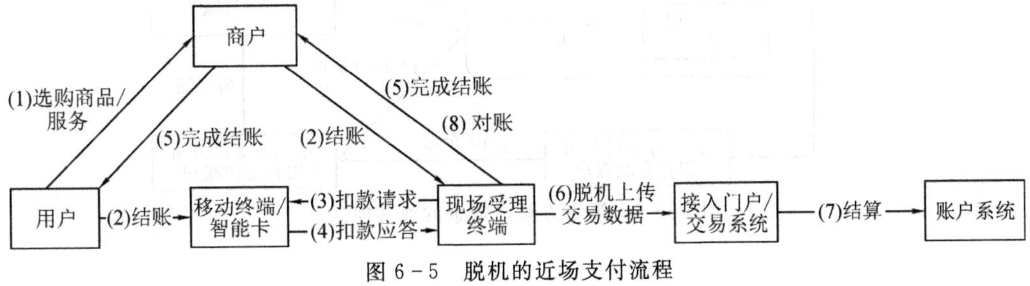

图6-5　脱机的近场支付流程

(1)用户在商户店内选择商品或服务；

(2)用户到商户收银台结账；

(3)商户在现场脱机受理终端(POS)输入消费金额，通过近场通信技术，向移动终端/智能卡发起账户扣款请求；

(4)移动终端/智能卡收到扣款请求，进行扣款的鉴权，通过后直接在其离线钱包中扣款，并返回扣款应答给受理终端；

(5)完成结账；

(6)脱机的现场受理终端定时上传交易数据，第三方支付机构每日与特约商户对账；

(7)第三方支付机构的结算部门按商户的结算周期，根据系统的结算数据，向银行发起付款请求；

(8)受理终端定期上传交易数据，第三方支付机构每日与特约商户对账。

3. 移动支付的账户体系结构

移动支付具有很强的跨行业合作运营的特点，这也造成了其账户体系较为复杂。移动支付账户的类型主要包括：银行账户、第三方支付账户、运营商通信代理收费账户、离线钱包账户和积分账户。其中，第三方支付账户是重点，它是第三方支付机构为其客户建立的电子货币账户体系，其资金的流转必须依托银行完成。为加强对资金的监管，第三方支付机构需要在银行建立存管账户，分为存款账户和支出账户。机构将收到的客户充值资金全额存入存款账户，存款账户不能直接对外支付，只能向支出账户划款；支出账户只能根据第三方支付机构与特约商户的协议，向特约商户账户结算。第三方支付机构根据协议向商户收取相应的手续费。

第三方账户资金的流转模式如图 6-6 所示，具体流程如下：

(1)用户通过银行账户向第三方支付账户充值，第三方支付平台将增加用户账户余额，同时将用户银行账户中的资金转移到第三方支付公司的银行存款账户；

(2)用户在使用第三方支付账户支付时，第三方支付平台扣减用户账户余额，同时将结算数据发给银行，由银行完成从第三方支付公司银行账户支出和商户银行账户的资金结算；

(3)第三方支付公司根据业务结算的需要，定期或不定期地由其银行存款账户向其支付账户划款。

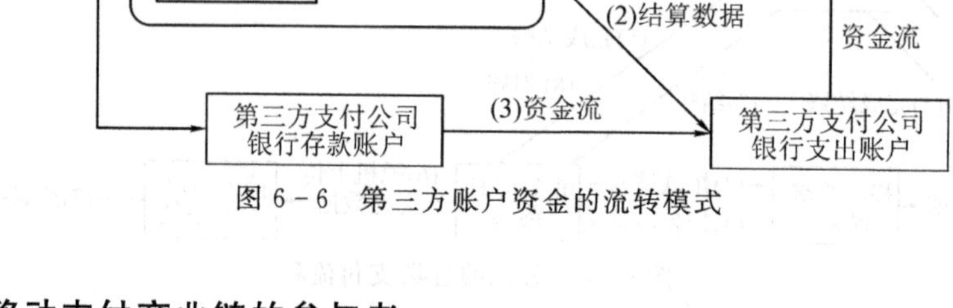

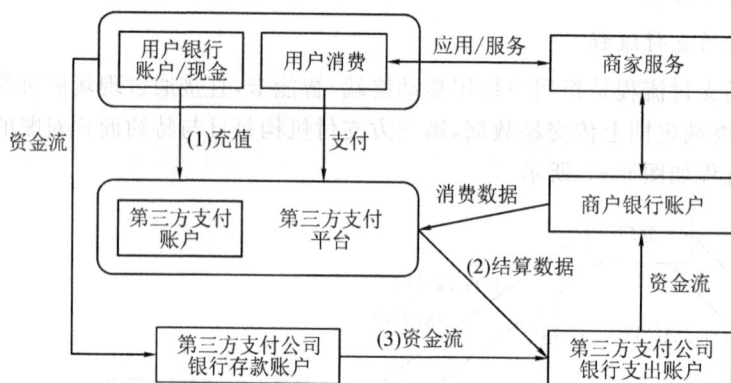

图 6-6　第三方账户资金的流转模式

6.1.3　移动支付产业链的参与者

在对移动支付系统结构有了一定了解后，接下来我们从产业链视角进一步了解移动支付系统各参与方的协作情况。移动支付产业链参与者主要包括金融机构、移动网络运营商、第三方支付机构、商家和设备及解决方案提供商，特别是前三者，是主要的移动支付服务提供商。在产业链中，用户和商户位于两端，是移动支付业务的市场受众。移动网络运营商、第三方支付机构、金融机构是服务的提供者。移动支付应用开发商、POS 制造商、SIM 卡制造商、终端制造商、芯片制造商等软硬件厂商以及系统集成商是移动支付市场近场支付的重要支撑力量，政府则是政策监管和标准引导的主导者。

如图 6－7 所示，移动支付庞大的产业链构成决定了整个产业链的参与者将会远多于传统的支付产业，从上游的技术与方案提供商和设备制造商到包括电信运营商、第三方支付企业、银行卡组织、商业银行在内的移动支付企业，再到下游的商户，在合作与博弈中推动子整体产业的发展。

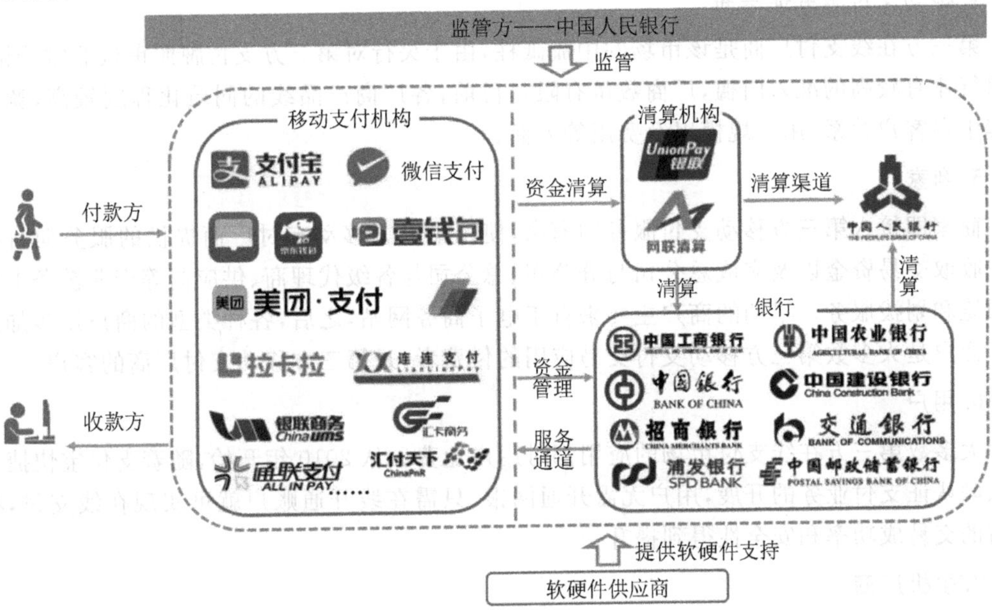

图 6－7　中国移动支付产业链

以基于手机端的移动支付为例，其支付产业链上存在的基础设备制造和运营服务平台通常提供两条主线。基础设备制造商主要是发射端，包括可实现远程、近场无线通信的手机制造商，SIM 卡制造商和接收端可实现远程、近场无线通信的销售点终端机制造商。运营服务平台包括金融机构、移动网络运营商和第三方支付机构。

1. 设备终端提供商

目前为第三方支付提供技术支持的供应商分为硬件设备方案供应商和系统解决方案提供商两类。硬件设备主要为支付终端解决方案，如 POS、移动刷卡器、具备 NFC 功能的近场支付设备等。系统解决方案则涉及线上第三方平台的搭建，与各银行金融机构接口（即支付网关）的连接，如移动 App 等。

2. 移动网络运营商

移动网络运营商为第三方支付提供支付交易信息的通信渠道，是连接用户、商业银行和第三方支付机构的重要桥梁，对第三方支付产业的发展起到了关键作用。较早时期，移动通信运营商能够作为代理结算机构，从用户手机话费账户中直接扣除各种小额支付的增值服务费用。随着移动互联网的发展及微信等即时通信社交软件的崛起，移动通信运营商短板凸显：缺乏将自己的用户转换为支付客户的内容和场景基础；原有语音通信服务不断受到社交软件的冲击，逐渐被边缘化，从而成为基础的移动网络提供商。

3. 金融机构

金融机构不仅是第三方支付产业链的上游环节，更是该市场政策的制定方，在产业链中具有明确的话语权。金融机构在针对个人用户服务方面相对保守，因此也为移动网络运营商和第三方支付市场带来了快速发展的契机。第三方支付业务能够有效帮助银行提升银行卡用户、网银用户的活跃度和黏性，但第三方支付业务也在一定程度上与银行业务重合。

4. 移动支付服务提供商

第三方在线支付厂商是该市场的中流砥柱，由于央行对第三方支付牌照审核非常严格，所以该行业有较高的准入门槛，厂商数量有限。目前，各厂商产品线的同质化程度较高，竞争主要集中在客户关系、用户规模以及费用等方面。

5. 商家

商家即接入第三方移动支付服务的商家，使用第三方移动支付厂商提供的服务向自己的客户收取交易资金以及完成总公司与分公司、总公司与各级代理商、供应商等产业链条上的资金回笼和划拨服务。早期的商户主要来自于电子商务网站，之后，各种类型的商户逐步加入市场。商户是大多数第三方移动支付交易应用的付费者，是第三方移动支付厂商的客户。

6. 用户

大多数第三方在线支付市场的应用都对用户免费。从 2010 年开始，随着支付宝快捷支付和银联认证支付业务的开展，用户无需开通网银，只需在线开通账户就可实现在线支付，在线支付的交易成功率和安全性得到提升。

7. 手机厂商

智能手机、移动终端生产厂商不断推陈出新，为移动支付带来了新的发展机遇。终端性能的提高和不断改善的带宽限制，为移动支付领域的高速发展奠定了基础。

8. 政府监管

中国人民银行主要负责支付结算规则的制定，对银行及金融结算组织的经营资格、资金安全进行监督管理，为第三方支付机构颁发支付许可证，同时出台相关政策及管理办法等。

6.1.4 移动支付产业发展现状

1. 美国移动支付产业发展

美国移动支付模式以商家 App 为主，但由于美国金融 IC 卡很早就非常普及，目前美国的信用卡几乎都是带芯片的。根据艾瑞咨询的数据显示，2015 年以来，美国接触式移动支付交易额呈现逐年增长的趋势，2018 年交易额已达到 78.09 万亿美元，较 2015 年增长了 68.32 万亿美元，2019 年美国移动支付交易额为 113.79 万亿美元。2019 年 4 月美联储公布，允许资金实时转移的支付系统 FedNow 已于 2023 年 7 月正式投入使用，2015—2019 年美国移动支付交易额见图 6-8。

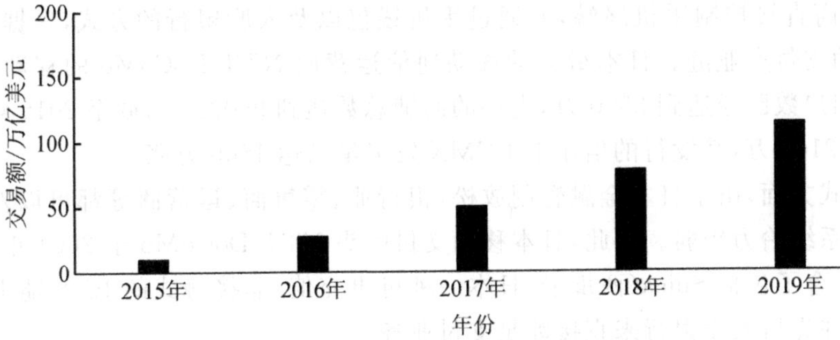

图 6－8　2015—2019 年美国接触式移动支付交易额

在美国，常见的移动支付方式有：

(1)Chase Pay。根据美联储的一项调查，在所有持有银行账户的美国智能手机用户中，已有超过一半的人使用移动银行应用。摩根大通计划为 9400 万用户账号预先关联卡片，而用户只需接受相关条款即可直接使用该卡片。摩根大通希望公司的卡片进入所有移动钱包，并计划支持 Apple Pay、三星 Pay 和其他类似的服务。

(2)沃尔玛 Pay。2016 年上半年，沃尔玛在美国的所有门店接受通过移动应用的支付。约 2200 万沃尔玛消费者已经使用这款应用。这款应用支持比价，提供商品折扣，还将支持用户将借记卡和贷记卡信息保存在应用中。

(3)MCX。MCX 成立于 2012 年 8 月，是美国的移动支付零售联盟，由以沃尔玛、塔吉特为主导的美国零售连锁公司共同组建，该组织于 2014 年 10 月 20 日推出 CurrentC 应用，该应用为一个联合了零售商家的支付工具。从使用体验来看，CurrentC 与中国的手机端支付宝类似。

(4)Apple Pay。Apple Pay 仍是市场领先者，但是 Apple Pay 的店内支付功能需要最新款的 iPhone 才能支持。

(5)Android Pay。在收购美国 3 大移动运营商开发的 Softcard 之后，谷歌重新设计了移动钱包服务。已有数百万用户注册新版 Android Pay，其中大部分用户是首次使用 Android 手机刷卡购物。

(6)三星 Pay。三星于 2015 年 8 月在韩国发布了三星 Pay，并于 9 月份将该服务推向美国市场。当年 10 月，美国市场三星 Pay 的每个用户平均交易量已达到 8 笔。与 Apple Pay 和 Android Pay 不同，三星的移动支付服务支持较老的店内终端，从而可以覆盖更多用户。但是，只有较新的 Galaxy 手机用户才能使用三星 Pay。

(7)PayPal。PayPal 总部位于美国的加利福尼亚州，是一家纳什达克上市公司，并在全球具有很强的影响力，截至 2019 年末，全球有 2.86 亿活跃支付账户，服务于 200 多个国家和地区，支持 100 余种货币交易，成为全球较大的在线交易平台。

2. 日本移动支付产业发展

日本早在 2004 年就已经大面积普及 NFC 近场支付模式。在日本，移动支付可以用来坐地铁、在便利店完成支付、自动售货机购物以及去餐馆吃饭。这背后是日本商家和通信运营商的共同推动。

日本已经形成了以通信运营商为主导的移动支付体系，盈利主要来自发卡方支付的服务费。移动运营商直接控制手机终端，并通过手机钱包以及入股银行的方式，掌握海量手机用户，主导了移动支付产业链。日本最大的移动通信运营商 NTT DoCoMo 的移动支付业务发展迅速，目前用户数已经达到 3500 万，支持的商铺总数达到 95000 户，截至 2015 年 ID 借记卡的开卡量已达 2100 万，其发行的信用卡 DCMX 发卡量已达 1600 万张。

在实现方式方面，由于日本金融管制放松，银行业、零售商、运营商等都可以发行信用卡，银行对支付体系统治力较弱。因此，日本移动支付巨头 NTT DoCoMo 于 2004 年 7 月正式推出手机钱包，整合了包括 Suica(西瓜卡，日本一种可再充值、非接触式的 IC 智能卡)在内的多家 IC 支付卡，并先后入股银行来直接涉足支付业务。

3. 韩国移动支付产业发展

在韩国，卡支付已成为主要的支付手段，目前电视购物、网络购物、移动购物等日益成为流行的消费及购物方式，这导致了传统的银行业务不足以满足消费者对消费自由度、便利性以及节约时间的需求。目前，韩国每月有超过 30 万人在购买新手机时选择具备储存银行交易资料并进行交易信息加密功能的手机，移动支付业务使手机变为传统支付工具的替代品。近年来，越来越多的移动用户通过手机实现 POS 支付、购买地铁车票、完成 ATM 取款等。在韩国主要有 MONETA 和 K-merce 两大移动支付品牌。

韩国移动支付的实现方式主要有运营商主导、银行主导、第三方移动支付平台公司主导、运营商和银行或卡组织合作成立公司主导等模式。在韩国主要采取的是运营商或商业银行主导，运营商、银行等多方合作的模式。总的来说，韩国的三大移动运营商(SK、KTF、LG)牢牢控制着移动支付产业链，占据产业链的主导地位。目前三大移动运营商都提供具有信用卡功能和基于 Felica 标准(NFC 标准的一个分支)的预付费智能卡手机，其中韩国移动支付发展最好的运营商 SK 电讯从一开始就控制着整个产业链，与产业链其他环节进行密切的合作，推出 MONETA 移动支付品牌。KTF 也推出自己的移动支付品牌 K-merce，而 LG 电信早在 2003 年就推出了手机银行业务。

以 SK 公司为例，韩国的通信运营商 SK 凭借其移动运营商的地位，成为推动移动支付市场的主导力量。早在 2001 年，韩国 SK 通过与 VISA 等信用卡机构合作推出了名为 MONETA 的移动支付业务品牌。此后，SK 对无线和有线系统进行整合，构建了多媒体互联网共用平台——NATE，将 MONETA 移植到了手机上。移动用户可以在商场用手机进行结算，在内置有红外线端口的 ATM 上提取现金、在自动售货机上买饮料，还可以用手机支付地铁等交通费用，无须携带专用的信用卡，而且同样可以得到发票。SK 公司一方面将加强与商业及零售部门的合作，加快 MONETA 接收器在商场的普及；另一方面将积极开发多种支持 MONETA 移动商务业务的手机，并保证其尽快推向市场。

以 KTE 公司为例，K-merce 是韩国 KTF 公司推出的一项类似于 MONETA 的移动支付服务，可以提供移动证券、移动银行、票据、彩票、购物、拍卖、赠券等服务。K-merce 手机不但可以像遥控器一样发射红外线进行结账，还可以像交通卡一样靠近刷卡机进行结账。

4. 欧洲移动支付产业发展

1)欧洲移动支付概况

荷兰 Adyen 公司曾经发布的 2014 年统计数据显示欧洲是全球移动支付普及率最高的地区，普及率达 24%，亚洲以 17%位居第二，北美为 16.7%，仅 2014 年第三季度，移动支付已占全欧全部电子支付方式总额的 23.3%。以丹麦为例，该国自 2016 年 1 月起实现了全国无现金并推行了一系列方案，包括不再强制全国零售商接受现金，以及将移动支付软件 Mobile Pay 与银行账号、国民身份证件号联网绑定等，旨在大规模推进移动支付的普及，并加强国家对移动支付的监管。目前，丹麦全国有三分之一的人口使用移动支付。移动支付将精简结算流程，减轻现金管理安保负担，利于集中资源提高生产力。此外瑞典也在加紧推广移动支付，首都斯德哥尔摩的众多商店已不再接受现金，全国 6 大银行中的 5 家也已全面实现无现金业务网点。在电子支付渗透率极高的北欧地区，移动支付成为主导是必然趋势。

2)欧洲移动支付实现方式

欧洲国家的移动支付一如其他产业一样，同时进军欧洲多国，所以欧洲品牌多数采用多国运营商联合运作方式，即银行作为合作者但不参与运营。业务模式往往是通过 WAP、SMS、IVR 等方式接入来验证身份等，操作较为繁琐，不适于时间性要求很高的支付行为，所以多用于 WAP 业务和电子票务等。

随着苹果支付的发布，移动运营商背景的移动支付即将面对一个强大的对手。苹果手机在欧洲拥有极高的市场占有率，在英国有三分之一的智能手机用户使用苹果手机，而这些用户中的很大一部分将会升级到支持 NFC 和苹果支付的新款苹果手机。运营商要在 iOS 生态中发展出一个移动支付和钱包 App 难度加大。欧洲移动运营商对于移动支付的企图，未来可能只能寄希望于更加开放的谷歌安卓系统。

5. 中国移动支付行业运行现状分析

1)中国移动支付行业发展概况

(1)移动支付行业用户规模。根据中国人民银行发布的 2020 年支付体系运行总体情况显示：2020 年，中国的银行共处理移动支付业务 1232.20 亿笔，金额 432.16 万亿元，同比分别增长 21.48%和 24.50%。根据 i iMedia Research(艾媒咨询)发布的《2020 上半年中国移动支付行业研究报告》显示，中国移动支付用户规模预计达 7.90 亿人。根据《第 46 次中国互联网网络发展状况统计报告》显示，截至 2020 年 6 月，我国手机网络支付用户规模达 8.02 亿，占手机网民的 86%，2020 年上半年，我国移动支付金额达 196.98 万亿元，同比增长 18.61%，稳居全球第一。图 6-9 为 2017 至 2020 年中国手机支付用户规模及使用率情况。

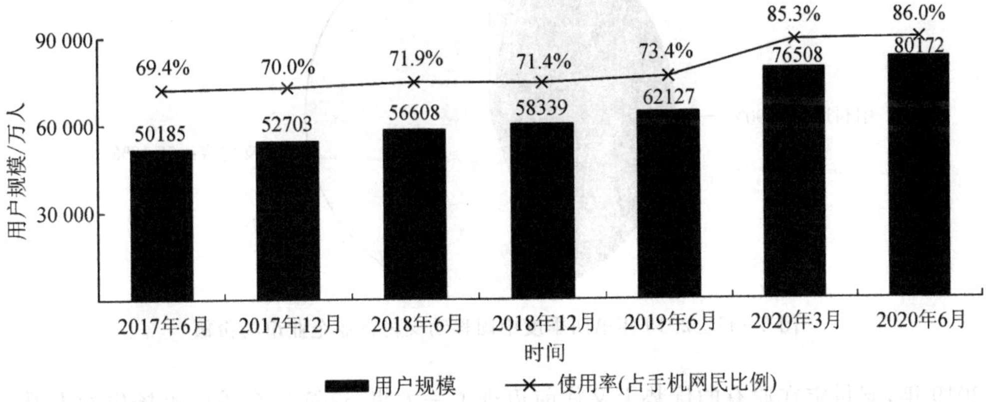

图 6-9　2017—2020 年中国手机支付用户规模及使用率

(2)移动支付行业交易规模。如图 6-10 所示，艾媒咨询数据显示，截至 2019 年第一季度，中国移动支付交易规模仍保持相对较高的增长速度，2018 年达 277.4 亿元，2019 上半年的交易额为 166.1 万亿元。艾媒咨询分析师认为，移动支付产品在全民范围内的普及，推动了交易规模的不断上升。而随着移动支付平台将应用场景拓展到人们生活圈更多环节，未来移动支付的使用将更加频繁。

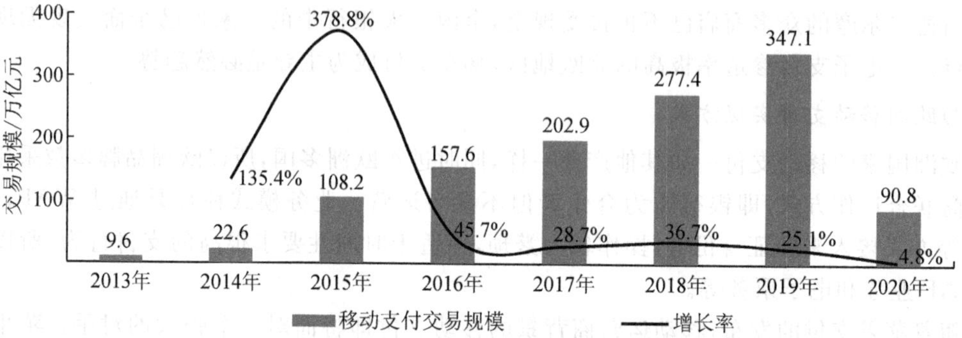

图 6-10　2013 年—2020 年第一季度中国移动支付交易规模

受疫情影响，2020 年第一季度中国移动支付交易规模为 90.8 万亿元，同比增速 4.8%，增速下滑明显。但长期来看，疫情加速了消费服务线上化，驱动移动支付场景的拓展以及用户移动支付习惯的强化。未来移动支付交易规模将在用户规模以及支付频率上升的驱动下持续增长。

(3)移动支付市场占有率。在我国，由于支付宝和微信支付进入移动支付市场较早，借助各自平台优势，拥有大量用户并不断拓展线下场景，占据了大量市场份额。数据显示，截至 2019 年第四季度，支付宝市场份额稳居移动支付的龙头地位，达到 55.10%；排在第二位的是腾讯财付通(含微信支付)，目前为 38.9%；壹钱包以 1.4%的市场份额排在第三。2019 年第四季度中国移动支付行业企业市场份额如图 6-11 所示。

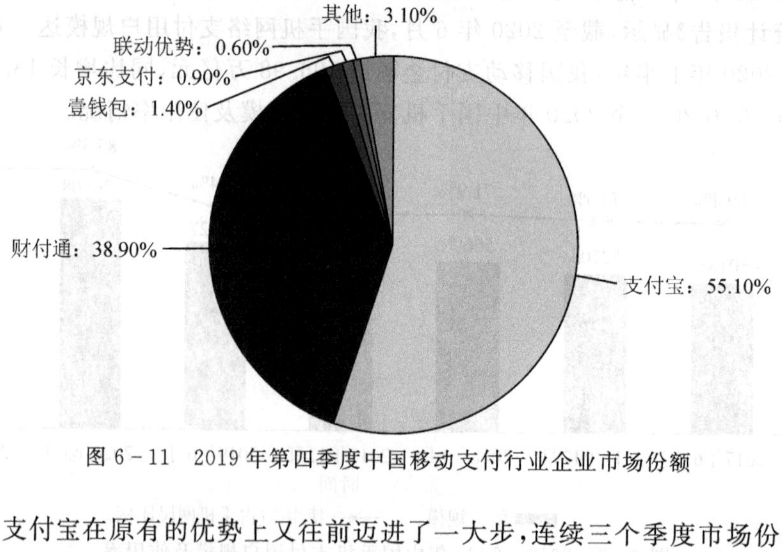

图 6-11　2019 年第四季度中国移动支付行业企业市场份额

2019 年，支付宝在原有的优势上又往前迈进了一大步，连续三个季度市场份额上升，进一步与排在第二位的腾讯财付通(含微信支付)拉开差距，其市场份额相当于微信支付的 1.4 倍。2019 年支付宝与腾讯财付通在移动支付市场份额占比情况如图 6-12 所示。

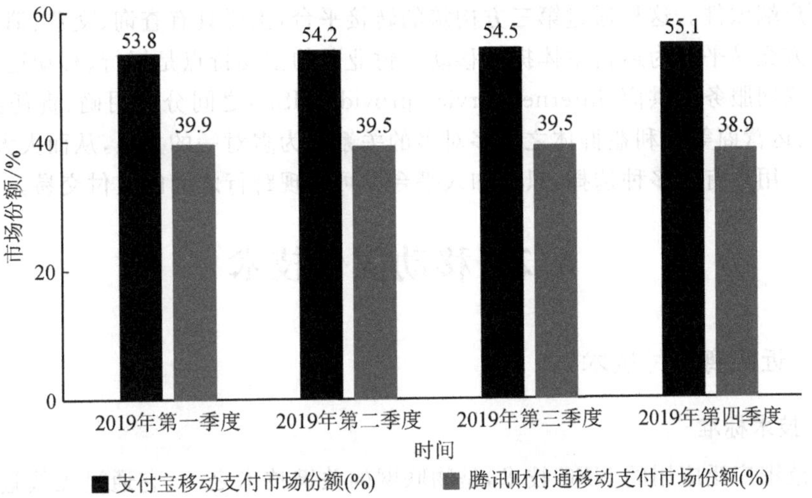

图 6-12　2019 年中国主要移动支付运营商市场份额对比

2）中国移动支付的实现方式

（1）移动运营商主导。移动运营商作为移动支付平台的运营主体，移动运营商会以用户的手机话费账户或专门的小额账户作为移动支付账户，用户所发生的移动支付交易费用全部从用户的话费账户或小额账户中扣减。例如，移动运营商主推“手机钱包”模式，允许用户用预存的手机话费进行消费，能方便地买车票、电影票、景点门票等，但其消费额受限于用户“话费总额”，目前并不适用于大额消费支付。在以移动运营商为运营主体的移动支付业务模式中，移动运营商除了提供基础网络服务和内容增值服务之外，还承担了账户系统、资金清算等金融机构的责任，不需要银行过多的参与。这种商业模式技术实现简便，但是移动运营商的角色定位不明确，使得产业链各方的利益难以保证，前景复杂。

（2）金融机构主导。银联作为我国银行卡信息交换网络的金融运营机构，所提供的移动支付平台接入服务是银行卡支付服务的延伸，有别于商业银行个性化的手机银行业务。由银联来建立和运营移动支付平台，可以避免以移动运营商为主导的一些弊端，同时也能解决多个银行共同开展移动支付业务时带来的困扰和资源浪费，优化了整个产业，使得各方的定位更加明晰，大家能各司专长、共同发展。

（3）第三方支付服务提供商主导。银行通过专线与移动通信网络实现互联，将银行账户与手机账户建立对应关系，用户通过银行卡账户进行移动支付。银行为用户提供交易平台和付款途径，移动运营商为银行和用户提供信息通道和内容服务，不参与支付过程。当前我国大部分提供手机银行业务的银行都由自己运营移动支付平台。与“手机钱包”不同，银行主推的是“手机银行”模式，实质是金融机构与移动运营商合作，将用户的手机号码和银行卡号等支付账号绑定，通过手机短信、手机 WAP 上网等移动通信技术传递支付账号等交易信息。以银行为运营主体的移动支付模式，各银行只能为本行用户提供手机银行服务，需要购置自己的设备并开发自己的系统，因而会造成资源浪费，如果一部手机只能与一个银行账户相对应，那么用户将无法享受其他银行的移动支付服务，这会在很大程度上限制移动支付业务的推广。

（4）银行和运营商合作运营。移动支付平台服务提供商是独立于银行、银联和移动运营商的第三方经济实体，主要是借助手机的移动上网功能实现随时随地的无线支付，例如支付宝推出的手机客户端软件。这种通过第三方构筑的转接平台，主要具有查询、交费、消费、转账等功能。以第三方交易平台为运营主体提供移动支付业务的主要特点是银行、移动运营商、平台运营商以及互联网服务提供商(internet service provider，ISP)之间分工明确、责任到位；平台运营商将银行、运营商等各利益群体之间多对多的关系变为多对一的关系，从而大大提高了商务运作的效率。用户有了多种选择，只要加入平台即可实现跨行之间的支付交易。

6.2 移动支付技术

6.2.1 近距离支付技术

1. NFC 技术标准

在全球范围广泛应用的 NFC 技术，是物联网的关键技术之一，它通过无线近场通信方式完成数据传输。不过，这一通信信道并不安全，面临着通信数据被窃听、篡改或泄露的危险。随着 NFC 技术在手机支付领域的迅速推广，它的基本连接安全问题备受重视。

近场通信空中接口安全防护技术(NFC entity authentication，NEAU)能从链路层解决 NFC 技术的安全问题，有效防止伪造、窃听和篡改等攻击。它能广泛应用于非接卡、NFC 设备等各类移动支付产品中，为移动支付通信本身提供底层的和最基础的安全保障。让广大用户在使用移动支付、信用卡、交通一卡通等业务时，更加安全和放心。2014 年，因技术的先进性，NEAU 已被采纳成为欧洲 ECMA 标准。

在国际数据通信标准制定上，中国正在从参与者变成协调者和主导者。无线局域网鉴别与保密基础结构(WLAN authentication and privacy infrastructure，WAPI)是中国提出的、以 802.11 无线协议为基础的无线安全标准。WAPI 与红外线、蓝牙、GPRS、CDMA1X 等协议一样，是无线传输协议的一种，不同点在于它是无线局域网(wireless local area network，WLAN)中的一种传输协议，是无线局域网中的安全协议。WAPI 协议由以下两部分构成：

(1)无线局域网鉴别基础结构(WLAN authentication infrastructure，WAI)，是用于无线局域网中身份鉴别和密钥管理的安全方案。

(2)无线局域网保密基础结构(WLAN privacy infrastructure，WPI)，是用于无线局域网中数据传输保护的安全方案，包括数据加密、数据鉴别和重放保护等功能。

思政要点

WAPI 是我国首个在计算机宽带无线网络通信领域自主创新并拥有知识产权的安全接入技术标准。已由国际标准化组织 ISO/IEC 授权的机构 IEEE Registration Authority(IEEE 注册权威机构)正式批准发布，这也是目前为止，我国在该领域获得批准的第一个协议。

思政拓展

2. SIMpass 技术标准

实现方式:SIMpass 是一种双界面 SIM 卡技术,可通过两种方法实现,一种是定制手机方案,该方案将天线组件内置于手机之中,手机中只要装入 SIMpass 卡片就可以实现非接触通信。另一种是低成本天线组方案,该方案不需要对手机进行任何改造,整个系统包括 SIMpass 卡片和一个与之配合的天线组件,只需将 SIMpass 卡片和天线一起安装在手机中便可工作。

优势:用户不需要更换手机,运营商项目启动的成本变小。

劣势:采用 SIMpass 技术进行移动支付,业务将占用用于 OTA 业务的 C4/C8 接口,对运营商的网络将会造成一定的压力,而且只具备被动通信模式,不具备点对点通信功能,此外产业链相对单薄。

3. RF-SIM 卡技术标准

实现方式:RF-SIM 卡是双界面智能卡(RFID 卡和 SIM 卡)技术向手机领域渗透的产品,是一种新的手机 SIM 卡。RF-SIM 卡既具有与普通 SIM 卡一样的移动通信功能,又能够通过附于其上的天线与读卡器进行近距离无线通信,从而能够扩展至非典型领域,尤其是手机现场支付和身份认证功能。

RF-SIM 卡用户能够通过空中下载的方式实时更新手机中的应用程序或者给账户充值,从而使手机真正成为随用随充的智能化电子钱包。

优势:RF-SIM 更容易让运营商控制产业链,且用户使用门槛更低。

劣势:RF-SIM 技术采用 2.4 GHz 通信频率,而对于银行机构来说,他们更青睐于基于 13.56 MHz 的 SIMpass 或 NFC 标准,而对于注重产业链协同的移动支付业务来说,在初期,运营商推广的难度会较大。

6.2.2 远距离支付技术

1. 远距离支付技术发展综述

第一阶段是将手机短信与后台账户捆绑在一起的支付模式。它主要是将用户的手机号后台中用户的支付账号进行关联,从而完成支付过程。虽然这种支付方式使用门槛很低,但是存在安全性欠缺、操作繁琐复杂、无法及时支付等问题。

第二阶段则是基于 WAP 和 Java 方式,利用移动终端的客户端或 WAP 浏览器,通过 GPRS 或 cdma2000 1x 系统网络进行支付。这种方案既可以采用后台账户绑定模式,也可以采用在支付过程中记录账户信息的模式,如让用户输入银行卡号和密码。这种移动支付模式与第一代移动支付有同样的缺点,还受到网络速度的制约。

第三阶段是一种非接触式移动支付模式,目前已经有 NFC、SIMpass 以及 RF-SIM 3 种比较成熟的技术,NFC 和 SIMpass 使用 13.56 MHz 频率,该频率和协议已广泛应用于交通、金融等多个行业,是世界公认的标准。RF-SIM 技术是将包括天线在内的 RFID 射频模块与传统 SIM 卡功能集中在一张 SIM 卡上,在实现普通 SIM 卡功能的同时也能通过射频模块完成各种移动支付。我国移动支付技术前后经历了两次升级,目前正在走向第三阶段。

从技术和应用上来讲,这三种支付方式各有优缺点。使用 SIMpass 不用更换手机,运营商项目启动的成本小,但是占用了用于空中激活技术的 C4/C8 接口,只具备被动通信模式,不具备点对点通信功能,而且产业链单薄;NFC 具有工作稳定、支付主/被动通信模式、支持点对点通信、支持高加密、高安全性和产业链完整等优点，但是用户需要更换手机，推广成本较高；RF-SIM 更容易让运营商控制产业链，且用户使用门槛低，但是由于它采用 2.4 GHz 通信频率，推广难度较大。

2. 移动支付业务技术实现方式优劣势比较

不同地点的支付，技术实现方式不同。远距离移动支付的主要技术实现方式有 SMS、WAP、IVR、K-Java/BREW 和 USSD 等，近距离移动支付的主要技术实现方式有红外、NFC 等。移动支付业务技术实现方式优劣势对比情况如表 6－1 所示。

表 6－1　移动支付业务技术实现方式优劣势比较

分类	技术实现方式	优势	劣势
远距离移动支付	SMS	业务实现简单	安全性差，操作繁琐、交互性差、响应时间不确定
	IVR	稳定性较高，实时性较好，系统实现相对简单，对用户的移动终端无要求，服务提供商可以很方便的对系统进行升级并不断提供新的服务	服务的操作复杂，耗时较长，通信费用相对较高，不适用于大额支付
	WAP	面向连接的浏览器方式、交互性强	响应速度较慢、需要终端支持，终端设置较为复杂、支付成本高、不适合进行频繁小额支付
	K-Java/BREW	可移植性强、网络资源消耗与服务器负载较低、界面友好、保密性高	需要 WAP 推动网关、需要终端支持、需为不同终端编译不同的版本支持
	USSD	可视操作界面、实时连接、交互速度较快、安全性较高、交易成本低	需要终端支持、移动运营商的支持有地域差异
近距离移动支付	红外	成本较低、终端普及率高、不易被干扰	传输距离有限、信号具有方向性
	NFC	安全性高、速度快、存储量大	成本高、基础设施投入大、需要终端支持

6.2.3 其他移动支付技术

1. 贴片卡技术

贴片卡即 SIM 贴片卡，不改变 SIM 卡原有功能，是以 SIM 卡贴片的形态与 SIM 卡结合使用，在合成过程中把芯片合并在里面，从外表是看不到的，只有用机器才能感应到，形式上类似感应卡。为通讯行业以外的运营机构提供低成本接入无线移动终端（手机）媒介，进行诸如移动支付、理财、手机 OA、多业务安全登录、敏感信息安全传输等应用。SIM 贴片卡的生命期管理，包括内容灌装、个性化、向终端用户发行、业务流程的启用/修改/远程更新/废止、用户的绑定等，这些均无需借助移动运营商，而完全掌控于应用发布商。

2. 智能 SD 卡

目前已经推出的智能 SD(secure digital，安全数字）卡产品仅主要在警务通、药监终端等专业市场试水，或者提供给校园、地产公司用来做内部支付，还未真正推向市场。

3. 人脸识别支付技术

2015 年由清华大学与梓昆科技（中国）股份有限公司等联合研发的全球首台具有人脸识别功能的 ATM 机正式亮相。这台可以“刷脸”的 ATM 机将与银行、公安等系统联网，持卡人通过“刷脸”就能从自己的银行卡中取款，如果持有的是他人银行卡，即使知道密码也无法取钱。目前，全球范围内，这种新的支付方式已经应用于许多实体店，如服装店、杂货店、自动售货机和地铁站等。

人脸识别支付（facial recognition payment，FRP），又称刷脸支付。可让更多的用户通过识别人脸付款。实体店的结账柜台会配有专门的触摸屏设备，该设备一般由支付公司提供，用于访问支付公司的面部信息数据库。有的智能手机也提供人脸识别功能，比如苹果手机可以使用 Face ID（面容识别）来核实身份并同意付款。上述两种人脸识别支付的主要区别在于对设备的依赖性不同，比如，想要通过 Face ID 使用 Apple Pay，用户必须拥有最新型号的苹果手机并且必须随身携带，而使用专门的人脸识别设备，则无需使用手机，只需要拥有实名认证的支付公司的账户（如微信账户或支付宝账号）以及与之相关联的银行账户即可。

下表对常用的二维码支付、智能手机人脸识别支付和专门设备人脸识别支付进行比较，从对比情况来看，使用专门设备的人脸支付较其他两种方式极大提高了结账效率。表 6-2 为三种不同支付方式的比较。

表 6-2 三种支付方式的比较

支付方式	设备要求	软件要求	时间成本
Apple Pay、Android Pay	支持面部识别的手机	Apple Pay/Android Pay 中预设的信用卡、银行卡	15 秒内
二维码扫描	带相机的智能手机	支付宝账号/微信账户及关联的银行账户	30 秒～1 分钟
人脸识别支付	无	支付宝账号、微信账户及关联的银行账户	10～15 秒 （对于经常使用的用户，用时可能少于 10 秒）

案例

学校食堂刷脸支付机上线

2024年秋季学期，郴州市北湖区石盖塘中心学校和永春中心学校开始试使用“校园智慧食堂监管平台”。学生只需面向机器刷脸，便能轻松完成取餐和扣费，取餐后，记录会实时更新，家长可以通过手机App第一时间了解孩子在校的就餐状况。九年级的廖同学感慨道：“以往饭卡一旦丢失被他人捡到就可能被盗刷，每周从家里带现金到学校充卡时，还得排队，耽误学习时间。现在这些问题都不存在了。”九年级的黄老师也表示：“以前就餐需要到学校后勤充卡，既费时又麻烦，有时忘记带饭卡还得跑到办公室去寻找，极为不便。而现在直接刷脸，实在是方便快捷。”

来源：北湖发布《在这些食堂，学生刷脸就能吃饭》

https://mp.weixin.qq.com/s? __biz=mza3mtqxotywoa==&mid=2649677100&idx=1&sn=7f1cbcdaf3e0a51848f510c37f31716b&chksm=8679479bf59aed704aef3bf2aefb47c7fae9caa918ef0b429aa643cc7c1c4b6f9c4d9ea64cd7&scene=27

6.3 移动支付的应用与创新

6.3.1 移动支付的应用

移动支付优先渗透至能够与移动社交、位置服务相结合或具备高附加值的行业领域，从而使基于移动互联网的生活消费、投资理财、休闲娱乐等应用率先得到普及。艾媒咨询《2020上半年中国移动支付行业研究报告》显示，除了常见的零售、生活领域外，移动支付在交通、医疗等场景的应用发展迅速，说明移动支付向着场景多元化、垂直化发展，未来移动支付机构在细分领域大有可为。2020年上半年中国移动支付主要支付场景如图6-13所示。

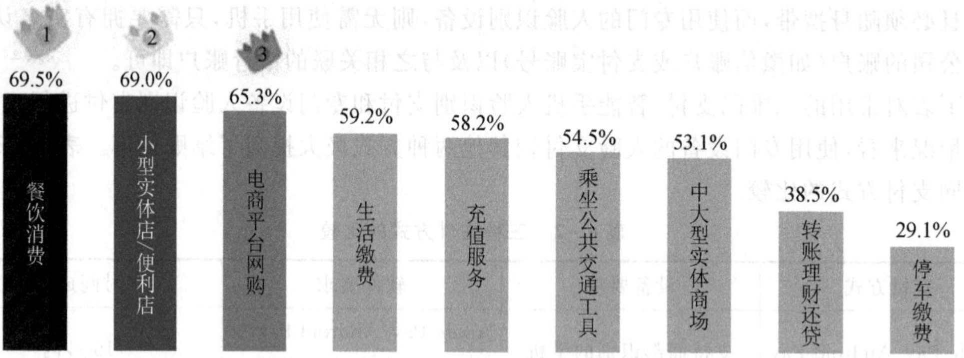

图6-13 2020年上半年中国移动支付平台用户主要支付场景

1. 交通领域应用

2020年1月长龙航空与阿里云共同研发的“双离线支付”技术上线，长龙航空也因此成为国内首家实现“双离线支付”技术上线的航司。如今“双离线支付”因为数字人民币的测试推广而备受关注，并在广大消费者群体中打开了知名度。该功能上线后，在长龙航空的航班上，旅客只需挑选好商品，通过扫描乘务员手中的支付宝二维码下单，然后乘务员扫描旅客成功付款凭证二维码，即可完成交易。旅客通过智能手机，即使在万米高空无法联网的客舱中，依然能和在地面一样，完成无现金交易。航空场景的“双离线支付”为部分有消费需求又没有携带足够现金的用户提供了更多选择，同时也提升了工作人员的收款与对账效率，有着一定的借鉴意义。

新能源汽车充电也成为一个新的应用场景。2020 年 4 月银联新能源汽车无感充电业务在深圳龙华清荣充电站正式上线。该业务是银联“物联网＋无感支付”技术的创新应用，实现新能源汽车充电的新体验。该方案依托银联 Token2.0 与物联网定制安全芯片技术，用户通过“绿侠快充”App 或“银联深圳”公众号绑定驾驶证和任意一张银联借记卡，点击充电桩屏幕上的“VIN(vehicle identification number，车辆识别代码)充电”，然后通过边缘计算网关在插枪时识别 VIN，在拔枪结束充电时获取充电结算信息，实现新能源汽车充电“插枪即充、拔枪即付”。在该项目研发后期，银联电子支付研究院联合比亚迪，在实验室环境，通过与比亚迪车云平台对接，从而获取充电车辆的 VIN 信息，完成国内首个实车实桩的交流桩无感支付技术试验，攻克了交流充电桩普遍无法获取 VIN 信息的问题。

2. 下沉市场应用

据前瞻产业研究院发布的《2019 年中国移动支付行业市场现状及发展趋势》报告显示，从城市分布来看，目前，三线和四线城市第三方移动支付 App 活跃用户占比最高，在 20％以上；其次是二线、一线和五线城市，第三方移动支付行业整体下沉趋势明显，未来四五线城市是主要发力市场。随着监管从严、竞争加剧，各大移动支付企业纷纷将目光转向了更为宽广的中小城市乃至乡村市场，三四线城市正成为移动支付新蓝海。比如支付宝与抖音快手等短视频平台上的三农达人合作。而要更好地服务下沉市场，支付企业要做的还有很多，其中最为关键的是所有服务都要贴近用户，以用户为核心开发产品。一方面，支付企业要贴近该地区生产生活实际情况，开发移动支付服务产品，结合居民的消费心理、产业结构特点，丰富移动支付的应用，从生活消费服务向生产、产业生态进行有效延伸；另一方面，围绕三四五线城市、农村居民的日常消费习惯建立便民支付场景，在县域、乡镇、农贸市场等商业活跃的地方开展各种推广活动，以带动移动支付应用的发展。

案例

我国移动支付的新特点

2020 年我国移动支付呈现三大新特点：一是各大城市、中小城市步入数字支付时代，移动支付加快与公众数字生活对接，受益人数占比较 2019 年提升了 5 个百分点，六成受访的金融消费者使用移动支付的频次及金额较去年均有提升。二是疫情防控加速线上便民支付场景建设，生鲜电商、网络直播、医疗支付等更多消费场景方便百姓日常生活。三是移动支付付款账户首选使用网贷资金的群体值得关注，人数占比上升明显。主要表现在“三低”群体，即低龄、低收入、低线城市。

移动支付频率稳步增长，“无接触支付”广受认可。数据显示，98％的受访者将移动支付视为其最常用的支付方式，较去年提升了 5 个百分点。其中，二维码支付用户占比达 85％，相较 2019 年增加了 6 个百分点。每日三付是 2020 年移动支付的平均水平，支付频次超过 3 次的比例较19年大幅提升11%，超过5次的比例占总人群的四分之一。95后是高频支付的主力军，特别是95后的男性，平均达到了每日四付的支付频次。在2020年新冠疫情的影响下，向无接触支付时代迈进的脚步突然加快，而移动支付凭借"无接触、更卫生"的优势成为民众主要支付方式的一大驱动力。

线上支付场景加速渗透，便民生态持续完善。疫情激发新业态、新模式，更多线下支付的场景向网络直播、医疗支付等更多消费场景迁移、延伸。数据显示，30%的受访者会经常使用网络直播购物，女性比男性高出7个百分点，且年纪越轻越喜爱这种模式，接近4成的学生受访者表示会经常使用网络直播购物。新兴的线上支付平台与线下，小摊贩、菜场、水果店等小型实体商店等有机融合，在疫情期间受到居民青睐，成为居民日常生活中不可或缺的部分。

（来源：中国银联POS中心 http://www.scunionpay.com/index.php?m=home&c=View&a=index&aid=17890）

3. 虚拟银行的虚拟卡应用

虚拟银行乃至虚拟卡产品带给用户的是更加灵活和高效的数字化体验，成为互联网时代银行个性化服务的标志。2019年起，我国香港地区陆续有4家虚拟银行宣布营业。由渣打香港牵头成立的Mox Bank联合万事达卡推出亚洲首张全功能无号码银行卡，而Mox Bank也是香港首家同时支持Apple Pay及Google Pay的虚拟银行；WeLab旗下的虚拟银行WeLab Bank也推出了首张全面公开在市场使用的无卡号实体借记卡WeLab Debit Card。

ZA Bank（众安银行）是香港第一家试业也是第一家正式开业的虚拟银行，该行推出了香港第一张自定卡号的Visa卡——ZA Card。

由中银香港、京东数科和怡和集团合资成立虚拟银行Livi Bank，并与银联国际合作发行银联版的虚拟借记卡。基于该虚拟卡，Livi Bank主打电子支付消费功能，其中最主要的就是利用"银联二维码"进行线下消费。虚拟银行"虚拟卡"产品的比较如表6-3。

表6-3 虚拟银行"虚拟卡"产品的比较

虚拟银行	虚拟卡产品	卡片形态	产品特色	合作卡线织	线下支付
ZA Bank	ZA Card	数字+实体	自定义卡号(后6位)	VISA	Apple Pay
Mox Bank	Wox Card	数字+实体	无卡号	万事达卡	Apple Pay、Google Pay
WeLab Bank	WeLab Debit Card	数字+实体	无卡号	万事达卡	不详
Livi Bank	Livi虚拟扣账卡	数字	虚拟卡	银联	银联二维码

6.3.2　移动支付的发展趋势

移动支付未来发展的 3 个方面。

1. 移动支付工具和技术应用于更多的支付场景中

未来金融支付工具和支付技术会在场景化、个性化方面发生一些变化。实际上，从商户角度来看，可以明显感觉到商户已经不仅仅关注于过去银联给商户提供的基本的服务功能，更多关注到提供这些支付另外附加的服务功能。

从用户的角度来讲，用户不仅仅是为了消费一笔服务、获得一个服务或购买一个商品而支付一次现金，更希望在支付的过程当中能够感受到支付工具跟他的应用场景做到有效的结合。实际上现在的手机已经变成与人紧密相关的一部分，移动支付可能更多的是要为消费者在消费场景，或者在服务场景当中去实现一些支付的功能。移动支付环节的一个最大的变革，可能是支付环节的彻底消失，这也可能是未来的一个方向。

同时，除了积极扩宽移动支付的使用场景外，支付技术也需要更好地为用户服务，这其中最吸引人的就是刷脸支付，该技术可以更好地服务于老年人和下沉市场用户。目前，支付宝和微信支付都推出了各自的刷脸支付产品——“青蛙”和“蜻蜓”，其在便捷性上较扫码支付、指纹支付更胜一筹。

思政要点

我国移动支付应用场景与业务创新发展领先世界。在乡村，通过现代化信息技术，为农户使用金融服务提供了便利，银行的移动支付业务积极参与乡村振兴。

思政拓展

农村金融用上“卫星遥感”

农户最大的问题在于征信记录空白，而风控问题又成为了农户享受不到便捷金融服务的绊脚石。2020 年 9 月 25 日，网商银行宣布将卫星遥感技术全面应用到农村金融领域，这是一套叠加了卫星遥感技术的特色算法，以及云计算、人工智能算法的全新的农村金融信贷模型。

对农户而言，其最主要的资产显然就是田里的庄稼，如果能得知农田面积多大、何类品种、成熟程度、收成预测等数据，那么风控便可能得到解决。

“农户可以拿着手机，绕地走一圈，或是在支付宝上把自己的土地在地图上圈出来，卫星就可以去识别这块地的农作物面积、作物类型，分辨出水稻、玉米、小麦、花生、烟草等多种作物的区别，目前准确率已达到 93%以上。农户圈出的地块是否准确，也可以和农户在政府机构登记的土地流转、农业保险等数据进行交叉验证。”网商银行农村金融首席算法专家王剑解释道。

2. 移动支付助力 O2O 产业实现线上线下的结合

O2O 不一定能非常准确地反映出移动支付的方向，无论是从线上到线下，还是从线下到线上，这两个方向都不是非常重要的，重要的是线上和线下的结合，正是因为有了移动支付工具，使得线上和线下能够结合起来。简单来说，线上线下一体化，更多的关注于怎么使线上线下更加综合地为大家提供服务。

3. 移动支付的安全性将更为重要

过去我们会认为移动支付在发展过程当中，为满足其便利性的特点，在一定程度上就要牺牲一些安全性，或者注重了安全性，在一定环节就要牺牲掉便利性。但是随着新技术的出现，特别是云计算、大数据技术的高速发展，移动支付下一步会在便捷与安全两个方面实现同步提升。便捷与安全这两个对移动支付来说都十分重要的特性，在当前的科技发展条件下完全可以有机地融合在一起。

本章小结

移动支付是未来的发展趋势。本章共有3节内容。首先，基于移动支付的狭义概念，对其特点、类型、系统结构、发展以及前景等各方面的内容做出了较为详尽的介绍；其次，介绍了近距离移动支付和两种远距离移动支付的常见技术。除了基础知识的学习，本章还从产业链视角，阐述了移动支付产业链的构成和各参与方。最后，结合案例，展示了国内外移动支付的应用现状、应用场景创新。通过本章学习，有助于学生从技术、产业以及国内外应用三个维度全面了解移动支付，建立必要的知识基础和行业视野。

思考题

1. 基于区块链、大数据、人工智能等技术，讨论移动支付未来的发展前景。
2. 根据你的日常生活，讨论移动支付还可以有哪些应用场景。
3. 根据本章移动支付产业链的内容，说一说你对其中哪个行业感兴趣，该行业需要具备哪些良好的职业操守？

术语中英文对照

第 7 章 电子支付加密与认证技术

内容提要

本章从密码技术的起源、发展和基础理论入手，以“深入浅出”的电子支付安全知识为基础，以“实用为先”的电子支付加密与认证技能为钥匙，以“唇齿相依”的电子支付安全伦理和法律法规为养分，包括机密性技术、完整性技术、身份认证技术、PKI 体系等内容。

学习目标

- 了解密码技术的起源及发展情况。
- 了解密码技术的相关基础理论。
- 了解加密技术对电子商务交易的重要性，掌握机密性技术所涉及的各种基本概念。
- 掌握对称加密技术和公开密钥加密技术的基本原理及工作流程，并能够综合使用相关原理。
- 掌握完整性技术中的基本概念，理解数字摘要技术及数字签名技术的工作流程。
- 掌握身份认证技术体系的概念及工作原理。
- 了解常见的几种身份认证方式。
- 掌握 PKI 体系的相关概念及其构成，理解 CA 中心的概念及其发放数字证书的原理。

思政目标

- 树立信息安全意识，培养信息安全素养，理解并遵守与信息活动相关的法律法规与伦理道德，自觉抵制不良信息，注意保护个人和他人的信息隐私。
- 认识信息安全管理的重要性，合法使用信息资源和开展商务活动，培养信息安全管理意识及提高保护组织机构信息安全的责任感。
- 培养民族自豪感，增强民族认同感和自尊精神，增强民族自信与自强精神。

开篇案例

7.1 密码技术基本理论

密码技术是一门古老而深奥的学科。自人类文明诞生以来，就产生了保护敏感信息的意愿,密码作为一种技术已有上千年的历史,战争对情报保密的需要促进了密码技术的发展。在计算机和网络技术迅速发展的时代,密码学的应用从以军事需要为主扩展到一般通信的应用需要。计算机加密技术作为数学和计算机的交叉学科,主要研究计算机信息加密、解密及其变换情况。

解决电子商务支付安全的机密性所依赖的基础是密码学,信息加密技术是实现电子商务安全交易的基础与核心。本节主要介绍密码技术的基本理论,以帮助学生了解密码技术的起源与发展以及密码技术的基础知识,为后面章节的学习做铺垫。

7.1.1 密码技术的起源与发展

人类使用密码的历史几乎与使用文字的历史一样长,密码学的历史可以追溯到 4000 年以前,古埃及有些贵族墓碑上的铭文用奇怪的象形符号代替普通的象形文字,这是最早的密码形式。自人类产生了秘密传输信息的需求以来,加密技术也随之产生、进步和发展。密码技术通过对信息的编码,将机密信息转换成难以识别的字符,使得除接收方以外的人员无法从其截获的字符中获得有效信息。密码技术的发展大致经历了古典密码阶段、近代密码阶段以及现代密码阶段这三个阶段。古典密码阶段指的是 19 世纪末以前很长的一段时期,其基本特点是手工加密和解密。因此,这一阶段也被称为手工密码阶段。近代密码阶段大致是从 20 世纪初到 40 年代末的一段时期,其主要特点是采用机械或机电密码机进行加密和解密。因此,这一阶段也被称为机械密码阶段。现代密码阶段大致是 20 世纪 50 年代以来的时期,其主要特点是采用电子计算机进行加密和解密。因此,该阶段也被称为计算机密码阶段。密码学的发展经历了从简单到复杂,从单一密码体制到多种密码体制相互配合来实现信息隐藏的功能。

1. 古典密码阶段

作为保密数据安全的一种方式,数据加密起源于公元前 2000 年。埃及人是最先使用特别的象形文字作为信息编码的人。古代巴比伦、美索不达米亚以及希腊文明都曾用一些方法来保护他们的书面信息,比如公元前一世纪古罗马的凯撒大帝曾用一种简单的编码方法来传递讯息,就是将每一个英文字母都以其后的第三个字母替代,这种密码常被称为凯撒密码(Caesar's code),这属于密码学发展的手工阶段(古典密码学)。

表 7-1 字母对应表

字母	A	B	C	D	E	F	G	H	I	J	K	L	M
位置	1	2	3	4	5	6	7	8	9	10	11	12	13
字母	N	O	P	Q	R	S	T	U	V	W	X	Y	Z
位置	14	15	16	17	18	19	20	21	22	23	24	25	26

表 7-1 为字母位置对应表,接下来我们对这些字母作一个变换:将每个字母变换为与它位置间隔为 5 的那个字母。例如,与 A 间隔为 5 的字母为 F,与 B 间隔为 5 的字母为 G,……,与 Z 间隔为 5 的字母为 E。因此,我们将 A 变成 F,B 变成 G,……,Z 变成 E。这里我们列出了所有字母的对应转换关系,如表 7-2 所示。

表7-2　字母转换对照表

26个英文字母	A	B	C	D	E	F	G	H	I	J	K	L	M	N	O	P	Q	R	S	T	U	V	W	X	Y	Z
加密转换字母	F	G	H	I	J	K	L	M	N	O	P	Q	R	S	T	U	V	W	X	Y	Z	A	B	C	D	E

现在让我们来看看这将发生什么吧。假设恺撒在一次战役中损失惨重，他需要告诉盟军自己的处境并请求支援。现在他用“恺撒密码”加密一条消息，“IAMINDANGER”，意思是“我处境危险”，加密后将变成什么呢？根据字母转换对照表，“IAMINDANGER”将被加密成“NFRNSIFSLJW”，如图7-1所示。

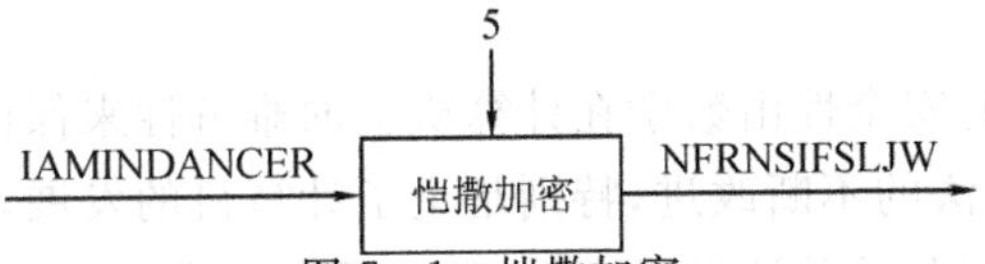

图7-1　恺撒加密

“NFRNSIFSLJW”是一段毫无意义的乱码，由于恺撒事先将密码算法和密钥告诉了自己的盟军，只有恺撒的盟军能够用恺撒密码将其恢复成明文而获知真实的信息，即便消息不慎落入了敌军之手，敌军也将因不能获知消息的真实内容，而不会对恺撒产生进不利的影响。

此处恺撒密码的密钥为5，当然，恺撒也可采用其他间隔作为加密密钥，例如，采用间隔6，10，26等。

2. 近代密码阶段

近代加密技术主要应用于军事领域，包括美国独立战争、美国内战和两次世界大战。最广为人知的是世界上首台编码机——恩尼格玛(German Enigma)密码机，恩尼格玛密码机使用了3个正规轮和1个反射轮。在二战期间，恩尼格玛密码机曾作为德国陆、海、空三军最高级密码机。德国人利用它对军事情报进行加密，曾给盟军制造了很大的麻烦，转轮密码机的使用大大提高了密码加密速度，这使得英军从1942年2月到12月都没能破解出德国潜艇发出的信号。但由于密钥的数量有限，二战后期，出现了一场加密与破译的对抗。首先是波兰人利用德军电报中前几个字母的重复出现，破解了早期的Enigma密码，而后其又将破译方法告诉了法国人和英国人。英国人在计算机理论之父图灵的带领下，通过寻找德国人在密钥选择上的失误，夺取了德军的部分密码本，获得密钥并进行反击，破解出大量极其重要的德军情报。

在太平洋战争中美军破译了日本海军的密码机，获取了日本舰队司令官山本五十六发给各指挥官的命令，在中途岛彻底击溃了日本海军，导致了太平洋战争的决定性转折。二战中，这个阶段是密码学发展的机械阶段(转换密码机)——近代密码学阶段，转换密码机如图7-2所示。

图7-2　转换密码机

3. 现代密码阶段

随着计算机的发展，运算能力的增强，过去的密码都变得十分简单，于是人们不断研究新的数据加密方法，如 DES(data encryption standard，数据加密标准)私有密钥算法和 RSA 公开密钥算法，可以说，计算机技术的发展推动了数据加密技术的发展。1976 年，美国密码学家提出公钥概念，此公钥密码中加密和解密使用不同的密钥，双方需要用公钥进行加密，用私钥进行解密。1977 年，美国麻省理工学院提出 RSA 算法，随后 ElGamal(盖莫尔)、椭圆曲线、双线性对等公钥密码相继被提出。密码学真正进入了一个新的发展时期，即电子计算机阶段——现代密码学阶段。

一般而言，公钥密码的安全性由数学在计算机上的难解性来保证，但随着计算机计算能力的不断增强和因子分解算法的不断改进，特别是量子计算机的发展，公钥密码安全性逐渐开始受到威胁。目前，研究者们开始关注量子密码、格密码等抗量子算法的密码，后量子密码等前沿密码技术逐步成为研究热点。

量子密码是一门新型的交叉学科，是量子理论、信息科学和计算机科学相结合的产物，其最早起源于 1969 年，哥伦比亚大学的年轻学者 S. Wiesner(斯蒂芬·威斯纳)开创了量子密码的先河。其研究内容包括量子密钥分发、量子密钥管理、量子加密、量子认证、量子密码安全多方协议、量子密码信息理论、量子密码分析等多个方面。

无条件安全性和对窃听的可检测性是量子密码最重要的两个特征。无条件安全性是指即使攻击者具有无限计算的资源也不可能攻破该密码系统。而对窃听的可检测性是由量子力学测不准原理和不可克隆定理来保证的，这是一种独特的量子效应，是保证量子密码具有无条件安全性的重要基础之一。

思政拓展

中国“量子之父”——潘建伟

2016 年 8 月 16 日 1 时 40 分，我国成功将世界首颗量子科学实验卫星“墨子号”(以下简称“墨子号”)发射升空。实现了卫星和地面之间的量子通信，构建天地一体化的量子保密通信与科学实验体系，奠定了我国在量子通信领域的世界领先地位。

中国科学院院士、物理学家潘建伟是“墨子号”量子科学实验卫星的首席科学家。

1987 年，潘建伟考入中国科技大学，在这所以“红专并进”为校训的学校里，潘建伟被我国许多科技前辈的故事深深打动。求学期间，潘建伟被量子理论的奇妙深深吸引，但当时在国内，这方面的研究还比较落后。潘建伟决定出国继续深造。1996 年，潘建伟负笈欧洲，当被问及他的梦想是什么时，潘建伟回答说：“在中国建一个世界领先的量子光学实验室。”

2001 年，潘建伟回到中国科技大学，开始组建研究团队，筹建实验室。2004 年，潘建伟研究组在国际上首次实现五光子纠缠和终端开放的量子隐形传态。该成果同时入选英国物理学会和美国物理学会评选出的年度国际物理学重大进展，这是中国科学家的“第一次”。“这表明国内研究组在光量子信息方面的工作已经跃居国际领先水平”，潘建伟自豪地说。

2003 年，潘建伟提出“卫星量子通信”这一在国际上没有先例的设想。经过数年的努力，当各项关键技术的积累已比较充分时，2011 年，中科院将量子科学实验卫星作为空间科学战略性先导科技专项，上报国家获准立项。2016 年 8 月 16 日，“墨子号”量子科学实验卫星发射成功。随后,“墨子号”量子卫星在国际上率先实现了千公里级星地双向量子纠缠分发、星地高速量子密钥分发、地星量子隐形传态三大科学目标,我国在量子通信领域跻身国际领先地位。

2017年9月29日,世界首条远距离量子保密通信骨干网“京沪干线”正式开通。结合“京沪干线”与“墨子号”的天地链路,中科院与奥地利科学院进行了世界首次洲际量子保密通信视频通话。这不是一次普通的视频通话,由于使用了量子保密通信技术,这一视频会议是不可能被窃听的。世界知名科学类刊物对此评价道:“国际同行们正在努力追赶中国,中国现在显然是卫星量子通信的世界领导者。”

潘建伟为了实现振兴中华的中国梦,以孜孜以求的科学探索精神,建成当今距离最长的量子加密通道,率领团队攻克“墨子号”卫星通信技术难关,受到习主席点赞。

7.1.2 密码技术的基础知识

1.信息加密技术概述

1)信息加密技术的概念

所谓信息加密技术,就是采用数学方法以一串数字(密钥)对原始信息(通常称为明文)进行再组织,使得加密后在网络上公开传输的内容(通常称为密文)对于非法接收者来说毫无意义。将明文转成密文的过程称为加密(encryption)。一般发送方在将信息发送到公共网络或互联网之前进行加密,接收方收到信息后要启用密钥对密文进行解密,将信息还原为发送前的明文,这个过程就是解密(decryption),是加密的逆过程。由此可见,在加密和解密的过程中,都要涉及信息、算法和密钥这三项内容。信息包括明文(plaintext)和密文(ciphertext)。算法是加密或解密过程中采用的数学方法,包括加密算法和解密算法。密钥(key)是用来对原始信息进行编码和解码的一串数字,包括加密密钥和解密密钥。因此,即使有人知道了信息加密的方法,若没有加密时所用的密钥则也无法解开加密的信息。加密消息的保密性取决于加密所用密钥的长度,密钥的最低要求是40位,更长的密钥(如128位)能提供更高程度的加密保障。

任何一个加密系统至少包括下面4个组成部分:

(1)未加密的报文,也称明文。

(2)加密后的报文,也称密文。

(3)加密解密设备或算法。

(4)加密解密的密钥。

2)加密技术典型案例

(1)我国加密技术典型案例。

①日升昌票号。电视剧《乔家大院》就是以山西的日升昌票号作为历史背景的,虽然日升昌只是坐落在山西平遥古城的一座小小院落中,却是中国现代银行的开山鼻祖,并一度操纵着十九世纪整个清王朝的经济命脉。日升昌为了防止假冒而制订了一套严格的防伪制度,特别是在票面中加入“水印”技术,透光能看到纸票中的“日升昌记”四个字。更令人惊叹的是日升昌使用的银行密押制度,相比于现代银行密码丝毫不逊色。这种密押制度是以汉字代表数字的密码法,并且定期改换,以防泄密。“日升昌”太原票号的一份防假密押是以“谨防假票冒取,勿忘细视书章”表示1至12个月,以“堪笑世情薄,天道最公平。昧心图自私,阴谋害他人。善恶终有报,到头必分明”表示1至30天,以“坐客多察看,斟酌而后行”表示银两的1至10,以

“国宝流通”表示万千百两。例如，票号在 5 月 18 日给某省票号分号汇银 5000 两，其暗号代码为“冒害看宝通”。外人无法解密这些密押内容。

②阴符。“阴符”是最早的军事密码，是我国古代帝王赋予臣下兵权和调动军队所用的凭证，也是古代兵权的象征。据《太公六韬》所载，阴符于 3000 多年前由姜尚（即姜子牙）发明。

一般将其分为两半，有关双方各执一半，使用时两半互相扣合，表示验证可信。兵符的使用盛行于战国和秦、汉时期。因为多铸成伏虎的形态，又常称之为“虎符”。战国时期，凡率兵出征的统帅，或带兵驻扎地方、屯守边疆的将领，都由国君任命。在任命时，把虎符的左半交给将领，右半留于君主。平时将领只负责带兵，只有当国君的右半个虎符与将领所掌握的左半个虎符扣合完整才能调用军队。如果没有右半个虎符相合，任何人都不得擅自调发军队。我们熟悉的“窃符救赵”的故事就用到了虎符。

③反切码。“反切码”由著名的军事家、抗倭将领戚继光发明，被称为最难破解的“密电码”。

反切注音的方法出现于东汉末年，是用两个字为另一个字注音，取上字的声母和下字的韵母来“切”出另外一个字的读音，“反切码”就是在这种反切注音的基础上发明的。戚继光还专门编了两首诗歌，作为“密码本”。一首是“柳边求气低，波他争日时。莺蒙语出喜，打掌与君知。”另一首是“春花香，秋山开，嘉宾欢歌须金杯，孤灯光辉烧银缸。之东郊，过西桥，鸡声催初天，奇梅歪遮沟。”

这两首诗就是反切码的原理所在。取前一首诗中的前 20 个字的声母，依次编号为 1—20；取后一首诗中 36 字的韵母，顺序编号为 1－36。再将当时字音的八种声调，也按顺序编上号码 1－8，形成完整的“反切码”体系。其使用方法是：若送回的情报上的密码是 5—25—2，则对照声母编号 5 是“低”字，韵母歌编号 25 是“西”字，两字的声母和韵母合到一起了是 di，对照声调是 2，就可以切射出“敌”字。戚继光还专门编写了一本《八音字义便览》，作为训练情报人员、通信兵的专门教材。

(2)国外加密技术典型案例。

①摩斯密码。摩斯密码是一种时通时断的信号代码，它通过不同的排列顺序来表示不同的英文字母、数字和标点符号。摩尔斯电码是一种早期的数字化通信形式，但其不同于现代只使用零和一两种状态的二进制代码，它的代码一共有五种：点、划、点和划之间的停顿、每个字符之间短的停顿、每个词之间中等的停顿以及句子之间长的停顿。摩尔斯电码表如图 7－3 所示。

摩尔斯电码表

字符	电码符号	字符	电码符号	字符	电码符号
A	•—	N	—•	1	•————
B	—•••	O	———	2	••———
C	—•—•	P	•——•	3	•••——
D	—••	Q	——•—	4	••••—
E	•	R	•—•	5	•••••
F	••—•	S	•••	6	—••••
G	——•	T	—	7	——•••
H	••••	U	••—	8	———••
I	••	V	•••—	9	————•
J	•———	W	•——	0	—————
K	—•—	X	—••—	?	••——••
L	•—••	Y	—•——	/	—••—•
M	——	Z	——••	( )	—•——•—
				—	—••••—
				•	•—•—•—

图 7－3　摩尔斯电码表图示

摩斯密码有多种形式的应用，如 1912 年著名的泰坦尼克号游轮首航遇险时，发送的 CQD 信号就是其中一种，英国马可尼无线电公司决定用 CQD 作为船舶遇难信号，但因 D(—·•) 易于其他字母混淆，周围船只并未意识到是求救信号，没有快速救援，在快沉没时才使用的新求救信号 SOS(•••———•••)发报。泰坦尼克号沉没后，SOS 才被广泛接受和使用。

②达·芬奇密码筒。《达·芬奇密码》是一部改编自美国作家丹·布朗同名小说的悬疑惊悚电影，影片主要讲述了一桩卢浮宫博物馆谋杀案的破案过程，主人公是符号专家罗伯特·兰登，兰登在破案过程中发现所有解密的密码都藏在达芬奇的作品中。

要打开密码筒，必须解开 1 个 5 位数的密码。如图 7-4 所示，密码筒上有 5 个转盘，每个转盘上有 26 个字母，可以作为密码的排列组合多达 11881376 种。该密码筒中，一般装有一个放满醋的玻璃瓶和一张写了答案的特殊材质的纸，如果强行打开，玻璃瓶就会破碎，那么里面的醋就会流出来，写有答案的纸也就会因为醋的酸性而融化。而那个秘密，也将会永远消失。

2. 密码体制分类

密码体制是指完成加密和解密的算法。通常，信息的加密和解密过程是通过密码体制(cipher system)加上密钥(key)来控制的。密码体制按照不同的标准有多种分类。

1)古典密码和现代密码算法

根据算法和密钥是否分开来区分，分为古典密码算法和现代密码算法。

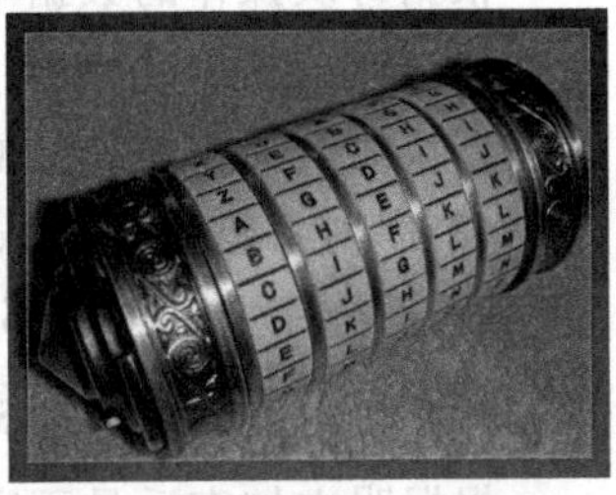

图 7-4　达·芬奇密码筒

(1)古典密码算法。密码体制的安全性依赖于算法本身的保密性，古典算法存在以下局限性：不适合大规模生产；不适合较大的或者人员变动频繁的组织；用户无法了解算法的安全性。

古典密码主要有以下几种：

①代码加密："代码"指专有词汇或者特殊用语，如中国古代的"镖局行话"：招子、顶瓜、梁子、并肩子、托线孙。镖局行话与镖局的历史相伴而生，至少可以追溯到明清时期。在这一时期，镖局作为一种重要的社会职业组织，其内部必然形成了一套独特的交流方式和语言体系，以适应保镖工作的需要。在镖局运镖的过程中，行话不仅是镖师们之间交流的工具，更是他们与其他江湖人士打交道时的一种护身密语。通过行话，镖师们可以判断对方的身份和意图，并据此作出相应的对策。

②替代加密：明文中的每一个字母被替换成密文中的另一个字母，即用一组密文字母代替一组明文字母，但保持明文的顺序。如以凯撒密码为代表的简单替代密码、同音替代密码、多字母组替代密码、多表替代密码。图 7-5 中的维吉尼亚密码就是多表替代密码。

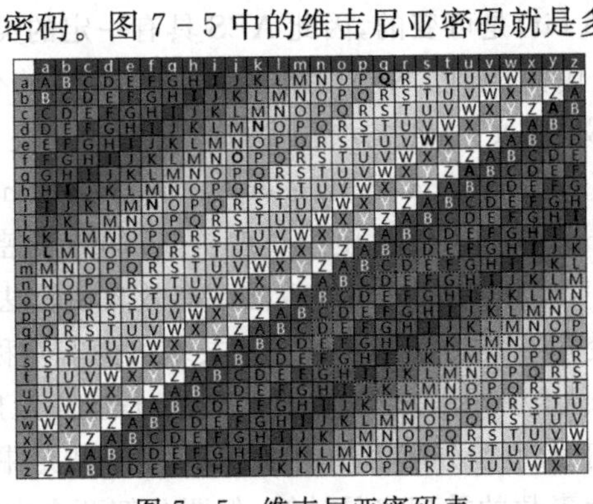

	a	b	c	d	e	f	g	h	i	j	k	l	m	n	o	p	q	r	s	t	u	v	w	x	y	z
a	A	B	C	D	E	F	G	H	I	J	K	L	M	N	O	P	Q	R	S	T	U	V	W	X	Y	Z
b	B	C	D	E	F	G	H	I	J	K	L	M	N	O	P	Q	R	S	T	U	V	W	X	Y	Z	A
c	C	D	E	F	G	H	I	J	K	L	M	N	O	P	Q	R	S	T	U	V	W	X	Y	Z	A	B
d	D	E	F	G	H	I	J	K	L	M	N	O	P	Q	R	S	T	U	V	W	X	Y	Z	A	B	C
e	E	F	G	H	I	J	K	L	M	N	O	P	Q	R	S	T	U	V	W	X	Y	Z	A	B	C	D
f	F	G	H	I	J	K	L	M	N	O	P	Q	R	S	T	U	V	W	X	Y	Z	A	B	C	D	E
g	G	H	I	J	K	L	M	N	O	P	Q	R	S	T	U	V	W	X	Y	Z	A	B	C	D	E	F
h	H	I	J	K	L	M	N	O	P	Q	R	S	T	U	V	W	X	Y	Z	A	B	C	D	E	F	G
i	I	J	K	L	M	N	O	P	Q	R	S	T	U	V	W	X	Y	Z	A	B	C	D	E	F	G	H
j	J	K	L	M	N	O	P	Q	R	S	T	U	V	W	X	Y	Z	A	B	C	D	E	F	G	H	I
k	K	L	M	N	O	P	Q	R	S	T	U	V	W	X	Y	Z	A	B	C	D	E	F	G	H	I	J
l	L	M	N	O	P	Q	R	S	T	U	V	W	X	Y	Z	A	B	C	D	E	F	G	H	I	J	K
m	M	N	O	P	Q	R	S	T	U	V	W	X	Y	Z	A	B	C	D	E	F	G	H	I	J	K	L
n	N	O	P	Q	R	S	T	U	V	W	X	Y	Z	A	B	C	D	E	F	G	H	I	J	K	L	M
o	O	P	Q	R	S	T	U	V	W	X	Y	Z	A	B	C	D	E	F	G	H	I	J	K	L	M	N
p	P	Q	R	S	T	U	V	W	X	Y	Z	A	B	C	D	E	F	G	H	I	J	K	L	M	N	O
q	Q	R	S	T	U	V	W	X	Y	Z	A	B	C	D	E	F	G	H	I	J	K	L	M	N	O	P
r	R	S	T	U	V	W	X	Y	Z	A	B	C	D	E	F	G	H	I	J	K	L	M	N	O	P	Q
s	S	T	U	V	W	X	Y	Z	A	B	C	D	E	F	G	H	I	J	K	L	M	N	O	P	Q	R
t	T	U	V	W	X	Y	Z	A	B	C	D	E	F	G	H	I	J	K	L	M	N	O	P	Q	R	S
u	U	V	W	X	Y	Z	A	B	C	D	E	F	G	H	I	J	K	L	M	N	O	P	Q	R	S	T
v	V	W	X	Y	Z	A	B	C	D	E	F	G	H	I	J	K	L	M	N	O	P	Q	R	S	T	U
w	W	X	Y	Z	A	B	C	D	E	F	G	H	I	J	K	L	M	N	O	P	Q	R	S	T	U	V
x	X	Y	Z	A	B	C	D	E	F	G	H	I	J	K	L	M	N	O	P	Q	R	S	T	U	V	W
y	Y	Z	A	B	C	D	E	F	G	H	I	J	K	L	M	N	O	P	Q	R	S	T	U	V	W	X
z	Z	A	B	C	D	E	F	G	H	I	J	K	L	M	N	O	P	Q	R	S	T	U	V	W	X	Y

图 7-5　维吉尼亚密码表

③置换加密：又称“换位”，对明文字母作重新排序，形成密文。常用的两种换位密码是列换位密码和周期换位密码。改变明文中各元素的相对位置，但内容不变——通过对明文元素打乱重新排列组合达到隐藏明文原始信息，如栅栏密码、列换位密码、周期换位密码均属于置换加密。

④一次性加密：利用代码本，结合上述方法，用代码本上每一页加密明文的一个片段。

(2)现代密码算法。现代密码算法将算法和密钥分开，密码算法可以公开，但是密钥保密，密码系统的安全性依赖于密钥的保密性。

其优点包括密码算法可以经过充分论证、安全性有保证，对密码系统的管理简单以及可应用于大规模场景。根据技术特征，现代密码算法大致分为 3 类：单向加密算法(摘要算法)、对称加密算法，非对称加密算法。

2)分组密码和序列密码

根据每次操作的数据单元是否分块来区分，分为分组密码和序列密码。

(1)分组密码(block cipher)：一次加密或解密操作作用于一个数据块，比如 64bit、128bit，其数据块之间加密是独立的。

(2)序列密码(stream cipher)，也称流密码：一次加密或解密操作作用于一位或者一个字节，其前部分密文参与后部分明文的加密，数据块之间加密不独立。

3)双向加密和单向加密

根据明文加密后是否需要还原进行区分，分为双向加密和单向加密。

(1)双向加密：明文经过加密后，需要解密，目的是信息的交换。

(2)单向加密：明文经过加密后，不需要解密，目的是验证数据的完整性。

4)对称密钥密码和非对称密钥密码

按照加密密钥和解密密钥是否相同，可将现有的加密体制分为 2 种：单钥加密体制和双钥加密体制。

(1)对称密钥加密：使用单钥加密体制的加密技术称为对称密钥加密。

①DES 加密：DES 是一种分组加密算法，密钥长度为 64 位(56 位实际密钥加上每个字节的第 8 位的奇偶校验码)。它以 64 位为一组，将明文分成若干个分组，每次利用 56 位密钥对 64 位的二进制明文分组进行 16 轮数据加密，产生 64 位的密文。DES 算法的密钥可以是任意的一个 56 位的数，且可在任意时间改变。

②高级加密标准(advanced encryption standard，AES)：AES 中明文或密文分组长度及密钥长度(128 bit、192 bit、256 bit)是可变的，因此 AES 具有一定的灵活性。AES 算法的加密和解密过程通过 N 轮循环迭代完成，但 N 的大小取决于所使用的分组长度或密钥长度，$N=\max\{Nr,Nb\}+6$，Nr 是明文(密文)分组的块长度，Nb 是密钥的块长度，每 32 bit 表示一块。

③国际数据加密算法(international data encryption algorithm，IDEA)：在密码学中属于数据块加密算法(block cipher)类。IDEA 使用长度为 128 bit 的密钥，数据块大小为 64 bit。从理论上讲，IDEA 属于“强”加密算法，针对该算法的有效攻击算法至今还没有出现。

(2)非对称密钥密码：使用双钥加密体制的加密技术称为非对称密钥加密。

①RSA 算法：它是基于大数的因式分解数学难题，也是应用最广泛的公开密钥加密算法，RSA 密码系统的安全是基于大整数分解因子的难度，即基于数论中的欧拉定理和计算复杂性理论中的论断——求两个大素数的乘积容易计算，但要分解两个大素数的乘积，求出它们的素

因子则非常困难。

②背包密码：背包密码的工作原理是：假定甲需要加密，则先产生一个较易求解的背包问题，并用它的解作为专用密钥；然后从这个问题出发，生成另一个难解的背包问题，并作为公共密钥。如果乙需要向甲发送报文，乙就可以使用难解的背包问题对报文进行加密，由于这个问题十分难解，所以一般没有人能够破译密文；甲收到密文后，可以使用易解的专用密钥解密。

③Diffie-Hellman（密钥交换算法）：该算法一般限用于密钥交换，多为商用密钥交换技术，因此称之为 Diffie-Hellman，即密钥交换。这种密钥交换技术的目的在于使得两个用户安全地交换一个秘密密钥以便用于以后的报文加密。可以如下定义离散对数：首先定义一个素数 p 的原根，为其各次幂产生从 1 到 $p-1$ 的所有整数根，即如果 a 是素数 p 的一个原根，那么数值 a mod p，$a2$ mod p，…，$ap-1$ mod p 是各不相同的整数，并且以某种排列方式组成了从 1 到 $p-1$ 的所有整数。对于一个整数 b 和素数 p 的一个原根 a，可以找到唯一的指数 i，使得 $b=a\hat{}i$ mod p，其中 $0\leqslant i\leqslant p-1$，指数 i 称为 b 以 a 为基数的模 p 的离散对数或者指数，该值被记为 ind a，$p(b)$。

7.2　机密性技术

为了保证电子商务环境中电子支付相关数据的保密性，应对数据进行有效加密。所谓信息加密技术，就是采用数学方法与一串数字（密钥）对原始信息（通常称为明文）进行再组织，使得加密后在网络上公开传输的内容对于非法接收者来说是毫无意义的文字（通常称为密文）。即使有人获知信息加密的方法，但是没有加密时所用的密钥也将无法解开加密的信息。本节主要介绍对称密钥加密技术、公开密钥加密技术以及混合加密技术。

7.2.1　对称密钥加密技术

1. 对称密钥加密的定义及原理

对称密钥加密又称私有密钥加密、专用密钥加密，即发送和接收数据的双方都必须使用相同的密钥对明文进行加密和解密运算。由于加密和解密使用的是相同的密钥，所以发送方和接收方都必须拥有密钥。对称密钥加密技术的原理如图 7-6 所示。

对称密钥加密方法对信息编码和解码的速度很快，效率也很高，但需要细心保存密钥。如果密钥泄露，那么发送方和接收方之间交换的所有信息都有可能被破译，之前所有的信息都失去了保密性，从而给双方带来巨大的风险，致使以后发送者和接收者进行通讯时必须使用新的密钥。然而，将新密钥发给授权双方是很困难的，关键是传输新密码的信息必须进行加密，这又要求有另一个新密钥。

对称加密方法存在的另外一个问题是它的规模无法适应互联网这类大环境的要求。当使用互联网交换保密信息的每对用户都需要一个密钥时，密钥组合将会是一个天文数字。如果每两个人之间需要一个私有密钥，那么 n 个人彼此之间进行保密通讯就需要 $\frac{n(n-1)}{2}$ 个私有密钥，所以对称加密方法在适应互联网大环境上存在着较大的局限性。

此外，对称加密方法还存在无法鉴别参与交易者的身份，难以解决数字签名的验证等问题，因此，对称加密方法很难在电子商务的加密方法中居主导地位。

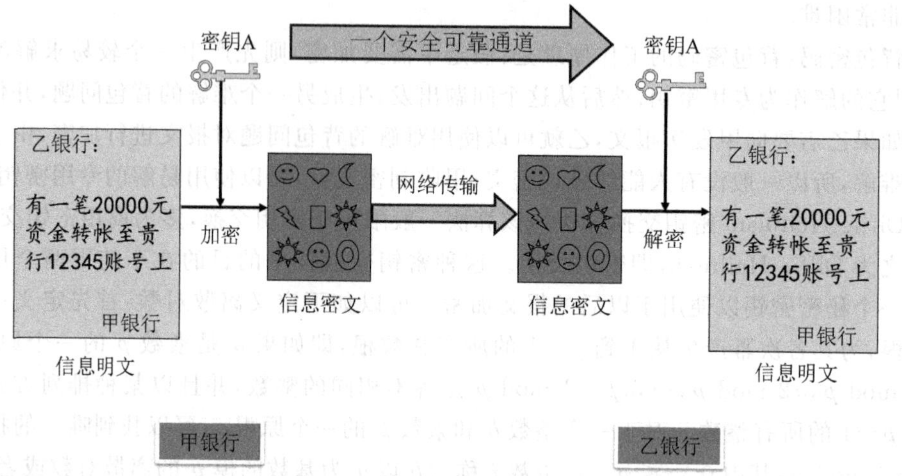

图 7-6　对称密钥加密技术

2. 对称密钥加密的常用算法

对称加密根据加密方式的不同可以分为分组密码(block cipher)和序列密码(stream cipher),目前应用较为广泛的对称加密技术主要基于分组密码。对称密钥加密技术中比较有名的算法包括 DES 算法、国际数据加密算法(IDEA)和 RC(Rivest cipher,里维斯特密码)等。

1)DES 算法

数据加密标准(DES)算法是一种分组加密算法,在 20 世纪 70 年代由 IBM 提出,于 1976 年 11 月被美国政府采用,随后被美国国家标准(American national standards intitute,ANSI)承认,1977 年公布实施,该算法是目前使用最广泛的对称密钥加密算法。DES 是一种分组加密算法,密钥长度为 64 位(56 位实际密钥+每个字节的第 8 位的奇偶校验码)。它以 64 位为一组,将明文分成若干个分组,每次利用 56 位密钥对 64 位的二进制明文分组进行 16 轮数据加密,产生 64 位的密文。DES 算法的密钥可以是任意一个 56 位的数,且可在任时刻改变。

(1)DES 算法的原理图解。DES 算法完整的 16 轮加/解密结构,如图 7-7 所示,其上方的 64 位输入分组数据,可能是明文,也可能是密文,由使用者决定是否加密。加密与解密的不同仅是最右边的子密钥使用的顺序不同,加密的子密钥顺序为 $k_1, k_2, k_3, \cdots, k_{16}$,而解密的子密钥顺序为 $k_{16}, \cdots, k_3, k_2, k_1$。

DES 算法会先进行 64 位的明文分组操作,将该分组通过初始置换(initial permutation,IP),得到一个乱序的 64 位明文分组,然后将分组分成左、右等长的两边,长各为 32 位,记作 L_0 和 R_0。其置换规则如图 7-8 所示。

经过初始置换,将输入的第 58 位换到第一位,第 50 位换到第 2 位,……,以此类推,最后一位是原来的第 7 位。L_0、R_0 则是换位输出后的两部分,L_0 是输出的左 32 位,R_0 是输出的右 32 位,若置换前的输入值为 $D_1D_2D_3\cdots D_{64}$,则经过初始置换后的结果为:$L_0=D_{58}D_{50}\cdots D_8$;$R_0=D_{57}D_{49}\cdots D_7$。

如图 7-9 所示。加密时,对 64 位的二进制明文分组进行 16 轮完全类似的迭代运算/数据加密(其中 f 是在运算过程中将数据与密钥结合在一起的函数),将所得到的左、右长度相等的两半 L_{16} 和 R_{16} 交换得到 64 位数据 $R_{16}L_{16}$,产生 64 位的密文。在进行每轮加密时,所使用

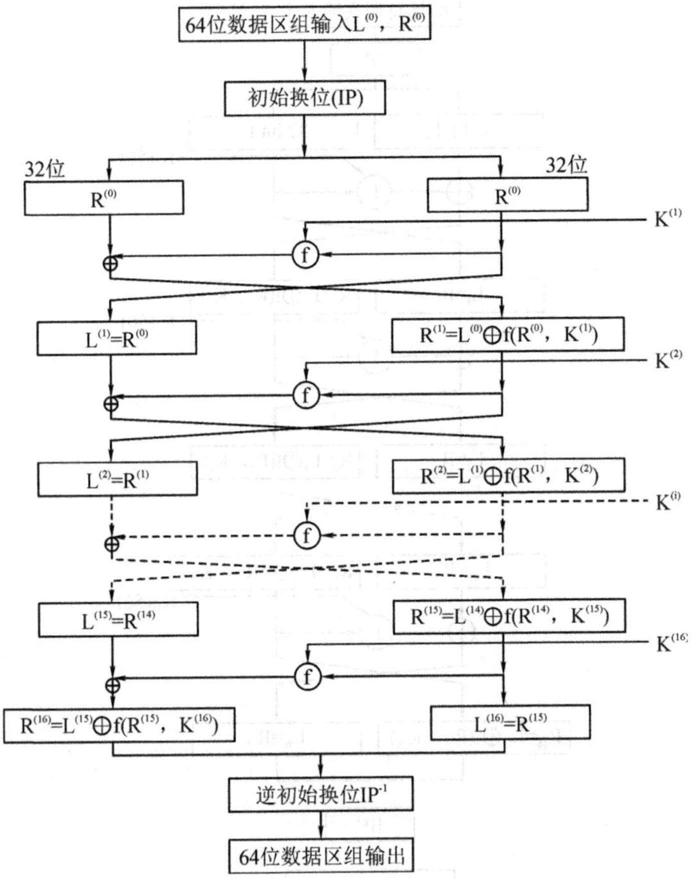

图 7－7　DES 算法加/解密原理

58	50	42	34	26	18	10	2
60	52	44	36	28	20	12	4
62	54	46	38	30	22	14	6
64	56	48	40	32	24	16	8
57	49	41	33	25	17	9	1
59	51	43	35	27	19	11	3
61	53	45	37	29	21	13	5
63	55	47	39	31	23	15	7

图 7－8　初始置换(IP)表

的 48 位“每轮”密钥值(子密钥)由 56 位的完整密钥得出。这样进行 16 轮完全类似的数据加密，最后再用初始逆置换(IP^{-1})进行置换(逆置换正好是初始置的逆运算)，可以得到 64 位密文分组。

DES 算法的处理速度比较快。当 DES 算法完全由软件实现时，至少比 RSA 算法快 100 倍。当由硬件实现时，DES 算法比 RSA 算法快 1000 倍甚至 10000 倍。DES 如果用软件解码需要很长时间，而用硬件解码则速度非常快。幸运的是，当时大多数黑客并没有足够的设备制造出这种硬件设备。在 1977 年，人们估计要耗资 2000 万美元才能建成一个专门的计算机用于 DES 的解密，而且需要 12 个小时的破解才能得出结果。当时 DES 被认为是一种十分强壮的加密方

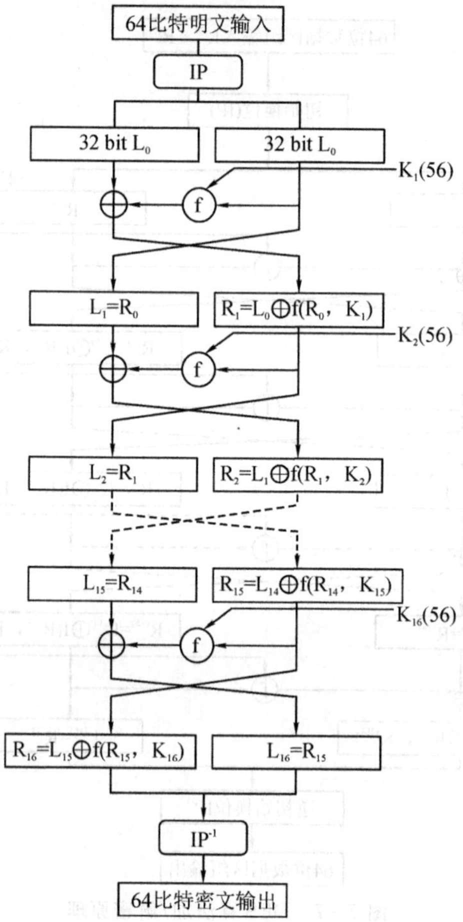

图 7-9 DES 加密算法过程

法。但是当今的计算机速度越来越快，制造这样一台特殊机器的花费已经降到10万美元左右，而用它来保护10亿美元的银行间通信时，就必须慎重考虑；另一方面，如果只用它来保护一台服务器，那么DES确实是一种好方法，但对现在要求很高的加密场合已经不完全适用了。

(2)DES算法的实现步骤。

①初始置换：在第一轮迭代前执行，作用于输入的64位分组。图7-10的顺序为从上到下，从左到右。例如，初始置换把明文的第58位换到第1位，把第50位换到第2位，以此类推。

初始置换(IP)								初始逆置换(IP^{-1})							
58	50	42	34	26	18	10	2	40	8	48	16	56	24	64	32
60	52	44	36	28	20	12	4	39	7	47	15	55	23	63	31
62	54	46	38	30	22	14	6	38	6	46	14	54	22	62	30
64	56	48	40	32	24	16	8	37	5	45	13	53	21	61	29
57	49	41	33	25	17	9	1	36	4	44	12	52	20	60	28
59	51	43	35	27	19	11	3	35	3	43	11	51	19	59	27
61	53	45	37	29	21	13	5	34	2	42	10	50	18	58	26
63	55	47	39	31	23	15	7	33	1	41	9	49	17	57	25

图 7-10 初始置换(IP)和初始逆置换(IP^{-1})

②DES 算法中的子密钥的生成：若不考虑每一个字节的第八位（即校验位），则 DES 算法的密钥可以由 64 位减少到 56 位。在 DES 加密算法中，将用户提供的 64 位初始密钥经过一系列的处理得到 $K_1,K_2,\cdots,K_{16}$，分别作为 1～16 轮运算的 16 个子密钥。先将 64 位密钥去掉 8 个校验位，用密钥置换表（图 7－11）置换剩下的 56 位密钥；再将 56 位分成两个部分，每一部分各 28 位，然后根据轮数（图 7－12），将两部分分别循环左移 1 位或 2 位。

57	49	41	33	25	17	9
1	58	50	42	34	26	18
10	2	59	51	43	35	27
19	11	3	60	52	44	36
63	55	47	39	31	23	15
7	62	54	46	38	30	22
14	6	61	53	45	37	29
21	13	5	28	20	12	4

图 7－11　密钥置换表

轮次	1	2	3	4	5	6	7	8	9	10	11	12	13	14	15	16
位数	1	1	2	2	2	2	2	2	1	2	2	2	2	2	2	1

图 7－12　密钥每轮移动的位数

移动后，将两部分合并成 56 位后通过压缩置换（图 7－13）得到 48 位子密钥。

14	17	11	24	1	5	3	28	15	6	21	10
23	19	12	4	26	8	16	7	27	20	13	2
41	52	31	37	47	55	30	40	51	45	33	48
44	49	39	56	34	53	46	42	50	36	29	32

图 7－13　压缩置换

这样经过 16 次运算就可以得到迭代运算所需的 16 个 48 位的子密钥。

③扩展置换 E－盒：32 位扩展到 48 位。

④异或运算：将扩展后的 48 位输出数据 E(Ri－1)和压缩后的子密钥 Ki 做异或运算。

⑤压缩替代 S－盒：48 位压缩到 32 位。

⑥P 置换：将 S 盒代替运算后的 32 位输出按照 P 盒表置换。

⑦异或运算：P 盒置换的结果与最初的 64 位分组的左半部分 Li－1 进行异或运算后左右部分交换，开始下一轮。

⑧初始逆置换：将最后一轮迭代所得 64 位数据 $R_{16}L_{16}$ 用初始逆置换 IP^{-1} 置换，产生 64 位密文分组。

举例如下：

假设明文 M＝SECURITY，密钥 K＝COMPUTER，它们的 ASCII 码分别用二进制表示为：

M＝0101 0011 0100 0101 0100 0011 0101 0101 0101 0010 0100 1001 0101 0100 0101 1001

K＝0100 0011 1010 0111 1101 0011 1010 1011 0000 0100 1010 1011 0101 0001 1000 1010

M 经过初始置换后得到 L_0R_0：

L_0＝1111 1111 1101 1001 0100 1010 1010 1111

R_0＝0000 0000 0000 0000 1010 0000 0001 0101

K 删除第 8,16,24,…,64 位的奇偶校验位后变为 56 位的 K′：

K′＝0100 0011 0100 1111 0100 1101 0101 0000 0101 0101 0101 0100 0100 0101

K′经过密钥置换得到的 C_0D_0：

C_0＝1010 1110 0100 0101 0010 1010 0100

D_0＝1010 1111 0001 0010 1010 0000 0100

因为第一次迭代，故左移 1 位 C_0D_0 得到 C_1D_1：

C_1＝0101 1100 1000 1010 0101 0100 1001

D_1＝0101 1110 0010 0101 0100 0000 1001

C_1D_1 在经过压缩置换后得到子密钥 K_1：

K_1＝0000 0101 1100 0001 0000 0111 0000 0010 0010 1011 1111 0001

将 R_0 进行扩展换位：(32 位扩展到 48 位)

$E(R_0)$＝1000 0000 0000 0000 0000 0001 0101 0000 0000 0000 1010 1010

然后将 $E(R_0)$与 K_1 进行异或运算得 A：

A＝1000 0101 1100 0001 0000 0110 0101 0010 0010 1011 0101 1011

将结果分为 8 组

A_1＝100001 查 S_1 盒坐标(3,0)得 B_1＝15；

A_2＝011100 查 S_2 盒坐标(0,14)得 B_2＝5；

A_3＝000100 查 S_3 盒坐标(0,2)得 B_3＝9；

A_4＝000110 查 S_4 盒坐标(0,3)得 B_4＝3；

A_5＝010100 查 S_5 盒坐标(0,10)得 B_5＝3；

A_6＝100010 查 S_6 盒坐标(2,1)得 B_6＝14；

A_7＝101101 查 S_7 盒坐标(3,6)得 B_7＝10；

A_8＝011011 查 S_8 盒坐标(1,13)得 B_8＝14；

合并 $B_1B_2B_3 \cdots B_8$ 得数据 B：

B＝1111 0101 1001 0011 0011 1110 1010 1110

进行 P 置换得：

X_0＝1011 1100 1110 0010 1100 0111 1011 1011

将 L_0 与 X_0 按位异或，形成 R_1：(L_0＝1111 1111 1101 1001 0100 1010 1010 1111)

R_1＝0100 0011 0011 1011 1000 1101 0001 0100

令 L_1＝R_0

至此，求出第一轮迭代结果 L_1R_1，以此类推，可求出 $L_{16}R_{16}$，再经过初始逆置换即可得到密文。

2)IDEA 算法

IDEA 算法是一种迭代的分组密码。它是由中国学者来学嘉博士和著名的密码学专家詹姆·L·麦西于 1990 年联合提出的。它的明文和密文都是 64 位，密钥长度为 128 位。由于使用的是 128 位的密钥和 8 个循环，IDEA 的安全性比 DES 算法高得多。IDEA 算法的密钥总

数达 2^{128} 个，排除 2^{51} 个弱密钥，还有 2^{77} 个密钥可供选择。由于拥有相当可观的密钥数，使得 IDEA 被认为是极为安全的，甚至能抵抗专业形式的分析攻击。

IDEA 算法的运行速度与 DES 相似，但比 DES 更安全。

3)RC 系列密码

RC 系列密码是 Ron Rwest(罗纳德・里维斯特)为 RSA 数据安全公司设计的一系列密码。RC2 的开发是为了替换 DES 密码，其速度要比 DES 快两三倍。RC4 是 RSA 数据安全公司的对称密钥加密专利算法。其通过可变密钥长度的算法规定不同长度的密钥以应对不同需求。目前已有一些电子邮件产品采用了该算法。该算法比所有分组密码都快，而且支持可变长度的密钥，是最著名的序列密码。RC5 通常使用 64 位或 128 位的分组，并且支持可变长度的密钥。密钥长度最多为 2048 位。RC6 是基于 RC5 的分组密码，支持 128 位的分组和 128 位的密钥长度。

3. 对称密钥加密的特点

(1)处理效率高。对称密钥技术的原理及应用非常简单，加、解密应用同一个密钥，且密钥只有 56 位，加、解密的速度快，适用于数据量较大的文件传送，其处理效率非常高。

(2)安全性较差。由于对称密钥加密技术的算法是公开的，其安全性完全依赖于对私有密钥的保护，私有密钥一旦丢失，文件也就失去了安全性。

(3)密钥管理难度大。当网络中存在 n 个用户时，至少需要 $\frac{n(n-1)}{2}$ 个通信密钥，对于单个用户而言，至少需要持有 $n-1$ 个密钥才能与网络中其他 $n-1$ 个用户进行加密通信。由于互联网用户群体庞大，用户数量几乎趋于无限，意味着使用的密钥数量将是无穷大的，因此密钥的分配和管理就成了大问题，需要花费较大的管理成本。

(4)无法认证发送者身份。采用私有密钥加密法进行数据传输只解决了数据的机密性问题，却无法确认发送者的身份，这就使网络支付过程存在冒用发送方身份的风险。

7.2.2　公开密钥加密技术

1. 公开密钥加密的定义及原理

公开密钥加密也叫非对称密钥加密，由美国麻省理工学院的三位教授提出，他们的研究成果为敏感信息的交换带来了新的方式。使用这种方法时，每个人都有一对唯一对应的密钥：给别人用的称为公开密钥(公钥)，给自己用的称为私人密钥(私钥)，公钥对外公开，私钥由个人秘密保存；这两个密钥可以互相且只能为对方加密或解密，如使用公钥加密后的密文，只有私钥能够解开。公开密钥加密系统使用两个密钥，一公一私，对于密钥分配、数字签名、认证等具有深远影响，其相关算法真正基于数学理论，而不是代替和换位，公开密钥加密系统的使用是一次真正意义的密码学革命。

例如，张三想给李四发信息，可以从公开渠道取得李四的公钥，然后用该公钥对自己的信息加密后发给李四。由于密钥对是唯一的，信息加密后，只有李四才能用他的私钥解密信息后阅读。同样，李四也可以向张三发送一条私人信息，使用张三的公钥对信息加密。张三收到李四的信息后可以用自己的私钥解密信息后阅读。一旦信息从服务器下载并解密，就能够以明文的形式保存在接收者的计算机上，从而便于接收者阅读。在电子商务交易过程中，商家可以公开其公钥保留私钥，客户可以用商家的公钥对信息进行加密，以安全地传送给商家，由商家用自己的私钥进行解密。

非对称加密方法与对称加密方法相比，具有密码分配简单、密钥保存量少、保密性高、可以完成数字签名和进行数字鉴别等优点，是目前商业密码技术的核心。公钥密码用全新的方式解决了对称密码存在的密钥管理难这一问题，但存在加密解密速度较慢的缺点，其速度仅为对称加密的几千分之一。使用公钥密码传送一篇 Word 文档大概需要十几分钟，耗时较长，因此在实际应用中，会将这两种技术结合在一起使用。

依据公开密钥用于加密密钥与解密密钥的不同，公开密钥加密系统有加密模式和验证模式两种基本模式。

(1)加密模式原理。每个通信实体有一对密钥，公钥公开，用于加密和验证签名，私钥保密，用于解密和签名。发送方向接收方发送消息，用接收方的公钥加密；接收方收到消息后，用自己的私钥解密。加密模式工作原理见图 7－14。

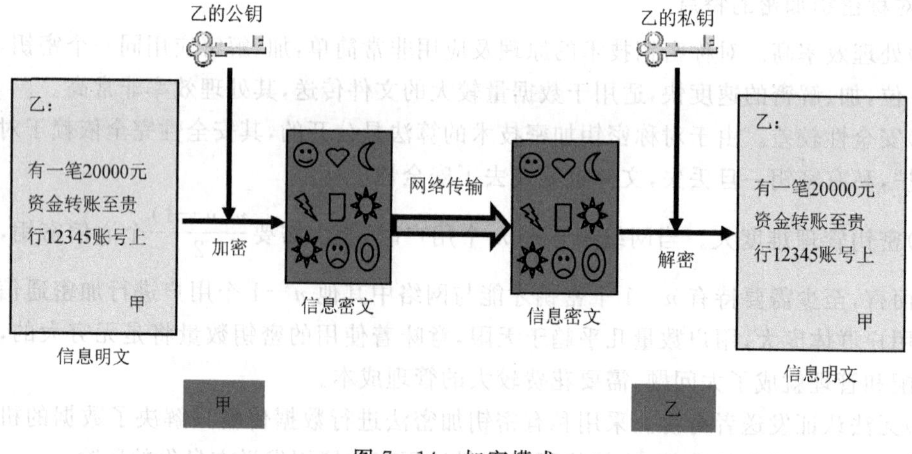

图 7－14　加密模式

(2)验证模式原理。发送方通过使用私有密钥作为加密密钥，接收方收到消息后用对方的公钥解密。公开密钥加密系统能够实现信息源的可鉴别性。验证模式工作原理如图 7－15 所示。

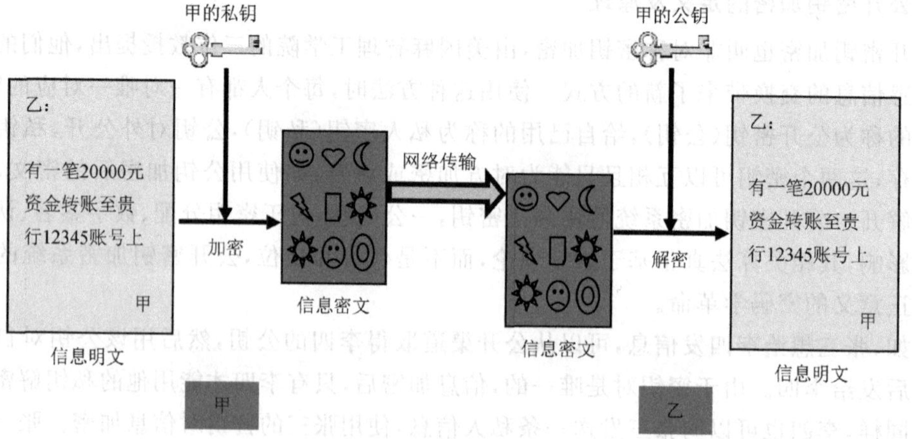

图 7－15　验证模式

2. 公开密钥加密的常用算法

目前为止，使用最广泛的公开密钥系统是 RSA 公开密钥密码系统，它是由 R. Rivest（罗纳德·里维斯特）、A. Shamir（阿迪·沙米尔）和 L. Adleman（伦纳德·阿德曼）提出的，RSA 的取名就是来自这三位发明者姓的第一个字母。RSA 算法的发明者见图 7－16。

图 7－16　RSA 算法发明者

RSA 密码系统的安全是基于大整数分解因子的难度，即基于数论中的欧拉定理和计算复杂性理论中的论断：求两个大素数的乘积容易计算，但分解两个大素数的乘积，求出它们的素因子则非常困难。如图 7－17 所示，(n, e_1)为公钥、(n, e_2)为私钥，将这两个大素数相乘十分容易，但想要对其乘积进行因式分解却极其困难。

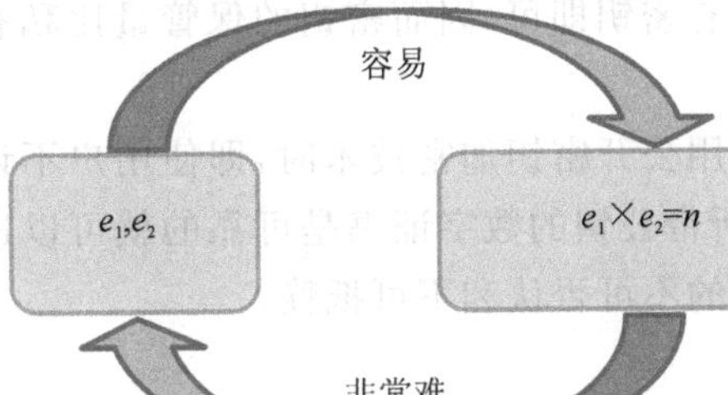

图 7－17　RSA 算法

RSA 算法利用两个较大的质数相乘所得的乘积进行加密。先由这两个质数中的其中一个与原信息编码相乘来实现加密，然后由另一个质数相乘来解密，这一对质数就被称为密钥对。在加密模式中，用户公开一个密钥，发送方将信息用公开密钥加密后发送给该用户，只有持有对应私钥的用户才可以对加密的信息进行解密。RSA 算法中的密钥长度从 40 到 2048 可变，加密时把明文分成可变大小的块，该算法又将每块明文转化为密钥长度相同的密文块，密钥位数越长其保密性就越好，但过长的位数会使其加解密速度大大降低，较为合适的密钥一般在 64 位左右。

建立 RSA 密码系统的过程如下：

(1)密钥对的产生。

①选取两个大素数 p 和 q(保密)；

②计算 $n=p*q$ 和 $\varnothing(n)=(p-1)(q-1)$；

③随机选取加密密钥 e，满足 $\gcd(e,\varnothing(n))=1$，即 e 和 $(p-1)(q-1)$ 互素，且 $1<e<\varnothing(n)$；

④计算解密密钥 d，满足 $ed=1 \bmod \varnothing(n)$，$d$ 与 n 也互素；

(2)加密计算。

加密函数为：$Ek(x)=me(\bmod n)$，其中 m 是明文。

(3)解密计算。

解密函数为：$Dk(x)=cd(\bmod n)$，其中 c 是密文。

例如，选两个小素数 $p=11,q=13,n=p\times q=143,\varnothing(n)=(p-1)(q-1)=120$；再取一个与 120 互质的数，由 $e=7$，可算出 $d=103$，满足 $e\times d=1 \bmod \varnothing(n)$；其中，$(e,n)$ 和 (d,n) 分别为公钥和私钥。

3. 公开密钥加密的特点

(1)处理效率低。由于公开密钥加密法处理的都是大数计算，其加解密的速度较慢。即使在最快的情况下，RSA 算法也比 DES 算法慢两个数量级，因而 RSA 算法只适用于少量数据的加密。

(2)安全性较好。公开密钥加密的安全性依赖于密钥的长度，所以在运用公开密钥加密法进行加密时只要密钥的长度足够长，数据的安全性就能够得到保障。

(3)密钥管理难度低。当网络中有 n 个用户时，一共需要 $2n$ 个密钥。公开密钥是公开的，用户只需要管理好自己的私有密钥即可，因而密钥的保管量比私有密钥加密要少得多，管理也比较方便。

(4)身份认证较为方便。运用公开密钥加密技术时，即使用户不认识某个商务实体，但只要用户的服务器认为这个实体所带公钥的数字证书是可靠的就可以进行安全交易，这不仅实现了身份的认证，也实现了行为的不可否认和不可抵赖。

7.2.3 混合加密技术

1. 对称密钥加密技术和公开密钥加密技术的比较

(1)处理效率。对称密钥加密技术的 DES 算法在运算效率上明显优于非对称加密技术的 RSA 算法。因为 DES 密钥的长度通常只有 56 位，所以可以实现高速处理。而 RSA 算法密钥较长，计算的都是大数，处理效率明显低于 DES 算法。

(2)安全性。对称密钥加密技术的算法是公开的，其安全性完全依赖于对私有密钥的保护，所以其算法的安全性较差。而公开密钥加密法的安全性依赖于密钥的长度，只要密钥长度够长，其算法的安全性就可以得到保证。

(3)密钥的分发与管理。在密钥的分发与管理上，RSA 算法比 DES 算法更具优势。因为 RSA 算法采用公开形式分配密钥，对密钥的更新管理也更容易，用户只需要保管好私有密钥即可。而 DES 算法要求通信之前先对密钥进行分配传递，这使得密钥难以更新，对不同的对象需要产生不同的密钥,因而需要保管的密钥数量非常巨大。如果网络中有 n 个用户,那么运用 DES 算法需要$\frac{n(n-1)}{2}$个密钥,而运用 RSA 算法只需要 $2n$ 个密钥。

(4)身份与行为认证。采用对称密钥加密技术传输数据只能解决数据机密性的问题,而无法确认发送者的身份,即无法实现数字签名,而公开密钥加密技术可以方便地进行数字签名和身份认证。

2. 数字信封的定义及原理

对称密钥加密法和公开密钥加密法各有长短,那么能否设计出综合两者优点,同时克服两者缺点的加解密方案呢?

为了充分发挥对称密钥加密技术和公开密钥加密技术的作用,在实际加密操作中通常不会单独使用一种加密技术,而是将两种加密技术综合使用,先使用对称加密技术对明文进行加密,再用公开密钥加密技术对实际加密明文的对称密钥进行加密。这种技术被称为数字信封(digital envelope)技术。数字信封看重的是对称加密的快速性,因为能够快速地将明文转成密文,同时也看重非对称加密的安全性。采用数字信封技术时,首先发送方会生成随机的对称密钥,用该密钥对明文进行加密处理,随后发送方用接收方公钥加密该对称密钥,所产生的信息即为数字信封,发送方将密文和加密后的对称密钥通过互联网一同传送给接收方,接收方用自己的私钥为对称密钥进行解密,然后用解密后的对称密钥解密密文,最终得到明文。其具体步骤如下:

1)加密模式

(1)发送者发送信息前先生成一个对称密钥,用该对称密钥加密要发送的明文,形成 DES 密文;

(2)发送者用接收者的公钥加密此对称密钥,形成密钥密文;

(3)发送者将(1)和(2)的结果结合在一起,形成数字信封,一并传给接收者。接收者接到密文后,使用自己的私钥解密密钥密文,得到对称密钥;

(4)接收者再用获得的对称密钥解密 DES 密文,从而得到真正的原始明文。

数字信封的加密模式如图 7-18 所示。

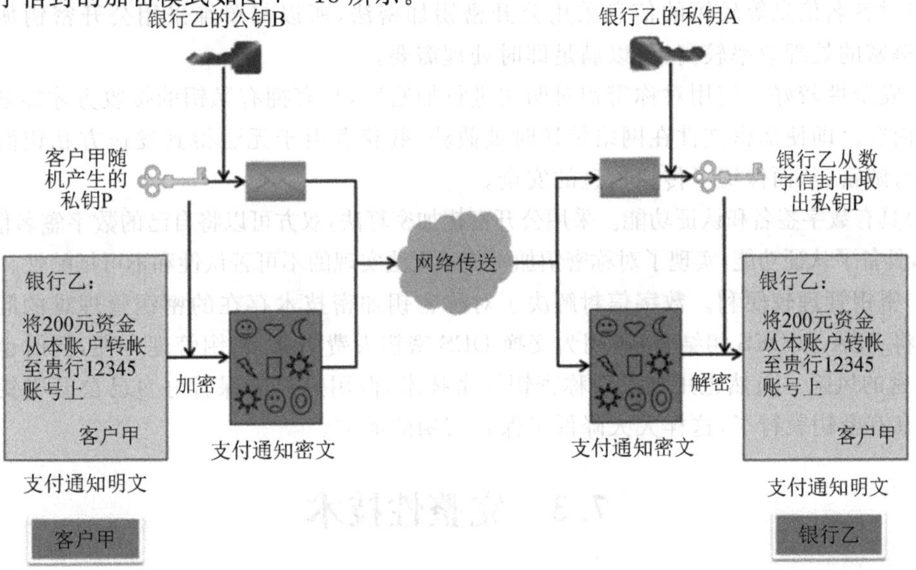

图 7-18 数字信封加密模式

2)验证模式

(1)接收者首先随机生成一个对称密钥,用该对称密钥加密要发送的明文,形成 DES 密文;

(2)接收者用对称密钥加密该随机产生的密钥,形成密钥密文;

(3)接收者将(1)和(2)的结果结合在一起,形成数字信封,一并传给发送者。发送者接到密文后,使用接收者公钥解密密钥密文,得到信封中的对称密钥;

(4)发送者再用获得的对称密钥解密 DES 密文,从而验证签名。

数字信封验证模式如图 7-19 所示。

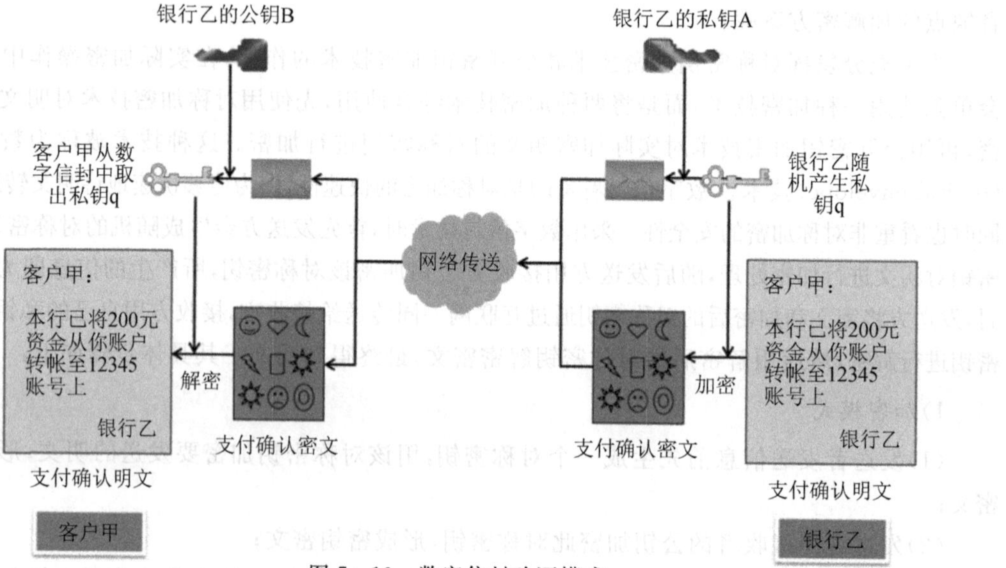

图 7-19 数字信封验证模式

3. 数字信封的特点

(1)加/解密速度较快。由于数字信封技术是用对称密钥加密法对较长的明文进行加/解密,而只对签名信息等较短的信息采用公开密钥加密法,所以与单纯采用公开密钥加密法相比,加/解密的处理效率较高,可以满足即时处理需要。

(2)安全性较好。使用对称密钥对明文进行加密后,只有拥有私钥的接收方才能解密并获取明文内容。即使加密文件在网络传送时被截获,截获者由于无法得到发送方私钥而无法对文件进行解密,从而保证了传输信息的安全。

(3)具有数字签名和认证功能。采用公开密钥加密算法,双方可以将自己的数字签名信息发送给对方,具备了认证功能,实现了对称密钥加密技术无法实现的不可否认性和不可抵赖性。

(4)密钥管理较便利。数字信封解决了对称密钥加密技术存在的密钥管理难的问题。数字信封将 RSA 和 DES 相结合,不用为交换 DES 密钥大费周章,密钥管理方便,同时也降低了 DES 泄密的风险。虽然也用到了对称密钥加密技术,但用户只需保管好自己公开密钥加密技术中的私有密钥就行了,这样大大降低了保管密钥的成本。

7.3 完整性技术

对称密钥加密技术和公有密钥加密技术等机密性技术有效解决了数据的保密问题。然而在电子商务支付环境中还存在着数据的真实、伪造和篡改，数据所有者的真实身份以及商务行为的认证与不可抵赖性等问题，这都属于数据完整性技术的相关问题。本节主要介绍了数字摘要技术、数字签名技术以及双重签名技术等完整性技术。

7.3.1　数字摘要技术

在电子交易过程中，交易双方不仅要确保电子合同、电子支票、银行卡卡号、密码等相关数据的保密性，而且要确保数据在传输过程中没有被第三者篡改过，即保证数据的真实性，这就要依靠数字摘要技术。

1. 数字摘要的定义及原理

数字摘要(digital digest)就是用某种算法将被传送的数据生成一个完整性值，并将此完整性值与原始数据一起传送给接收者，接收者用此完整性值来检验消息在传送过程中是否发生改变。这个值是由原始数据通过某一加密算法产生的一个特殊的数字信息串，比原始数据短小，能校验原始数据，所以称作数字摘要。图 7-20 为数字摘要的生成过程。

数字摘要由哈希(Hash)算法计算得到，也称为哈希值，Hash 函数的作用就是将无序的数据有序组织，即在“无序”之中存在“有序”，因此 Hash 也可译为散列或杂凑。

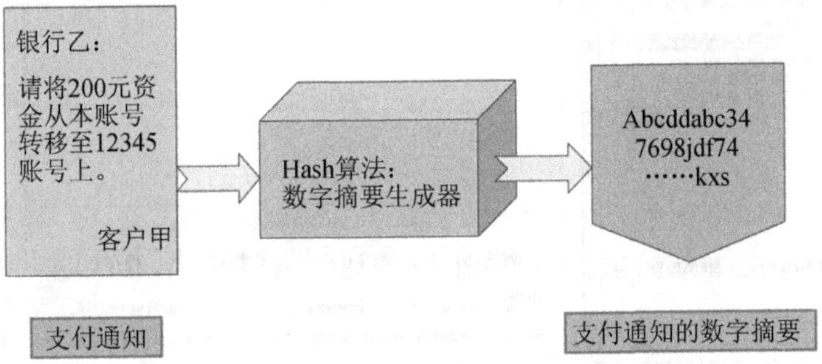

图 7-20　数字摘要的生成

电子商务中通信双方在互相传送数据信息(如电子合同、电子支票等)时，不仅要对相关数据进行保密，避免被第三者知道，还要知道数据在传输过程中是否被第三者改变，也就是要保证数据的完整性。通过数字摘要技术，发送方传输的信息报文会根据函数算法得出一个摘要值，将该摘要值和原文信息报文一起通过互联网传送给接收方，接收方再将摘要值与用算法摘要后的原文进行比对，以此判断信息报文是否被篡改。图 7-21 为数字摘要原理。

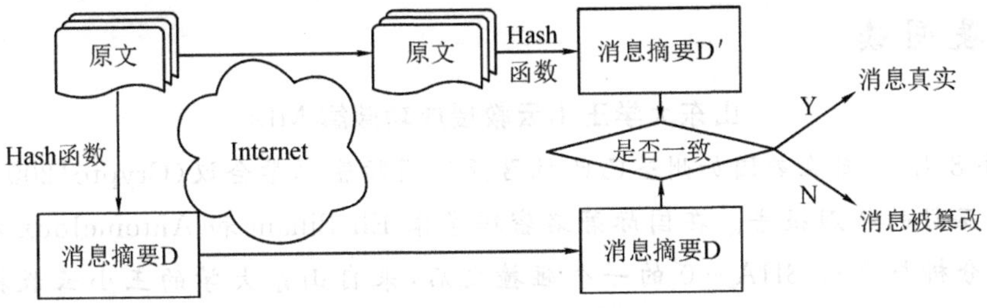

图 7-21　数字摘要原理

不同的明文映射的消息摘要结果总是不相同的，而同样的明文其摘要结果一定是相同的，此外，由消息摘要不能解密出其原文。因而通过数字摘要技术，双方可以知道原文是否被篡改，确保信息的完整性。

2. 常用的 Hash 算法

Hash 一般翻译为“散列”，也可直接音译为“哈希”，就是把任意长度的输入通过散列算法变换成固定长度的输出，该输出就是散列值。

这种转换是一种压缩映射，也就是散列值的空间通常远小于输入的空间，不同的输入可能会散列成相同的输出，而不能由散列值唯一确定输入值。

简单来说，Hash 函数就是一种将任意长度的消息压缩到某一固定长度的消息摘要的函数。也可以说，Hash 就是找到数据内容和数据存放地址之间的一种映射关系。SHA-1 和 MD5 可以说是目前应用最广泛的 Hash 算法，而它们都是以 MD4 为基础设计的。SHA-1 和 MD5 的具体应用分别见图 7-22 和图 7-23。

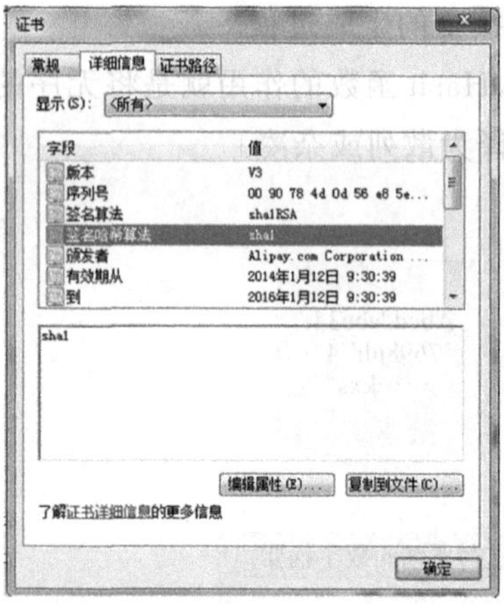

图 7-22 SHA-1 算法的应用

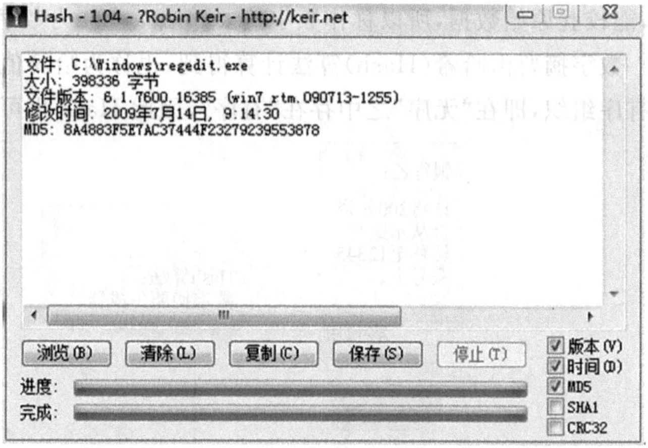

图 7-23 MD5 算法的应用

消息摘要算法第五版(message digest algorithm 5，MD5)为计算机安全领域广泛使用的一种散列函数，由 Ron. Rivest 设计，其数字摘要长度为 128 位，用于确保信息传输的完整一致。该编码法采用单向 Hash 函数将原文加密成一串 128 位的数字摘要，而数字摘要是信息资源的“指纹”，我们把这一串映射而成的消息摘要称为“数字指纹”。MD5 曾被广泛地用于安全领域，但随着计算机处理能力的提高，该算法的弱点逐渐暴露出来。

拓展阅读

山东大学王小云教授成功破解 MD5

2004 年 8 月 17 日在美国加州圣巴巴拉召开的国际密码学会议(Crypto’2004)安排了三场关于杂凑函数的特别报告。在国际著名密码学家 Eli Biham 和 AntoineJoux 相继做了对 SHA-1 的分析与给出 SHA-0 的一个碰撞之后，来自山东大学的王小云教授做了破译 MD5、HAVAL-128、MD4 和 RIPEMD 算法的报告。在会场上，当她公布了 MD 系列算法的破解结果之后，报告被激动的掌声打断。王小云教授的报告轰动了全场，得到了与会专家的赞叹。报告结束后，与会者长时间热烈鼓掌，部分学者起立鼓掌致敬，这是密码学会议上少有的盛况。王小云教授的报告缘何引起如此大的反响？因为她的研究成果作为密码学领域的重大发现，宣告了固若金汤的世界通行密码标准 MD5 的堡垒轰然倒塌，引发了密码学界的轩然大波。

会议结束后，很多专家围拢到王小云教授身边，既有简短的探讨，又有由衷的祝贺，褒誉之词不绝。包含公钥密码的主要创始人 R. Rivest 和 A. Shamir 在内的世界顶级的密码学专家也上前表达他们的欣喜和祝贺。

国际密码学专家对王小云教授等人的论文给予了高度评价。

MD5 的设计者，同时也是国际著名的公钥加密算法标准 RSA 的第一设计者 R. Rivest 在邮件中写道："这些结果无疑给人非常深刻的印象，她应当得到我最热烈的祝贺，当然，我并不希望看到 MD5 就这样倒下，但人必须尊崇真理。"

Francois Grieu（弗朗索瓦·格里厄）这样说："王小云、冯登国、来学嘉和于红波的最新成果表明他们已经成功破译了 MD4、MD5、HAVAL－128、RIPEMD－128。并且有望以更低的复杂度完成对 SHA－0 的攻击。一些初步的问题已经解决。他们赢得了非常热烈的掌声。"

另一位专家 GregRose 如此评价："我刚刚听了 Joux 和王小云的报告，王所使用的技术能在任何初始值下用 2^{40} 次 hash 运算找出 SHA－0 的碰撞。她在报告中对四种 HASH 函数都给出了碰撞，她赢得了长时间的起立喝彩，这在我印象中还是第一次……她是当今密码学界的巾帼英雄。"

3. 数字摘要的特点

（1）可保证信息在一定程度上防伪、防篡改。作为一种完整性技术，数字摘要可以用某种算法对被传送的数据生成一个完整性值，将此完整性值与原始数据一起传送给接收者，接收者用此完整性值来检验消息在传送过程中有没有发生改变。以此来确保传输信息的真实完整，在一定程度上可以达到防伪造、防篡改的目的。

（2）不能确保数据的完整性。由于 Hash 算法是公开的，因此，一旦有人改变了传送的原文，就可以轻易地同步改变由 Hash 算法生成的摘要。因此在实际运用中，数字摘要不能单独使用，需要和加密技术一同使用才能达到保证数据完整性的目的。

7.3.2 数字签名技术

在传统的商务活动中，为了防止他人对文件的破坏以及方便鉴别文件的真伪，人们通常会签名或者盖章。一旦签名或者盖章，就证明了文件是签名者发送，不可抵赖，签名者对此负有法律责任，也可以确保文件的真实性，并可以证明其并非伪造。在电子商务环境中，为了保证电子文件的真实完整性及不可否认性，可以使用与手工签名类似的数字签名。

1. 数字签名的定义及原理

数字签名（digital signature）是基于加密技术的一种信息认证技术，发送方在所传输的信息报文上附加只有自己才能产生而别人无法伪造的个人标记，以此证明信息报文是发送方所传输的，保证了信息报文的不可否认及真实完整。数字签名主要解决的问题就是验证发送方的身份，以免发送方在发送完后对信息产生抵赖行为。它的做法就是要求发送方用发送方的私钥组成一个签名块，接收方只能拿发送方的公钥来验证，因为私钥只有发送方持有，其他人不能够伪造。数字签名的原理如图 7－24 所示。

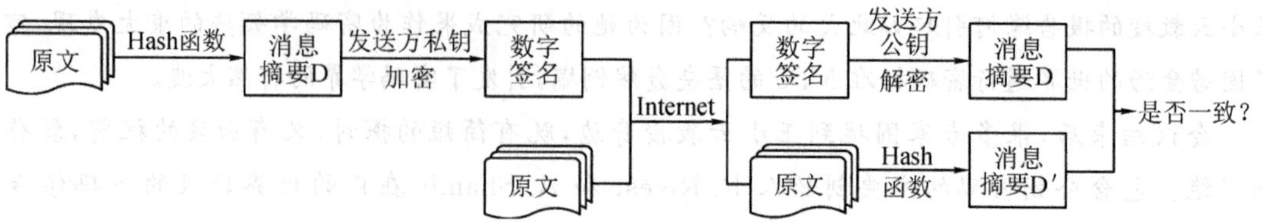

图 7－24　数字签名的原理

发送方将原文信息用自己的私钥进行加密，之后接收方用发送方提供的公钥解密，如果解密成功就能保证是发送方的签名。但是直接拿私钥对原文进行加密，速度之慢是我们无法接受的，考虑到加密时间过长的问题，在实际应用中通常会将信息先进行摘要再用私钥加密进行传输。数字签名技术在应用原理上采用的是公开密钥加密法数字摘要技术。数字签名技术在数字摘要技术的基础上，解决了原数据真实性的问题，同时具有不可抵赖、防篡改等作用。完整的应用案例如图 7－25 所示。

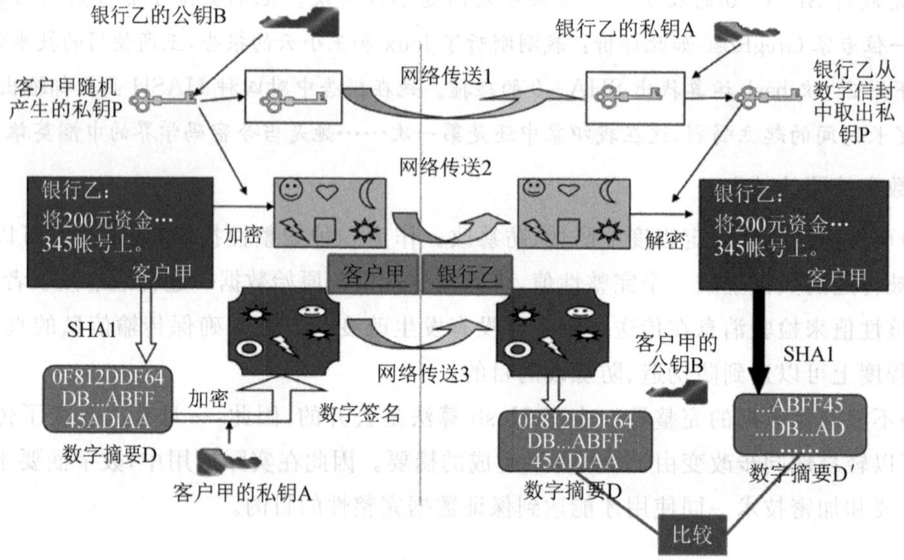

图 7－25　数字签名的完整应用示例

2. 数字签名的常见应用形式

(1)数字时间戳。数字时间戳(digital time stamp)在电子交易中对交易文件的日期信息采取安全措施以保护电子文件时间的安全性。时间戳是经加密形成的凭证文档，它包括需要加时间戳的文件的摘要、收到文件的日期和时间以及数字签名。

(2)盲签名。盲签名(blind signature)这一概念于 1986 年由 David Chaum(大卫・卓姆)提出，是数字签名的一种特殊形式。正常情况下签名者知道所签明文的内容，而盲签名所签写的是被文件拥有者盲化后的明文，签写后返还给文件拥有者，最后由拥有者去除盲化因子，得到签名者的签名。

(3)群签名。群签名是指群体中任一成员都可以通过匿名方式代表整个团体对消息进行签名。

(4)代理签名。代理签名的概念于 1996 年由 Mambo(曼博)、Usuda(宇须田)和 Okamoto(冈本)提出，是指在相关法律协议基础上，被指定的代理签名者可以代表原始签名者生成有效的签名。当原始签名者遇到特殊情况无法签名时，就可以委托相应的代理进行签名。

(5)双重签名。双重签名用于解决电子商务交易中三方之间信息传输的安全问题。在交易中消费者需要分别对支付信息和订单信息进行签名，在这个过程中商家应当只能看见相关订单信息而无法看见支付信息，金融机构则恰巧相反。双重数字签名技术分别保证了支付信息和订单信息的安全性。

数字时间戳的工作示意图如图 7 - 26 所示。

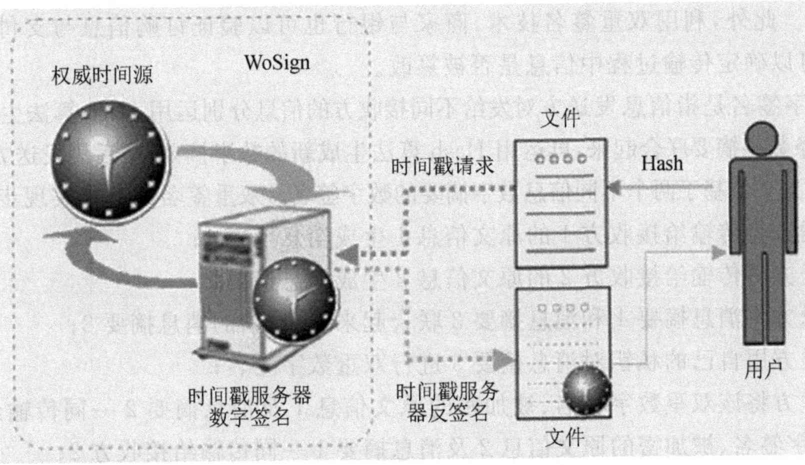

图 7 - 26　数字时间戳工作示意图

3. 数字签名的特点

(1)数字签名是可信的。接收方用发送方的公开密钥能够解密收到的数字签名，通过这样的方法可以确信文件是由发送方签名的。

(2)数字签名是不可伪造的。数字签名必须通过私有密钥加密产生，只有发送方知道该私有密钥，其他人无法得知该私有密钥，因此数字签名是不可伪造的。

(3)同一个数字签名是不可多用的。数字签名是信息原文经过哈希函数变换一一对应产生的，如果信息原文发生改变，由它产生的数字签名也会相应改变。

(4)被数字签名附带的信息报文是不可篡改的。不论原文发生何种改变，其数字签名都无法验证通过。

(5)数字签名是不可抵赖的。接受方不用发送方的帮助就能通过验证发送方的数字签名而认证发送方的行为。

4. 数字签名的作用

(1)避免接收方伪造原文文件。有了数字签名，接收方在收到文件后，没有办法伪造一份文件，并声称这是发送方发送的，保证了发送方的利益。

(2)避免发送者或接收者否认。运用数字签名可以防止发送者或接收者事后不承认自己曾经发送或接收过支付单据。

(3)避免第三方冒充。如果没有数字签名，网上的第三方用户很可能冒充其他用户发送或接收消息，数字签名(如信用卡密码)可以有效预防这种情况发生。

(4)防止发送方或接收方篡改信息报文。因为数字签名是由原文经函数变化一一对应得到的，一旦原文发生变动，其结果也会发生改变，所以数字签名可以防止发送方或接收方对文件中的支付金额进行改动。

7.3.3 双重签名技术

在网络支付环境下，消费者需要将订购信息与支付信息分别发送给商家和银行，同时，又不希望商家得到支付信息，也不希望银行得到订购信息，利用双重签名技术就能够很好地隔离这两种信息。此外，利用双重签名技术，商家与银行也可以验证订购信息与支付信息是否一致，这样就可以确定传输过程中信息是否被篡改。

双重数字签名是指信息发送方对发给不同接收方的信息分别运用 Hash 算法生成数字摘要，之后将这两条数字摘要联合起来，再运用 Hash 算法生成新的数字摘要，最后用发送方私钥对新的摘要加密，得到一个基于两个不同信息数字摘要的数字签名。双重签名的具体实现步骤如下：

(1)发送方将传输给接收方 1 的原文信息 1 生成消息摘要 1；

(2)发送方将传输给接收方 2 的原文信息 2 生成消息摘要 2；

(3)发送方将消息摘要 1 和消息摘要 2 联合起来，生成新的消息摘要 3；

(4)发送方用自己的私钥对消息摘要 3 进行双重数字签名；

(5)发送方将该双重数字签名、被加密的原文信息 1 及消息摘要 2 一同传输给接收方 1。并将双重数字签名、被加密的原文信息 2 及消息摘要 1 一同传输给接收方 2；

(6)接收方 1 收到信息后解密原文信息 1 并生成消息摘要，把该消息摘要同收到的消息摘要 2 联合，生成一个双重消息摘要，并用发送方提供的公钥对接收到的数字签名解密，将新生成的双重消息摘要同收到的双重消息摘要进行比较，一致则可确认发送方身份，且能够保证其在传输过程中的完整性。同理，接收方 2 收到信息后解密原文信息 2 并生成消息摘要，把该消息摘要同收到的消息摘要 1 联合，生成一个双重消息摘要，并用发送方提供的公钥对接收到的数字签名解密，将新生成的双重消息摘要同收到的双重消息摘要进行比较。

图 7 - 27 为双重数字签名的应用案例。

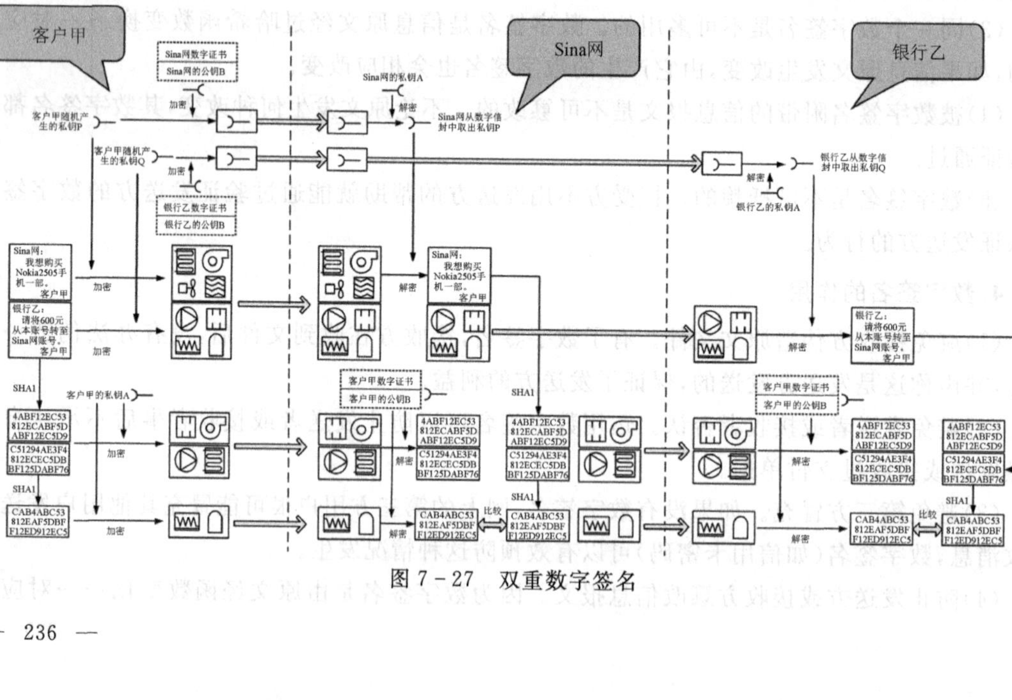

图 7 - 27 双重数字签名

7.4 身份认证技术

现代密码学中最重要的两大分支是加密和认证。加密的目的是防止敌方获取机密信息，认证的目的则是为了防止敌方的主动攻击。本节主要介绍网上身份认证体系、常见身份认证方式及人脸识别认证等内容。

7.4.1 网上身份认证体系

1. 身份认证的概念

身份认证是指证实用户的真实身份与其所声称的身份是否相符的过程，身份认证是为了限制非法用户访问网络资源，是其他安全机制的基础，也是安全系统中的第一道防线。一般操作系统都提供了基于用户名和口令的身份认证方法，这也是最常用的身份认证方法。在电子银行、电子证券、电子商务等电子交易系统中，则需要更复杂、更安全的用户身份证明和认证机制，如数字证书、电子ID卡、一次性密码等。

身份认证是在互联网交易中鉴别和确认双方身份真实性，保证交易过程中的不可抵赖性和信息完整性的一个必要环节，也是电子商务交易过程中最薄弱的环节。一旦有非法用户窃取口令，或者通过修改、伪造和阻断等行为对网络支付系统进行攻击，都可能对系统中的其他用户造成巨大损失。

为了防止身份欺诈，必须采用有效的身份认证系统对身份进行严格的验证。尤其在网络系统环境中，身份认证是非常重要的。网上身份认证技术就是在计算机网络中为了确认数字身份的实际操作者与该数字身份合法拥有者是否相对应而产生的。

身份认证的提出是为了更好地确认实际操作者的现实身份与数字身份是否一致。通过身份认证，可以有效预防系统因被非法用户进入而导致信息被非法访问及系统数据被破坏等情况。作为网络信息安全防护的第一道关口，身份认证有着举足轻重的作用。

2. 身份认证体系的原理

身份认证是系统对网络主体进行验证的过程。在该系统中，发送者通过公开信道将信息传送给接收者，接收者需要验证信息是否来自合法的发送者以及信息是否被篡改。

身份认证是指对用户身份的证实，用以识别合法或非法的用户，防止非授权用户访问网络资源。一般来说，身份认证通常利用包括口令、标识符、信物、指纹、视网纹等在内的对象作为认证的依据。具体来说分为3类。

(1)只有被主体(用户)所知道的某种东西或信息，如口令、密码等。

(2)主体(用户)所拥有的某个秘密物品(硬件)，如身份证、印章、智能卡(如信用卡)等。

(3)主体(用户)所具有的独一无二的特征或能力，如指纹、声音、视网膜、DNA(deoxyribonucleic acid，脱氧核糖核酸)、签字、笔迹等。这种认证方案一般造价较高，多适用于保密程度较高的场所。

这三类认证方式各有利弊。第一类方法最简单，系统开销最小，但是安全性较低，这种方法目前在很多对安全性要求不高的网站上仍然是最常用的；第二类泄露秘密的可能性较小，安全性比第一类高，但是相对复杂；第三类的安全性最高，比如冒用一个人的指纹相对较难，但第三类方法需要购买昂贵的设备。

7.4.2 常见身份认证方式

1. 基于密码的认证

最简单的身份认证方式是采用用户名或密码的方式，它是一种最基本的认证方式，其特点是简单灵活。使用计算机验证并给予用户相应的权限时，用户的密码均是由用户自己设定，只有用户自己知道。只要能够正确地输入密码，计算机就认为操作者是合法用户。

但是基于密码的认证方式存在一定的安全隐患，它是一种单一因素的认证，安全性完全依赖于密码。由于许多用户为了便于记忆，习惯用生日、电话号码等容易被猜测的字符串作为密码，容易造成密码泄露，从而导致冒充事件的发生。即使密码不被泄露，由于密码是静态的数据，在验证过程中需要在计算机内存和网络中传输，而每次验证使用的验证信息都是相同的，容易被驻留在计算机内存中的木马程序或监听工具截获。可见，基于密码的认证方式是一种极不安全的身份认证方式。

2. 基于智能卡的认证

智能卡源于英文 smart card，又称 IC 卡。IC 卡是由专门的厂商通过专门的设备生产的不可复制的硬件，它把集成电路芯片封装入塑料基片中，智能卡芯片可以写入数据与存储数据。

智能卡具有硬盘加密功能，有较高的安全性。每个用户持有一张智能卡，智能卡存储与用户身份有关的个性化秘密信息，同时在验证服务器中也存放着该秘密信息。登录时必须将智能卡插入专用的读卡器读取其中的信息，以验证用户的身份。进行认证时，用户输入个人识别码(PIN)，智能卡认证 PIN 成功后，即可读出秘密信息，进而利用该信息与主机之间进行认证。基于智能卡的认证方式是一种双因素的认证方式(PIN＋智能卡)，它能够提供硬件保护措施和加密算法，即使 PIN 或智能卡被窃取，用户仍不会被冒充。然而，由于每次从智能卡中读取的数据是静态的，通过内存扫描或网络监听等技术很容易截取到用户的身份验证信息。

3. 基于一次性口令的认证

基于一次性口令的认证(也称动态口令技术)是一种让用户的密码按照时间或使用次数不断动态变化，每个密码只使用一次的技术。它采用一种被称为动态令牌的专用硬件，这个硬件由内置电源、密码生成芯片和显示屏组成，密码生成芯片运行专门的密码算法，根据当前时间或使用次数生成当前密码并显示在显示屏上。认证服务器采用相同的算法计算当前的有效密码。使用时用户只需要将动态令牌上显示的当前密码输入客户端计算机，就可实现身份的确认。

由于每次使用的密码必须由动态令牌产生，只有合法用户才持有该硬件，所以只要密码验证通过就可以认为该用户的身份是可靠的。动态口令技术采用一次一密的方法，即用户每次使用的密码都不相同，可以有效地保证用户身份的安全性，即使黑客截获了一次密码，也无法利用这个密码来仿冒合法用户的身份。

但是如果客户端硬件与服务器端程序的时间或次数不能保持良好的同步，就可能发生合法用户无法登录的问题。并且用户每次登录时需要通过键盘输入一长串无规律的密码，一旦输错就要重新操作，便捷性受到影响，这使得用户的使用非常不方便。

图 7－28 展示的是智能卡和一次性口令。

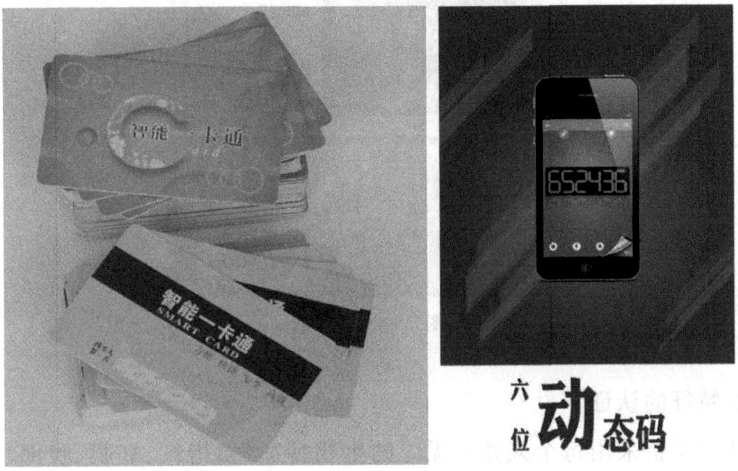

图 7－28　智能卡和一次性口令牌

4. 基于 USB Key 的认证

基于 USB Key 的身份认证是采用软硬件相结合、一次一密的强双因子认证模式。USB Key 是一种 USB 接口的硬件设备，它内置单片机或智能卡芯片，可以存储用户的密钥或数字证书，利用 USB Key 内置的密码算法实现对用户身份的认证。基于 USB Key 身份认证系统主要有两种应用模式：一是基于挑战/响应的认证模式；二是基于 PKI 体系的认证模式。

每个 USB Key 硬件都具有用户 PIN 码，以实现双因子认证功能。USB Key 内置单向散列算法，预先在 USB Key 和服务器中存储一个证明用户身份的密钥，当需要在网络上验证用户身份时，先由客户端向服务器发出一个验证请求。服务器接收到此请求后生成一个随机数，并通过网络传输给客户端（此为挑战）。客户端将收到的随机数提供给插在客户端上的 USB Key，由 USB Key 使用该随机数与存储在 USB Key 中的密钥进行带密钥的单向散列运算，并得到一个结果作为认证证据传送给服务器（此为响应）。与此同时，服务器使用该随机数与存储在服务器数据库中的客户密钥进行运算，若服务器的运算结果与客户端传回的响应结果相同，则认为客户端是一个合法用户。

挑战/响应模式可以保证用户身份不被仿冒，却无法保护用户数据在网络传输过程中的安全。而基于公开密钥基础设施（PKI）架构的数字证书认证方式，可以有效地保证用户的身份安全和数据安全。数字证书是由可信任的第三方认证机构颁发的一组包含用户身份信息（密钥）的数据结构，PKI 体系通过采用加密算法构建了一套完善的流程，以保证数字证书持有人的身份安全。然而，数字证书本身也是一种数字身份，存在被复制的危险。使用 USB Key 可以保障数字证书无法被复制，所有密钥运算由 USB Key 实现，用户密钥不在计算机内存出现，也不在网络中传播，只有 USB Key 的持有人才能够对数字证书进行操作。

U 盾是工商银行 2003 年推出并获得国家专利的客户证书 USB Key，是工行提供的办理网上银行业务的高级别安全工具。它外形酷似 U 盘，安全性能如一面盾牌，意为 U 型的盾牌，所以取名为 U 盾。它的作用是在办理网上银行业务时保护网上银行资金的安全，规避黑客、假网站、木马病毒等各种风险。图 7－29 为 U 盾外观的参考图。

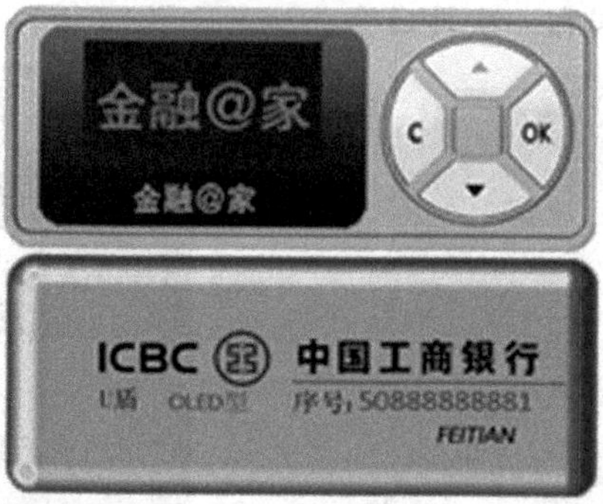

图 7-29　U盾

5. 基于生物特征的认证

生物特征认证是指采用每个人独一无二的生物特征(如指纹、虹膜、脸部、掌纹等)来验证用户身份的技术,常见的有指纹识别、虹膜识别等(图 7-30)。理论上说,生物特征认证是最可靠的身份认证方式,因为它直接使用人的物理特征来表示每一个人的数字身份,几乎不可能被仿冒。生物特征认证技术利用计算机的强大功能和网络技术进行图像处理和模式识别,该技术具有很好的安全性、可靠性和有效性,与传统的身份确认手段相比,无疑产生了质的飞跃。

(1)指纹。一个人的指纹是独一无二的,不存在相同的指纹,这样可以保证被认证对象与需要验证的身份之间严格的一一对应关系。而且一个人的十指指纹皆不相同,可以方便地利用多个指纹,提高系统的安全性,也不会增加系统的设计负担。

指纹识别技术主要涉及指纹图像采集、指纹图像处理、特征提取、保存数据、特征值的比对和匹配等过程。

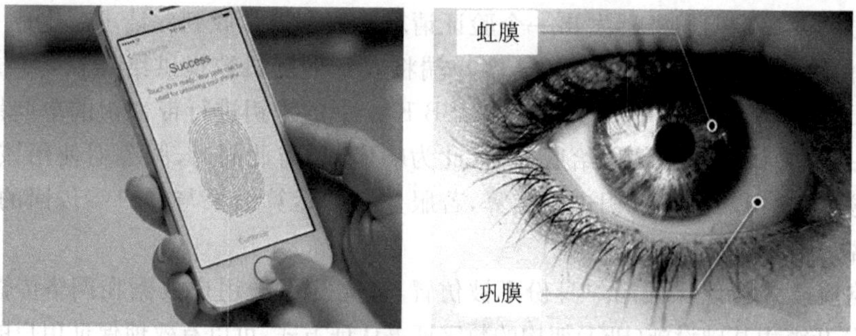

图 7-30　指纹识别及虹膜识别技术

(2)手形。和指纹相比,每个人手的形状也不相同,而且手的形状在人达到一定年龄后基本就不再发生变化。手形读取器能够捕捉手的三维图像,并能够对手指和关节的形状、长度进行测量。

(3)虹膜。人眼的虹膜位于角膜之后、水晶体之前,其颜色因含色素的多少与分布不同而异。每个人的虹膜结构各不相同,并且在人的一生中几乎不发生变化,虹膜识别系统使用摄像机捕捉样本,然后由软件对所得数据与储存的模板进行比较。目前,虹膜识别的差错率在各种生物特征识别技术中是最低的。

(4)视网膜。视网膜的生理结构在人的一生中也是相当稳定且因人而异,所以视网膜也可以作为身份识别的技术。

(5)面孔。面孔识别系统根据人脸各器官的相互位置及它们的形状和尺寸来区分人脸。人脸识别是一种更直接、更方便、更友好、更容易被接受的方法。缺点是不可靠,脸会随着年龄而变化,且容易被伪装。

(6)声音。声音的识别不是对说出的词语本身进行辨别,而是通过分析语音的唯一特性,如发音的频率来识别说话的人。语音辨别技术使得人们可以通过说话的嗓音来控制能否出入限制性区域,如通过电话拨入银行、数据库服务、购物等。利用计算机技术进行语音识别虽然很方便,但是每个人的语音声学特征不是绝对一成不变的。这种变化可以来自生理、病理、心理、模拟、伪装,也与环境干扰有关,因此语音识别并不可靠。

(7)红外温谱图。通过红外设备获得反映身体各个部位的发热强度的图像,这种图像称为红外温谱图。人体的温谱值受外界环境影响很大,可能还会受到其他因素的影响。温谱图方法具有可接受性,因为数据的获取是非接触性的,具有非侵犯性。

(8)DNA。DNA 存在于一切有核的动植物中,生物的全部遗传信息都储存在 DNA 里。据统计,两个人的 DNA 图谱完全相同的概率仅为三千亿分之一,所以可以用 DNA 识别技术来进行个人身份的认证。

总之,生物特征认证是基于生物特征识别技术的,受到现在的生物特征识别技术成熟度的影响,采用生物特征认证还具有较大的局限性。首先,生物特征识别的准确性和稳定性还有待提高;其次,由于研发投入较大而产量较小的原因,生物特征认证系统的成本非常高。

案例

带你认识步态识别

在 AI 时代,越来越多的生物特征可以被提取出来并进行识别,目前市场应用比较多的有人脸识别、指纹识别、声纹识别等,而门槛相对较高的虹膜识别、掌静脉识别、步态识别技术等技术则在落地应用中难觅踪影。

在新的疫情发生后,应用范围广泛的人脸识别、指纹识别等技术却出现了极大的应用受阻。比如人脸识别技术,只提取人的脸部特征信息,在戴口罩、灯光黑暗、拍摄角度不佳、帽子遮挡等情况下,人脸识别技术难以发挥效用。为此,弥补人脸识别技术不足的一些技术也应运而生,比如步态识别技术,能在一定程度上弥补人脸识别的不足。

什么是步态识别?它是通过身体体型和行走姿态来分析人的身份,其物理基础是每个人不同的生理结构:身高、头型、腿骨、臂展、肌肉、重心、神经灵敏度等。

在日常生活中,如果在远处出现一个你熟悉的身影,即使看不清面部,或者穿了一件你从来没有见过的衣服,但是凭借你对他的熟悉程度,你依然可以认出他的身影。这其实是人类视觉的一个步态识别。步态识别提取的特征点包含两个方面,一方面是提取静态的内部特征,如身高、头型、腿骨、关节、肌肉等生理结构,这些特征相对比较稳定,在很长一段时间,都不会发生大的变化;另一方面,是提取人的动态特征,比如走路姿态、手臂摆幅、晃头耸肩、运动神经敏感度等,这些动态特征与身体属性密不可分,很长一段时间内也会相对比较稳定。但是,这些动态特征的提取与处理难度也更大。

步态识别是一种生物特征识别技术,是对于人的全身特征的一个识别,具有远距离、跨视角、非受控的优势。但在落地应用时,步态识别需要随机采样大量的时序步态数据进行模型学习，建立步态库，然后根据步态数据提供系统解决方案（图 7-31）。

图 7-31　步态识别

7.4.3　人脸识别认证

生物识别认证技术是指运用计算机技术，收集人体固有且特有的生理特性（指纹等）和特有的行为特征（步态等）来进行身份识别或个体验证的技术手段。

生物特征识别的方法现在已被广泛应用，其中，人脸识别是应用最广泛的技术之一。人脸识别是指通过识别脸部特征来区分不同的个体，进行身份查找或者身份认证的技术，识别验证人脸和人员身份。主要包括三个组成部分：人脸检测、特征值的提取和人脸识别。人脸识别技术的原理如图 7-32 所示。

人脸识别技术具有非接触性、方便采集等特点，使得其被大众广泛地接受。人脸识别技术在电子交易、门禁考勤、人员安检等情景下应用非常广泛。

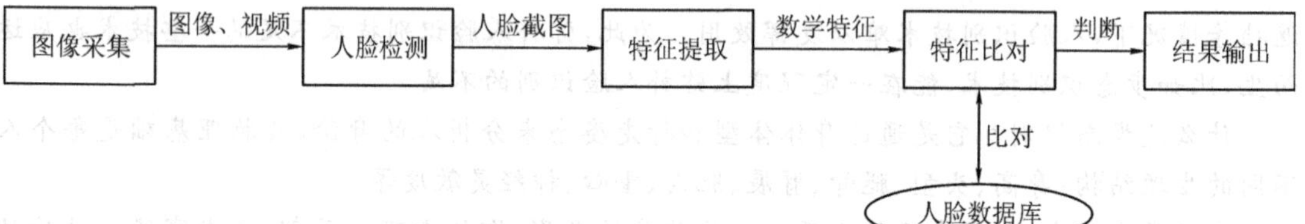

图 7-32　人脸识别技术原理

80 年代后期，随着计算机技术和光学成像技术的出现，人脸识别技术日趋成熟，目前人脸识别技术有多种分类方法，主要可以分为几何特征法、代数特征法和机器学习法等。

几何特征法以人脸各器官的形状和几何关系表示的特征矢量，通过基于中层次聚类的分类器和矢量匹配实现识别，通常包含人脸的曲率、角度等分量。代数特征法基于“特征脸”的方法，将人脸图像中的各个像素点投影至以“特征脸”为基础形成的子空间中，以获取投影空间中的最优人脸图像表示，构造特征脸向量。机器学习法是通过统计分析和机器学相关技术手段来构造人脸特征的识别方法。人脸识别技术见图 7－33。

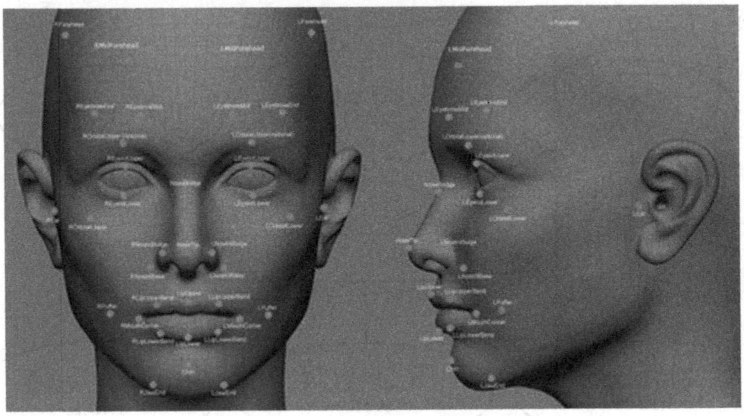

图 7－33　人脸识别技术

7.5　PKI 体系

公钥密码体系的出现和发展，为许多对称密码难以解决的安全问题提供了更好、更安全、更便捷的方法。公开密钥基础设施正是在公钥密码机制的基础上发展起来的。PKI 就是一个用公钥概念与技术实施并提供安全服务的具有普适性的安全基础设施。本节主要介绍了 PKI 的相关概念、PKI 的组成以及 CA 中心和数字证书管理的相关内容。

7.5.1　PKI 概述

公钥基础设施（public key infrastructure，PKI）是建立在公钥密码体制上的信息安全基础设施，为网络应用提供身份认证、加密、数字签名、时间戳等安全服务。

什么是基础设施呢？基础设施就是在某个大环境下提供普遍适用的系统和准则。例如电力服务系统，它就是一个提供服务的基础设施，能提供电灯、电视、冰箱等普遍适用的电能，因此可以把某个电器看成是这个基础设施的一个具体应用。又如交通基础设施，它为各种交通工具提供了普遍适用的交通环境。

PKI 是一种提供信息安全服务的基础设施，旨在从技术上解决网上身份认证、信息的完整性和不可抵赖性等安全问题，为诸如电子商务、电子政务、网上银行和网上证券等各种具体应用提供可靠的安全服务的基础设施。从技术实现上来看，PKI 是以公钥密码体制为理论基础，以认证机构（CA）为核心，以数字证书为工具来提供安全服务功能的。

一个有效的 PKI 系统必须是安全的和透明的，也就是说，PKI 通过自动管理密钥和证书，为用户建立起一个安全的网络运行环境，使用户可以在多种应用环境下透明的实现加解密和数字签名技术，从而提供机密性、完整性和不可否认性服务。透明是指用户在获得加密和数字签名服务时，不需要详细地了解 PKI 的内部运作机制。

7.5.2　PKI 的组成

一个完整的 PKI 系统必须具有认证机构（CA）、注册机构（RA）、数字证书库（CR）、密钥备份及恢复系统、证书作废列表(CRL)、应用程序接口(API)等基本组成部分。PKI 的基本组成如图 7-34 所示。

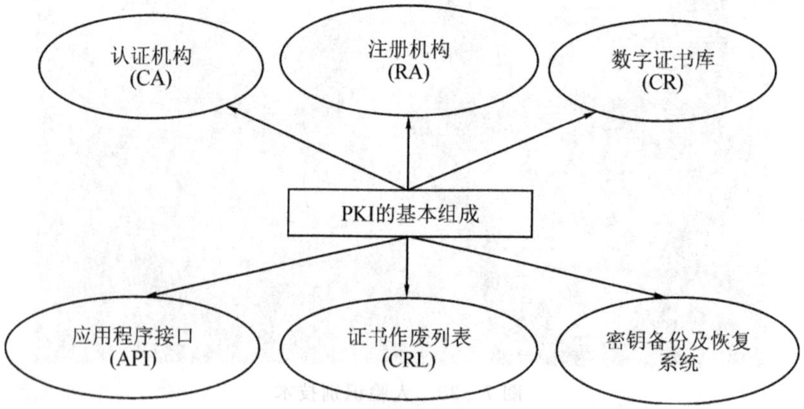

图 7-34　PKI 的基本组成

1. 认证机构(CA)

认证机构又叫做认证中心,是保障电子商务安全的关键环节,也是电子交易中建立信赖的基础。认证机构通过自身的注册审核体系,检查核实进行证书申请的用户身份和各项相关信息,使参与网上活动的用户属性的客观真实性与证书的真实性一致。

2. 注册机构(RA)

注册机构(RA)在用户和 CA 之前构架桥梁,用户通过 RA 进行证书的申请,RA 获取用户的身份信息并确认用户的信息,向 CA 提出证书申请。它接受用户的注册申请,审查用户的申请资格,并决定是否同意 CA 给其签发数字证书。注册机构并不给用户签发证书,而只是对用户进行资格审查。因此,RA 可以设置在直接面对客户的业务部门,如银行的营业部、机构认识部门等。当然,对于一个规模较小的 PKI 应用系统来说,注册管理的职能可以由认证中心 CA 来完成,而不设立独立运行的 RA。但这并不是取消了 PKI 的注册功能,而是将其作为 CA 的一项功能。PKI 国际标准推荐由一个独立的 RA 来完成注册管理的任务,这样做可以增强应用系统的安全。

3. 证书作废列表(CRL)

在数字证书过期以前,由于某些原因可能需要撤销数字证书,以停止该证书的使用。CA 将已经撤销的证书记录在一张表里,这张表被称为证书作废表(certificate revocation list, CRL)又称证书黑名单,被撤销的证书将不再值得信任,用户可以通过查询 CRL 获得某个证书是否已被撤销的信息。

4. 数字证书库(CR)

数字证书库(Certificate Repository, CR)是 CA 颁发证书和撤销证书的集中存放地,是网上的一种公共信息库,供大众进行开放式查询。证书库通过目录技术实现网络服务,常见的目录技术是轻量目录访问协议(lightweight directory access protocol, LDAP)。LDAP 是一种用于存取存储在目录中的信息(如数字证书信息)的有效标准协议。支持 LDAP 协议的目录系统能够支持大量的用户同时访问,对检索请求有较好的响应能力,能满足大规模和分布式组织请求的要求，证书库的主要功能有存储证书、提供证书、以及确认证书状态。

5. 密钥备份及恢复系统

密钥管理涉及密钥的更新(每隔一段固定时间更新或在用户的实时请求下更新)和密钥的备份(为了防止密钥丢失造成加密信息不能还原)。需要注意的是，PKI 只能备份用户的公钥，不能备份私钥。密钥备份与恢复系统用来备份密钥，以便在用户需要的时候恢复密钥。归档密钥，例如当一个公司的员工辞职时，PKI 系统管理员一方面要使该证书作废，使证书中的公钥无效，另一方面为了访问以前被该公钥加密的文件等信息，需要保留该公钥。

6. 应用程序接口(API)

一个完整的 PKI 系统必须具备良好的应用程序接口，为用户提供加密、数字签名等安全服务，确保安全网络环境的完整性和易用性。

7.5.3　CA 中心与数字证书管理

1. CA 中心

认证机构(CA)类似于现实生活中公证人的角色，专门负责数字证书的整个生命周期的管理，承担 PKI 公钥体系中公钥合法性检验的职责。其功能包括发放证书、规定证书的有效期和通过发放证书作废表来确保必要时可以撤销证书以及证书的管理。

1)CA 中心的主要功能

(1)发放证书。注册机构(RA)通过硬拷贝的方式向 CA 传输用户的证书申请与操作员的数字签名，CA 操作员查看用户的详细信息，并且验证操作员的数字签名，若签名验证通过，则同意用户的证书请求，颁发证书。然后 CA 将证书输出。若 CA 操作员发现签名不正确，则拒绝证书申请，CA 颁发的数字证书中包含关于用户及 CA 自身的各种信息(如个人的 Email 地址等能唯一标识用户的姓名及其他标识信息和证书持有者的公钥)。公钥用于为证书持有者加密敏感信息、签发个人证书的认证机构的名称、个人证书的序列号和个人证书的有效期(证书有效起止日期)等。

(2)撤销证书。在数字证书过期以前，由于某些原因可能需要撤销数字证书，以停止该证书的使用，常见的撤销证书原因有：

①证书持有者报告说该证书对应的私钥已被破解(如被盗或泄露)；

②CA 发现签发数字证书时存在错误(如用户提交的资料存在错误或 CA 本身出错)。

当出现以上问题时，CA 需要启动证书撤销程序。首先，CA 要知道这个证书的撤销请求，其次，要先鉴别证书撤销请求的合法性后再判断是否接受证书撤销的请求，否则其他人可以滥用证书撤销请求撤销属于别人的证书。

撤销证书的原理很简单。CA 将已经撤销的证书记录在一张表里，这张表称为证书作废表(CRL)，又称证书黑名单，CRL 里记录所有被撤销证书的编号、撤销的日期和撤销的原因，被撤销的证书将不再值得信任，用户可以通过查询 CRL 获得某个证书是否已被撤销的信息。CRL 的格式见图 7－35。

每个 CA 签发自己的 CRL，并对该 CRL 签名，因此，CRL 很容易验证真伪，CRL 是一个顺序文件，随着时间的推移，它包含有效期内因故被撤销的所有证书。

由于证书作废列表(CRL)是周期性更新的(如每个星期更新一次)，在这个周期内被撤销

发放者名称
CRL发放的时间/日期
被撤消证书的序列号
撤消的时间/日期
……
被撤消证书的序列号
撤消的时间/日期
发放者的数字签名

图 7-35　数字证书作废表的格式

的证书到被公布到 CRL 中可能存在几天的延迟。这显然存在巨大的风险，一个泄密的私钥证书可能在一天内就造成巨大的损失。因此，一旦某个证书被撤销，就应该立刻能够查询到该证书的撤销信息。于是，人们设计了在线证书状态协议（online certificate status protocol，OCSP），它可以在线及时查询证书的状态，包括证书是否被撤销，这弥补了 CRL 是离线文件和定期更新的不足，但它的成本较高。

(3)证书更新。数字证书经过 CA 签名后，需要通过一定的渠道发送给申请者。过期的证书要从证书库中删除。当证书被撤销时，证书库中的证书作废表也要更新。所有这些都是认证机构(CA)需要负责的更新工作。

(4)证书验证。CA 中心需要对其发放的数字证书进行验证，以确保交易各方的真实身份。

(5)密钥管理。CA 中心要向交易各方办理证书，同时必须生成公钥体系中自己的密钥对，并对私钥进行有效的管理和保护，以利于签名的使用。

图 7-36 体现了 CA 中心的功能。

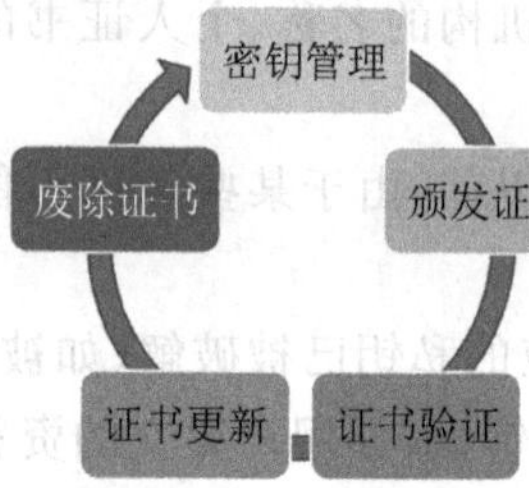

图 7-36　CA 中心的功能

2)国内外主要认证机构

(1)美国 VeriSign 公司。

(2)中国金融认证中心(CFCA)。

(3)中国电信认证中心(CTCA)。

(4)上海市电子商务安全证书管理中心(SHECA)。

(5)北京数字证书认证中心(BJCA)。

(6)重庆数字证书认证中心(CQCA)。

(7)广东省电子商务认证中心(CNCA)。

(8)海南省电子商务认证中心(HNECA)。

(9)福建省数字安全证书管理有限公司(FJCA)。

(10)北京天威诚信数字认证服务中心(iTruschina CA)。

2. 数字证书管理

1)数字证书的概念

所谓数字证书,就是公钥证书,是一个包含有用户身份信息、用户公钥以及一个可信任第三方认证机构(CA)的数字签名的数据文件,其中 CA 的数字签名可以确保用户公钥的真实性。

在概念上,数字证书和身份证、护照或驾驶证之类的证件相似。身份证可以用来证明身份,每个人的身份证至少可以证明个人的姓名、性别、出生日期、居住地、照片和身份证号码等信息。同样,数字证书也可以证明一些关键信息,它主要可以证明用户与用户持有的公钥之间的关联性。这样,通过证书就能确信某个公钥的确是某个用户的。

由表 7-3 可以看出,数字证书和身份证类似。每个身份证都有一个身份证号,而数字证书则有一个唯一序列号,对于同一个签发者签发的数字证书是不会出现重复序列号的。唯一不同的是,对数字证书真伪的验证完全依赖于 CA 的数字签名信息,而对身份证真伪的验证除了依赖签章外还依赖其他的防伪措施。在这个示例中用户的姓名显示为主体名(subject name),这是因为数字证书不仅可以颁发给个人,还可以颁发给组织或网站等一切实体。每个数字证书都有一个序列号(serial number),这可以给 CA 在必要时检索或撤销该证书提供方便。证书中还有一些其他信息,如证书的有效期和签发者名(issuer name)。

表 7-3　数字证书和身份证的比较

身份证项目	数字证书项目	身份证项目	数字证书项目
姓名	主体名	签发者	发证机构
身份证号	序列号	照片	公钥
起始日期	相同	签章	数字签名
终止日期	相同	—	—

那么用户与公钥之间的关联是由谁确定的呢?显然,需要一个各方都信任的机构。假设身份证不是由公安局签发的,而是由某个小店签发的,别人还会相信它吗?同样,数字证书也要由某个可信任的实体签发,否则很难让人信服。签发数字证书的这个可信任的实体就是 CA 认证中心。

2)数字证书的内容及格式

数字证书的内容一般包括申请证书个体的信息(证书数据)和发行证书 CA 的信息两部分。证书数据包括版本信息、证书序列号(每一个由 CA 发行的证书必须有一个唯一的序列号)、CA 所使用的签名算法、发行证书 CA 的名称、证书的有效期限、证书主题名称和被证明的公钥信息等。证书第二部分包括发行证书的 CA 签名和用来生成数字签名的签名算法。任何人收到证书后都能使用签名算法来验证证书的真伪。表 7-4 为数字证书的内容。

表 7-4　数字证书的内容

内容	说明
版本 V	X.509 版本号
证书序列号	用于标识证书
算法标识符	签名证书的算法标识符
参数	算法规定的参数
颁发者	证书颁发者的名称及标识符(X.500)
起始时间	证书的有效期
终止时间	证书的有效期
持证者	证书持有者的姓名及标识符
算法	证书的公钥算法
参数	证书的公钥参数
持证书人公钥	证书的公钥
扩展部分	CA 对该证书的附加信息,如密钥的用途
数字签名	证书所有数据经 H 运行后 CA 用私钥签名

数字证书的一般格式如图 7-37 所示,证书中的数据域有:

(1)版本号。若默认,则为第一版;若证书中需要有发行者唯一识别符或主体唯一识别符,则版本号为 2;若有一个或多个扩充项,则版本号为 3。

(2)序列号。为一整数值,由同一 CA 发放的每个证书的序列号是唯一的。

(3)签名算法。签署证书所用的算法及相应的参数。

(4)发行者名称。指建立和签署证书的 CA 名称。

(5)有效期。包括证书有效期的起始时间和终止时间。

(6)主体名称。指证书所属用户的名称,即这一证书用来证明私钥用户所对应的公开密钥。

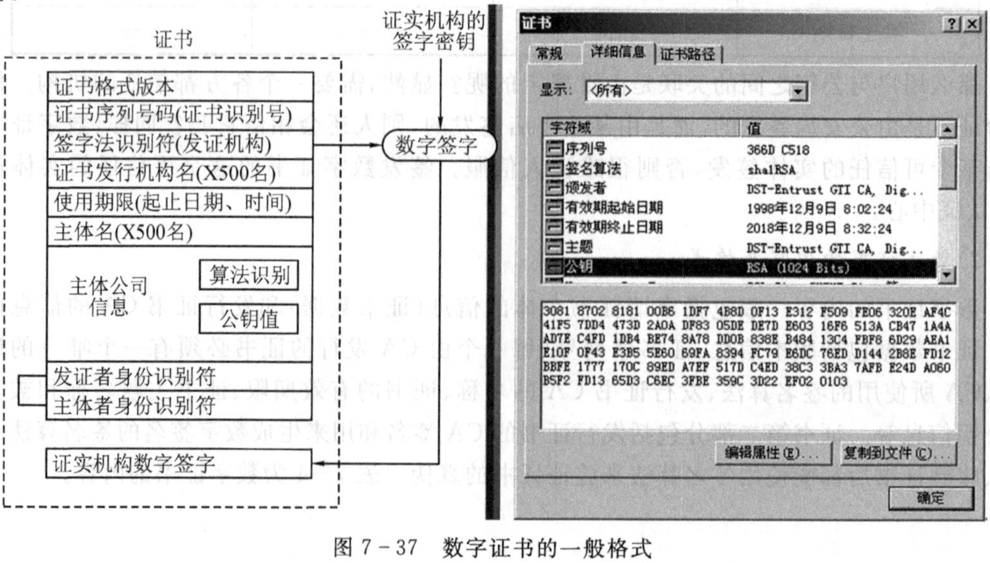

图 7-37　数字证书的一般格式

(7)主体的公开密钥信息。包括主体的公开密钥、使用这一公开密钥的算法的标识符及相应的参数。

(8)发行者唯一识别符。这一数据项是可选的,当CA名称被重新用于其他实体时,则用这一识别符来唯一标识发行者。

(9)主体者唯一识别符。这一数据项也是可选的,当主体的名称被重新用于其他实体时,则用这一识别符来唯一地识别主体。

(10)扩充域。其中包括一个或多个扩充的数据项,仅在第三版中使用。

(11)签名。CA用自己的秘密密钥对上述域的哈希值进行数字签名的结果。

3)数字证书的类型

一般来说,数字证书包括以下几种类型。

(1)客户端(个人)数字证书。个人数字证书是用户使用此证书来向对方表明个人身份的证明,同时应用系统也可以通过证书获得用户的其他信息。目前主流的浏览器和电子邮件客户端软件等都支持个人数字证书。浏览器使用数字证书的主要作用是让服务器能够对浏览器(客户端)进行认证。

(2)服务器证书(站点证书)。服务器证书主要颁发给Web站点或其他需要安全鉴别的服务器,用于证明服务器的身份信息。服务器数字证书支持目前主流的Web服务器,例如IIS、Apache等,可存放于服务器硬盘或加密硬件设备上,服务器证书的主要作用是让客户端可以鉴别服务器的真实性。由于滥用服务器方证书可能造成假冒网站、冒充合法网站等严重损失,因此签发这类证书前要认真调查商家的身份。

(3)安全邮件证书。安全邮件证书对普通电子邮件做加密和数字签名处理,以确保电子邮件内容的安全性、机密性、发件人身份的真实性和不可抵赖性。

(4)代码签名证书。代码签名证书为软件开发商提供对软件代码做数字签名的技术,可以有效防止软件代码被篡改,以避免遭受病毒和黑客程序的侵扰,同时可以保护软件开发商的版权利益,又称为开发者证书。

4)数字证书的原理

(1)数字证书的生成过程。数字证书是一个由使用数字证书的用户群所公认和信任的权威机构签署的数字签名的信息集合。主体将其身份信息和公钥以安全的方式提交给认证中心,CA用自己的私钥对主体的公钥和身份信息等的混合体进行签名,将签名信息附在公钥和主体名等信息后,这样就生成了一张证书,它主要由公钥、主体名和CA的签名3部分组成。最后CA负责将证书发布到相应的目录服务器上,供其他用户查询和获取。

由于主体的身份信息和主体的公钥被捆绑在一起,由CA用其私钥计算数字签名。CA的私钥除了CA外其他人都不知道,因此除CA外任何人都无法修改主体的身份信息和公钥值的捆绑体,否则验证者用CA的公钥验证CA对证书的签名后会发现其中的散列值和证书的散列值不一致。这样,数字证书就建立了主体与公钥之间的关联。

如图7-38所示,生成数字证书需要以下几个步骤,包括密钥对的生成、提交用户信息和公钥进行注册、RA验证用户信息和私钥、CA生成证书。

①密钥对的生成。用户可以使用某种软件随机生成一对公-私钥对,这个软件通常是Web浏览器或Web服务器的一部分,也可以使用特殊的软件程序,也就是说像Web浏览器这

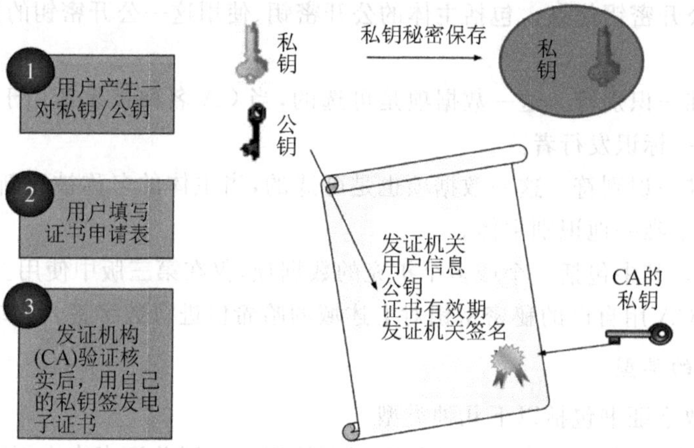

图 7－38　数字证书的生成步骤

些软件内置了生成密钥对的功能。

注册机构(RA)也可以为用户生成密钥对，这种方法对一些像智能卡那样的密钥对持有系统是很有必要的，因为这类系统处理能力有限，无法安装密钥对生成软件来生成密钥对。但这种方法的缺点是注册机构知道用户的私钥，而且注册机构将私钥发给用户的途中可能会被攻击者窃取。

②提交用户信息和公钥。用户将生成的私钥保密，然后把公钥和其他信息(如 E-mail)与身份证明发送给证书注册机构(RA)。为了防止在发送的途中被窃听，通常使用 CA 的公钥将这些信息加密再发送。

③注册机构(RA)验证用户信息和私钥进行注册。注册机构要对用户提交的信息进行验证，首先，RA 要验证用户的身份信息，对其是否合法并且是否有资格申请证书进行验证，若用户已经在该 CA 申请过证书，则不允许重复申请。其次，必须检查用户持有的证书请求中公钥所对应的私钥，这样可确保该公钥是用户的。

④CA 生成证书。如果证书的申请请求被批准，CA 就把证书请求转化为证书，主要工作是用 CA 的私钥对证书进行签名。CA 生成证书后，可以将证书的一个副本传送给用户，同时把证书存储到目录服务器(证书库)中，以便公布证书，公众通过访问目录服务器就能查询和获取 CA 颁发的证书。另外，CA 还会将数字证书生成及发放过程的细节记录在审计日志中。

(2)数字证书的验证过程。数字证书的验证和普通证书的验证类似，分为两个步骤。

①验证该数字证书是否真实有效。由于 CA 用其私钥对证书进行了签名，因此，可以用 CA 的公钥解密证书的签名来确认能否设计证书，若设计工作成功，则认为证书是真实的。接下来检查证书是否在有效期内、是否已经被撤销，若没有被撤销并在有效期内，则认为证书是有效的。

②检查颁发该证书的 CA 是否可以信任。首先要假定验证者信任给自己颁发证书的 CA，因为验证者主动在 CA 申请了数字证书，就表明该 CA 肯定是他所信任的。例如，某人申请了支付宝的证书，就可以假定他肯定是信任支付宝网站的；然后将自己的 CA 作为信任锚点，信任锚点即信任起始点。

例如，若验证者收到李四的数字证书，发现李四的证书和他的证书是同一个 CA 颁发的，则验证者可以信任李四的证书。因为验证者信任自己的CA，且已经知道自己CA的公钥，则可以用该公钥去验证李四的证书。但是如果李四的数字证书是另一个CA颁发的，那么验证者如何验证颁发李四证书的CA是否可信呢？这就要通过验证该证书的证书链来解决。证书链也称认证链，它由最终实体证书到根证书的一系列证书组成，所谓证书链的验证，是通过证书链追溯到可信赖的CA的根。在同一个PKI体系(信任域)中的CA与CA之间是互相关联的，所有CA组成一个层次结构。

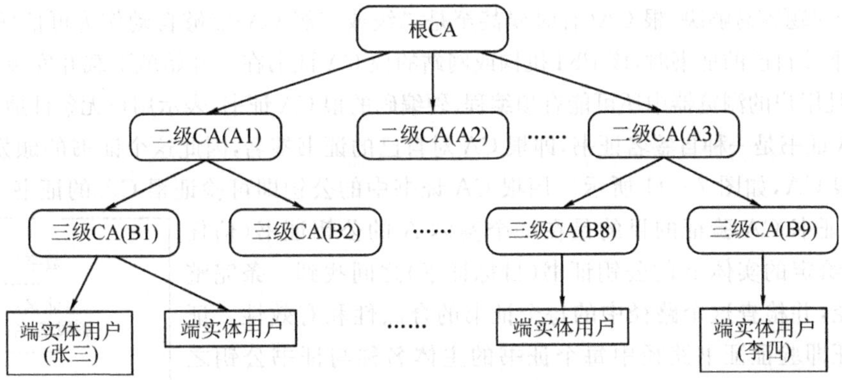

图7-39　证书机构的层次结构

从图7-39中可以看出，证书机构层次从根CA开始，根CA下面有一个或多个二级CA，每个二级CA下面又有一个或多个三级CA等。上级CA颁发证书对它的直接下级CA进行认证。例如，用户信任给自己颁发证书的三级CA，就意味着用户信任该三级CA的所有上级CA和根CA。因此，只要被验证的证书和验证者自己的证书有着共同的根CA或父级CA，那么验证者就可以信任被验证者的CA。具体来说，验证者可以用李四的证书开始，逐级验证颁发该证书的CA和上级CA，一旦发现有上级CA和自己的上级CA相同，就可以信任李四的CA。逐级验证证书的CA及其上级CA的过程是：首先从被验证的证书中找到颁发该证书的上级CA名，通过该CA名查找到该CA的证书，CA的证书是公开的，可以在网上获取，见图7-40。

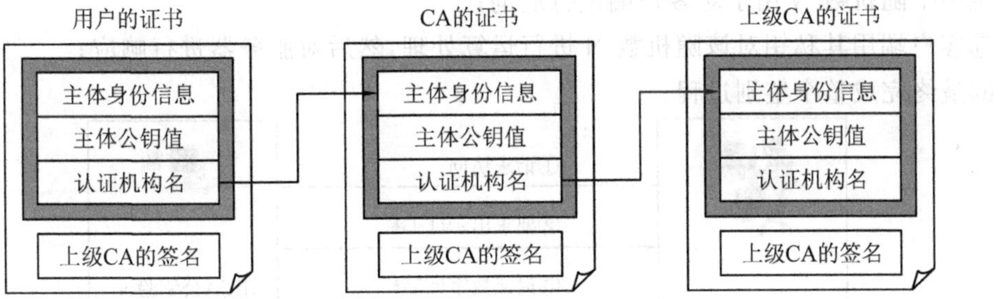

图7-40　证书的路径

在图7-39中，已知张三作为验证者，他的CA为B1，李四的CA为B9。显然，张三不能直接知道B9的公钥。为此，除了自己的证书外，李四还要向张三发出其CA(B9)的证书，即告诉张三B9的公钥。这样，张三就可以用B9的公钥验证李四的证书了。这样又引出另一个问题，张三如何确定B9这个CA的证书是可以信任的呢？若李四发个假证书，而不是B9的证书呢？因此，张三还要验证B9的证书，而B9的证书是由A3签发和签名的，张三必须用A3的公钥验证 B9 的证书，为此，张三还需要 A3 的证书。同样，张三为了信任 A3，还要对 A3 进行验证，为此张三需要根 CA 的证书，若得到根 CA 的证书，则可以成功的验证 A3 的证书。若所有级别的证书验证都成功，则可以断定李四的证书确实是从根 CA 一级一级认证下来的，是可信的。

因此，在根 CA 可信的前提下，所有 CA 的证书和用户的证书验证通过就意味着所有 CA 是合法可信的，并且用户的证书也是真实可信的。但是如何验证根 CA 是否可信呢？由于根 CA 是验证链中的最后一环，怎么验证它的证书，即验证它是否可信，那么由谁给根 CA 颁发证书呢？这个问题容易解决，根 CA(有时候甚至是二级或三级 CA)能够自动作为可信任的 CA。例如，当用户下载自己的证书时，该 PKI 机构或网站的根 CA 证书在一开始就下载并安装到用户的浏览器中，并且用户的浏览器中还可能有预编程、硬编码的根 CA 证书，表示用户无条件地信任这些根 CA。根 CA 证书是一种自签名证书，即根 CA 对自己的证书签名，因此这个证书的颁发者和主体名都指向根 CA，如图 7－41 所示。用根 CA 证书中的公钥即可验证根 CA 的证书。

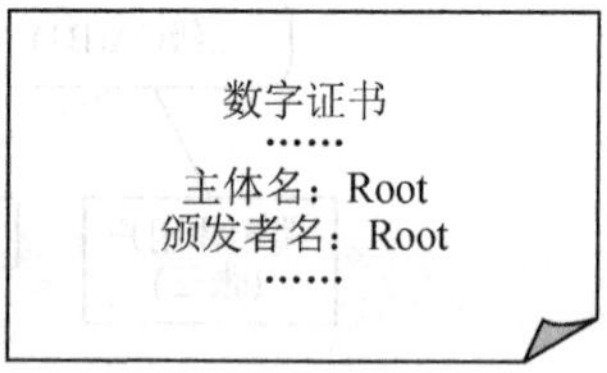

图 7－41　自签名证书

因此，证书 CA 验证的目的是在一个实体 A 的公钥证书(信任锚)与一个给定的实体 B 的公钥证书(目标证书)之间找到一条完整的证书路径，并检查这个路径中的每个证书的合法性和有效性。证书路径验证即验证证书路径中每个证书的主体名称与证书公钥之间的安全捆绑。这个捆绑是由证书中具体指定的约束所限制的，即通过证书签发者 CA 对证书签名来实现捆绑。

经过上述两个步骤验证证书通过，仅仅表明证书是真实有效的，即确定了证书中的用户和公钥之间的关联性，但并不能保证证书是属于某人的。

(3)数字证书的使用。如图 7－42 所示，在请求访问服务器进行单向鉴别时主要有以下几个步骤：

①客户端向服务器发出访问某网站或某设备的请求；

②服务器在接收到客户端发来的访问请求后要求客户端出示数字证书；

③客户端随即向服务器提交其数字证书；

④服务器在接收到客户端发来的数字证书后，用 CA 公钥验证证书的真实性和有效性，然后产生一个随机数 N 用于对客户端进行质询；

⑤客户端用其私钥对该随机数 N 进行运算处理，然后对服务器进行响应；

⑥最终完成整个鉴别过程。

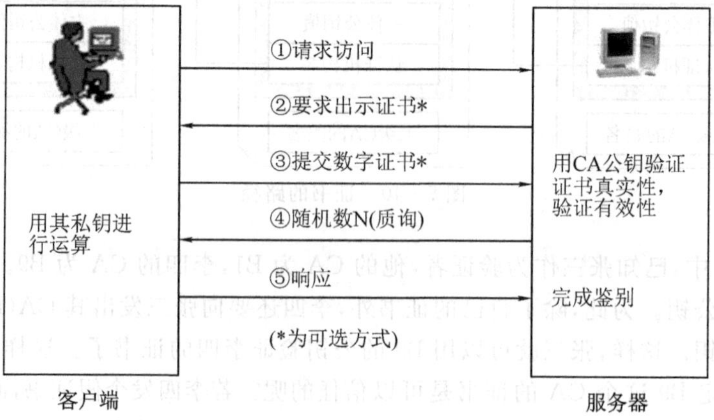

图 7－42　数字证书的使用

本章小结

本章节主要讲述了电子支付的加密技术与认证技术：

第一节介绍了密码技术的基本理论，讲述了密码技术的起源与发展以及密码技术的基础知识，通过对第一节知识的学习，学生能够对整章内容有大致了解。

第二节讲述了机密性技术的相关内容，主要包括对称密钥加密技术和公开密钥加密技术，以及两种加密技术的综合，即数字信封，学生需要重点掌握两种加密技术及数字信封的原理，了解常用算法，能够分析两种方法的优缺点。

第三节介绍了电子支付所要求的另一类技术——完整性技术。与本节内容相关的技术主要有数字摘要及数字签名，学生在学习的过程中需要重点把握两种技术的原理，掌握双重数字签名的含义及原理，了解 Hash 算法和数字签名的几种常见应用形式。

第四节介绍了身份认证技术。从身份认证体系的概念原理讲起，又展示了几种常见的身份认证方式，重点介绍了目前常见的人脸识别认证技术。

第五节为学生介绍了公钥密码体系，即 PKI。学生需要重点掌握 CA 中心和数字证书管理的相关内容，了解 PKI 的含义及原理，清楚 PKI 的构成。

思考题

1. 什么是对称加密，它又是如何进行的？
2. 公钥加密技术是如何进行加密和验证的？
3. 数字签名的原理是什么，有哪几种常见形式？
4. 一个完整的 PKI 应用系统需要包含哪些部分，每个部分有什么功能？
5. 简述身份认证的常见方式。
6. 如何正确看待我国在信息安全技术发展上所取得的成绩？
7. 如何树立正确的信息安全观？

拓展阅读

术语中英文对照

第8章 电子支付安全协议

内容提要

要保证交易过程中数据来源可靠、传输安全、不被篡改并且能为交易各方的行为提供不可抵赖的证据，目前成熟的做法是，通过数字证书和安全认证技术解决各方身份的交叉确认问题；通过数字签名技术验证数据的完整性、来源的可靠性，并为交易各方行为提供不可抵赖的证据；通过加密技术确保数据在传递过程中的保密性。在实际应用中，许多集成商针对不同的网络应用提出了不同的商业实现标准，其中比较有名的是电子商务安全协议，主要有安全套接层(SSL)协议和安全电子交易(SET)协议两种。

学习目标

• 了解安全套接层(SSL)协议和安全电子交易(SET)协议的基本概念。
• 掌握安全套接层(SSL)协议和安全电子交易(SET)协议的工作原理和工作流程。
• 了解安全套接层(SSL)协议和安全电子交易(SET)协议的安全性能。
• 对比分析安全套接层(SSL)协议和安全电子交易(SET)协议的优缺点。

思政目标

• 了解信息安全相关知识，树立正确的信息安全意识，提高自身信息文化素养。
• 培养信息安全素养，遵守与信息安全相关的伦理道德与法律法规，自觉抵制不良信息，注意保护个人和他人的信息安全。
• 理解大数据时代下信息安全的重要性，自觉遵守相关制度，培养信息安全管理的意识，以及增强保护组织机构信息安全的社会责任感。

开篇案例

8.1 安全套接层(SSL)协议

随着电子商务的不断发展，人们越来越重视网上交易系统与网上银行的安全问题。为了保证在线支付、在线交易的安全，近年来IT业界和金融行业的人员一起，共同开发和推出了许多有效的安全协议。SSL 协议，就是由 Netscape 所研发，用以保障在 Internet 上数据传输安全的协议，它利用数据加密技术，确保数据在网络传输过程中不会被截取及窃听。SSL 协议位于 TCP/IP 协议与各种应用层协议之间，为数据通讯提供安全支持。SSL 协议可分为 SSL 记录协议和 SSL 握手协议两层。SSL 记录协议，建立在可靠的传输协议之上，为高层协议提供数据封装、压缩、加密等基本功能的支持；SSL 握手协议，建立在 SSL 记录协议之上，用于在实际的数据传输开始前，通讯双方进行身份认证、协商加密算法、交换加密密钥等。

8.1.1　安全套接层协议概述

安全套接层(SSL)协议由美国网景(Netscape)公司开发并于 1994 年推出，是对 Internet 上计算机间对话进行加密的一种网络安全协议，它能把浏览器和服务器之间传输的数据加密。这种加密措施能够防止资料在传输过程中被窃取。SSL 协议基于 TCP/IP 协议，能够提供浏览器和服务器之间的鉴别和安全通信。

SSL 协议通过在应用程序进行数据交换前交换 SSL 初始握手信息，来实现有关安全特性的审查。在 SSL 握手协议中采用了 DES、MD5 等加密技术来保证机密性和数据完整性，并采用 X.509 的数字证书实现鉴别。

如此看来，在电子商务交易中，采用 SSL 协议传输密码和信用卡号等敏感信息以及身份认证信息是一种比较理想的选择。SSL 协议可以被理解成一条受密码保护的通道，通道的安全性取决于 SSL 协议中采用的加密算法。

SSL 协议对应于计算机网络 OSI(open system interconnection，开放系统互连)体系结构中的会话层，它是对计算机间整个会话进行加密的协议，SSL 广泛应用于 Internet 上敏感信息(如金融信息)的安全传输。SSL 协议作为目前保护 Web 安全和基于 HTTP 的电子商务交易安全的事实上的业界标准协议，被许多世界知名厂商的 Intranet 和 Internet 网络产品所支持，其中包括 Netscape、Microsoft、IBM 和 Open Market 等公司提供的支持 SSL 的客户机和服务器产品，如 IE 和 Netscape 浏览器、IIS、Domino Go Web Server、Netscape Enterprise Server 和 Apaches 等 Web 服务器。IE 浏览器中安全设置项中的 SSL 标识如图 8-1 所示。

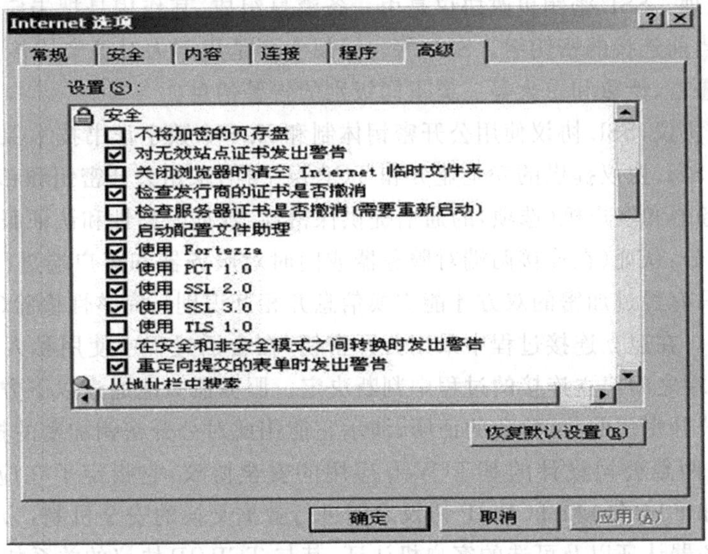

图 8-1　IE 浏览器中安全设置项中的 SSL 标识

拓展阅读

互联网加密通信协议的历史

1994 年，NetScape 公司设计了 SSL 协议的 1.0 版，但是未发布。

1995 年，NetScape 公司发布 SSL 2.0 版，很快发现有严重漏洞。

1996 年，SSL 3.0 版问世，得到大规模应用。

1999 年，互联网标准化组织 ISOC 接替 NetScape 公司，发布了 SSL 的升级版 TLS1.0 版。

2006 年和 2008 年，TLS 进行了两次升级，分别为 TLS 1.1 版和 TLS 1.2 版。最新的变动是 2011 年 TLS 1.2 的修订版。

目前，应用最广泛的是 TLS 1.0，接下来是 SSL 3.0。但是，主流浏览器都已经实现了 TLS 1.2 的支持。

TLS 1.0 通常被标识为 SSL 3.1，TLS 1.1 为 SSL 3.2，TLS 1.2 为 SSL 3.3。

8.1.2 SSL 协议的工作原理与流程

1. SSL 协议的工作原理

SSL 协议的工作原理是通过 SSL 握手协议、记录协议、密钥更改协议和告警协议，共同为应用访问链接提供认证、加密和防篡改功能。SSL 握手协议主要是用于服务器和客户之间的相互认证，协商加密算法和 MAC（message authentication codeo，报文认证码）算法，用于生成在 SSL 记录中发送的加密密钥。MAC 是一种与密钥相关的单向散列函数，它能验证消息是否来自发送者，是否是正确的没有被篡改过的。SSL 记录协议为各种高层协议提供基本的安全服务，其工作机制如下：应用程序消息被分割成可管理的数据块（可以选择压缩数据），并产生一个 MAC 信息，加密，插入新的文件头，最后在 TCP（transmission control protocol，传输控制协议）中加以传输；接收端将收到的数据解密，并做身份验证、解压缩、重组数据包然后交给高层应用进行处理。SSL 密钥更改协议是由一条消息组成，其作用是把未定状态拷贝为当前状态，更新用于当前连接的密钥组。SSL 警告协议主要是用于为对等实体传递与 SSL 相关的告警信息，包括警告、严重和重大等三类不同级别的告警信息。

作为应用层协议，SSL 协议使用公开密钥体制和 X.509 数字证书技术保护信息传输的机密性和完整性。SSL 协议提供的安全业务和 TCP 层一样，采用公开密钥和私人密钥两种加密体制对 Web 服务器和客户机（选项）的通信提供保密性、数据完整性和认证服务。SSL 安全功能组件包括三部分：认证（在连接两端对服务器或同时对服务器和客户端进行验证），加密（对通信进行加密，只有经过加密的双方才能交换信息并相互识别），完整性检验（进行信息内容检测，防止被篡改）。在建立连接过程中采用公开密钥，在会话过程中使用私人密钥。加密的类型和强度则在两端之间建立连接的过程中判断决定。服务器只能通过以下方法向客户机证实自身：给出包含公开密钥的、可验证的证明；演示它能用此对公开密钥加密的报文进行解密。

SSL 协议是网景公司设计的基于 Web 应用的安全协议，它指定了在应用程序协议（如 HTTP，Telnet 和 FTP 等）和 TCP/IP 协议之间进行数据交换的安全机制，为 TCP/IP 连接提供数据加密、服务器认证以及可选的客户机认证，其与 TCP/IP 协议的关系如图 8－2 所示，因此一般称 SSL 协议为传输层安全协议，但也有学者称 SSL 协议为会话层安全协议，理由是它位于传输层和应用层之间。

SSL 协议主要用于浏览器和服务器之间相互认证和传输加密数据，此时浏览器和服务器在应用层的通信将采用 S-HTTP(sesure hypertext transfer protocol，安全超文本传输协议)，S-HTTP 连接的网址以“https://”开头，因此说 S-HTTP 协议是一种基于 SSL 的应用层协议，而并不等同于 SSL。

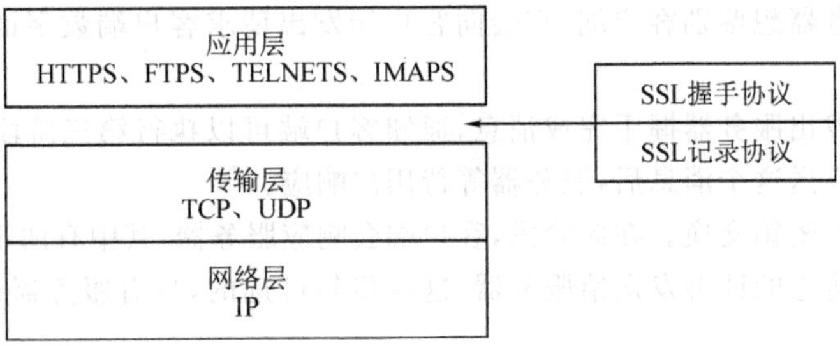

图 8-2　SSL 协议在 TCP/IP 协议组中的位置

2. SSL 协议的工作流程

SSL 协议分为两层：SSL 握手协议和 SSL 记录协议。SSL 握手协议用于通信双方的身份认证和密钥协商，SSL 记录协议用于加密传输数据和对数据完整性的保证。

1)SSL 握手协议

SSL 协议分为密匙协商(握手)和数据通信两个部分，是为了解决非对称加密的速度问题和对称加密的安全问题。其中密匙协商就是平时所说的握手协议，SSL 握手协议是客户和服务器开始通信时必须进行的协议。握手的目的就是确定传输数据使用的对称密钥，方式是使用非对称加密来传输对称密钥。

SSL 握手协议的具体目的有三点：第一，客户端与服务器需要就一组用于保护数据的算法达成一致。第二，它们需要确立一组由那些算法所使用的加密密钥——密钥协商。第三，握手还可以选择对客户端进行认证——验证对方身份。

SSL 握手协议的过程：在 SSL 握手过程中通信双方协商出一个对称密钥以后，他们用这个密钥来加密传输的数据。同时为每个消息生成时间戳，用此密钥为消息和相应的时间戳生成消息认证码(MAC)。

SSL 握手协议一般由四个阶段组成：接通阶段(Hello 阶段)；服务器鉴别和密钥交换阶段；客户鉴别和密钥交换阶段；完成握手阶段。具体步骤如下：

(1)接通阶段(Hello 阶段)。客户端向服务器发送 Client Hello 消息，包括客户端支持的最高 SSL 协议的版本、支持的加密算法等；服务器收到后，向客户端返回 Sever Hello 消息，这个消息与 Client Hello 消息包含的字段相同，服务器会选择合适的 SSL 版本，并从客户端支持的加密算法中选择一种。

(2)服务器鉴别与密钥交换阶段。本阶段是服务器启动 SSL 握手协议的第二阶段。服务器是本阶段所有消息的唯一发送方，而客户端是本阶段所有消息的接受方。这个阶段分为四步，分别是发送服务器的数字证书、服务器密钥交换、证书请求和服务器握手完成，其中有几步是可选的。

首先,服务器将它的数字证书发送给客户端,使客户端能用服务器的证书鉴别服务器。

其次,若服务器的数字证书中的公钥不适合用于密钥交换,则服务器可以直接向客户机发送一个它临时创建的 D-H 密钥(Diffie-Hellman key exchange),D-H 密钥是一种安全协议,它可以让双方在完全没有对方任何预先信息的条件下通过不安全信道建立起一个密钥,这个密钥可以在后续的通讯中作为对称密钥来加密通讯内容。因此,这一步"服务器密钥交换"是可选的。

然后,如果服务器想鉴别客户端,它会向客户端发出请求客户端数字证书的消息,这一步也是可选的。

最后,服务器发出服务器握手完成消息,通知客户端可以执行第三阶段的任务了,这个消息没有任何参数,发送这个消息后,服务器等待用户响应。

(3)客户鉴别与密钥交换。在此阶段,客户端会响应服务器,其中有两步是可选的。

第一,客户端将它的证书发送给服务器,这一步是可选的,只有服务器请求客户端证书时才进行。

第二,客户端随机生成一个 48 字节的"预主密钥",用服务器证书中的公钥加密它,然后发送给服务器。之所以用服务器的公钥加密,是为了检验服务器是否有其证书对应的私钥。

第三,证书验证。这一步也是可选的,只有服务器要求验证客户端证书时才需要。

(4)完成阶段。客户端启动 SSL 握手协议的第四阶段,使服务器结束服务。这个阶段共四步,前两个消息来自客户端,后两个消息来自服务器。

第一,客户端向服务器发送改变加密规范的消息,通知服务器以后客户端发送的消息都将用协商好的会话密钥进行加密。

第二,客户端发送使用协议好的加密算法和会话密钥加密的完成报文,这一步用来校验哪个客户端发送了这条完成报文,哪个客户端发起了这次会话。

第三,服务器也向客户端发送改变加密规范的消息,通知客户端以后服务器发送的消息都将用协商好的会话密钥进行加密。

第四,服务器发送使用协商好的加密算法和会话密钥加密的完成报文,其中包括主密钥和会话 ID,客户端将服务器发送来的主密钥和它计算得到的主密钥进行比较,若相同则说明服务器用私钥解密成功了加密的预主密钥,服务器通过验证。

SSL 握手协议的完整过程如图 8-3 所示。

2)SSL 记录协议

SSL 记录协议为每一个 SSL 连接提供具有以下两种特性的服务:

(1)机密性(confidentiality):SSL 记录协议会协助双方产生一把共有的密钥,利用这把密钥来对 SSL 所传送的数据做传统式加密。

(2)消息完整性(message integrity):SSL 记录协议会协助双方产生另一把共有的密钥,利用这把密钥可计算出消息认证码。

记录协议接收到应用程序所要传送的消息后,会将消息内的数据切成容易管理的小区块(分片),然后选择是否对这些区块做压缩,再加上此区块的消息认证码 MAC。接着将数据区块与 MAC 一起做加密处理,加上 SSL 记录过后通过 TCP 传送出去。接收数据的一方则以解释、核查、解压缩及重组的步骤将消息的内容还原,传送给上层使用者。

SSL 记录协议将数据流分割成一系列的片段并对这些片段加密后进行传输,接收方对每

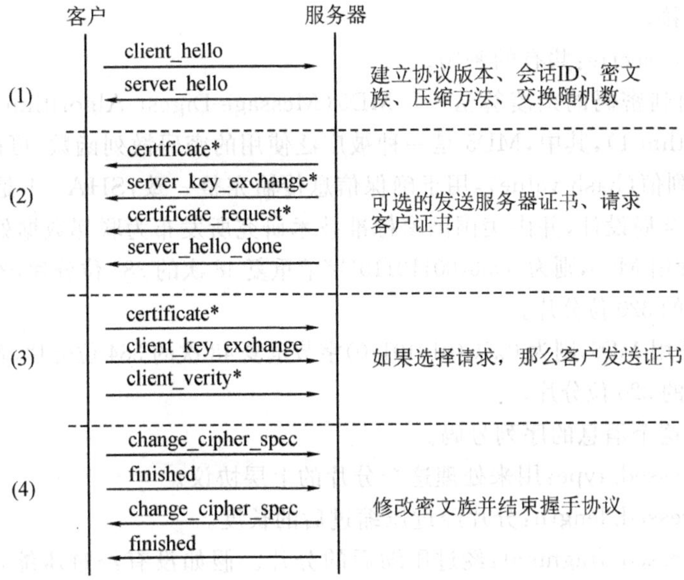

图 8－3　SSL 握手协议的全过程

条记录单独进行解密和验证。SSL 记录协议说明了所有发送和接收数据的封装方法。SSL 记录协议完整操作过程如图 8－4 所示。

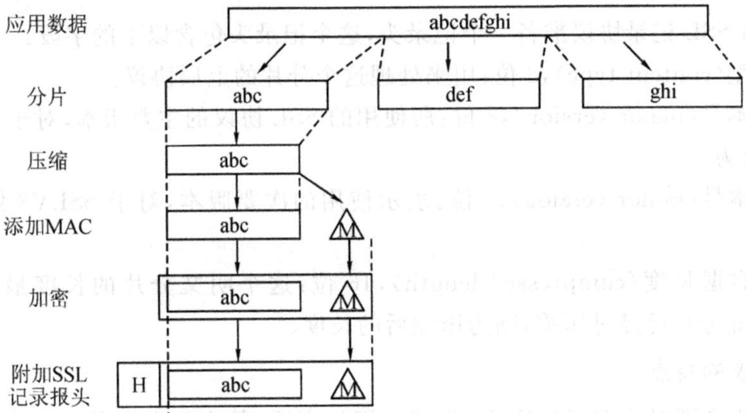

图 8－4　SSL 握手协议发送消息的过程

第一步，分片。每一个上层想要通过 SSL 传送的应用数据都会被切割成单个最大为 214 B（或 16364 B）的分片。

第二步，可以选择是否执行压缩。压缩过程中，必须是无损失压缩，也就是说解压缩后能够得到原本完整的消息。除此之外，经过压缩后的内容长度不能超过原有长度 1024 字节以上。在 SSLV3 以及 TLS 的现有版本，并没有指定压缩算法，所以预设的加算法是 null。

第三步，计算压缩数据的消息认证码，该步骤必须使用一把双方共有的密钥。消息认证码的计算过程定义如下：

Hash(MAC_write_secrte||pad_1||seq_mum||SSLCompressed. type||SSLCompressed. length||SSLCompressed. Fragment)，

其中，各符号和参数的意义如下：

①||:表示串接。

②MAC_write_secrte:共有的密钥。

③Hash:使用到密码的杂凑算法——MD5(Message-Digest Algorithm)或 SHA-1(Secure Hash Algorithm 1),其中,MD5 是一种被广泛使用的密码散列函数,可以产生出一个 128 位(16 字节)的散列值(hash value),用于确保信息传输完整一致,SHA-1 是一种密码散列函数,由美国国家安全局设计,并由美国国家标准技术研究所发布为联邦数据处理标准。

④pad_1:若使用 MD5,则为 0x36(00110110)字节重复 48 次的 384 位分片,若使用 SHA-1,则为 0x36 重复 40 次的 320 位分片。

⑤pad_2:若使用 MD5,则为 0x5C(01010110)字节重复 48 次的 384 位分片,若使用 SHA-1,则为 0x36 重复 40 次的 320 位分片。

⑥seq_mum:这个消息的序列号码。

⑦SSLCompressed. type:用来处理这个分片的上层协议。

⑧SSLCompressed. length:分片经过压缩过后的长度。

⑨SSLCompressed. fragment:经过压缩后的分片。假如没有经过压缩这个步骤,则代表明文分片。

第四步,压缩过后的数据会连同 MAC 一起做对称加密。加密后的数据长度最多只能比加密前多 1024 B。因此,连同压缩以及加密的过程处理完后,整个数据块长度不会超过(214+2048)B。

第五步,为 SSL 记录协议准备一个记录头,这个记录头包含以下的字段:

①数据类型(content type),8 位:用来处理这个分片的上层协议。

②主要版本号(major version),8 位:所使用的 SSL 协议的主要版本,对于 SSLV3 协议来说,这个字段值为 3。

③次要版本号(minor version),8 位:表示使用的次要版本,对于 SSLV3 协议来说,这个字段值为 0。

④压缩后数据长度(compressed length),16 位:这个明文分片的长度最大值为(214+2048)B。假如此分片已经过压缩,则为压缩后的长度。

3. SSL 协议的特点

SSL 协议用到了对称密钥加密法、公开密钥加密法、数字签名和数字证书等安全保障手段。并且,目前几乎所有操作平台上的 Web 浏览器(如 IE、Netscape)以及流行的 Web 服务器(如 IIS、Netscape Enterprise Server 等)都支持 SSL 协议。因此,采用该协议不仅成本低廉,而且开发成本也相对较低,无需客户端专门软件,应用简单广泛。它的主要特点有:

(1)秘密性。SSL 客户机和服务器之间通过密码算法和密钥的协商,建立起一个安全通道。此后安全通道中传输的所有信息都经过了加密处理,网络中的非法窃听者所获取的信息都将是无意义的密文信息。

(2)完整性。SSL 协议利用密码算法和 Hash 函数,通过对传输信息特征值的提取来保证信息的完整性,确保要传输的信息全部到达目的地,可以避免服务器和客户机之间的信息内容受到篡改和破坏。

(3)认证性。利用证书技术和可信的第三方 CA,可以让客户机和服务器识别到对方的身份。为了验证证书持有者是其合法用户(而不是冒名用户),SSL 协议要求证书持有者在握手时相互交换数字证书，通过验证来保证对方身份的合法性。

8.1.3　SSL 安全性分析

1. SSL 协议的目标

SSL 协议要达到的目标主要有四个：

(1)保证密码安全性。SSL 协议可在通信双方间建立起安全的连接。

(2)保证互操作性。程序员能够独立地使用 SSL 开发应用，只要其他应用遵循 SSL 协议，就可以成功地交换加密参数。

(3)保证可扩展性。SSL 致力于提供一种框架，必要时可以把新的公钥和大批加密方法集成进来。这样就无须创建一个新的协议从而避免了引入新漏洞的危险。

(4)保证效率。加密操作是 CPU 密集型操作，特别是公钥加密算法。因此 SSL 协议已经集成了一个可选的会话缓冲方案以降低连接的数量，另外也要考虑减少网络活动量。最终的目标是在实现上述所有目标的基础上保持性能成本在可接受的范围内。这需要尽量减少昂贵的加密操作的执行次数，并提供一个会话缓存方案，以避免这些加密操作在随后的连接中被执行。

2. SSL 协议的安全性

SSL 安全协议为 TCP/IP 连接提供了数据加密、服务器端身份验证、信息完整性和可选择的客户端身份验证的功能。SSL 协议利用以 RSA 为基础的数字证书加密数据，藉以识别通信双方的身份，保证网络通信安全。使用证书的好处在于，由认证机构统一管理证书，既解决了接收方验证发送方身份的问题，又保证了发送方密钥使用的安全性，防止被他人盗用。根据会话密钥(session key)的长度，SSL 协议的安全级别可以被划分为 40 bit 和 128 bit 两种。当然，会话密钥越长，密码就越难破译，128 bit 会话的可靠性要比 40 bit 会话高出万亿倍。目前，多数浏览器都支持 40 bit 的 SSL 会话，比较新的浏览器则支持 128 bit 的会话密钥加密。

因为 SSL 协议内置于所有主流浏览器和 Web 服务器中，所以一般用户只需安装数字证书就可以启动 SSL 功能。其证书主要分为两种：服务器证书和个人证书。安装服务器证书是为了保证服务器访问的安全性。一方面，服务器证书可以保证访问者访问的是他所要访问的站点，而不是为了窃取他的信用卡号和个人信息而设立的虚假站点。另一方面，利用数字证书加密数据可以保证通信的隐秘性，防止信息被他人截获或篡改。个人证书主要是为了解决访问服务器的个人身份认证问题。在没有个人证书之前，服务器要确认访问者的身份一般采取用户名和口令的方式。这种方法有以下三个缺点：①这些信息在网上传送容易被他人截获；②用户经常忘记口令；③需要在数据库中保存大量的用户名及口令，浪费了大量宝贵的资源。但是采用个人证书也会有很多好处，对访问者身份安全快速的认证只是其中一个方面。用户利用个人证书可以在不同的网站获得身份认证，而不必针对不同的网站使用不同的用户名和口令。这不但节省了资源，而且提高了用户的满意度。此外，网站也可以根据个人证书提供的个人信息，为不同的用户提供不同的服务。

总体来说，SSL 协议的安全性能是好的，而且随着 SSL 协议的不断改进，更多的安全性能、好的加密算法被采用，逻辑上的缺陷被弥补，SSL 协议的安全性能将会不断地被加强。

3. SSL 协议的应用

1)SSL 协议在网上银行的应用

网上银行是借助于互联网数字通信技术,向客户提供金融信息发布和金融交易服务的电子银行,它是传统银行业务在互联网上的延伸,是一种电子虚拟世界的银行。网上银行业务和运营模式与传统银行运营模式有很大区别,其服务对象和业务范围涵盖了银行的所有对公业务(B2B)和对私业务(B)。此外,它还利用互联网的特点对传统银行业务有所创新。

网上银行基于互联网,采用 SSL 协议将客户与银行连接起来,实现客户端与网银服务器网关的端对端的连接。按上述 SSL 握手协议和记录协议的原理,客户与网上银行之间形成一个安全管道,进行客户与网银之间的证书交换,交易数据的加密,实现身份认证与交易的数字的签名。

数字证书是由可信的、权威的第三方认证机构 CA 所签发,它是网上身份、虚拟世界身份的证明。证书的存放介质一定要采用 USB-Key,它是一种 CPU 智能卡,存有密码算法、公钥证书及其对应的私钥,其内容不可拷贝。

首先,利用它实现网上身份认证,根据 B2B 或 B 的交易模式进行单向或双向认证。认证时,客户端与服务器端由安全应用软件,按需求向第三方认证机构 CA 的目录服务器,利用 LDAP 轻型查询协议去查询证书的有效期或黑名单 CRL,以证明双方身份的真实性,即完成网上身份的识别与鉴别。其次,利用数字证书完成网上交易数据的加密传输与数字签名。网上交易数据要经过客户与银行的双方数字签名,才能达到交易的不可否认性,符合《电子签名法》的要求。数据电文一旦签名,将不可改动,若被改变,则可被发现。

数字签名的验签是接收方利用发放的公钥,解密用其私钥加密的交易数据电文的杂凑值;然后,收方再利用同样的杂凑算法,对交易原数据作杂凑运算,得出一个新的杂凑值。两杂凑值作比较运算,比较结果相等,证明签字是可靠的则验证通过。

2)SSL 协议在电子商务中的应用

国家发展和改革委员会、国务院信息化工作办公室联合发布了我国首部《电子商务发展"十一五"规划》(以下简称《规则》)。《规划》明确提出了"十一五"时期我国电子商务发展的总体目标:到 2010 年,电子商务发展环境、支撑体系、技术服务和推广应用协调发展的格局基本形成。《规划》强调着力完善电子商务支撑环境。支撑环境包括电子安全认证、在线支付、现代物流、信用服务和标准规范体系。

电子商务与网上银行交易不同,其参加角色包含商户,形成客户—商家—支付平台—银行,需要多次点对点的 SSL 连接。客户、商家、银行与支付平台都必须安装数字证书,需要多次点对点的双向认证,最后完成身份认证和交易支付。

为了支付的安全性,客户、商家、银行与支付平台都必须具有数字证书。其支付流程是:当客户购物时,可先登录商家网站,通过 SSL 建立点对点的连接,客户浏览商品并下单;商家将支付信息转发至第三方支付平台,经平台识别后,转发至相应客户的开户银行,这其中也是通过 SSL 建立起端对端的连接;银行的网关在接受平台转来的客户付款信息后,进行通信格式转换,传向银行后台核心业务系统进行授权;当授权成功后,即银行将客户买东西的金额,从客户的账号划入商家的账号。并回答平台授权完成,平台同时回答商家扣款成功的信息,商家回答客户交易成功。在这个交易过程中,基于 Internet 的 SSL 协议起到了点对点的安全连接作用。

思政拓展

教育行业国密 SSL 证书应用

教育行业一直是国家关注的重点之一，为加快教育现代化、推进新时代教育信息化发展，我国发布《中国教育现代化 2035》《教育信息化 2.0 行动计划》等指导文件，推进“互联网＋教育”的具体实施计划，整合各级各类教育资源公共服务平台、教育管理公共服务平台和支持系统，构建一体化“互联网＋教育”大平台，确保业务融通、协同办理、数据集约采集，实现各级各类教育数据的汇聚共享，全面提升教育政务服务效率和水平。新冠疫情下，“停课不停学”的号召，更加速了教育信息化的应用。而教育信息的高度集中也同样为网络与信息安全工作带来挑战，非法入侵、恶意篡改成绩、学生敏感数据泄露、精准电信欺诈等重点针对教育行业的攻击事件层出不穷。

教育部《关于加强教育行业网络与信息安全工作的指导意见》要求贯彻等保制度，对教育信息化系统实行分级保护，加强网络与信息安全保障体系建设。而今年印发的《2020 年教育信息化和网络安全工作要点》，再次强调“推进密码基础设施和支撑体系建设，有序推动教育重要业务信息系统开展密码应用安全性评估，完善教育数字认证(CA)基础支撑体系建设，推动国家教育管理信息系统密码普遍应用，提升系统安全和数据安全。”

根据等保要求采用商用密码技术维护网络数据的完整性、保密性和可用性，保护通信传输安全等相关要求，防止网络数据泄露或者被窃取、篡改，是建设教育信息化网络与信息安全保障体系的基础防护措施。基于 PKI/CA 技术体系的国密 SSL 证书是网络空间安全可信的基石，帮助教育信息化系统实现通信传输安全，保护传输数据的机密性和完整性、验证服务器身份真实性，满足等保 2.0 安全通用要求，以及《网络安全法》《密码法》等相关法律法规，有效提升教育信息化系统网络安全防护水平。

中国教育经济信息网是由教育部经费监管事务中心主办，教育部教育管理信息中心承接运行维护，构建教育经济数据资源集成平台，对教育经费使用管理情况和网络舆情进行远程监控，为教育财务管理科学决策提供信息支持和服务。中国教育经济信息网承担对教育经济数据进行采集、汇总、审核，对教育财务及教育财政进行舆情监测，协助直属高校及单位开展财务信息化和资金使用情况的监控等相关职能。

中国教育经济信息网官网面向公众提供官方信息发布、政务公开、行政审批、政策咨询、社会服务等服务，属于部级综合服务类门户网站。为确保信息系统安全性，中国教育经济信息网积极响应《网络安全法》、《密码法》以及等保标准等法规政策相关要求，采用国密 SSL 证书保护通信传输安全、实现服务器真实身份鉴别。

中国教育经济信息网官网部署沃通国密 SSL 证书，完成国密算法 HTTPS 加密升级改造，使用自主可控密码技术保护网站数据传输安全以及网站身份可信，成为首个实现国密算法 HTTPS 加密的部级教育信息化系统，为教育行业网站系统实施国密 HTTPS 加密树立示范标杆。

沃通国密 SSL 证书是国密合规的服务器 SSL 证书，支持 SM2/SM3/SM4 国产密码算法和国密 SSL 安全协议。沃通国密 SSL 证书与我国业界主流的浏览器合作，完成国密算法和国密 SSL 证书的适配支持，改造服务器软件国密支持模块，联合国内浏览器、操作系统、WAF 厂商建立国密适配合作，打造国密算法 HTTPS 加密无缝应用的生态闭环，从数字证书、浏览器到服务器端，建立完整的国密 SSL 证书全生态支持体系，确保国密算法 HTTPS 加密全生态无缝应用，符合国家标准，安全合规。

中国教育经济信息网官网采用沃通“SM2/RSA 双证书”部署模式，在国密 SSL 支持模块或国密 SSL 网关部署 SM2/RSA 双 SSL 证书，服务器软件国密支持模块自动识别浏览器，当用户使用密信浏览器、360 浏览器等支持国密算法的国密浏览器访问时，自动采用国密 SM2 算法加密连接；当用户使用 Chrome、火狐、IE、Safari 等不支持国密算法的全球通用浏览器访问时，自动采用 RSA 算法加密连接，有效解决国密算法的浏览器兼容性问题，自适应兼容所有浏览器。

中国教育经济信息网官网部署的沃通超快 SSL V1 证书，是 V1 级别国密 SSL 证书，参考国际标准中的 DV 级别域名验证标准验证域名所有权，支持在国密浏览器(如密信浏览器、360 浏览器、红莲花浏览器等)中显示安全锁，帮助用户轻松判断网站连接的安全状态，使用国密算法实现高强度 SSL 加密连接，通过自主可控的密码技术，保护客户端到服务器之间的数据传输安全。网站配套部署的沃通 RSA 算法超快 SSL 证书是 DV 级别的 SSL 证书，由全球信任顶级根签发，支持全球浏览器和移动终端，提升网站兼容性和全球通用性，让网站平滑实现国密算法升级改造。

8.2 安全电子交易(SET)协议

SET 协议是为了实现更加完善的即时电子支付而产生的。安全电子交易(SET)协议是由 Master Card 和 VISA 联合 Netscape、Microsoft 等公司，于 1997 年 6 月 1 日推出的一种新的电子支付模型。SET 协议是 B2C 上基于信用卡支付模式而设计的，它保证了开放网络上使用信用卡进行在线购物的安全性。SET 主要是为了解决用户、商家、银行之间通过信用卡的交易而设计的，它具有保证交易数据的完整性、交易的不可抵赖性等优点，因此它成为公认的信用卡网上交易的国际标准。

8.2.1 安全电子交易协议概述

安全电子交易(SET)是目前已经标准化且被业界广泛接受的一种国际网络信用卡付款机制。它由 VISA 和 MasterCard 两大信用卡组织共同推出，并且由众多信息产业公司(如 Microsoft、Netscape、RSA 等)共同协作发展而成。

SET 协议主要是为了用户、商家和银行使用信用卡进行交易而设计的，用来保证支付信息的机密、支付过程的完整、商户和信用卡持卡人的合法身份以及可操作性。为了能够胜任工作，SET 协议使用了大量技术，如 Hash 算法、数字签名、数字证书、对称密钥加密、非对称密钥加密、数字信封技术等。

在 SET 协议中主要定义了加密算法的应用，如数据加密标准(DES)属于对称密钥算法、RSA 属于公钥加密算法即非对称密钥算法；证书消息和对象格式；购买消息和对象格式；付款消息和对象格式；参与者之间的消息协议。

除此之外，SET 协议定义了一套完备的证书信任链层，每个证书连接一个实体的数字签名的签名证书。沿着信任树追溯到一个众所周知的信任机构，用户就可以保证这个证书是有效的。而 CA 作为证书管理的权威机构和主要执行者，就是通过这个信息链层来实现它的职能的。

8.2.2　SET 工作原理与流程

1. SET 协议的工作原理

SET 安全协议的工作原理是采用 RSA 公开密钥体系对通信双方进行认证，利用 DES、RC4 或任何标准对称加密方法进行信息的加密传输，并用 Hash 算法来鉴别消息真伪以及有无篡改。它采用的公钥加密算法是 RSA 的公钥密码体制，采用的私钥加密算法是 DES 数据加密标准。

这两种不同加密技术的结合应用在 SET 中被形象的称为数字信封，RSA 加密相当于用信封密封，消息首先以 56 位的 DES 密钥加密，然后装入使用 1024 位 RSA 公钥加密的数字信封并在交易双方传输。这两种密钥相结合的办法保证了交易中数据信息的保密性。

SET 支付系统主要由持卡人(cardholder)、商家(merchant)、发卡银行(issuing bank)、收单银行(acquiring bank)、支付网关(payment gateway)及认证中心(certificate authority)等六个部分组成，如图 8－5 所示。

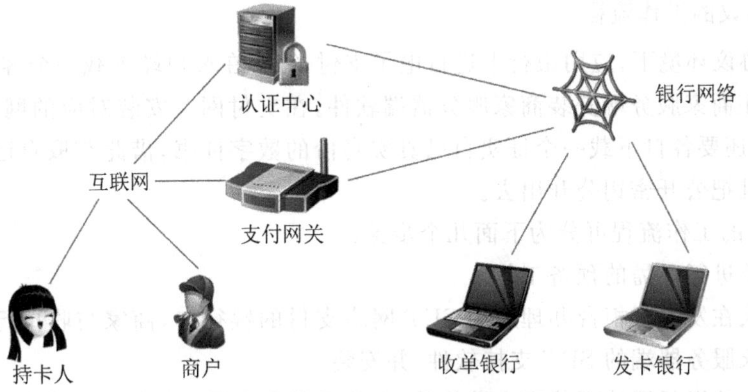

图 8－5　SET 支付系统的组成

(1)持卡人：在 SET 协议中将购物者称为持卡人。持卡人要参加 SET 交易，必须要拥有可以上网的计算机，还必须到发卡银行申请并取得一套 SET 交易专用的持卡人软件，这套软件一般都称为电子钱包软件。软件安装好后的第一件事，就是上网向数字证书认证中心(简称 CA)申请一张数字证书。有了数字证书，持卡人就可以安全地进行网上支付了。

(2)商户：参加 SET 交易的另一方就是商户。商户要参与 SET 交易，首先必须开设网上商店(电子商务网站)，在网上提供商品或服务，让顾客来购买或得到服务。商户的网上商店必须集成 SET 交易商户软件，顾客在网上购物时，由网上商店提供服务，购物结束进行支付时，由 SET 交易商户软件进行服务。与持卡人一样，商户也必须先到银行进行申请一个账户，但不是到发卡银行，而是到接收网上支付业务的收单银行申请，而且必须在该银行设立账户。在开始交易之前，也必须先上网申请一张数字证书。

(3)发卡银行：扣款请求最后必须通过银行专用网络(VISA 国际卡需通过 VISANET)经收单银行传送到持卡人的发卡银行，进行授权和扣款。同收单银行一样，发卡银行也不属于 SET 交易的直接组成部分，且同样是完成交易的必要的参与方。持卡人要参加 SET 交易，发卡银行必须要参加 SET 交易。SET 系统的持卡人软件(如电子钱包软件)一般是从发卡银行获得的，持卡人要申请数字证书，也必须先由发卡银行批准，才能从 CA 得到。

(4)收单银行：商户要参加 SET 交易，必须在参加 SET 交易的收单银行建立账户。收单银行虽然不属于 SET 交易的直接组成部分，但却是完成交易的必要的参与方。网关接收了商户送来的 SET 支付请求后，要将支付请求转交给收单银行，进行银行系统内部的联网支付处理工作，这部分工作与因特网无关，属于传统的信用卡受理工作。

(5)支付网关：为了能接收从因特网上传来的支付信息，在银行与因特网之间必须有一个专用系统，接收并处理从商户传来的扣款信息，再通过专线传送给银行；银行对支付信息的处理结果再通过这个专用系统反馈回商户。这个专用系统就被称为支付网关。与持卡人和商户一样，支付网关也必须去指定的 CA 机构申请一张数字证书，才能参与 SET 交易活动。银行可以委托第三方担任网上交易的支付网关。

(6)认证中心：数字证书认证中心 CA，参与 SET 交易的各方，包括网关、商户、持卡人，在参加交易前必须到数字证书认证中心 CA 申请数字证书，在证书到期时，还必须去 CA 进行证书更新，领取一张新的证书。

2. SET 协议的工作流程

在 SET 协议环境下，应用银行卡进行电子支付，需要在客户端下载一个客户端软件，即电子钱包软件，在商家服务端安装商家服务器端软件，在支付网关安装对应的网关转换软件等，并且各参与者还要各自下载一个证实自己真实身份的数字证书，借此获取自己的公开密钥和私人密钥对，且把公开密钥公开出去。

SET 协议的工作流程可分为下面几个步骤：

第一，需要进行必需的预备工作。

(1)付款人在发卡行柜台办理应用 SET 网络支付的银行卡，商家与收单行签订相关结算合同，得到商家服务器端的 SET 支持软件，并安装。

(2)付款人从银行网站下载客户端软件，安装后设置应用此软件的用户名、密码等，以防止被他人非法运行。

(3)付款人访问认证中心网站，把银行卡相关信息，如卡类别、卡号、密码、有效期等资料填入客户端软件，并申请一张数字证书。

第二，SET 支付过程，如图 8-6 所示。

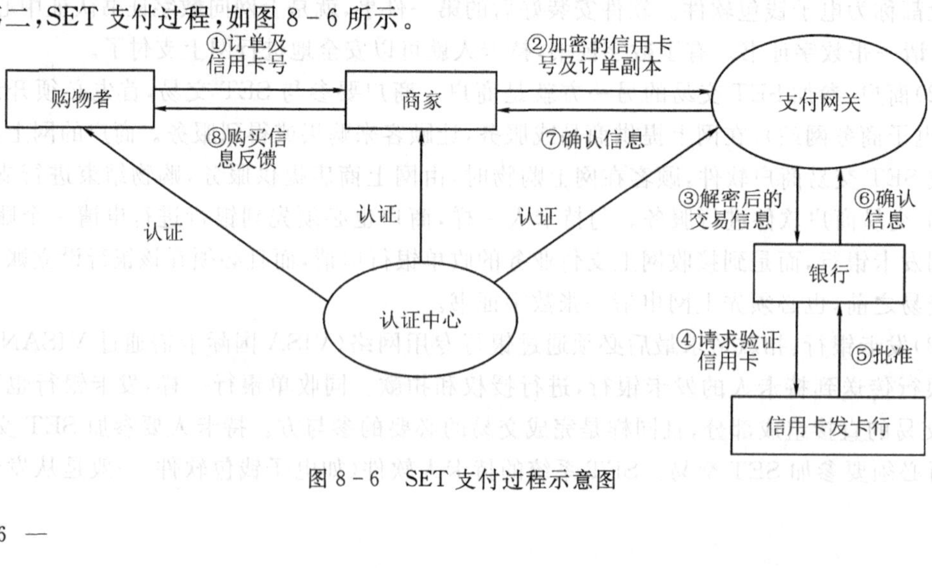

图 8-6 SET 支付过程示意图

(1)购物者在支持 SET 的网站上购物，选择好商品并填写订单后，商家会用一份自己数字证书的副本作为给顾客的答复，由购物者再次确认订单。

(2)结账时，付款人选择 SET 银行卡结算方式。确认订单后，发送给商家一个完整的订单及要求付款的指令。这时客户端软件被激活，付款人输入软件用户名和密码，选择里面的相应银行卡进行支付。此时 SET 开始介入，会用 Hash 算法对订单和付款指令生成“消息摘要”，由购物者进行数字签名。

(3)客户端软件自动与商家服务器相应软件进行身份验证，双方验证成功后，对银行卡号码使用银行的公钥进行加密，再用商家的公钥加密，生成“数字信封”，将订单信息及银行卡信息一同发送到商家。

(4)商家用私钥打开“数字信封”，解密订单、验证“消息摘要”。商家的服务器将 SET 加密的交易信息连同订单副本一起发给支付网关，再由支付网关转发给银行结算卡处理中心。

(5)银行后台会将此交易信息解密并进行处理，由银行验证商家的身份和传输消息的完整性。认证中心验证数字签名是否属于购物者，并检查购物者的信用额度。通过各项验证审核后，银行将此交易信息发到购物者信用卡的发行机构，请求批准划拨款项。

(6)商家通过支付网关收到购物者开户银行批准交易的通知，交易金额从购物者的银行卡账户里划给商家账户，并且商家要给付款人发回相关购物确认与支付确认信息。

(7)付款人收到商家发来的购物确认与支付确认信息后，表示这次购物与网络支付成功，客户端软件关闭，网络支付完毕。客户端软件会记录交易日志，以备将来查询。

以目前流行的信用卡网络支付为例，当采用 SET 安全协议机制时，需要进行的预备工作是持卡客户、网上商家、支付网关，收单银行、发卡银行等已经完成相应的网上交易与网上支付结算的预备手续，包括持卡客户、网上商家、支付网关的数字证书的申请以及相应软件的安装运行。以上工作完成一次就可以了。

第三，利用信用卡基于 SET 协议的安全网络支付，其流程描述如图 8-7 所示。

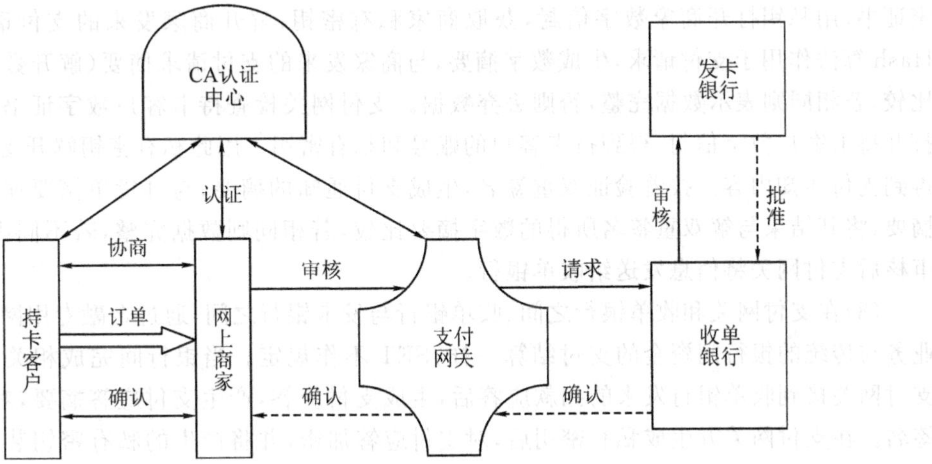

图 8-7　SET 协议的应用框架示意图

(1)持卡客户上网浏览商家网站的商品和服务，选择自己看中的商品，并可通过多次协商后，填写订货单。这时 SET 均未介入。

(2)持卡客户在选好商品后进行在线网络支付，这时持卡客户端计算机自动激发支付软件，向商家发送初始请求。初始请求指定交易环境，包括持卡客户所使用的语言、交易 ID、使用的是何种交易卡等信息。这时 SET 开始介入。

(3)商家服务器接收持卡客户发来的初始请求，产生初始应答，并对初始应答生成数字摘要，对此数字摘要利用自己的私人密钥进行数字签名。将产生的初始应答及其数字签名，连同商家的数字证书、支付网关证书等，一并发送给持卡客户。

(4)持卡客户接收到初始应答后，检查商家的数字证书和支付网关的数字证书。然后用商家公钥解开数字摘要的数字签名，用 Hash 算法生成收到的初始应答的数字摘要，将两者比较。若相同则表示数据在途中未被篡改，否则丢弃。

(5)持卡客户在认证商家的真实身份后，向商家发出购物请求主要信息。它包括发往商家的"订货单"和通过商家转发往支付网关的"支付通知"两部分。通过双重签名技术将"订货单"与"支付通知"结合起来，生成双重签名。持卡客户可利用随机算法生成私有密钥加密法使用的私有密钥，对"支付通知"加密，再用支付网关的公钥将此私有密钥和持卡客户账号加密，形成数字信封。最后将持卡客户数字证书、订货单与支付通知加密密文、数字信封、双重签名、订货单与支付通知各自的数字摘要等发送给商家，其中有些信息是通过商家转发给支付网关的，对于这些信息商家不能解密。

(6)商家接收持卡客户发来的信息并且检查持卡人的购物请求后，认证持卡客户的数字证书。接着验证双重签名，查看数据在传输过程中是否被篡改。若数据完整，则处理"订货单"信息，产生支付请求。将支付请求用 Hash 算法生成摘要，签名后发送至支付网关，支付网关收到请求后用商家公钥解密，确认支付请求是此商家所发出的且在途中未被篡改后，商家生成私有密钥对支付请求加密，并用网关公钥加密形成数字信封。最后将商家数字证书、支付请求密文、商家数字签名、数字信封和持卡客户通过商家转发的双重签名、订货单数字摘要、持卡客户支付通知密文、持卡客户的数字信封、持卡客户的证书等一起发往支付网关。

(7)支付网关分别检查确认商家发来的数据和持卡人发来的数据。首先，支付网关认证商家证书，用私钥打开商家数字信封，获取商家私有密钥，解开商家发来的支付请求密文。用 Hash 算法作用于支付请求，生成数字摘要，与商家发来的支付请求摘要(解开数字签名所得)比较，若相同则表示数据完整，否则丢弃数据。支付网关检查持卡客户数字证书，然后用私钥打开持卡客户数字信封，得到持卡客户的账号和私有密钥。用此私有密钥解开支付通知密文，得到支付通知内容。接着验证双重签名，生成支付通知的摘要，与订货单摘要连接，再次生成摘要，将其结果与解双重签名所得的数字摘要比较，若相同则数据完整，若不同则丢弃。通过审核后支付网关将信息发送给收单银行。

(8)在支付网关和收单银行之间、收单银行与发卡银行之间，通过金融专用网相连，其间的业务与传统的银行间资金的支付结算一样，SET 不作规定。当银行间完成相关支付结算后。支付网关接到收单银行发来的扣款应答后，生成支付应答，产生支付应答摘要，对其进行数字签名。在支付网关方生成私有密钥后，对支付应答加密，并将产生的私有密钥装入数字信封。最后，将支付网关数字证书、支付应答的数字签名、装有私有密钥的数字信封、支付应答密文一起发送给商家。

(9)商家接收信息后，检查支付网关发来的支付应答。首先，商家认证支付网关的数字证书；其次，商家用私钥打开数字信封，得到网关加密用的私有密钥，用此私有密钥解密支付应答，对其产生数字摘要。用网关公钥解开其数字签名，得到原始的支付应答摘要，并与新产生的摘要比较。若相同，则数据完整；若不同，则丢弃。然后，商家产生购物应答，对购物应答生成摘要，并且签名。最后，将商家证书、购物应答、数字签名一起发往持卡客户。商家收到支付应答，表明交易是成功的，而后商家发货。

(10)持卡客户接到购物应答后，验证商家证书。对购物应答产生数字摘要，用商家公钥解开数字签名，得到原始摘要，将其与新产生的摘要比较，若相同则表示数据完整，若不同则丢弃。至此，交易与支付流程结束。

在 SET 开始介入后的处理过程中，对通信协议、请求信息的格式、数据类型的定义等，SET 都有明确的规定。操作过程的每一步，持卡客户、商家、支付网关都要通过 CA 认证中心验证通信主体的身份，以确保通信的对方不是冒名顶替者。仔细分析比较基于 SET 协议的信用卡网络支付与传统的基于专线的信用卡支付可以发现，支付 SET 系统保持传统信用卡支付的基本流程，只是将支付过程搬到了更为普及、成本低廉的 Internet 上，并且加上了一层基于数字证书的安全加密及数字认证系统，以保证交易的安全。

由上述流程可知，以 SET 协议为基础的支付结算的每步都有严格与严谨的规范，并大量利用公开密钥加密法、私有密钥加密法、数字证书、数字摘要、数字签名、双重签名、数字信封等安全技术。因此，以 SET 协议支持的网络支付既是非常安全的，又是非常复杂的。

3. SET 协议的特点

(1)保证客户交易信息的保密性和完整性。SET 协议采用了双重签名技术对 SET 交易过程中消费者的支付信息和订单信息分别签名，使得商家只能接收用户的订单信息，但看不到支付信息；而金融机构只能接收到用户支付信息和账户信息，却看不到交易内容，从而充分保证了消费者账户和定购信息的安全性。

(2)确保商家和客户交易行为的不可否认性。SET 协议的重点就是确保商家和客户的身份认证和交易行为的不可否认性。其理论基础就是不可否认机制，采用的核心技术包括 X.509 电子证书标准、数字签名、报文摘要、双重签名等技术。防止数据被非法用户窃取，保证了信息在互联网上安全传输。保证网上交易的实时性，使所有的支付过程都是在线的。

(3)确保商家和客户的合法性。SET 协议使用数字证书对交易各方的合法性进行验证。通过数字证书的验证，可以确保交易中的商家和客户都是合法的，可信赖的。

8.2.3　SET 安全性分析

1. SET 协议的目标

SET 协议要达到的目标主要有五个：

(1)保证电子商务参与者信息的相互隔离，客户的资料加密或打包后经过商家到达银行，但是商家不能看到客户的账户和密码信息。

(2)保证信息在 Internet 上安全传输，防止数据被第三方窃取。

(3)解决多方认证问题，不仅要对消费者的信用卡认证，而且要对在线商店的信誉程度认证，同时还有消费者、在线商店与银行间的认证。

(4)为了保证网上交易的实时性，所有的支付过程都是在线的。

(5)规范协议和消息格式，促使不同厂家开发的软件具有兼容性和互操作性功能，并且可以在不同的硬件和操作系统平台上运行。

2. SET 协议的安全性

SET 协议采用公钥加密和私钥加密相结合的办法保证数据的保密性。在 SET 协议中，支付环境的信息保密性是通过公钥加密法和私钥加密法相结合的算法来加密支付信息而获得的。它的公钥加密算法采用的是 RSA 的公钥密码体制，私钥加密算法采用的是 DES 数据加密标准。这两种不同加密技术的结合应用在 SET 中被形象的称为数字信封，RSA 加密相当于用信封密封，消息首先以 56 位的 DES 密钥加密，然后装入使用 1024 位的 RSA 公钥加密的数字信封中，之后在交易双方间进行传输。这两种密钥相结合的办法保证了交易中数据信息的保密性。

采用信息摘要技术保证信息的完整性。SET 协议是通过数字签名方案来保证消息的完整性和进行消息源的认证的，数字签名方案采用了与消息加密相同的加密原则，即数字签名通过 RSA 加密算法结合生成信息摘要，信息摘要是消息通过 Hash 函数处理后得到的唯一对应于该消息的数值。消息中每改变一个数据位都会引起信息摘要中大约一半的数据位的改变，而两个不同的消息具有相同的信息摘要的可能性极其微小，因此 Hash 函数的单向性使得从信息摘要得出信息的摘要的计算是不可行的。信息摘要的这些特征保证了信息的完整性。

采用双重签名技术保证交易双方的身份认证。SET 协议应用了双重签名(dual signatures)技术。在一项安全的电子商务交易中，持卡人的认购信息和支付指令是相互对应的。商家只有确认了持卡人的支付指令所对应的认购信息才能够按照定购信息发货，而银行只有确认了与该持卡人支付指令对应的定购信息是真实可靠的才能够按照商家的要求进行支付。为了保证商家在合法验证持卡人支付指令和银行在合法验证持卡人认购信息的同时不会侵犯顾客的隐私，SET 协议采用了双重签名技术来保证顾客的隐私不被侵犯。

SET 协议机制如此严密的安全策略与实施规范，在带来更强的安全性能的同时，也使交易与支付速度变慢，建设成本也有所增加。据国外权威机构的统计，完成一个完整的 SET 协议交易过程通常需要 1.5～2 分钟，甚至更长时间。目前网络条件下的 SET 协议有些复杂，使用较麻烦，成本高，速度较慢，且只适用于客户装有信用卡电子钱包的场合。由于 SET 协议保密性好，具有不可否认性，有一套严密的认证体系，可以保证 B2C 等方式的电子商务与相关的网络支付安全顺利地进行。因此，在安全性特别讲究的网络交易支付中，多选择 SET 协议机制。

3. SET 协议的应用

SET 协议是由美国的公司发起并联合开发的，因此，SET 协议支持的信用卡支付这一支付方式比较符合欧美各国的使用习惯。实际应用上，SET 要求持卡人在客户端安装电子钱包，增加了顾客交易成本，交易过程又相对复杂，因此接受这种网上即时支付方式的顾客较少。

SET 协议在我国的使用也相对较少。电子支付无论要采取哪种支付协议，都应该考虑到安全因素、成本因素和使用的便捷性三个方面，由于这三个方面在 SET 协议和 SSL 协议中都无法全部体现，造成现阶段 SSL 协议和 SET 协议并存使用的局面。即便将来业界开发结合这三个协议优点的电子支付协议，也未必能完全保证电子支付和网上银行的安全。

网上银行的安全涉及到方方面面，不是一个完善的安全支付协议、一堵安全的防火墙或一个电子签名就能解决的简单问题。因此，银行必须加大加强管理力度，加大宣传力度，帮助顾客树立起安全意识，指导用户如何正确使用网上银行，并发动社会各方面力量，寻求多方联动的策略来保证网上银行的安全。只有社会各界一起努力，才能保证电子支付的安全，保证网上银行的安全，保证电子商务的安全，保证电子商务快速有序的发展。

拓展阅读

中国信用卡发展史

“中银卡”作为中国第一张信用卡，于 1985 年诞生于珠海中国银行，自此开启了中国信用卡产业 30 年的发展历程，持卡者也从少数精英人士逐渐转向普罗大众。如今，信用卡已经融入到工作、出行、消费、娱乐、缴费等生活的方方面面，越来越多的人已经养成消费首选刷卡的习惯。下面将介绍中国信用卡的发展史。

发展历程一：1985 年至 1992 年——以准贷记卡为主的 1.0 时代。

从 1985 到 1992 年，横跨我国改革开放的初级阶段，这期间信用卡以准贷记卡为主，持卡人需先将钱存进卡中，并且在消费时需要工作人员手工核查后才可以刷卡支付。中国银行是信用卡 1.0 时代的领头羊，率先发行了中国的第一张信用卡后，各大银行才陆续发行自己的信用卡产品。

中银卡是国内第一张人民币信用卡(1985 年)。如图 8－8 所示，当时的中银卡只是一种凸印字符卡，背面有类似磁条的褐色条，但不是磁条，也没有芯片。消费者使用时须预存一定金额的备用金，当账户内备用金余额不足时，持卡人才可在发卡行规定的信用额度内透支消费，且每次刷卡前需打电话到银行核实信息。

图 8－8　中银卡

长城人民币信用卡是第一张可在全国范围内使用的人民币信用卡(1986 年)。在北京市分行发行长城卡后，中国银行于 1986 年 10 月做出推广“长城卡”的决策，并在全国范围内发行了统一命名的“长城信用卡”，简称为“长城卡”。图 8－9 为长城卡，该卡使用人民币作为统一的结算货币，自此国内通用的人民币信用卡诞生了。图 8－10 为 1987 年的长城卡人民币信用卡第 2 版。

图 8－9　长城卡

图 8－10　长城卡人民币信用卡第二版(1987 年)

1988 年，中国银行首家推出了第一版长城国际卡，成为境内最早的外汇卡。此卡为万事达卡，可在海外使用，满足了人们对中国银行外汇信用卡的需求，该卡可在全球 200 多个国家和地区的1000多万家特约商户使用。自此，中国的信用卡开始走向世界。图8－11、图8－12、图8－13分别为长城国际卡的第一、二、三版。

图8－11　长城国际卡第一版

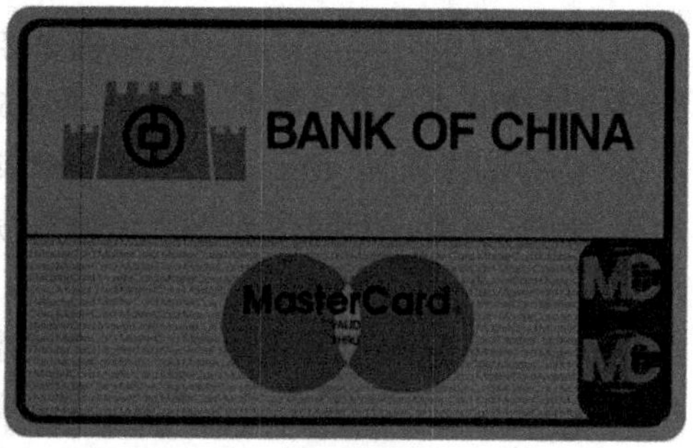

图8－12　长城国际卡第二版

发展进程二：1993年至2001年——真正意义信用卡出现的2.0时代。

借助改革开放的浪潮，我国GDP迅速增长，经济和科技的快速发展为信用卡产业插上了腾飞的翅膀，1993年实施的“金卡”工程更是改变了人们传统的消费习惯，直到1995年广发银行发行了真正意义上的信用卡产品，开创了我国信用卡发展的新时代。图8－14为广发信用卡。

图8－13　长城国际卡第三版

图8－14　广发信用卡

广发信用卡是中国第一张真正意义上的标准信用卡。1995年，颇具中国特色的“准贷记卡”在社会上日渐普及。广发银行在保留准贷记卡的同时按照国际标准发行信用卡，正式将信用消费模式引入国内。此卡具备了透支功能，但当时还没有免息期以及分期还款、最低还款额等功能。

1994年，中国银行推出境内第一个银行IC卡系统，在海口、三亚、哈尔滨试点发行智能卡(IC卡)，宣告智能卡在中国境内诞生。图8－15和图8－16分别为长城智能卡的第一版和第二版。

图8－15　长城智能卡第一版

图8－16　长城智能卡第二版

发展进程三:2002 年至今——信用卡创新发展的 3.0 黄金时代。

这一发展进程又分为三个发展阶段。

第一阶段:2002 年至 2007 年。

2002 年 3 月,中国银联的成立使银行卡得以跨银行、跨地区和跨境使用,标志着我国银行卡产业开始向集约化、规模化发展,进入了全面、快速发展的新阶段。同年 5 月,工商银行牡丹信用卡中心作为我国第一个事业部制相对独立的信用卡中心正式成立,这也使信用卡行业正式进入以创新为主要符号的 3.0 时代。

招商银行双币信用卡是中国首张国际双币种信用卡。2002 年,招商银行实现了信用卡的一体化、专业化服务,正式发行了国内首张符合国际标准的"一卡双币"信用卡,中国信用卡与国际接轨并沿用至今。图 8-17 为中国首张国际双币种信用卡。

图 8-17　中国首张国际双币种信用卡(左为金卡,右为普卡)

招商银行白金信用卡是中国第一张国际标准的白金双币信用卡(2005 年),如图 8-18 所示。2005 年 3 月,仿效境外成熟的信用卡运作模式,将客户予以分级,推出了中国第一张国际标准的白金双币信用卡,率先开启"权益"模式,卡片年费:3600 元/年。

图 8-18　中国第一张国际标准的白金双币信用卡(2005 年)

第二阶段:2008 年至 2011 年。

由于 2008 年全球爆发金融危机,一直处于"跑马圈地"粗犷式发展的信用卡产业受到严重影响,在 2010 年至 2012 年间,发卡量出现 2003 年以来不曾出现过的增速下滑现象。信用卡产业也从快速扩张转向精细化经营,让持卡人更多地用卡成为首要使命。

第三阶段:2012 年至今。

根据数据显示,2012 年中国人均 GDP 已达 5680 美元,刺激消费的信用卡产业已经成为我国经济转型的主抓手。与此同时,科技的不断发展也再次加速信用卡产业的进步,移动端成为各方必争之地，各发卡行均开始了围绕移动端的争夺大战。

中国信用卡市场是中国个人金融服务市场中成长最快的产品线之一。2019 年《中国银行卡产业发展蓝皮书(2019)》数据显示：2018 年信用卡的交易金额达到了 38.2 万亿元，其增速 24.9%是五年来的最高水平。我国消费金融市场已经释放出巨大的发展潜力，未来十年也将是银行卡产业大规模发展的黄金时期。

8.3 SSL 协议与 SET 协议的比较

SSL 协议与 SET 协议采用的都是公开密钥加密法。在这一点上，两者是一致的。对于信息传输的保密，两者的功能是相同的，都能保证信息在传输过程中的保密性。但 SSL 与 SET 两种协议在网络中的层次不一样。SSL 协议是基于传输层的协议，而 SET 协议则是基于应用层的协议。

SET 协议和 SSL 协议除了都采用了 RSA 公钥算法以外，二者在其他技术方面没有任何相似之处，而 RSA 在二者中也被用来实现不同的安全目标。SET 协议是一个多方的报文协议，它定义了银行、商家、持卡人之间必须的报文规范，与此同时，SSL 协议只是简单地在两方之间建立了安全连接。SSL 协议是面向连接的，而 SET 协议允许各方之间的报文交换不是实时的。SET 报文能够在银行内部网或者其他网络上传输，而在 SSL 协议上的卡支付系统只能与 WEB 浏览器捆绑在一起。

市场上，已有许多 SSL 协议的相关产品及工具，而 SET 协议的相关产品却相对较少，也不够成熟。SSL 协议已被大部分 Web 浏览器和 Web 服务器所内置，比较容易被接受。而 SET 协议要求在银行建立支付网关、在商户的 Web 服务器上安装商户软件、持卡人的个人计算机上安装电子钱包软件等。另外，SET 协议还要求必须向交易各方发放数字证书，这使得使用 SET 协议比使用 SSL 协议贵得多也复杂得多，这些都阻碍了 SET 协议相关产品的发展。

SSL 协议也有一些缺点，比如它的系统安全性较差。SSL 协议的数据安全性是建立在 RSA 等算法的安全性之上，因此从本质上来讲，攻破 RSA 算法就等同于攻破 SSL 协议。而且 SSL 协议无法保证商户看不到持卡人的信用卡账户等信息。而 SET 协议则在这方面采取了强有力的措施，用网关的公开密钥来加密持卡人的敏感信息，采用双重签名等方法，保证商户无法看到持卡人传送给网关的信息。

SET 协议与 SSL 协议相比有以下优点：SET 协议为商家提供了保护自己的手段，使商家免受欺诈的困扰，使商家的运营成本降低；对消费者而言，SET 协议保证了商家的合法性，并且用户的信用卡号不会被窃取，SET 协议替消费者保守了更多的秘密，使他们在线购物更加轻松；对银行和发卡机构以及各种信用卡组织来说，由于 SET 协议可以帮助他们将业务扩展到 Internet 的广阔空间，从而使得信用卡网上支付具有更低的欺骗概率，这使得它比其他支付方式具有更大的竞争力；SET 协议对于参与交易的各方定义了互操作接口，一个系统可以由不同厂商的产品构筑。SET 协议的另外一个优点是它可以用在系统的一部分。例如，一些商家正在考虑在与银行连接中使用 SET 协议，而与顾客连接时仍然使用 SSL 协议。这种方案既回避了在顾客机器上安装钱夹软件，同时又获得了 SET 协议的诸多优点。在 SET 协议中，交易凭证中有客户的签名，银行就会有客户曾经购物的证据。提供这种能力的特性在密码学中被称为认可，它所提供的可靠性的前提是客户必须保证私人签字密钥的安全。

不过，实现这些功能的前提是 SET 协议要求在银行网络、商家服务器、顾客的 PC 机上安装相应的软件，这些因素阻止了 SET 的广泛发展。另外，SET 协议还要求必须向各方发放证书，这也成为其发展的阻碍之一，所有这些因素使得 SET 比 SSL 要昂贵得多。

综合以上内容，两种协议的对比如下：

(1)在认证要求方面，早期的 SSL 协议并没有提供商家身份认证机制，虽然在 SSL3.0 中通过数字签名和数字证书可以实现浏览器和 Web 服务器双方的身份验证，但仍不能实现多方认证。相比之下，SET 协议的安全要求更高，所有参与 SET 交易的成员(持卡人、商家、发卡行、收单行和支付网关)都必须申请数字证书进行身份识别。

(2)在安全性方面，SET 协议规范了整个商务活动的流程，从持卡人到商家、到支付网关、再到认证中心以及信用卡结算中心之间的信息流走向和必须采用的加密、认证都制定了严密的标准，从而最大限度地保证了协议的商务性、服务性、协调性和集成性。而 SSL 协议只对持卡人与商户端的信息交换进行加密保护，可以看作是用于传输的那部分的技术规范。从电子商务特性来看，它并不具备商务性、服务性、协调性和集成性。因此，SET 协议的安全性比 SSL 协议的安全性高。

(3)在网络层协议位置方面，SSL 协议是基于传输层的通用安全协议，而 SET 协议位于应用层，对网络上其他各层也有涉及。

(4)在应用领域方面，SSL 协议主要是和 Web 应用一起工作，而 SET 协议是为信用卡交易提供安全保证，因此若电子商务应用只是通过 Web 或是电子邮件，则可以不要 SET 协议；若电子商务应用是一个涉及多方交易的过程，则使用 SET 协议更安全、更通用。

SSL 协议与 SET 协议的简要对比，如表 8-1 所示。

表 8-1　SSL 协议与 SET 协议的比较

比较对象	SSL 协议	SET 协议
使用目的和场合	主要用于购买信息的交流，传送电子商贸信息	主要用于信用卡交易，传送电子现金
网络应用层次	传输层	应用层
安全性	要求很低：因为保护范围只是持卡人到商家一端的信息交换	要求很高：整个交易过程中都要保护
必须具有认证资格对象	通常只是商家一端的服务器，而客户端认证是可选择的	安全需求高，因此所有参与者与 SET 交易的成员都必须先申请数字证书来识别身份
实施时所需的设置费用	较低：不需要另外安装软件	较高：持卡人必须先申请数字证书，然后安装 SET 电子钱包
当前使用情况(比率)	目前普及率较高	SET 协议设置成本高于 SSL 协议，目前普及率较低

本章小结

本章节主要讲述了安全套接层(SSL)协议和安全电子交易(SET)协议的相关知识。第一节主要介绍了安全套接层(SSL)协议的概念、工作原理、工作流程及其特点,并指出了 SSL 协议的目标,对 SSL 协议进行了安全性分析,介绍了其应用范围。第二节主要介绍了安全电子交易(SET)协议的概念、工作原理、工作流程及其特点,并指出了 SET 协议的目标,对 SET 协议进行了安全性分析,介绍了其应用范围。第三节对安全套接层(SSL)协议和安全电子交易(SET)协议进行了比较,分别阐述了两种协议的优缺点。

思考题

1. 什么是安全套接层(SSL)协议?
2. 什么是安全电子交易(SET)协议?
3. 请分析安全套接层(SSL)协议的工作流程。
4. 请分析安全电子交易(SET)协议的工作流程。
5. 安全套接层(SSL)协议的特点是什么?
6. 安全电子交易(SET)协议的特点是什么?
7. 请阐述安全套接层(SSL)协议的目标。
8. 请阐述安全电子交易(SET)协议的目标。
9. 请对安全套接层(SSL)协议和安全电子交易(SET)协议的安全性进行分析。
10. 请对安全套接层(SSL)协议和安全电子交易(SET)协议进行比较。
11. 谈谈如何才能从根本上构建真正安全的电子商务安全交易环境。

拓展阅读

术语中英文对照

第9章　电子支付网络平台安全

内容提要

从技术角度来讲，电子商务交易安全的需求突出表现为网络系统的硬件、软件及其系统中的数据受到保护，不因偶然的或者恶意的原因而遭到破坏，系统连续可靠的运行、网络上的信息（包括静态信息的存储和传输）都是安全的。为了保证上述各方面的安全，电子商务网站或从事电子商务的企业，通常会采用一些网络安全技术措施。本章将重点介绍防火墙的功能和技术，分析网络入侵检测的作用及分类，阐述计算机病毒和木马的检测及防范等。

学习目标

- 理解防火墙的概念和工作原理，了解防火墙的核心技术。
- 了解网络入侵检测的原理及分类。
- 了解计算机病毒的概念、类型及传播途径，能够结合实际运用计算机病毒的检测方法和防范措施。
- 了解木马的概念、原理及传播途径，能够结合实际检测木马并采用防范措施。

思政目标

- 认识信息安全管理的重要性，合法使用信息资源并开展商务活动，培养信息安全管理意识及保护组织机构信息安全的责任感。
- 树立信息安全意识，培养信息安全素养，理解并遵守与信息活动相关的法律法规与伦理道德，自觉抵制不良信息，注意保护个人和他人的隐私信息。

开篇案例

在网络生活化的进程中，诸多弊端开始显现，如网络黑客、病毒等危害不断升级。那么，如何解决这些问题呢？这需要从系统的观点出发，综合运用多元化的网络安全技术和措施，制订有效的安全策略或安全解决方案。网络安全关键技术和产品主要有防火墙、入侵检测、病毒和木马防护等。这些安全技术和产品已经得到了较为成熟的应用，在保障支付网络平台的安全方面取得了一定成效。

9.1 防火墙

古代构筑和使用木质结构房屋的时候，为防止火灾的发生和蔓延，人们将坚固的石块堆砌在房屋周围作为屏障，这种防护构筑物就被称为“防火墙”。随着计算机和网络的发展，各种攻击入侵手段相继出现，为了保护计算机的安全，人们开发出一种能阻止计算机之间直接通信的技术，并沿用了古代类似该功能的名字——“防火墙”。

9.1.1 防火墙概述

1. 防火墙的概念

防火墙就是在内部网（如内联网）和外部网（如互联网）之间的界面上构造一个保护层，并强制所有的连接都必须经过此保护层，由其进行检查和连接。它是一个或一组网络设备系统和部件的汇集器，用来在两个或多个网络间加强访问控制、实施相应的访问控制策略，力求把那些非法用户隔离在特定的网络之外，从而保护某个特定的网络不受其他网络的攻击，同时又不影响该特定网络的正常工作。

2. 防火墙的工作原理

防火墙技术的基本思想并不是要对每台主机系统进行保护，而是让所有对系统的访问都通过所设的保护层，并且对这一保护层加以防护，尽可能地对外界屏蔽所保护网络的信息和结构。它是设置在可信任的内部网络和不可信任的外部网络之间的一道中间屏障，可以实施较为广泛的安全政策来控制信息流。

其实，防火墙技术就是一种隔离控制技术，在逻辑上，防火墙是一个分离器，也是一个分析器，有效地监控了内部网和互联网之间的任何活动，保证了内部网络的安全。它在互联网和内部网之间建立起一道隔离墙，提供了两个网络通信时执行的一种访问控制尺度，检查进入内部网络的信息是否合法，是否允许用户的服务请求，从而阻止对内部网络的非法访问和非授权用户的进入。同时，防火墙也可以禁止特定的协议通过相应的网络。

防火墙能够保护站点不被任意连接，甚至建立反向跟踪工具，帮助总结并且记录有关正在进行的连接资源、服务器提供的通信量以及试图闯入者的任何企图。

9.1.2 防火墙基本功能

在互联网中，防火墙是一种非常有效的网络安全模型，通过它可以隔离风险区域与安全区域的连接，可以控制、鉴别和隔离出入的各种访问。

1. 网络安全的屏障

防火墙能极大地提高一个内部网络的安全性，并通过过滤不安全的服务而降低风险。由于只有经过精心选择的应用协议才能通过防火墙，所以网络环境变得更安全。

2. 强化网络安全策略

通过以防火墙为中心的安全方案配置，能将所有安全软件（如口令、加密、身份认证、审计等）配置在防火墙上。与将网络安全问题分散到各个主机上相比，防火墙的集中安全管理更经济。

3. 监控审计

如果所有的访问都经过防火墙，那么防火墙就能记录下这些访问并作出日志记录，同时也能提供网络使用情况的统计数据。当发生可疑动作时，防火墙能进行适当的报警，并提供网络是否受到监测和攻击的详细信息。

另外，收集一个网络的使用和误用情况也是非常重要的。首先，可以清楚防火墙能否抵挡攻击者的探测和攻击，并且清楚防火墙的控制是否充足。其次，使用统计对于网络需求分析和威胁分析等而言也是非常重要的。

4. 防止内部信息的外泄

通过利用防火墙对内部网络的划分，可实现内部网重点网段的隔离，从而限制了局部重点或敏感网络安全问题对全局网络造成的影响。再者，隐私是内部网络非常关心的问题，一个内部网络中不引人注意的细节可能包含了有关安全的线索而引起外部攻击者的兴趣，甚至因此而暴露了内部网络的某些安全漏洞。

5. 事件通知

进出网络的数据都必须经过防火墙，防火墙通过日志对其进行记录，能提供网络使用的详细统计信息。当发生可疑事件时，防火墙能根据机制进行报警和通知，提供网络是否受到威胁的信息。

9.1.3　防火墙的核心技术

1. 包过滤技术

包过滤技术是一种简单、有效的安全控制技术，它对外部用户传入局域网的数据包加以限定。通常根据网络协议按照特定规则，用 IP 地址和端口号来进行限制处理。该路由器允许那些符合协议和规则的 IP 地址的某些端口号通过路由器，而对其他 IP 地址的端口号加以限制。

包过滤技术最大的优点是对用户透明、传输性能高。但由于安全控制层次在网络层和传输层，安全控制的力度只限于源地址、目的地址和端口号，因而只能进行较为初步的安全控制，对于恶意的拥塞攻击、内存覆盖攻击以及病毒等高层次的攻击手段，则无能为力。包过滤技术的原理如图 9－1 所示。

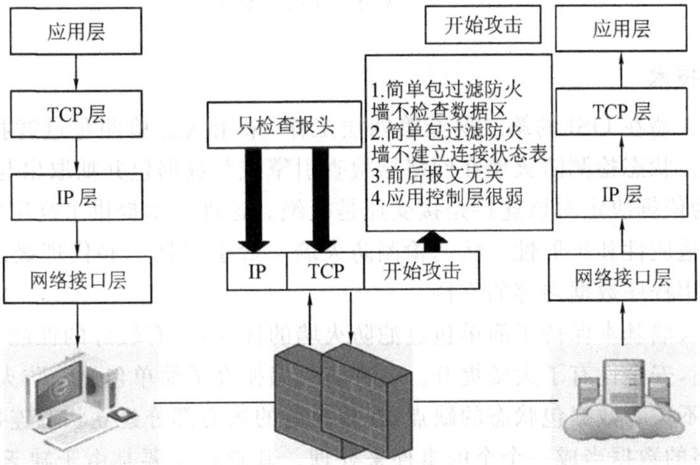

图 9－1　包过滤技术原理图

2. 应用代理技术

应用代理防火墙工作在OSI的第七层，即应用层，它通过检查所有应用层的信息包，并将检查的内容信息放入决策过程，来提高网络的安全性。

应用代理技术通过对应用服务提供代理程序来实现监视和控制应用层的通信流。从外部网络只能看到该代理服务器而无法知道内部网的任何内部资源信息。外部网络要想和内部网络建立连接，就必须通过代理服务器的中间转换。代理服务器根据安全规则决定是否允许建立连接，若允许，代理服务器就代替客户机向外部网络服务器发出接受信息，然后代理服务器接受外部网络服务器发过来的数据包并根据安全规则决定是否允许这个数据包通过。若符合安全规则，则将该数据包转发给内网中发起请求的那个客户机。总之，内部网络只接受代理服务器提出的服务要求，拒绝外部网络的直接请求。

应用代理技术可以实现用户认证、详细日志、审计跟踪和数据加密功能，但需要对每个特定的互联网应用服务安装相应的代理服务软件，并进行相关设置。因此，其对用户的透明度较差、操作麻烦、维护量大。同时，由于用户需要在内外网之间进行大量的数据处理和信息交换，因此信息交流的速度相对较慢。应用代理的技术原理如图9-2所示。

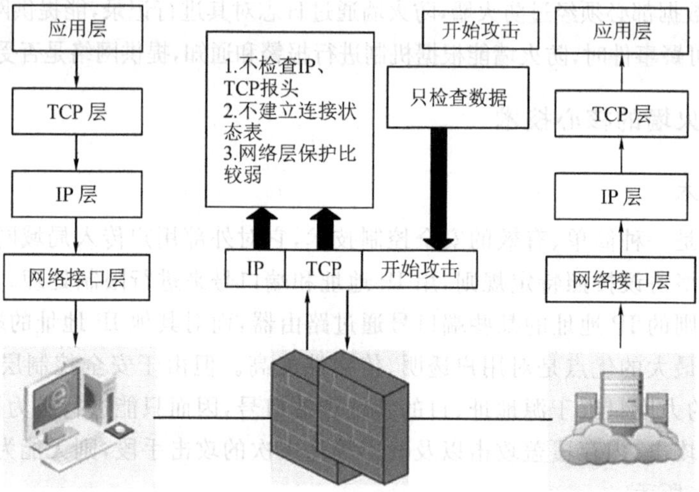

图9-2　应用代理技术原理图

3. 状态检测技术

状态检测防火墙在OSI的第二层至第四层工作，采用状态检测包过滤技术，由传统包过滤功能扩展而来。状态检测防火墙在网络层检查引擎截获数据包并抽取出与应用层状态有关的信息，并以此为依据决定对该连接是接受还是拒绝。这种技术提供了高度安全的解决方案，同时具有较好的适应性和扩展性。状态检测防火墙一般也包括一些代理级的服务，它们提供附加的对特定应用程序数据内容的支持。

状态检测防火墙基本保持了简单包过滤防火墙的优点，具有较好的性能，同时对应用是透明的，在此基础上，安全性有了大幅提升。这种防火墙摒弃了简单包过滤防火墙仅仅考察进出网络的数据包而不关心数据包状态的缺点，在防火墙的核心部分建立状态连接表，从而维护了连接，将进出网络的数据当成一个个的事件来处理。其缺点主要是由于缺乏对应用层协议的深度检测功能，无法彻底识别数据包中大量的垃圾邮件、广告以及木马程序等。状态检测技术的原理如图 9－3 所示。

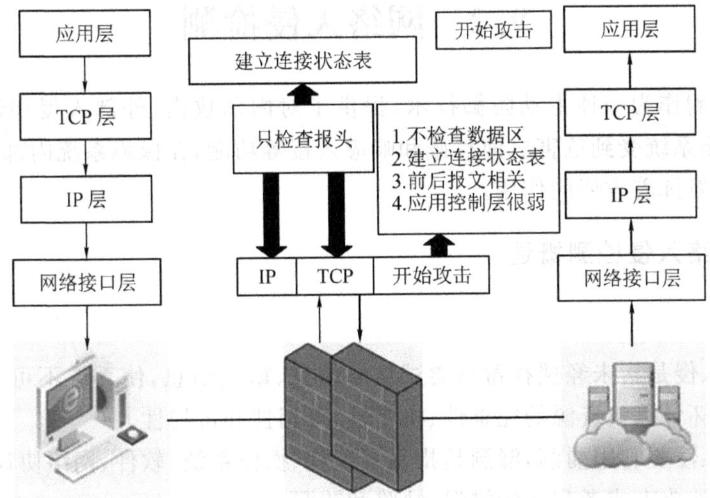

图 9－3　状态检测技术原理图

4. 完全内容检测技术

完全内容检测技术防火墙综合了状态检测与应用代理技术，并在此基础上进一步基于多层检测架构，把防病毒、内容过滤、应用识别等功能整合到防火墙里，其中还包括 IPS(intrusion prevention system，入侵防御系统）功能，多单元融为一体，在网络界面对应用层扫描，把防病毒、内容过滤与防火墙结合起来，这体现了网络与信息安全的新思路。

完全内容检测技术防火墙在网络边界实施 OSI 第七层的内容扫描，实现了在网络边缘实时布署病毒防护、内容过滤等应用层服务措施。完全内容检测技术防火墙可以检查整个数据包内容，根据需要建立连接状态表，具有网络层保护强、应用层控制细等优点，但由于功能集成度高，对产品硬件的要求也比较高。完全内容检测技术原理如图 9－4 所示。

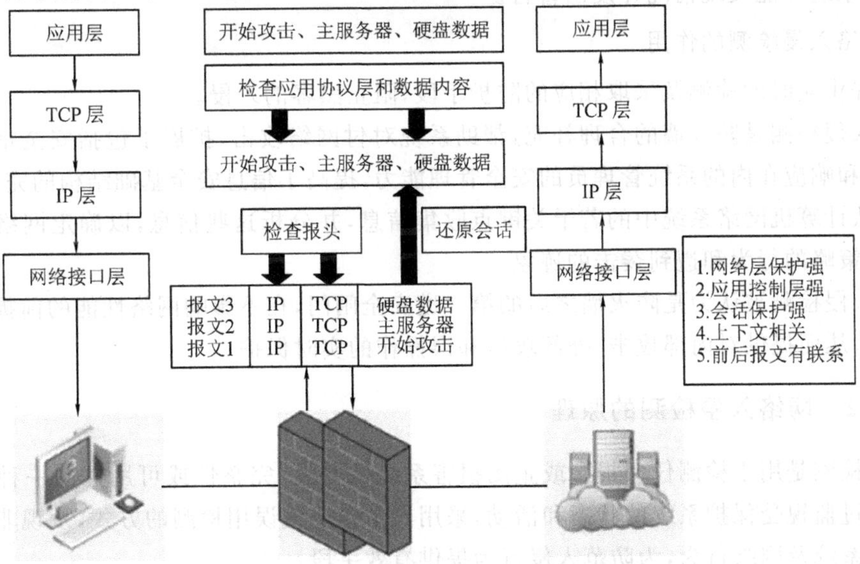

图 9－4　完全内容检测技术原理图

9.2 网络入侵检测

网络入侵检测作为一种主动防御技术，提供了对内部攻击、外部入侵和误操作的实时保护，并具有在网络系统受到危害之前拦截和响应入侵等功能，在保障系统内部安全以及防止外部入侵攻击方面发挥着重要的作用。

9.2.1 网络入侵检测概述

1. 相关概念

(1)入侵。入侵是指未经授权蓄意尝试访问信息、窜改信息，使系统不可靠或不能使用的行为。它企图破坏计算机资源的完整性、机密性、可用性和可控性。

(2)漏洞。入侵要利用漏洞，漏洞是指系统硬件、操作系统、软件、网络协议等在设计上、实现上出现的可以被攻击或者利用的错误、缺陷和疏漏。

(3)入侵者。入侵者可以是一个手动发出命令的人，也可以是一个基于入侵脚本或程序的自动发布命令的计算机。且一般可以分为内部的(一般指系统中的合法用户违规或者越权操作)和外部的(一般指系统中的非法用户)两类。

(4)入侵检测系统。入侵检测系统(intrusion detection system，IDS)是一种对网络传输进行即时监视，在发现可疑传输时发出警报或者采取主动反应措施的网络安全设备。入侵检测，顾名思义，就是对入侵行为的发觉。IDS 作为一种积极主动的安全防护技术，提供了对内部攻击、外部攻击和误操作的实时保护，在网络系统受到危害之前拦截和响应入侵。因此，它在不影响网络性能的前提下对网络进行监测。

入侵检测被认为是防火墙的补充，做一个形象的比喻，假如防火墙是一幢大楼的门卫，那么 IDS 就是这幢大楼里的监视系统。当有小偷爬窗进入大楼或内部人员有越界行为时，只有实时监视系统才能发现情况并发出警告。

2. 网络入侵检测的作用

(1)提供实时的检测及采取相应的防护手段，阻止黑客的入侵。

(2)入侵检测是防火墙的合理补充，帮助系统对付网络攻击，扩展了包括安全审计、监视、进攻识别和响应在内的系统管理员的安全管理能力，提高了信息安全基础结构的完整性。

(3)从计算机网络系统中的若干关键点收集信息，并分析这些信息，以确定网络中是否有违反安全策略的行为和遭到袭击的迹象。

(4)入侵检测被认为是防火墙之后的第二道安全闸门，在不影响网络性能的前提下对网络进行监测，从而提供对内部攻击、外部攻击和误操作的实时保护。

9.2.2 网络入侵检测的原理

入侵检测是用于检测任何损害或企图损害系统保密性、完整性或可用性的一种网络安全技术。通过监视受保护系统的状态和活动，采用异常检测或误用检测的方式，发现非授权的或者恶意的系统及网络行为，为防范入侵行为提供有效手段。

相应的 IDS 就是执行入侵检测任务的硬件或软件产品。IDS 通过实时的分析、检查特定的攻击模式、系统配置、系统漏洞、存在缺陷的程序版本以及系统或用户的行为模式，监控与安全有关的活动。基本的 IDS 需要解决两个问题：一是如何充分并可靠地提取描述行为特征的数据；二是如何根据特征数据，高效并准确地判定行为的性质。入侵检测原理如图 9－5 所示。

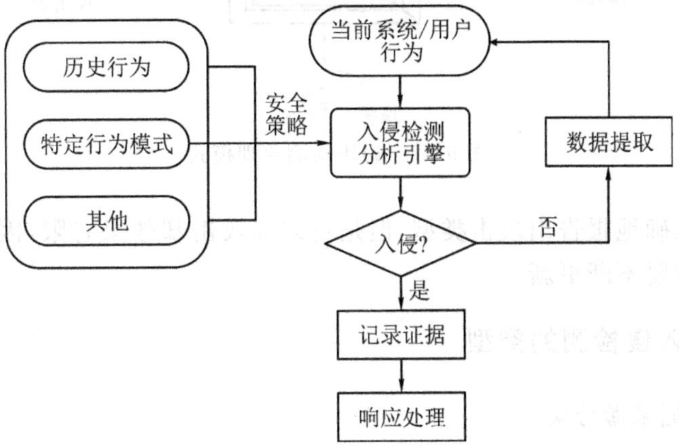

图 9－5　入侵检测原理框图

1. 异常检测原理

异常检测（anomaly detection）原理是根据假设攻击与正常的活动有很大的差异来识别攻击。异常检测首先总结正常操作应该具有的特征（用户轮廓），试图用定量的方式加以描述，当用户活动与正常行为有重大偏离时，即被认为是入侵。图 9－6 为异常检测原理模式。

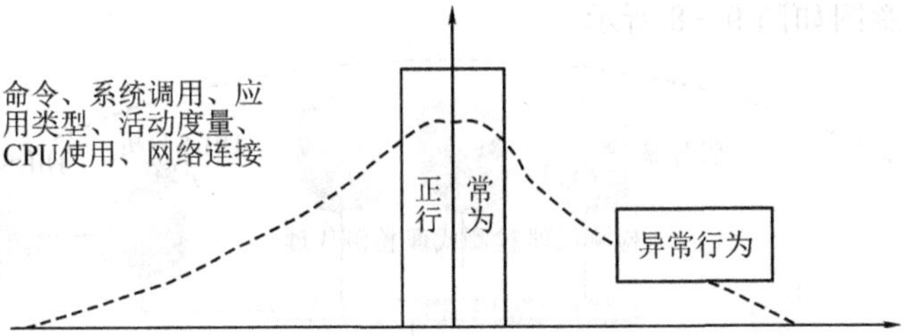

图 9－6　异常检测原理模式

异常检测系统的效率取决于用户轮廓的完备性和监控的频率。因为它不需要对每种入侵行为进行定义，所以能有效检测未知的入侵。同时系统能针对用户行为的改变进行自我调整和优化，但随着检测模型的逐步精确，异常检测会消耗更多的系统资源。这种检测漏报率低、误报率高。

2. 误用检测原理

误用检测（misuse detection）原理是指根据已经知道的入侵方式来检测入侵。入侵者常常利用系统和应用软件中的弱点或漏洞来攻击系统，而这些弱点或漏洞可以编成一些模式，若入侵者的攻击方式恰好与检测系统模式库中的某种方式匹配，则认为入侵被检测到，如图 9－7 所示。

误用检测基于知识性检测系统，运用已知攻击方法定义入侵模式。首先定义哪些是不可接受的行为，然后通过对这些入侵模式的分析来判断是否发生了入侵行为。其关键在于抽取非正常行为的特征并建立知识库，以便抽取匹配。这种检测误报率低、漏报率高。对于已知的

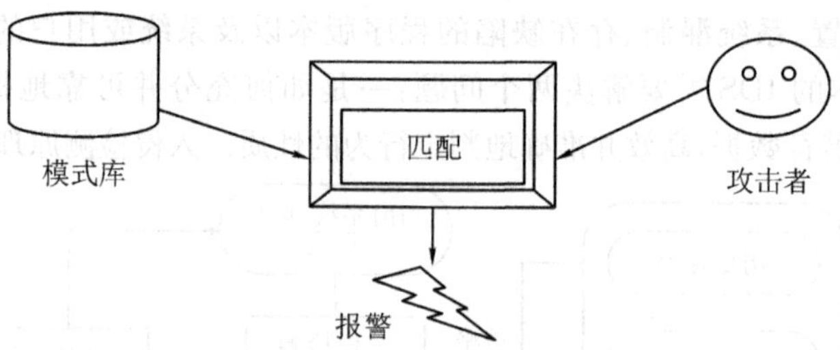

图 9-7　误用检测原理模式

攻击，它可以详细准确地报告出攻击类型，但是对未知攻击却效果有限，因此需要建立完备的特征库，同时特征库要不断更新。

9.2.3　网络入侵检测的类型

1. 根据原始数据来源分类

根据原始数据来源的不同，可将入侵检测系统划分为基于主机的入侵检测系统、基于网络的入侵检测系统和混合型入侵检测系统三类，下面分别予以介绍。

(1)基于主机的入侵检测系统。基于主机的入侵检测系统(host-based intrusion detection system，HIDS)通常被安装在被保护的主机上，对该主机的网络实时连接以及系统审计日志进行分析和检查，当发现可疑行为和安全违规事件时，系统就会向管理员报警，以便采取措施。这些受保护的主机可以是 Web 服务器、邮件服务器、DNS 服务器等关键主机设备。基于主机的入侵检测系统示意图如图 9-8 所示。

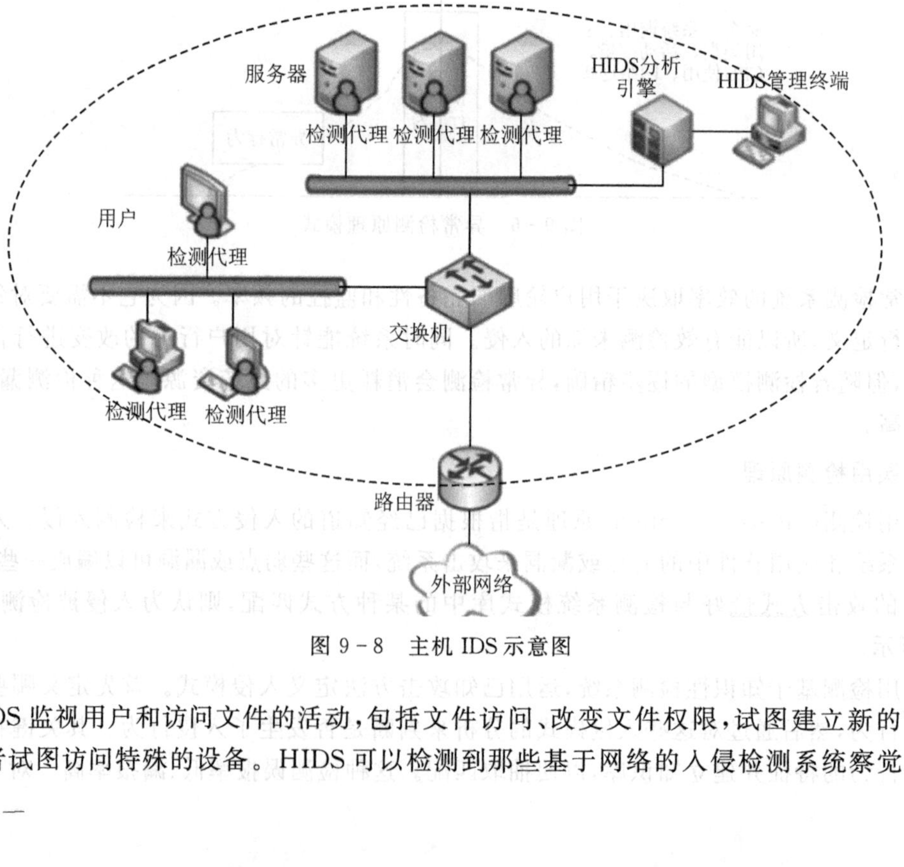

图 9-8　主机 IDS 示意图

HIDS 监视用户和访问文件的活动，包括文件访问、改变文件权限，试图建立新的可执行文件或者试图访问特殊的设备。HIDS 可以检测到那些基于网络的入侵检测系统察觉不到的攻击。例如，来自主要服务器键盘的攻击不经过网络，可以躲开基于网络的入侵检测系统。

虽然 HIDS 不能提供真正实时的反应，但如果应用正确，反应速度可以非常接近实时。尽管从操作系统作出记录到 HIDS 得到检测结果之间有一段时间延迟，但大多数情况下，在破坏发生之前，系统就能发现入侵者，并中止他的攻击。

虽然安装主机入侵检测系统的计算机可以有效地防御各种攻击，但是主机入侵检测系统会降低计算机系统的运行效率。在企业内部网络中，全面布置主机入侵检测系统会增加入侵行为分析的工作量，但只选择部分主机进行保护又会降低系统的安全性。此外，主机入侵检测系统检测主机系统的异常事件依赖于主机系统固有的日志与监视能力，若主机未配置日志功能，则需要重新配置。

(2)基于网络的入侵检测系统。基于网络的入侵检测系统(network intrusion detection system，NIDS)通常放置于被检测的网络中，并不停地检测网络中的各种数据包。根据安全策略规则对数据包进行特征分析，若发现可疑数据包，则入侵检测系统就会发出警报甚至直接切断网络连接。网络 IDS 示意图如图 9－9 所示。

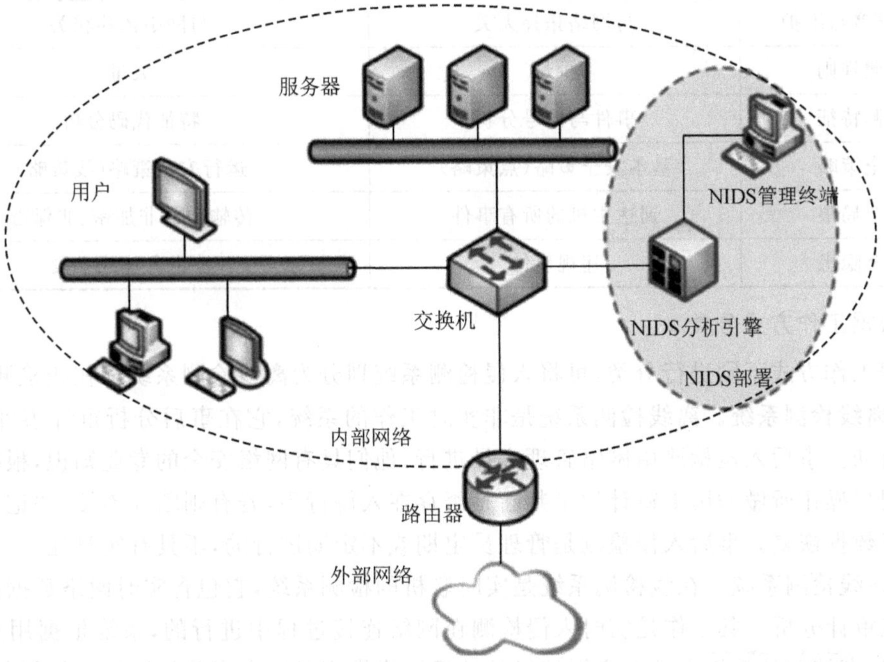

图 9－9　网络 IDS 示意图

NIDS 以所检测网段的所有流量作为其数据源，通过将网卡设置为混杂模式来抓取所监测网段内的混合数据包。一般来说入侵检测系统担负着保护整个网段的任务。

NIDS 的优点一是检测速度快。基于网络的检测器通常能在微秒或秒级发现问题，而大多数基于主机的产品则要依靠对最近几分钟内审计记录的分析。二是隐蔽性强。一个基于网络上的监测器不像一个主机那样显眼和易被存取，因而也不那么易遭受攻击。三是 NIDS 可以配置在专门的机器上，不会占用被保护设备上的任何资源。

但是，NIDS 只检查它直接连接网段的通信，不能检测在不同网段的网络包，通常采用特征检测的方法。它可以检测出一些普通的攻击，却很难检测出一些需要大量计算与较长分析时间的复杂的攻击。另外，NIDS可能会将大量的数据传回分析系统中，在一些系统中监听特定的数据包会产生大量的分析数据流量。

(3)混合型入侵检测系统。如表9-1所示，基于网络和基于主机的入侵检测系统都有不足之处，会造成防御体系的不全面。混合型入侵检测系统(hybrid intrusion detection system)是基于网络入侵检测系统和主机入侵检测系统的弱点而提出的综合性入侵检测系统，通过它可以构造完整立体的入侵检测体系。因此，混合入侵检测系统同时具备网络入侵检测系统和主机入侵检测系统的优点，既可以检测网络攻击行为，也可以通过分析系统日志发现系统异常事件。

表9-1　HIDS与NIDS的比较

项目	HIDS	NIDS
误报	少	一定量
漏报	与技术水平相关	与数据处理能力有关(不可避免)
系统部署与维护	与网络拓扑无关	与网络拓扑相关
检测规则	少量	大量
检测特征	事件与信号分析	特征代码分析
安全策略	基本安全策略(点策略)	运行安全策略(线策略)
安全局限	到达主机的所有事件	传输中的非加密、非保密
安全隐患	违规事件	攻击方法或手段

2. 根据工作方式分类

根据工作方式不同进行分类，可将入侵检测系统划分为离线检测系统和在线检测系统。

(1)离线检测系统。离线检测系统是非实时工作的系统，它在事后分析审计事件，从中检查入侵活动。事后入侵检测由网络管理人员进行，他们具有网络安全的专业知识，根据计算机系统对用户操作所做的历史审计记录判断是否存在入侵行为，若有则断开连接，并记录入侵证据和进行数据恢复。事后入侵检测是管理员定期或不定期进行的，不具有实时性。

(2)在线检测系统。在线检测系统是实时联机的检测系统，它包含实时网络数据包分析和实时主机审计分析。其工作是实时入侵检测在网络连接过程中进行的，系统根据用户的历史行为模型、存储在计算机中的专家知识以及神经网络模型对用户当前的操作进行判断，一旦发现入侵迹象立即断开入侵者与主机的连接，并收集证据和实施数据恢复。这个检测过程是不断循环进行的。

3. 根据体系结构分类

根据体系结构的不同进行分类，可将入侵检测系统划分为集中式、等级式和协作式3类。

(1)集中式。集中式入侵检测系统包含多个分布于不同主机上的审计程序，但只有一个中央入侵检测服务器，审计程序把收集到的数据发送给中央服务器进行分析处理。这种结构的入侵检测系统在可伸缩性、可配置性方面存在致命缺陷。随着网络规模的扩大，主机审计程序和服务器之间传送的数据量激增，会导致网络性能大大降低。并且一旦中央服务器出现故障，整个系统就会陷入瘫痪。此外，根据各个主机不同的需求，配置服务器也非常复杂。

(2)等级式。在等级式(部分分布式)入侵检测系统中,定义了若干个分等级的监控区域,每个入侵检测系统负责一个区域,每一级入侵检测系统只负责分析所监控的区域,然后将当地的分析结果传送给上一级入侵检测系统。这种结构存在以下两个问题:一是,当网络拓扑结构改变时,区域分析结果的汇总机制也需要做相应的调整;二是,这种结构的入侵检测系统最终还是要把收集到的结果传送到最高级的检测服务器进行全局分析,所以系统的安全性并没有实质性的改进。

(3)协作式。协作式入侵检测系统将中央检测服务器的任务分配给多个基于主机的入侵检测系统,这些入侵检测系统不分等级,各司其职,负责监控当地主机的某些活动。因此,可伸缩性、安全性都得到了显著的提高,但维护成本也相应增大,也增加了所监控主机的工作负荷,如通信机制、审计开销、踪迹分析等。

9.3　计算机病毒及防范

最早的计算机病毒是由美国计算机安全学家弗雷德·科恩(Fred Cohen)博士研制的一种在运行过程中可以复制自身的破坏性的程序,伦·艾德勒曼(Len Adleman)将它正式命名为计算机病毒,并在每周一次的计算机安全学术研究会上正式提出。

9.3.1　计算机病毒概述

1. 计算机病毒的概念

计算机病毒是指编制者在计算机程序中插入的破坏计算机功能或者数据,影响计算机的使用并且能够自我复制的一组计算机指令或者程序代码。

2. 计算机病毒的类型

计算机病毒的分类方法多种多样。按传染方式可分为引导扇区型病毒、文件型病毒、多裂变病毒、秘密病毒、异性病毒和宏病毒;按破坏性可分为良性病毒、恶性病毒、极恶性病毒和灾难性病毒;按入侵方式可分为源码嵌入攻击型病毒、系统修改型病毒、代码取代攻击型病毒以及外壳附加型病毒;按病毒传染的方法可分为驻留型病毒和非驻留型病毒。

3. 计算机病毒发展史

计算机病毒的发展主要经历了原始病毒阶段、混合型病毒阶段、多态型病毒阶段、网络病毒阶段以及主动攻击型病毒阶段。

第一阶段为原始病毒阶段(1986—1989 年)。这一阶段是计算机病毒的萌芽和产生时期。在该阶段,病毒主要采取截获系统中断向量的方式监视系统的运行状态,并在一定的条件下对目标进行传染。典型案例有巴基斯坦籍以开发软件为生的两兄弟为了打击盗版软件的使用者,设计了一个名为“巴基斯坦智囊”BRAIN(“大脑”(Brain)病毒)的病毒,该病毒只传染软盘引导。当一台计算机感染后,屏幕上就会显示巴基斯坦兄弟俩经营的计算机商店的电话号码,盗拷者的硬盘剩余空间会被“吃掉”。这就是最早在世界上流行的计算机病毒,针对 DOS 系统。

第二阶段为混合型病毒阶段(1989—1991 年)。应用软件在这个时期开始转向网络环境并且更加成熟和丰富,但由于当时网络系统安全防护的意识比较薄弱,人们缺乏在网络环境下防御病毒的思想准备与方法对策，致使这一阶段全世界的计算机病毒都十分猖獗，成为计算机病毒流行的第一次高峰。

第三阶段为多态型病毒阶段（1991—1995 年）。这一阶段是病毒的成熟发展阶段，病毒开始向多维化、多态化或自我变形化发展，即在每次传染目标时，放入宿主程序中的病毒程序大部分都是可变的。1991 年，第一个多态型病毒“特奎拉”（Tequila）出现。特奎拉具有隐蔽性，属于复合型态，具备保护外壳，同时会对自身变换加密，每次感染都会采用不同的密钥。

第四阶段为网络病毒阶段（20 世纪 90 年代中后期至 2000 年）。现阶段存在的计算机病毒起源于这一时期。这一阶段，依赖互联网传播的邮件病毒和宏病毒等大量涌现，病毒传播日益肆虐，病毒的迅速传播突破了地域的界限，通过广域网传播至局域网内，并在局域网内相互传播并扩散。

第五阶段为主动攻击型病毒阶段（2000 年至今）。该阶段是主动攻击型病毒借助互联网的发展期。典型代表为“冲击波”病毒、“震荡波”病毒、“熊猫烧香”和超级病毒 Stuxnet（感染微机成为“肉鸡”）等，这些病毒利用操作系统的漏洞进行进攻型的扩散，并不需要任何媒介或操作，用户只要接入互联网就有可能被感染。因此，这类病毒的危害更大。

9.3.2 计算机病毒的危害及传播途径

1. 计算机病毒的危害

（1）影响计算机的运行，造成数据和信息泄露。大部分病毒在激发后直接破坏计算机的重要信息数据，会直接破坏 CMOS 设置或者删除重要文件、格式化磁盘或者改写目录区、用“垃圾”数据来改写文件等。计算机病毒是一段计算机代码，会占用计算机的内存空间，有些大的病毒还会在计算机内部自我复制，导致计算机内存的大幅度减少，病毒运行时还抢占中断、修改中断地址，在中断过程中加入病毒的“私货”，从而干扰了系统的正常运行。病毒侵入系统后会自动搜集用户的重要数据，窃取、泄漏信息和数据，造成用户信息大量泄露，给用户造成不可估量的损失以及其他严重的后果。

（2）消耗内存以及磁盘空间。许多病毒在活动状态下都是常驻内存的，一些文件型病毒能在短时间内感染大量文件，使每个文件的字符都不同程度地加长了，从而造成磁盘空间的严重浪费。比如，你并没有存取磁盘，但磁盘指示灯狂闪不停，或即使只运行了少数程序却发现系统内存已经被大量占用，这就有可能是病毒在作怪。

（3）计算机病毒给用户造成严重的心理压力。病毒的泛滥使用户提心吊胆，时刻担心遭受病毒的感染，由于大部分人对病毒了解很少，一旦出现诸如计算机死机、软件运行异常等现象，用户往往会怀疑这些现象可能是计算机病毒造成的。

2. 计算机病毒的传播途径

计算机病毒的传播途径主要有以下 4 条。

（1）通过不可移动的计算机硬件设备进行传播，这些设备通常有计算机专用芯片和硬盘等。通过不可移动的硬件设备传播的病毒虽然极少，但破坏力极强。

（2）通过磁盘、U 盘、移动硬盘等可移动的存储介质传播。当一个移动的存储介质在一台已被病毒感染的机器上使用时，该介质就会被病毒感染，当该介质又在另一台易感机器上使用时，易感机器就会被病毒感染，这样病毒就完成了一个传染过程。

(3)通过计算机网络进行传播。信息技术的巨大进步,给计算机病毒的传播提供了一个“高速公路”。计算机病毒可以附着在正常文件上,通过互联网进入一个又一个系统。这种方式已经成为目前计算机病毒传播最主要的途径。

(4)利用无线电等无线通信介质进行传播。例如,手机病毒就是利用了手机中的蓝牙技术进行传播的。虽目前手机病毒还不太多,但预计在不久的将来,这种传播途径将与网络一样成为病毒传播、扩散的主要途径。

9.3.3 计算机病毒的防范

尽管当下计算机病毒类型繁多,杀毒软件也日益多样化且愈来愈先进,但病毒正以十分迅速的方式更新换代这一点不容忽视。因此,为了有效应对计算机病毒,需要未雨绸缪,积极做好预防工作,加强安全防范意识,只有这样,才能有效预防和控制计算机病毒,降低乃至避免由于计算机病毒入侵所造成的损失。

1. 计算机病毒的检测方法

计算机病毒的检测方法有特征代码法、校验和法、行为监测法和软件模拟法,这些方法依据的原理不同,检测的范围不同,各有所长。

(1)特征代码法。特征代码法是检测已知病毒最简单、开销最小的方法。通过分析受感染的文件,可以总结出病毒特征、记录所感染病毒的特征代码并保存在病毒库中。打开被检测文件,在文件中搜索,检查文件中是否含有病毒数据库中的病毒特征代码。一旦发现病毒特征代码,由特征代码与病毒一一对应,便可以断定被查文件中存在何种病毒。

特征代码法的优点是检测准确快速、可识别病毒的名称、误报率低、依据检测结果可做解毒处理,其缺点是随着病毒种类的增多检索时间会变长。若检索 5000 种病毒,则必须对 5000 种病毒特征代码逐一检查。若病毒种数再增加,则检验病毒的时间开销就变得十分巨大。另外,特征代码法面对从未见过的新病毒,无法获悉其特征代码,因而无法检测新病毒。面对不断出现的新病毒,必须不断更新版本,否则检测工具便会老化,并逐渐失去实用价值。

(2)校验和法。对于正常文件的内容,计算其校验和,将该校验和写入文件中或写入别的文件中进行保存。在文件使用过程中,定期地或每次使用文件前,检查文件以现有内容算出的校验和与原来保存的校验和是否一致,从而可以发现文件是否感染病毒,这种方法叫校验和法。它既可发现已知病毒又可发现未知病毒。但是,它不能识别病毒类型,不能报出病毒名称。由于病毒感染并非文件内容改变的唯一非他性原因,文件内容的改变有可能是正常程序引起的,所以校验和法常常误报警,而且此种方法也会影响文件的运行速度。校验和法的优点是方法简单能发现未知病毒,被查文件的细微变化也能被发现。其缺点是容易误报警、不能识别病毒名称、不能对付隐蔽型病毒。

(3)行为监测法。利用病毒的特有行为特征来监测病毒的方法,被称为行为特征监测法。该方法通过对病毒的长期观察,研究和识别病毒行为的共同性和特殊性。当系统运行时,监视系统行为,一旦有病毒行为,就会立即发出警报。行为特征监测法可以发现未知病毒,能相当准确地预报未知的多数病毒。行为特征监测法存在可能误报、不能识别病毒名称的缺点。

2. 计算机病毒的防范措施

1)外部防范

(1)安装最新的杀毒软件,每天升级杀毒软件的病毒库,定时对计算机进行病毒查杀,上网时要开启杀毒软件的全部监控。计算机科学技术的发展可以为计算机病毒的防范工作提供技术支持,因此,要从各个层面建立起科学有效的计算机防护体系。

(2)严格把关软硬件引入环节,对引进系统和硬件进行安全检查,有效防范计算机病毒的侵入。与此同时,国家应当出台有关政策,扶持国产企业,促进计算机生成的国有化程度的提高,从而实现对计算机软硬件市场的规范。

(3)采取必要措施以防止电磁泄漏,这样可以有效防范以无线电形式进行的病毒感染,而且还可以对用户的个人信息起到保护作用,有利于防止信息被泄露或破坏。

(4)用 Windows Update 功能打全系统补丁,同时,将应用软件升级到最新版本,以避免病毒以网页木马的方式入侵到系统或者通过其他应用软件漏洞来进行病毒的传播;将受到病毒侵害的计算机尽快进行隔离,在使用计算机的过程中,一旦发现电脑上存在有病毒或者是计算机异常时,就及时中断网络;当发现计算机网络一直中断或者网络异常时,立即切断网络,以免病毒在网络中传播。

2)自身防范

(1)培养自觉的信息安全意识,在使用移动存储设备时,尽可能不共享这些设备。因为移动存储设备也是计算机进行传播的主要途径,也是计算机病毒攻击的主要目标。对于信息安全要求比较高的场所,应将电脑上的 USB 接口封闭,同时,有条件的情况下应该做到专机专用。

(2)养成良好的上网习惯。例如:提高警惕性,不打开一些来历不明的邮件及其附件,若条件允许应当及时删除;通过加大密码的复杂程度尽可能避免网络病毒通过破译密码得以对计算机系统进行攻击的事件;对于从 Internet 下载但未经杀毒处理的软件等不要轻易执行,以防止病毒借此侵入计算机。不要随便浏览或登录陌生的网站,加强自我保护。

9.4 木马及防范

9.4.1 木马概述

1. 木马的概念

由图 9-10 可知,2020 年网民设备中存在病毒或木马的比例在各类网络安全问题中的占比为十分之一左右,木马病毒对网民进行网络活动的影响很大,那么木马到底是什么?

木马,又叫特洛伊木马(Trojan Horse),是一种恶意程序,是基于远程控制的黑客工具,一旦侵入用户的计算机,就悄悄地在宿主计算机上运行,在用户毫无察觉的情况下,攻击者能够获得远程访问和控制系统的权限,进而在用户的计算机中修改文件、修改注册表、控制鼠标、键盘以及窃取用户信息。

古希腊特洛伊之战中利用木马攻陷特洛伊城,现代网络攻击者利用木马,采用伪装、欺骗等手段进入被攻击的计算机系统中,窃取信息,实施远程监控。

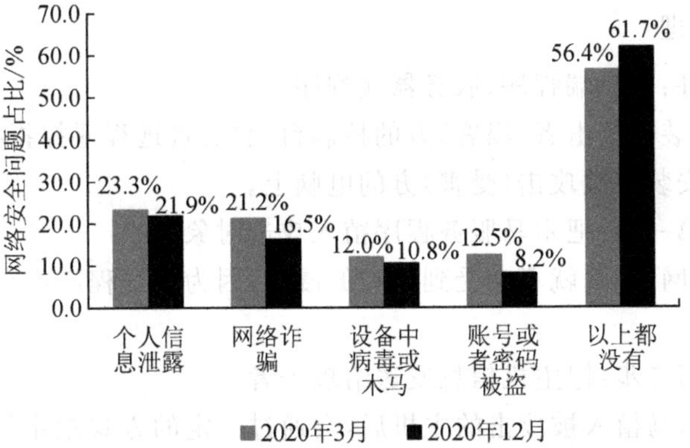

图9-10　2020年网民遭遇各类网络安全问题比例图

2. 木马的传播途径

(1)利用下载进行传播。在下载的过程中进入程序，当下载完毕后打开文件就会将病毒植入到电脑中。

(2)利用系统漏洞进行传播。当计算机存在漏洞时，就会成为木马病毒攻击的对象。

(3)利用邮件进行传播。很多陌生邮件里面会掺杂病毒种子，这种邮件一旦被打开，病毒就能够被激活。

(4)利用远程连接进行传播。

(5)利用网页进行传播。在浏览网页时会经常跳出许多页面，这种页面往往是病毒驻扎的地方。

(6)利用蠕虫病毒进行传播。

9.4.2　木马概述特性和原理

1. 木马的特性

(1)隐蔽性。一般的木马会以捆绑方式安装到目标电脑上，而捆绑方式、捆绑位置、捆绑程序等均可以由黑客自己确定，既可以捆绑到启动程序上，也可以捆绑到一般常用程序上，位置的多变使得木马具有很强的隐蔽性。

(2)欺骗性。木马病毒隐蔽的主要手段是欺骗，经常使用伪装的手段将自己合法化。例如，使用合法的文件类型后缀名(如dll、sys、ini等)，使用已有的合法系统文件名，然后保存在其他文件目录中；使用容易混淆的字符进行命名，例如，字母“o”与数字“0”，数字“1”与字母“l”。

(3)顽固性。木马病毒为了保障自己可以不断蔓延，往往像毒瘤一样驻留在被感染的计算机中，有多份备份文件存在，一旦主文件被删除，便可马上恢复。尤其是采用文件的关联技术，只要被关联的程序被执行，木马病毒便被执行，并产生新的木马程序，甚至变种。顽固的木马病毒给木马清除带来巨大的困难。

(4)危害性。木马病毒的危害性是毋庸置疑的。只要计算机被木马病毒感染，别有用心的黑客便可以任意操作计算机，就像在本地使用计算机一样，对被控制计算机的破坏可想而知。黑客可以恣意妄为，可以盗取系统的重要资源，例如：系统密码、股票交易信息、机要数据等。

2. 木马攻击的原理

(1)两个执行文件:客户端程序、服务器端程序。

客户端程序是安装在攻击者(黑客)方的控制台,它负责远程遥控指挥;服务器端程序即是木马程序,它被隐藏安装在被攻击(受害)方的电脑上。

(2)木马攻击的第一步:把木马服务程序植入攻击对象。

如果电脑没有联网,那么就不会受到木马的侵扰,因为木马程序不会主动攻击和传染到没有联网的电脑中。

(3)木马攻击的第二步:把主机信息发送给攻击者。

在一般情况下,木马植入被攻击的主机后,会通过一定的方式把主机的信息,如,IP 地址、软件的端口、主机的密码等,发送给攻击者。

简而言之,木马包括客户端和服务器端两个部分,攻击者通常利用一种被称为绑定程序的工具将木马服务器绑定到某个合法软件上,诱使用户运行合法软件。只要用户运行该软件,木马服务器就能够在用户毫无察觉的情况下完成安装过程。攻击者要利用客户端远程监视、控制服务器,必需先建立木马连接。而建立木马连接,必需先知道网络中哪一台计算机中了木马。获取到木马服务器的信息之后,即可建立木马服务器和客户端程序之间的联系通道,攻击者就可以利用客户端程序向服务器程序发送命令,达到操控用户计算机的目的。木马攻击的原理如图 9-11 所示。

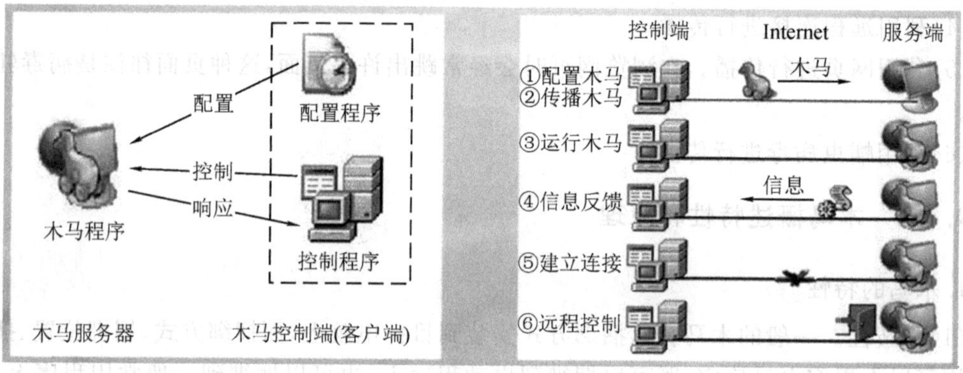

图 9-11　木马攻击原理图

9.4.3　木马的防范

1. 计算机感染木马的表现

计算机是否被注入木马病毒,可以从以下几个方面进行判断:

(1)文件或文件夹无故消失。

(2)运行应用程序无反应。

(3)电脑启动项中含有可疑的启动项。

(4)电脑运行极度缓慢。

(5)突然出现大量不明数据。

(6)操作系统自动执行操作。

(7)系统语言、应用图标、文件图标自行更改。

(8)蓝屏黑屏。

(9)主页篡改,强行刷新或跳转网页,频繁弹广告。

2. 木马的防范措施

(1)为计算机安装杀毒软件,定期扫描系统、查杀病毒;及时更新病毒库、更新系统补丁。

(2)开启防火墙,把个人防火墙设置好安全等级,防止未知程序向外传送数据。

(3)不要点击陌生的邮件,不轻易打开邮件中的附件或点击其中的链接。因为邮件也是木马病毒依附的重要媒介,特别是一些广告链接。

(4)将 Windows 资源管理器配置成始终显示扩展名。因为一些扩展名为 VBS、SHS、PIF 的文件多为木马病毒的特征文件,更有些文件为又扩展名,那更应重点查看,一经发现要立即删除,千万不能打开。

(5)在公共场合或使用公用电脑上网时,避免个人资料的公开,且不要输入保存登录密码,完成上网后立即清空相关缓存及密码。

(6)上网时最好运行反木马实时监控程序。目前,绝大多数监控软件都能实时显示当前所有运行程序并能够提供详细的描述信息。

(7)系统登录及屏保口令等相关密码防护必须开启。在设置密码时应尽可能地复杂,不应使用生日、名字拼音等容易被猜测或容易被破解的密码。

(8)定期备份电脑数据,以备遭到病毒严重破坏后能迅速修复。

本章小结

网络平台安全是电子支付安全的基础,一个完整的电子支付系统应建立在安全的网络平台基础设施之上。电子商务的安全问题既是电子商务的一个重点,又是制约电子商务发展的一个瓶颈,没有安全支付的保证,电子商务就无从谈起。网络平台安全技术所涉及的方面比较多,如,防火墙技术、入侵检测技术、防病毒技术等。

首先,本章介绍了防火墙的概念和工作原理,讲述了防火墙的五大基本功能及核心技术。防火墙是目前最重要的一种网络防护设备,从专业角度讲,防火墙是位于两个(或多个)网络间,实施网络之间访问控制的一组组件集合。

其次,本章介绍了网络入侵检测的概念、原理和类型。入侵检测是防火墙的合理补充,帮助系统对付网络攻击,扩展了系统管理员的安全管理能力(包括安全审计、监视、进攻识别和响应),提高了信息安全基础结构的完整性。它从计算机网络系统中的若干关键点收集信息,并分析这些信息,看看网络中是否有违反安全策略的行为和遭到袭击的迹象。入侵检测被认为是防火墙之后的第二道安全闸门,在不影响网络性能的情况下对网络进行监测,从而提供对内部攻击、外部攻击和误操作的实时保护。

最后,本章介绍了计算机病毒和木马的类型及防范。计算机病毒是人为制造的,具有破坏性、传染性和潜伏性的,对计算机信息或系统起破坏作用的程序。

思考题

1. 简述防火墙的类型及其核心技术。
2. 网络入侵检测技术的原理是什么?其类型包括哪些?

3. 计算机病毒有哪些传播方式？检测的方法有哪些？
4. 什么是木马？我们要如何防范木马？
5. 从自身出发，树立信息安全意识，如何防止计算机病毒入侵？
6. 你了解哪些网络安全相关政策？推进网络安全政策法规建设有哪些重要作用？

拓展阅读

术语中英文对照

第10章 电子支付风险监管与法律法规

内容提要

本章基于风险的概念和相关理论，给出了电子支付风险的定义，梳理了电子支付风险的类型。以法学视角，分别从电子支付系统、电子支付主体、支付工具三个方面阐述了其中存在的法律问题及其成因。最后介绍了国内外电子支付风险的相关监控措施及电子支付法律法规。

学习目标

- 了解电子支付的主要风险及其成因。
- 了解电子支付风险的防范措施。
- 了解国内外电子支付监管的相关法律法规。

思政目标

- 树立遵纪守法的正确职业道德观。
- 建立电子支付风险防范意识，在使用电子支付时保护个人支付安全。
- 了解违反电子支付法律后应受到的民事、行政及刑事处罚，形成法律意识。

开篇案例

10.1 电子支付风险监管

电子支付借助计算机、智能设备等硬件设施和通信技术、人工智能和信息安全等数字科技手段，成为现代支付体系中最活跃、最具发展前景的组成部分。但是，在享受电子支付便捷高效服务的同时，电子支付业务的风险问题亟待解决。

10.1.1 电子支付风险的定义

1. 电子支付的特点

与传统的支付方式相比，电子支付具有以下特点：

(1)复杂性。传统支付方式只涉及交易双方和银行,而电子支付方式不仅涉及交易双方和银行,还包括第三方支付机构等,这无疑使电子支付的风险变得十分复杂,风险的防范也要考虑得十分全面。

(2)国际性。电子商务打破了时间和空间的限制,不同地域的人都可以在网上进行交易;同时,使用的支付工具也很丰富,我国很多 B2C、C2C 网站都支持 VISA、MaxterCard 等国际信用卡。因此,国际金融市场的风险会在互联网中传播,而当支付风险发生时,也会给国际金融秩序带来负面影响。

(3)高风险性。传统支付采用货到付款、银行汇款等方式,风险较小,甚至为零,而电子支付是在网上进行的,风险发生的可能性很大。一方面,支付系统本身存在安全脆弱性;另一方面,网络犯罪活动猖獗,如,网络攻击、网上欺诈等。这些无疑增加了电子支付的风险,也导致了很多人不愿意采用电子支付方式。

2. 风险的相关概念

目前,由于不同专家对风险的理解和认识程度不同,或对风险的研究角度不同,对风险的定义也有所不同,总的来说,专家们总是利用风险的不确定性来定义风险。本节归纳的不同观点如下:

(1)风险是指事件未来可能结果发生的不确定性。美国著名风险管理学家 C·Asther william(C·阿瑟·威廉姆斯)与 Jr. Richard Heins(小理查德·海因斯)将风险定义为风险是在某种特定状态下,一定时期内可能发生的结果变动。即收益或损失都具有不确定性,这种观点又分为主观学说和客观学说两类。主观学说认为,不确定性是主观的、个人心理上的一种观念,是个人对客观事物的主观估计,不能用客观的尺度予以衡量,不确定性的范围包括发生与否的不确定性、发生时间的不确定性、发生状况的不确定性以及发生结果严重程度的不确定性。客观学说则以风险的客观存在为前提,以风险事故观察为基础,用数学和统计学的观点加以定义,认为风险可用客观的尺度来衡量。

(2)风险是指可能发生损失的损害程度的大小。持有该观点的学者认为风险由损失发生的大小与损失发生的概率两个指标来衡量。风险可以引申定义为预期损失的不利偏差。风险的大小在一定条件下和一定时期内,由于各种结果发生的不确定性而导致。

(3)风险是风险构成要素相互作用的结果。风险因素、风险事件和风险结果是风险的基本构成要素。根据风险的形成机理,有学者将风险定义为在一定时间内,以相应的风险因素为必要条件,以相应的风险事件为充分条件,有关行为主体承受相应的风险结果的可能性。

基于对电子支付的特点和风险概念的分析,本书认为,电子支付风险就是在电子支付的过程中发生某种损失的不确定性及其引发消极结果的可能性。

案例

全球无现金支付交易现状及趋势

智研咨询发布的《2019—2025 年中国第三方支付平台行业市场监测及未来前景预测报告》显示:从交易额来看,2016 年全球无现金支付交易总额为 4826 亿美元,交易额最大的为北美地区 1611 亿美元的交易额,占比超过 30%。在 2016—2021 年,无现金支付交易总额持续扩大,到 2021 年交易总额将增长至 8764 亿美元,年均复合增长率达到 12.7%,其中新兴亚洲市场预计年均复合增长率达到 28.8%，是主要增长力量。在 2021 年新兴亚洲市场交易额或将首次超越美国，达到 2507 亿美元，成为全球占比最大的地区。2016—2020 年全球无现金支付交易额(按地区)如图 10-1 所示。

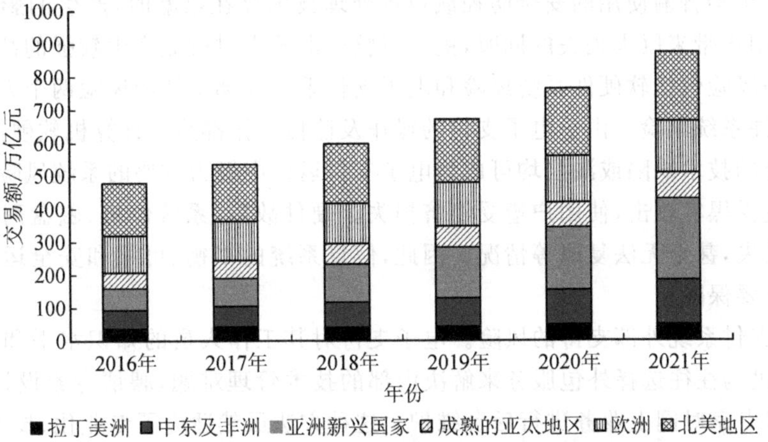

图 10-1　2016—2020 年全球无现金支付交易额(按地区)

另外，据中商情报研究院的资料显示：从数字支付细分市场来看，个人支付市场占比较大，2019 年个人支付交易规模为 114 万亿元，占比 56.7%。其次为消费支付，2019 年交易规模为 46 万亿元，占比 22.9%。金融支付交易规模为 37 万亿元，占比 18.4%。其他支付交易规模较小，仅 4 万亿元，占比 2.0%。

(资料来源：智妍咨询 https://www.chyxx.com/industry/201906/746165.html)

10.1.2　电子支付风险的类型

电子支付其实是支付的电子化，支付系统存在一定技术风险。另外，无论电子支付系统和技术如何发展，仍然不能缺少行为主体的参与，这样，就不可避免地会面临与电子支付主体有关的各种风险。电子支付仍然履行金融支付业务，因此，也存在金融支付业务本身固有的风险。

1. 电子支付的技术风险

电子支付本身在不断发展，新的技术领域、新的服务项目、新的认证手段层出不穷，导致现有支付交易设计存在漏洞。技术风险是指由于技术采用不当，或采用的技术相对落后所带来的安全隐患，有时也称为电子支付系统风险。电子支付的技术风险大部分属于电子信息技术行业发展的问题，技术的问题有待通过技术的手段来解决。

技术风险因素的关注点包括各种网络硬件系统运行的可靠性、应用系统的稳定性、系统运行的安全保障、网络的可靠性等，这些可引发业务中断的技术风险因素在实践中表现为计算机硬件、软件、通信或电力中断而引发的损失。

以银行卡业务为例，银行卡业务的开展依赖于整个支付网络，实践中由于外部或内部原因造成的软件和硬件故障等各类技术或系统错误在所难免，需要日常的技术维护、系统变更、软件升级、设备更新等多种配套措施来弥补并适应业务发展变化的实际需要。从银行卡网络系统运行维护的经验来看，在业务规则与信息技术这两项决定支付服务形态的基本因素中，技术变动的频率要明显高于业务规则，因此对于电子支付机构而言，其针对技术风险因素的管理和应急处置能力明显比操作风险的相应要求更为复杂。

技术风险因素造成的损失所产生的影响更为广泛和普遍，因此后果可能更为严重。尤其是当电子支付机构普遍使用的安全防控或业务处理技术存在错漏时，产生的影响甚至波及整个行业，在给用户带来巨大损失的同时，更会对整个电子支付行业产生较强的冲击。电子支付的系统(技术)风险包括软硬件系统风险和电子支付系统外部支持的风险两个方面。

(1)软硬件系统风险。由于电子支付的操作及监控工作都是由计算机软硬件支持完成的，电子信息系统的技术缺陷或漏洞均可成为电子支付运行中极为重要的系统风险。软件漏洞可能导致系统遭受黑客攻击，使用户遭受经济损失。硬件故障、系统停机、磁盘列阵破坏等会导致支付信息丢失，甚至无法复原等情况。因此，信息系统的平衡、可靠和安全运行是电子支付系统安全的重要保障。

(2)电子支付系统外部支持的风险。电子支付对其工作人员的知识水平和专业技能要求非常高，金融机构往往选择外包服务来解决内部的技术管理难题，聘请专家设计支付系统，甚至直接由外聘专家对网上业务进行后台维护。这种方法虽然适应了专业化、技术化、高效化的要求，但却将电子支付自身暴露在外部支持系统的风险之中。技术不到位或服务支持方案选择失误都可能给客户或银行造成意想不到的损失。

以网上银行为例，网上交易对金融机构的软硬件系统、技术支持、业务操作逻辑等提出了更高的要求；另外，网上支付无疑会加剧金融机构原有的风险。电子支付的业务操作和风险控制工作均由电脑软件系统完成。系统与客户终端的软件互不兼容或出现故障，以及系统停机、磁盘列阵破坏都可能引起信息传输中断或速度降低，并形成软硬件系统风险。可见，信息系统的平衡、可靠和安全运行是维护电子支付系统安全的重要保障。

案例

2021年三季度我国支付系统业务处理情况

2021年三季度，全国银行共处理电子支付业务710.14亿笔，金额737.15万亿元。其中，网上支付业务268.32亿笔，金额587.21万亿元，同比分别增长10.67%和6.45%；移动支付业务390.77亿笔，金额126.81万亿元，同比分别增长13.28%和8.62%；非银行支付机构处理网络支付业务132681.86亿笔，金额90.71万亿元，同比分别增长14.37%和14.88%。大额实时支付系统处理业务1.21亿笔，同比下降10.56%，金额1582.68万亿元，同比增长5.56%。日均处理业务182.85万笔，金额23.98万亿元。小额批量支付系统处理业务9.60亿笔，金额40.42万亿元，同比分别增长4.98%和6.61%。日均处理业务1043.49万笔，金额4393.25亿元。网上支付跨行清算系统处理业务44.23亿笔，金额68.49万亿元，同比分别增长6.34%和23.02%，日均处理业务4807.75万笔，金额7444.60亿元。境内外币支付系统处理业务117.59万笔，金额5681.72亿美元(折合人民币约为3.67万亿元)，同比分别增长56.51%和41.66%。日均处理业务1.78万笔，金额86.09亿美元(折合人民币约为556.13亿元)。

(来源：中国人民银行 HTTP://www.pbc.gov.cn/zhifujiesuansi/128525/128545/128643/4405285/index.html)

2. 电子支付的主体风险

(1)电子支付主体能力风险。虽然电子支付节省了交易时间和成本,但是电子支付交易不是“面对面”的交易,极有可能发生非权利人发起支付的情况,如,无民事行为能力人或限制行为能力人发起的电子支付行为、未经授权而发生的电子支付行为等,这是电子支付主体风险的首要问题。主体行为能力的瑕疵或发起电子支付权利的瑕疵将直接导致交易的无效、可变更、可撤销或效力待定等情况,由此会产生一系列连锁反应,导致交易系统陷入极不稳定的状态。因此产生的损失该如何分担也成为棘手的问题。

(2)电子支付主体法律地位风险。电子支付主体主要包括电子支付服务提供者、消费者、商户和监管机构。法律地位是法律规定的法律关系主体的权利与义务。电子支付主体法律地位风险可能表现为电子支付服务提供者的准入资质和业务范围不明确、监管部门职责不清晰、消费者信息泄露以及维权难等现象。在中国,电子支付主体的法律地位主要由《支付结算办法》和《中华人民共和国电子商务法》来规定。《支付结算办法》对支付机构的准入条件、支付业务的经营模式等进行了明确规定,保障了电子支付的合法性和安全性。而《中华人民共和国电子商务法》则规定了电子支付交易的合同签订、权益保护等方面,为电子支付提供了更加完善的法律保障。

案例

清理排查违规支付机构

统计数据显示,2016 年以来,监管层对第三方支付机构开出的罚单数量逐年增多,处罚力度明显加强。罚单总数从 2016 年的 34 张变为 2017 年的 109 张,而从 2018 年 1 月至 4 月初,不到四个月的时间里,已经开出了 17 张。

2018 年以来,央行开出的 17 张罚单,总共有 14 家支付公司“踩雷”。从违规类型来看,主要存在三方面问题:第一,违反非银机构支付管理办法的罚单有 4 个;第二,违反支付结算业务规定和银行卡收单业务的规定,涉及 5 家机构;第三,涉嫌违背反洗钱规定的行为,罚金最高。由此可见,第三方支付行业存在的诸多违规行为,是央行对于银联下达“死命令”的根本原因,在 6 月份截止时间到来之前,银联必须对涉及违规的支付机构“一查到底”。

(来源:中国贸易金融网《银联紧急发布风险防范通知 四家无证支付 APP 被点名》http://m.sinotf.com/news/index/id/311873.html)

(3)操作及交易设计风险。电子支付是新兴的支付方式,终端消费者靠电子支付界面的简单提示进行操作,这些提示性文字由于银行或第三方支付企业的不同而存在差异,同时各个银行的网络支付操作也存在较大差别。使用者在没有完全理解操作涵义的情况下进行操作,由此产生的损失由谁承担成为法律规定的空白。一般而言,民法中多采用过错原则,但是在这种情况下行为人的操作并非其真实意图的表达,存在重大误解的可能性,而操作系统提供者也尽到了合理的提示义务,双方均不存在过错,损失分担制度的空白导致纠纷产生的可能性增大。

(4)非法转移资金风险。非法转移资金问题包括套现和洗钱两种情况。

套现,其转移资金的行为本身违法,但资金来源合法。这种行为是利用银行与支付平台之间的合作关系,由交易双方串通进行虚构的交易。如,一方利用第三方支付业务,将信用卡资金转移到支付平台账户,宣称与另一方交易成功,要求支付平台转移相应数额的资金到另一方账户中，从而实现从不可取现的信用卡等可透支账户中转移资金到普通账户中，来达到从信用卡中套取现金的目的。而信用卡套现实质上形成了对银行资金的非法占有，是我国法律所禁止的。

洗钱，指由于转移的资金来源不合法，通过虚构的交易将来源不合法的资金以付款的名义，通过第三方支付的转移支付业务转移到另外的合法账户，从而达到模糊资金的非法性质，以实现洗钱的目的。利用电子支付手段进行洗钱犯罪主要是通过电子货币。电子货币系统最有可能产生问题的特征之一是具有在个人之间而不仅仅是在个人与特约商户之间转移价值的能力。电子货币价值极易转移，电子货币允许直接将大笔资金匿名支付给其他国家的个人或公司，这为犯罪分子继续犯罪提供了一种富有吸引力的新工具。例如，犯罪分子可以从假账户中提取资金、打入银行卡，并在其控制的不同公司之间进行若干次转移。最初的提款将被记载下来，并由持有该提款账户的金融机构报告给有关当局，但此后资金的转移将不受任何监督或不保留任何书面文件。这一点限制了中央机构（如，银行）收集信息的能力，使得犯罪分子能有效地利用电子货币来洗钱。这一点亦降低了传统交易监控的有效性，原因在于中央机构无法收集必要的信息，难以发现洗钱活动。

同样，利用以互联网为基础的电子货币系统洗钱也难以被发现或识别出参与者，因此，电子货币系统就可能为洗钱者提供一种新方法，使其瞬间就能将非法资金转移至世界各地，而这种方法几乎不能被执法机关追查到，由此产生的后果将会非常严重。由于电子支付依附于网络，具有方便快捷的特点，双方不需要面对面就能完成支付。非法的资金转移通过电子支付的方式，只需瞬间就能完成，并且没有地点的限制，容易躲开执法者的监控。因此，电子支付方式越来越受到非法转移资金者的“青睐”。

（5）诈骗风险。常见的诈骗风险主要来自于电子支付工具的使用。主要有三种情况，一是电子支付工具是不真实的，即当事人用不是由合法的发行人发行的支付工具进行支付；二是转移一个并不存在的债权，如使用假钞，使用伪造的支票、信用卡；三是买方支付不属于自己而是属于他人的债权，如捡到遗失信息具有泄露风险的支票之后，伪造支票签名进行支付，或者使用偷来的信用卡。到目前为止，电子货币系统尚没有绝对保险的加密技术，电子货币的伪造者能够复制出电子货币的数字序列，而且伪造的电子货币与真的电子货币很难区别开来。通过利用有关的计算机网络以及公共通讯网络，电子货币支付结算信息才能得到传递和处理，但是这些网络很容易遭到黑客的袭击，通过入侵网络，入侵者可以从中截获相关交易信息，并伪造电子货币持有人的货币转移指令，进行欺诈活动。

思政要点

通过介绍银行卡业务风险监控与防范技术的案例，了解我国金融科技发展取得的成绩。

思政拓展

中国银联的交易反欺诈风险防控系统

中国银联小微企业信贷风险辅助决策系统—天擎

小微企业在经营过程中经常面临资金短缺问题，但是一般商业银行掌握的小微企业数据资源有限且自身风控能力不足，很难对小微企业做出准确的风险评价。所以，小微企业长期以来面对融资难、融资贵的难题。

为此，中国银联规划设计了“天擎”产品，旨在通过整合整个金融业内外部数据，采用大数据、人工智能等技术进行建模，提供多角度的小微企业风控辅助服务，为商业银行等客户评价小微企业风险提供参考。目前该系统已与数家互联网银行、区域性银行、股份制银行银行开展合作，服务覆盖 2000 余万小微商户。

该系统主要应用场景在贷前核准环节和贷后预警环节，可以提供事前评估、事后预警的一站式小微企业风控解决方案。贷前核准环节为商业银行小微企业贷款核准提供评分辅助参考；贷后预警环节满足监管要求，追踪小微企业经营贷款是否流向房地产和金融投资等领域提供预警。此外，“天擎”与某区域性银行开展了围绕该银行存量客户的营销＋风控定制化合作——基于“天擎”的风控规则与模型，从该区域性银行的存量(收单)小微企业客户中筛选出符合风控标准的优质客户，由该银行对其进行小微企业贷款产品营销。

(来源：中国银联 https://open.unionpay.com/tjweb/api/detail? apiSvcId = 515 # nav13)

(6)信息泄露风险。消费者在使用网络支付等服务时自我保护意识和风险识别能力亟待提高。在追求和享受支付便捷性的同时，消费者忽视了自身金融信息的保护，对支付业务内在风险的警惕性不足，风险不断积累。伴随着日益频繁的支付活动，个人支付信息泄露风险大大增加，消费者面临更大的资金被盗和欺诈风险。

3. 电子支付的金融风险

1)信用风险

电子支付依然面临传统支付的风险。与传统业务中储户挤兑风险相比，电子支付机构面临的信用风险更为严重。

信用风险是指在支付过程中，因一方拒绝或无力清偿债务而使另一方或其他当事者蒙受损失，即交易中的订约方既不能在法定时间内，也不能在法定时间以后的任何时间里全额结算其债务时所构成的风险。

很值得注意的一点是，现代化电子支付系统的工作性质有所不同，它不再受任何地理位置的约束，它是无边界式的金融服务，因此它对金融交易的信用结构提出了更高的要求。电子支付的信用风险专指交易方在到期日不完全履行其义务的风险。社会信用体系的不健全是现代支付系统信用风险的根本原因，各金融机构之间不能实现信息共享，无法有效防范恶意透支、欺诈等行为，成为制约现代化支付业务甚至电子商务发展的重要因素。

以中国现代支付系统为例，系统中的信用风险主要有客户信用风险和商业银行信用风险两种形式。客户信用风险是商业银行在支付结算过程中为客户垫付资金而产生的风险；商业银行信用风险是中央银行在支付清算中因商业银行资金账户不足不能透支清算而提供贷款产生的不确定；另外系统的运行中，若一家银行不能履约支付，不仅影响其自身信誉及经营成果，更重要的是会导致支付链条断裂，从而引发大范围的支付危机，引起社会恐慌。此外，信用风险通常又是引发其他风险的关键导火线，极有可能使支付机构面临系统风险的威胁。

除此之外，电子支付主体依然有金融系统中的信用风险，即债务人未能按照与金融机构所签合同的约定履行合约，从而给金融机构的收益资本带来造成负面影响的风险。这一风险是金融系统中十分常见的风险类型。电子支付主体的信用风险还包括网络交易风险，例如，买方货到不付款或不合理地延时付款、卖方先行收取货款后拒不发货或不合理地拖延发货、产品与描述不符、产品存在质量问题等不诚信的情况。这些在传统支付交易中涉及不到的主体履约风险在电子支付条件下全部凸显出来，而这些风险往往导致电子支付不能正常进行，甚至波及提供支付服务的银行及第三方。

2)流动性风险

电子支付的主要工具是电子货币，它有较强的流动性，使电子支付机构面临比传统金融机构更大的流动性风险。

商业银行的流动性风险存在于支付系统中，是指拖欠资金的一方不能按时满足支付要求，由此影响收款方不能按时收到本应收到的流动头寸。我国现代支付系统虽然在设计时考虑到流动性风险，而采取自动质押融资和日间透支措施，但商业银行的流动性风险依然存在，而且会由系统风险的传染性和扩散性而导致相关银行的倒闭。事实上，流动性风险与整个支付系统之间存在连带效应，所有参加银行的流动性管理水平很大程度上影响着整个支付系统运行的稳定性，如果所有银行都能够有效地管理自身的流动性，这势必能给支付系统的稳健运行提供一个有力的保障。而支付系统的稳健运行，不但对提高整个银行体系的流动性管理水平有很大帮助，也对系统内的资金流动性提供了一个外在的保障机制。

从支付系统参与者看，引起流动性风险的因素主要分为商业银行自身因素、金融机构管理机制与管理水平因素以及宏观政策与市场环境因素，流动性风险的具体成因，见图 10-2。

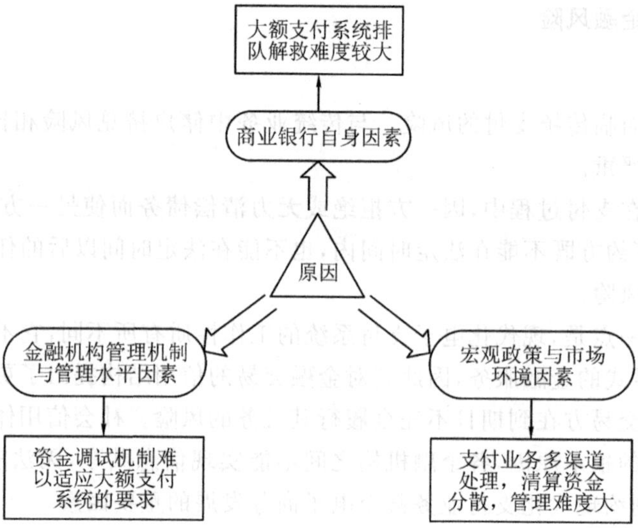

图 10-2　流动性风险成因图

(1)银行业自身因素。我国大额支付系统设置清算窗口时间，用于清算账户头寸不足的直接参与者筹措资金。在预定的时间，国家处理中心发现有透支或排队等待清算的支付业务时，打开清算窗口。在清算窗口时间内，弥补透支和清算排队的支付业务后，立即关闭清算窗口，进行日终处理。

商业银行流动性风险是商业银行所面临的重要风险之一。银行的流动性是指该银行可以在任何时候以合理的价格得到足够的资金来满足其客户随时提取资金的要求。银行的流动性包括两方面的含义：一是资产的流动性，二是负债的流动性。资产的流动性是指银行资产在不发生损失的情况下迅速变现的能力；负债的流动性是指银行以较低的成本适时获得所需资金的能力。当银行的流动性面临不确定性时，便产生了流动性风险。

(2)金融机构管理机制与管理水平因素。商业银行营业终止时间晚于大额支付系统截止时间导致流动性风险。目前，我国大额支付系统业务截止时间早于商业银行对外营业时间。当商业银行在大额支付系统截止时间临界点时办理大金额支付业务，一方面很可能造成商业银行临时调度清算资金困难，导致清算窗口开启；另一方面清算窗口时限仅为半小时，在如此短的时间内商业银行很可能因筹资不及时引起延迟关闭。同时，由于客户办理大额支付的规律很难掌握，要求预约也只能起到一部分作用，这样一来增加了商业银行调度资金的难度，从而导致流动性风险。

(3)宏观政策与市场环境因素。支付业务多渠道处理，清算资金分散，管理难度大。人民银行总行组织建设大、小额支付系统并联结着相关的业务处理系统为相关的业务处理系统提供资金清算服务。各地人行组织建设当地的同城票据交换，商业银行组织建设行内联行系统，这些系统与央行大、小额支付系统、相关业务处理系统联结后才能处理资金清算业务。因此支付清算系统有外围系统的资金清算、资金清算头寸匡算、流动性波动大的困难。

3)货币制度风险

电子货币是否是货币这一问题在学术界尚有争论，一般认为，对于信用卡、储值卡类，只能视为查询和转移银行存款的电子工具或者是对现存货币进行支付的电子化工具，并不能真正构成货币的一种。而类似计算机现金的现金模拟型电子货币，则是初步具备了流通货币的特征。当今各国在电子货币的发行主体问题上并无统一的看法，而是根据具体国情而定。

美国联邦储备委员会认为可以由非银行机构作为主体来发行电子货币，并认为非银行主体发行电子货币不会对银行造成威胁，因为消费者更倾向于信赖由银行所发行的电子货币。欧洲货币机构工作小组则认为只有由主管机构所监管的信贷机构才可发行电子货币。例如，欧洲货币基金组织(european monetary institute，EMI)在 1994 年 5 月公开发表的欧共体结算系统业务部提交的《关于预付卡的报告书》中指出：电子钱包发行者收取的资金应视为银行存款，原则上只允许金融机构发行电子钱包。欧盟成员德国在对“信用制度法”的修正案中规定：所有电子货币的发行均只能由银行开办。

在我国，发行电子货币的主体为中国人民银行或中国人民银行委托的金融机构。由中央银行发行的电子货币在信誉和可最终兑付性上比较可靠，对消费者而言就更容易接受并积极参与，从而推动电子货币的普及与发展。同时，有助于政府对电子货币进行监控并根据电子货币研究和实践的发展及时调整其货币政策，并保证了支付系统的可靠性。

目前全球并未实现控制和统一调控电子货币，而且电子货币的匿名性和流通性使得利率、货币供应量、超额准备金和基础货币等货币政策中介指标难以测度，因此，势必对货币定义、货币职能、货币供求、货币政策产生影响。如果大量企业、社会机构等都发行或者变相发行电子货币，而且不断扩大电子货币的使用范围，就很难控制或排除有些企业为谋取暴利而大量发行虚拟电子货币进行套利的风险。在电子货币与法定货币可以来回兑换的条件下，可能会发生电子货币挤兑的风险，此时电子货币的发行者就会面临资金流动性问题，从而产生巨大的资金赎回压力，甚至导致发行者破产。

案例

警惕！别让虚拟货币坑了真实的你！

近年来，随着网络游戏的迅速发展，网络游戏虚拟货币广泛应用于经营服务之中。网络游戏虚拟货币在促进产业发展的同时，也带来了新的经济和社会问题，成为社会关注的突出问题。对此，党中央、国务院领导同志高度重视，要求切实加强管理。2009 年 6 月 4 日，经中国人民银行会签同意，文化部、商务部联合印发了《关于加强网络游戏虚拟货币管理工作的通知》（文市发〔2009〕20 号，以下简称《通知》）。

《通知》着眼于网络游戏虚拟货币管理工作面临的新形势、新情况、新问题，力求解决当前网络游戏虚拟货币管理面临的突出问题。对此，2009 年 6 月 4 日，经中国人民银行会签同意，文化部、商务部联合下发了《关于网络游戏虚拟货币交易管理工作》的通知，规定了虚拟电子货币不得购买实物，将此类电子货币的流通使用范围限制在网络虚拟物品交易当中，尽量降低其影响范围。

2021 年 9 月，中国人民银行等联合发布《关于进一步防范和处置虚拟交易货币交易炒作风险的通知》，指出虚拟货币不具有与货币等同的法律地位，虚拟货币相关业务活动属于非法金融活动，参与虚拟货币投资交易活动存在法律风险。

犯罪嫌疑人季某、张某、王某为首的犯罪团伙利用境外聊天软件发展下线人员，将涉嫌网络传销、涉诈、涉赌等犯罪资金通过波场链（USDT－TRC20）、以太坊链（USDT－TRC20）转换为虚拟数字货币泰达币（USDT），最后利用通过其招募的众多不法人员注册匿名区块链账户地址，兑换人民币付给上游犯罪集团金主，从中攫取非法利益。经调查，该团伙在全国多地有窝点，在完成“接单”后，洗钱任务会分配到各地的洗钱小组，小组长再各自招募底层洗钱人员，在线上或线下进行洗钱操作。在每完成一单洗钱业务的操作后，团伙头目、小组长、取款手、底层洗钱人员等各层级都会按不同比例获得抽成。

因此，切勿被高回报蒙蔽心智，企图不劳而获赚快钱，往往贪小失大，容易落入犯罪分子的陷阱，沦为犯罪分子的帮凶。否则，将会承担刑事法律责任。平时注意保护个人隐私信息，不要轻易被网络上不切实际的高额利润所诱惑，更不要随意出租出借自己的身份证件、银行账号等，不要用自己的账户替他人提现，以免沦为犯罪团伙的“替罪羊”。

（来源：福泉公安 https://mp.weixin.qq.com/s?__biz=MzA3NDEwNTE5Ng==&mid=2660605367&idx=2&sn=2d1d59f63605c3d1a10e81a6d1030077&chksm=85978d8a964e43fa159b99a59f4b4b48c86c8be66b9ee1349f093cd844570e9f03f54c7cfa3a&scene=27）

10.1.3　国内外电子支付监管概况

电子支付风险监管可以理解为央行、银监会等对电子支付中可能存在的风险予以监督管理，以达到电子支付安全的目的。

1. 电子支付风险监管的主体

监管的主体一直以来是金融体系监管中的首要问题。从世界范围来看，很多国家中央银行的职能就是维护和保障支付系统的安全有效，但是银行监管的主体并不仅仅由中央银行担任，有的国家是由财政部担任，有的国家是由一个非中央银行担任，也有的国家是由非财政部的独立政府机构担任。大部分国家通过几个部门分别对金融机构实行监管。例如，美国的银行监管机构由货币监理局、联邦存储银行、联邦存款保险三大联邦级银行监管机构及政府管理组成。我国的电子支付风险监管同样采取多元监管的模式，主体主要包括中央银行、银监会和行业协会，各主体既要保持各自的独立性又要互相合作协调，共同维护电子支付的安全。

2. 电子支付风险监管的客体

电子支付风险监管的客体是那些有电子支付功能的金融机构和非金融机构。我国电子支付风险监管的客体主要是商业银行和非银行金融机构，非银行金融机构主要对第三方支付平台进行监管，它作为一个支付信用保证的机构，向社会提供信用保障，在电子支付中的作用日益突出，所以对第三方支付平台的风险监管也越来越受到重视。

3. 电子支付风险监管的内容

尽管世界各国对金融业监管的目标各不相同，但是总的目标都是维持银行体系的稳定和信誉、保护存款人的利益、促进货币政策的良好实施。银行监管主要有金融机构市场准入的监管、日常业务营运活动的监管、危机处理和市场退出的监管以及现场和非现场稽核。在我国，中央银行和银监会都出台了相关的政策以加强对电子支付风险的监管，总的来说包括市场准入与退出的监管、电子支付主体市场运作中的风险监管、对第三方支付平台的监管和对电子支付中洗钱活动的监管等。

(1)市场准入的监管。市场准入监管是风险监管的首要步骤，包括机构准入、业务准入和高级管理人员准入三方面。首先，申请从事网络银行业务的申请人要经过筛选，只有符合监管机构设定的资格条件，才能进入市场。其次，监管部门对从事电子银行业务机构的范围进行限制，以保证该机构具备从事该项业务的条件。最后，对于高级管理人员的准入是风险监管成功的关键因素，在人员选拔方面坚持公正、公平的原则，同时还要制定严格的规章制度对人员进行管理。

(2)风险管理。风险管理程序包括风险评估、风险控制和风险监控三个方面。

风险评估。它包括三个步骤：首先，检查金融机构是否有识别风险的分析过程并将其量化，如，不能量化金融机构是否已采取相关措施来确定潜在风险是如何产生的。其次，确定金融机构的高级管理人员对于发生风险的承受能力。最后，将金融机构存在风险的大小同风险承受能力做比较，确定风险是否在银行的承受范围内。

风险控制。在进行完上述风险评估后，管理人员应采取合理的方法管理和控制风险，如，各种安全策略和措施、信息披露和应急计划等。

风险监控。一方面，通过系统运行测试发现异常活动，避免发生严重的系统故障、中断和攻击，控制非常规的入侵；另一方面，通过审计，在电子银行和电子货币的运行中发现系统的不足，尽量降低风险。

(3)安全控制机制。现在的金融服务已经进入数字化时代，日常的监管是风险监管的核心部分，而安全控制机制是日常监管中最重要的部分。它主要包括授权机制、交易稽核跟踪、外包服务监控机制、维护消费者隐私等信息、维护商务运作的连续性和稳定性这几方面。这些机制的运作主要是通过密码技术、存取控制、数据恢复等先进的网络技术来实现，通过这些安全控制机制，能够预防、捕获和警示交易中的风险，提高系统的保密性，防止洗钱欺诈等网上犯罪活动，能够为交易纠纷提供证据，维护电子交易的安全。

(4)危机处理和市场退出机制。金融机构法人退出市场的方式主要有强制退出、通过收购兼并退出和自动解散退出。建立市场退出机制不但有利于金融市场的稳定,而且也是保护消费者利益的重要组成部分。监管部门对于破产清算企业进行有力的监管,在适当的时候可以关闭金融机构并负责相关的清算工作,妥善处理相关债权债务问题,保证退出不会对金融市场产生太大的负面影响,维护市场的正常运行。电子支付风险监管的各项机制固然重要,但是法律的保障同样不能缺少。建立并完善相应的法律法规并提高法律法规的可操作性,保持法律的一致性、连续性。制定法规时应明确各方的权利义务,特别要注意消费者权益的保护和依法监管,只有这样才能够保证金融业健康发展,防范风险,维护金融体系的稳定。

4. 国内外电子支付风险监管现状

电子支付风险监管主体应该是哪个部门,应该监管哪些客体和内容,不同国家有不同的观点。

(1)澳大利亚的电子支付监管。澳大利亚对电子支付的监管,既有国家权力机构,又有政府授权的专业金融机构。澳大利亚支付系统的监管权力在澳联储。

澳大利亚审慎监管局管理四个支付系统,拥有绝对的制订规则的权力,并且运营澳大利亚境内的ATM和POS网络,以及Visa网络、MasterCard网络和Bankcard网络等三个跨国信用卡网络,澳大利亚的银行卡支付网络基本处于充分竞争态势。

澳大利亚支付清算协会(australian payments clearing association,APCA)于1992年成立,主要职责是监督、管理澳大利亚支付清算系统的发展和运营。APCA的成立预示着澳大利亚支付监管部门认识到支付清算在整个支付系统中的重要地位。APCA运营纸制支付工具清算系统(主要指支票)、电子支付工具清算系统(主要包括借记和贷记支付工具)和大额清算系统(主要是大额电子支付工具)以及消费者电子支付工具清算系统,主要包括ATM、EFT、POS交易的交换。每个支付系统都是由单个管理委员会负责管理、运营,并直接向APCA负责,APCA则负责根据每个支付系统的不同特点制订规范。

(2)欧盟的电子支付监管。欧盟国家一般采取两种方式解决电子支付风险的监管问题。一是在中央政府有关部门(如,中央银行或者财政部货币总署)建立一个有关电子支付的专门工作小组,负责研究电子支付对金融监管、法律、消费者保护、安全等问题的影响,跟踪电子货币系统发展的最新动态,提出有关电子货币发展的宏观经济政策建议和报告。二是现有的监管机构根据电子货币的发展状况,修改不适用于网络经济时代的原有规则,同时制定一些新的监管规则和标准。但总体来看,对电子货币的监管是以原有监管机构的监管为主,一般不建立新的监管机构,但由此可能加大监管机构之间、监管机构和其他政府部门之间的协调难度。目前监管当局普遍关注的问题还只限于为电子支付系统能否提供一个安全的支付环境。

欧盟对电子货币的发展持积极的调整态度,欧盟在1994年《预付价值卡》报告中指出,“代表购买力价值的储存在电子钱包中的资金需要被看作银行存款,因而只能由银行来处理”,因此,对电子货币的发行,欧盟认为只能由银行来承担,其理由主要在于可以维护小额支付系统的安全,有利于中央银行和被监管银行之间沟通信息。同时认为电子货币同银行存款没有本质区别,另外电子货币也可以利用现行的银行清算系统。欧盟法律并不禁止非银行机构同银行合作,开发电子货币的产品,或自己独立投资开设银行进行电子货币经营。作为例外,《报告》也指出,“在某些,比如该政策出台之前已经运作的电子货币系统中,地方银行相关机构可以允许其继续由非银行机构运作的,必须满足三个条件:一是只能在国内提供服务;二是必须遵守适当的规定，如，流动性的规定；三是由银行监管机构进行监管。”

欧洲中央银行《电子货币报告》对电子货币如何进行监管提出了最低要求，与此同时，欧盟委员会提出的《关于电子货币机构审慎监管的立法建议》（以下简称《立法建议》，也对电子货币的监管提出了立法动议。这两个文件虽然对电子货币的发行人持不同态度，但对电子货币业务机构的监管却采取了相近的态度。

欧盟委员会 1997 年发布了名为《增进消费者对电子支付手段的信心》的通告，提到监管机构应考虑与消费者有关的问题有两点：一是监管机构必须向电子货币的发行人和使用者提供透明度、责任和争议解决程序的指南，以维护使用者的信心。为此，欧盟委员会随会告附上给各成员国的建议，该建议涉及的问题主要包括交易条件应透明、发行人应该披露的最低限度的信息和条件，发行人和使用者的权利和义务，争端解决程序等。二是监管机构必须考虑欺诈和伪造的风险，提高安全性。欧盟委员会 1998 年发布了《反对非现金支付工具的欺诈和伪造行动框架》的通告，该通告的主要内容是要求各国将欺诈和伪造非现金支付工具规定为犯罪行为，以利于打击欺诈和伪造活动的需要。

(3)美国的电子支付监管。美国对电子支付风险的防范，采用双线多头模式，即由两级政府实施监管，有多个履行金融监管职能的机构。以银行监管为例，美国联邦和各州政府都有权对银行发照注册并进行监督管理，联邦一级有八个具体管理机构，州一级各州各有金融法规及银行监管机构。实行这一模式的国家除美国外还有加拿大。在金融危机和金融创新的双重作用下，美国政府正式公布了自“大萧条”以来最彻底的全面金融监管改革方案，称之为美国金融监管体系改革的“白皮书”。这一计划把目前游离在监管之外的金融产品和金融机构，都置于联邦政府的控制之下，旨在全面修复美国现有金融监管体系。在防范电子资金划拨的风险方面，美国主要从规范电子划拨当事人的行为、明确他们的权利义务方面进行深入研究，对电子划拨进行专门立法，以减少电子资金划拨的风险。

(4)中国的电子支付监管。我国采取多元监管模式，即中国人民银行作为中央银行负责货币政策的制定与执行，同时由中国银行业监督管理委员会、中国证券监督管理委员会、中国保险监督管理委员会分别对银行业、证券业、保险业实行分业监管。这种监管模式是建立在我国金融业务“分业经营、分业管理”基础上的。优势在于保证监管主体的独立性与各主体间的合作与协调。

《中国人民银行法》规定，中国人民银行是我国的中央银行，它的职能为制定和执行货币政策、维护金融稳定和提供金融服务，对金融业宏观调控和防范与化解系统性风险，监管反洗钱行为。中国人民银行的监管对象包括审批金融机构的设立、变更、终止及其业务范围，对金融机构的存款、贷款、结算、呆账等情况随时进行检查，对违反规定的商业银行和金融机构给予处罚。中央银行在电子支付安全监管过程中，主要职责有以下三点：①为网上电子商务活动提供法律保障和安全保障，制定各层面的具体管理办法，研究包括电子商务法、数字签名法、电子货币法等一系列关于金融支付结算方面的法律适用；②为网上电子商务和电子资金流动制定安全标准，对电子货币发行主体和网上电子支付结算中心进行资格认证；③防范电子清算系统风险，建立和管理银行网上支付安全机制，监管和规范电子银行业务等。中央银行主要以法律的形式对电子支付各种风险进行监管。

中国银行业监督管理委员会是独立的政府机构，按照《中国人民银行法》和《银行业监督管理法》规定，人民银行会同银监会形成两层管理模式，负责制定有关支付结算的规则，执行监督管理、检查、处罚、准入等职责。银监会对电子支付风险的具体监管措施主要体现在:制定电子银行风险管理的具体规定;建立健全电子银行风险管理体系和电子银行安全、稳健运营的内部控制体系;设立相应的管理机构,明确管理职能,完善授权机制建设,有效识别、评估、监测和控制各种风险;建立对非法进入和假冒电子银行活动的甄别、处理和报告机制;保证电子交易数据的安全性、保密性、完整性、真实性和不可否认性;保证所有的电子银行交易都有清晰的跟踪记录,并且采用适当的技术和措施按照法定的期限保存这些数据;采取有效措施识别客户的真实身份,明确客户的权利和义务;对电子银行实施安全评估,进一步确保电子银行运行的安全性和风险可控性。

银行业协会同业公会则可视为相对于电子支付安全问题的微观内控监管,属于行业协会自律监管。2005 年 5 月,全国性的银行同业组织——中国银行业协会成立。我国银行业自律组织应重点加强制定全国商业银行行业规章,执行行业自律,从而稳定金融竞争秩序,协助金融监管。银行业协会要为银行业提供多种服务,如信息资料的收集与共享、统一对外宣传等,例如,行业成员的资格审查和登记、行业会员的经营情况等。银行业协会代表银行业利益,负责调节纠纷、协调行业会员关系、同政府进行沟通,并就业内某些行为向外界解释。另外,行业自律还包括各第三方支付平台联合协作组织的自律行为。因为,对电子支付安全性的维护,不仅需要银行业管理体系实行央行监管、行业自律与银行内控的有机结合,而且对第三方支付机构等非银行金融机构,也需要加强其行业内部的协调控制。伴随电子支付的飞速发展,第三方支付平台应进一步加强行业自律,成立专门机构对电子支付交易和产品进行监控和管理,使电子支付的各监管机构之间能够明确分工和配合,加强监管机构与技术发展和规划部门的合作,以及重视监管机构人才的培养。

10.2 电子支付的法律法规

10.2.1 电子支付中的法律问题

电子支付是电子商务中至关重要的环节,从全球范围看,虽然电子支付相关的服务、技术和基础环境日趋成熟,发展势头迅猛,但法律对于现实总是存在一定的滞后性。从法律方面看,有关电子支付的法律问题主要包括电子支付系统的法律问题、电子支付主体的法律问题和电子支付工具的法律问题。

1. 电子支付系统的法律问题

电子支付系统根据服务对象不同可以分为两大类:一类是个体消费者,最常见的电子支付销售终端、自动柜员机、个人网上银行、手机银行服务等,由于支付金额相对较小,所以称为小额支付系统或小额电子资金划拨系统。另一类服务对象是货币、黄金、外汇、商品市场的经济商与交易商,在金融市场从事交易活动的商业银行,以及从事国际贸易的工商企业等,由于交易金额较大,并且在时间性、准确性、安全性上要求高,需要有符合具体要求的电子支付系统,称之为大额支付系统或大额资金划拨系统,具体有纽约清算所银行同业支付系统、环球银行金融电信协会等。

1)小额电子资金划拨法律系统

小额电子资金划拨的法律系统比较简单,重在保护消费者。国际上调整小额电子资金划拨的法律主要是 1978 年美国颁布的《电子资金划拨法》，该法规定了银行必须承担的义务，要求提供这类划拨服务的金融机构向客户公开有关权利和义务的信息、交易文件的内容以及改正错误和解决纠纷的程序；服务提供者必须根据客户的指令以正确和及时的方式进行划拨，以及根据客户的要求停止事先已授权划拨的支付。明确了责任分担规则，金融机构就没有理由不履行这些义务并对客户的损失承担责任。

英国主要采用市场惯例的方式来规范电子资金划拨，ATM、POS 都要遵守《银行业惯例守则》。《银行业惯例守则》分别规定了银行和持卡人必须承担的义务，银行要保证 ATM 正确回应持卡人的指令、保证 ATM 正常工作。若由于银行没在出了故障的 ATM 上作出明确的通知而导致客户遭受损失，则银行需要对客户的损失负责；若及时作出了通知则解除责任。银行需要保证 ATM 提供充分的信息以保证持卡人的账户能正确地被记录。持卡人对所有授权使用的现金卡和借记卡承担责任，无论这种授权是明示的还是暗示的。《银行业惯例守则》规定的持卡人的责任分担规划与美国《电子资金划拨法》中的规定相同，但这样的责任分担规则不适用于持卡人存在欺诈行为或重大疏忽的情形。

2）大额电子资金划拨法律关系

大额电子资金划拨的法律关系比较复杂，涉及划拨人、划拨银行、受拨人、受拨人银行以及中介银行。划拨人、划拨人银行及中介银行都可以是发送方，即向接收银行发出指令的一方；同时，划拨人银行、中介银行及受拨人银行都可以是接收银行，即划拨人指令发往的银行。

美国调整大额电子资金划拨的法律主要有 CHIPS 规则、SWIFT 规则。这些规则均只适用于划拨人银行和受拨人银行，内容也不全面。鉴于此，1989 年，美国对大额电子资金划拨作了全面规范，指出它的适用范围是一项“支付命令”，即发送人对接收银行的一项指令，这项指令以口头方式、电子方式或书面方式传送，是支付或使另一家银行支付固定的或可确定的货币金额给受益人的指令。

2. 电子支付主体的法律问题

电子支付涉及包括消费者、商家、银行和认证中心等在内的众多当事人，各当事人之间的法律关系较为复杂，有买卖合同关系、金融服务合同关系和电子身份认证关系，如在立法上不对各方的权利与义务加以明确，势必会阻碍电子支付在电子商务中的运用。

1）网上银行的法律问题

(1)网上银行的准入问题。一直以来银行业都是一个受到严格管制的特殊行业，尽管全球出现了放松管制的浪潮，但是银行业仍然处于相对垄断的地位。网上银行的出现降低了市场进入成本，削弱了商业银行的优势，扩大了竞争的广度和深度，从长远来看必然吸引非银行金融机构参与进来。如何把握网上银行的市场准入问题，既保持市场活力，使客户得到多元化服务，又使电子支付系统的软硬件设备得到充分利用，便成为一个难题。

2006 年 3 月 1 日，我国开始实施《电子银行业务管理办法》，提出金融机构开办电子银行业务应当具备下列条件：

①金融机构的经营活动正常，建立了较为完善的风险管理体系和内部控制制度，在申请开办电子银行业务的前一年内，金融机构的主要信息管理系统和业务处理系统没有发生过重大事故；

②制定了电子银行业务的总体发展战略、发展规划和电子银行安全策略，建立了电子银行

业务风险管理的组织体系和制度体系；

③按照电子银行业务发展规划和安全策略，建立了电子银行业务运营的基础设施和系统，并对相关设施和系统进行了必要的安全检测和业务测试；

④对电子银行业务风险管理情况和业务运营设施与系统等，进行了符合监管要求的安全评估；

⑤建立了明确的电子银行业务管理部门，配备了合格的管理人员和技术人员；

⑥中国银监会要求的其他条件。

(2)开办网上银行业务的条件。如果金融机构开办以互联网为媒介的网上银行业务、手机银行业务等电子银行业务，还应具备以下条件：

①电子银行基础设施设备能够保障电子银行的正常运行；

②电子银行系统具备必要的业务处理能力，能够满足客户适时业务处理的需要；

③建立了有效的外部攻击侦测机制；

④中资银行业金融机构的电子银行业务运营系统和业务处理服务器设置在中华人民共和国境内；

⑤外资金融机构的电子银行业务运营系统和业务处理服务器可以设置在中华人民共和国境内或境外。设置在境外时，应在中华人民共和国境内设置可以记录和保存业务交易数据的设施设备，能够满足金融监管部门现场检查的要求，在出现法律纠纷时，能够满足中国司法机构调查取证的要求。

2)签名的法律问题

(1)电子数据具有效力。有关交易指令真实性的问题，传统的合同法主要依赖当事人的签字或盖章。但是在电子交易中，手签和盖章的方式受到了挑战。《中华人民共和国合同法》规定，合同的书面形式是指合同书、信件和数据电文(包括电报、电传、传真、电子数据交换和电子邮件)等可以有形地表现所载内容的形式。它确认了以电子数据交换和电子邮件达成的电子合同的法律效力，并将其作为合同的书面形式之一。随着网上银行业务的发展，电子签名的效力问题已成为各国共同关注的问题。

(2)有关电子签名的法律、法规。电子签名是技术进步的产物，它在很大程度上保证了所传输内容的真实性与可靠性，但是电子签名的合法性必须得到法律的承认，这也是开展网上银行业务的前提和基础。美国的《统一商法典》、欧盟的《关于建立有关电子签名共同法律框架的指令》等，都对电子签名作出了规定。联合国国际贸易法委员会于2000年审议通过了《联合国国际贸易法委员会电子签名示范法》，对电子签名进行了统一规范。2005年4月1日，《中华人民共和国电子签名法》正式实施，确定了电子签名的法律效力，规范了电子签名行为，规定了电子签名的安全保障措施。《中华人民共和国电子签名法》的实施，为我国网上银行的发展创造了有利的环境。

3)认证机构的法律问题

认证机构作为电子支付主体信赖的第三方，是签发、管理电子证书的中心。认证机构是为了保障电子支付活动顺利进行而设立的，因此必须具备合法性，主要表现为具备权威性、安全性、保密性。基于此，认证机构才能对电子支付参与各方进行身份的权威认证，维护支付活动的安全。

(1)权威性。为了保证其验证的数字签名或载有数字签名的文件具有公信力，认证机构必须具有权威性。权威性可以来源于两个方面：一是认证机构本身的服务水平，在实际运营中认证机构如果能够提供给客户值得信赖的认证服务，必然能在业界逐步树立起良好的形象，增强其自身的权威性和公信力；二是取决于认证机构由谁设立，由政府主导设立的认证机构因具有强大的政府公信力作为支撑，其权威性会比在市场发展过程中因为认证的需要而组建的行业认证机构或私人认证机构的权威性要高很多。

(2)安全性。电子支付者之所以信赖认证机构，主要原因之一是认证机构具有安全性。只有确保认证机构本身的安全性，才能防范对认证系统及资料的非法存取或入侵。而认证机构安全性的最大保障则来自于采用了较高程度的安全保障技术及相关配套设备。

(3)严格的保密性。电子支付中的电子认证机构在进行认证服务的同时掌握了众多电子支付用户的隐私或机密资料。首先，就认证机构工作人员职业守则而言，非经法定程序，相关从业人员不得将任何非经授权的当事人信息泄露给第三人。其次，法律法规对认证机构及其工作人员设定了具体保密条款，明确了其保密的法定义务，任何违法泄露相关隐私或机密资料的行为都将受到相应的处罚。

4)第三方支付企业法律地位认定问题

在全球范围内，对第三方支付企业法律地位的认定一直以来都存在争议。以 PayPal 为例，在美国，法律上将公司视为客户的代理人或支付中介人，认为 PayPal 只是根据客户指示对客户资金进行汇划或转移，并不涉及资金交换问题，其本质上仍是传统货币服务的延伸；而欧盟则将 PayPal 视为电子货币的发行机构，将通过这一系统完成的交易看作是资金交换，即现实货币与电子货币间的相互转换。韩国、马来西来、印度尼西亚、新加坡、泰国等亚洲经济体先后颁布法律规章，要求电子货币发行人必须预先得到中央银行或金融监管当局的授权或许可，并对储值卡设置金额上限等。

在我国，根据《商业银行法》的规定，支付结算业务应由银行等金融机构专营，而第三方网上支付企业却并非金融机构。本质上说，第三方支付服务属于金融服务中的支付结算业务。2010 年 9 月施行的《非金融机构支付服务管理办法》将第三方支付企业描述为提供支付业务的非金融机构，规定第三方支付企业支付业务的开展必须经中国人民银行批准。这在一定程度上明确了第三方支付企业的法律地位，并规定第三方支付这项业务是属于中央银行监管的金融业务，从事第三方支付业务的企业必须经中央银行特许批准才可提供该项服务。

总体来说，国际上对非金融机构支付服务市场的监管逐步从“自律的放任自流”向“强制的监督管理”转变。全世界多数经济体都开始从维护客户合法权益角度出发，要求具有资质的机构有序、规范从事支付服务。具体措施包括实行有针对性的业务许可、设置必要的准入门槛、建立检查和报告制度、通过资产担保等方式保护客户权益、加强机构终止退出及撤销等管理。

思政要点

中国人民银行坚持以科学发展观为指导，加强对非金融机构支付服务的监督管理，以“结合国情、促进创新、市场主导、规范发展”为工作思路，规范非金融机构有序发展、鼓励非金融机构创新发展，同时，切实维护广大消费者的正当权益、保障资金安全。

思政拓展

《非金融机构支付服务管理办法》的制定

中国人民银行制定的《非金融机构支付服务管理办法》(以下简称《办法》)于2010年9月1日起施行。《办法》旨在通过严格的资质条件要求,遴选具备良好资信水平、较强盈利能力和一定从业经验的非金融机构进入支付服务市场,在中国人民银行的监督管理下规范从事支付业务,鼓励所有具有资质的非金融机构在支付服务市场中平等竞争,促进支付服务市场资源优化配置,并切实维护社会公众的合法权益。

2010年6月中国人民银行有关部门负责人在答记者问时介绍了《办法》的主要内容:

《办法》共五章五十条,主要内容是:

规定非金融机构支付服务市场准入条件和人民银行关于《支付业务许可证》的两级审批程序。市场准入条件主要强调申请人的机构性质、注册资本、反洗钱措施、支付业务设施、资信状况及主要出资人等应符合的资质要求等。此外,明确了支付机构变更等事项的审批要求。规定支付机构在规范经营、资金安全、系统运行等方面应承担的责任与义务。规范经营主要强调支付机构应按核准范围从事支付业务、报备与披露业务收费情况、制定并披露服务协议、核对客户身份信息、保守客户商业秘密、保管业务及会计档案等资料、规范开具发票等。资金安全主要强调支付机构应在同一商业银行专户存放接受的客户备付金,且只能按照客户的要求使用。系统运行主要强调支付机构应具备必要的技术手段及灾难恢复处理能力和应急处理能力等。此外,支付机构还需配合人民银行的依法监督检查等。

(来源:中国人民银行网站 http://www.pbc.gov.cn/goutongjiaoliu/113456/113472/2846195/index.html)

3. 电子支付工具的法律问题

1)电子货币

目前,关于电子货币是否具有传统货币的法律特征的讨论较多。有学者认为,电子货币具有传统货币应有的基本职能,能够成为电子商务活动中的价值尺度、交换媒介和价值储存手段,它与传统货币没有本质区别,但也有学者持不同看法。

(1)电子货币的法律性质。电子货币是以电子计算机技术为依托的一种新型支付工具,具有适应性强、变通性好、交易成本低廉等优点。根据《中华人民共和国中国人民银行法》第十六条,中华人民共和国的法定货币是人民币。这意味着电子货币并不具备与人民币同等的法律地位,不能作为支付中华人民共和国境内一切公共和私人债务的法定手段。

(2)电子货币的实质。从电子货币在全球的使用情况来看,各种形态的电子货币都是通过相互交换电子信息来完成支付的,并且都是以既有实体货币的存在为前提,以实体货币的价值为价值。电子货币实质上是实体货币的电子化、数据化,以实现支付的电子化为目的,实际上是对实体货币功能的扩展。因此,电子货币只是蕴含着可以执行货币职能的某种可能性,还无法执行支付手段的全部职能,与通货还有一定的距离。在结算方面,电子货币只是将现金或存款用电子化的方法转移、传递,以实现结算,而不是完全代替现金或存款成为一种独立的支付手段。

综上所述,在电子商务活动未完成经济社会的主流商业模式之前,电子货币只能作为一种辅助性的支付手段。现有电子货币只是以既有货币为基础的电子化衍生物，并不是一种完全独立的通货。

(3)电子货币的发行。

①发行的主体。目前，电子货币的发行主体有银行、非银行金融机构和非金融机构。由于电子货币的发行相当于存款，因此一旦发生主体破产，将会直接损害用户的利益；同时鉴于电子货币的高科技属性，若过于限定电子货币的发行主体，则会降低民间对技术更新的积极性，会妨碍电子货币的发展。基于不同的考虑，各国对电子货币发行主体的规定各不相同。

美国是反对将电子货币的发行权限制在银行手里的最主要国家。因为电子货币的发行主体将直接限制竞争，而电子货币作为高新技术产物，需要创新，创新的机制就是竞争，所以，美国对电子货币的发行持宽松态度。

在欧洲，欧盟委员会的目标是：一方面，保证电子货币发行者的稳定和健全；另一方面，保证个别发行者的失败不会对这种支付手段造成重大影响。欧盟认为电子货币的发行应该限定在金融机构的业务中，其发行主体应该是金融监管的对象。面对美国非金融机构电子货币的竞争，欧盟也开始允许非金融机构发生电子货币。

在我国，以银行卡的发行为例，《银行卡业务管理办法》第二条第二款规定“商业银行未经中国银行批准不得发行银行卡”，第六十三条规定“非金融机构、金融机构的代表机构经营银行卡业务的，由中国人民银行依法予以取缔”。显然，中国银行卡的发行主体只限于商业银行，目前尚不允许其他发行主体的存在。

②发行的管理。由于电子货币在相当程度上具有类化于现金的特征，因此其发行无疑将减少中央银行的货币发行量，影响中央银行发行货币的特权。对于无国界的电子商务应用而言，电子货币还在税收、法律、汇率、货币供应和金融危机等方面存在大量潜在问题。为此，必须制定严格的电子货币发行管理制度，以保证电子货币的正常运行。为保证电子货币发行人保持必要的流动性和安全性，银行可以采取以下监管措施：

A. 向所有的电子货币发行人提出储备要求和充足的资本要求。

B. 应该建立电子货币系统统计和信息披露制度、现场和非现场检查制度及信息安全审核制度。

C. 建立安全保障体系。目前，许多国家正考虑建立电子货币担保、保险或者其他损失分担机制。其中，美国、德国、日本、加拿大和意大利等国家已将电子货币纳入存款保险或者担保制度体系中。

③发行人的准入条件。欧盟委员会规定，发行人应该符合以下条件：

A. 事先得到批准。

B. 满足最低资本要求。

C. 具有健全或适当的管理体系。

D. 具有健全和谨慎的经营机制。

也就是说，除了对资本金的要求相对较少以外，基本上要求电子货币发行人满足银行设立的条件。

④发行人的义务。发行人要履行以下义务：

A. 电子货币的发行人在发行电子货币之前，要对电子货币的技术标准、安全性、业务前景等进行论证和成本与利益的比较分析。在电子货币发行方案中要考虑防伪问题以及洗钱等犯罪活动，并制定适当的操作程序，以控制操作风险。

B. 为了保证在不利情况发生时仍然能够提供产品和服务，电子货币的发行人要制定应急措施和业务恢复计划。

C. 为了防止欺诈，电子货币发行人应具备监控和赎回电子货币余额的能力，其系统要具有明细记录、交易限额规定、交易行为分析等功能。

D. 对电子货币系统进行非法攻击或者未经授权的侵入是威胁电子货币系统安全的一个主要问题。因此，电子货币的发行人必须保护其系统不会被攻击和滥用。

E. 电子货币发行人必须向中央银行汇报货币政策要求的相关信息。

案例

央行试点数字货币

2020 年是全球央行数字货币崛起的一年，截至当年 7 月中旬，全球至少有 36 家央行发布了数字货币计划。其中，厄瓜多尔、乌克兰和乌拉圭等完成了零售型央行数字货币试点，中国、巴哈马、柬埔寨、东加勒比货币联盟、韩国和瑞典等正在试点。我国对法定数字货币的研发，相较而言走在世界前列。据新华网消息，目前数字人民币已经完成了顶层设计、标准制定、功能研发、联调测试等工作，将率先在深圳、苏州、雄安新区、成都及未来的冬奥场景进行内部封闭试点测试。

央行试点的数字人民币 DCEP 全称 Digital Currency Electronic Payment，完整字面意思是数字货币电子支付。是中国人民银行未发行的法定数字货币。覆盖了生活缴费、餐饮服务、交通出行、购物消费、政府服务等多个领域，条码支付、近场支付等多元支付方式并存，可以满足当前消费者对支付便捷、高效的需求。

2)电子支票

(1)电子支票的法律效力问题。电子支票虽然被称为支票，但它与传统的票据有很大区别。我国《票据法》第四条规定："票据出票人制作票据，应当按照法定条件在票据上签章。"第七条又规定："票据上的签章，为签名、盖章或者签名加盖章。"《票据法》中其他有关签章的规定，以及《票据管理实施办法》《支付结算办法》内容的相关规定，其基本含义相同。

电子支票以智能卡为载体，以电子签名为基础，数字信息彻底取代了纸质支票。使得原来加盖在支票上的图章印鉴不能再作为识别出票人的标记。计算机只按照电子签名确认出票人授权指令的有效性。采用电子支票支付，银行的处理成本低、效率较高，因此，在我国推行电子支票，还需要制定专门的电子票据法，以对电子支票等票据类电子支付工具的发行应用标准和条件进行规范。

(2)电子支票运作的法律问题。纸质支票的核心元素是书面形式、原件、签名，但这些在电子支票中均发生了质的变化，现有《票据法》未对上述核心元素作出规范。因此，电子支票的运作过程主要面临的法律问题是书面形式、原件及签名问题。

对于书面形式，许多国家的法律都要求某些交易必须有书面文件，法律对书面形式进行要求的目的是将其作为合同有效性的要件或者证据，因此其要求极为严格。联合国国际贸易法委员会在 1985 年第十八届会议上，在审查秘书处提出的《计算机记录的法律价值》报告的基础上，建议各国政府审查关于某些贸易交易和与贸易有关的文件要用书面形式的法律规定，以便酌情允许把该交易或文件以计算机“适读形式”记录下来或发送。解决这一问题的办法，不是要求各国法律取消对“书面形式”的要求，而是如何设法使数据电文被视为“书面形式”。

我国《合同法》第十一条明确规定：“书面形式是指合同书、信件和数据电文(包括电报、电传、传真、电子数据交换和电子邮件)等可以有形的表现所载内容的形式。”可见，我国《合同法》扩大了“书面”的定义，使之涵盖了电子数据交换和电子邮件，这种方法就是所谓的同等功能法。一旦电子数据达到书面形式的作用和标准，就可以与相应的书面文件一样，享受同程度的法律许可。联合国国际贸易法委员会 1996 年通过的《电子商务示范法》就是采用同等功能法的典范。可以这样认为，“书面形式”问题在某些领域(如，合同法和海商法领域)较易解决，在票据法领域则会遇到很大的困难。

(3)电子支票签名的法律问题。各国票据法几乎毫无例外地规定，票据必须有出票人的亲笔签名或其授权人的签名方能生效。票据签名有三重意义：使票据生效、使签名者承担票据责任、作为转移票据权利的必备条件。例如，我国《票据法》规定，出票人签章是支票的必备记载事项，否则支票无效。各国法学界和电子学界的学者认为，签字的实质等于使文件、信息等具有独特性。因此，签字并不一定要求签署者亲笔书写，采用电子签名(也称数字签名)也能在以电子方式传递资金划拨指示时达到亲笔签字的目的。

近年来，各国纷纷颁布有关电子签名的法律，从立法上正式认可了电子签名的法律效力，这对传统支票的签名规定来说是一次巨大的变革。国际社会已有越来越多的国家承认电子签名，如，《联合国海上货物运输公约》(简称《汉堡规则》)第十四条、《跟单信用证统一惯例》第二十条、《电子商务示范法》第七条等。因此，可以认为，电子签名将会与传统书写或机械方式一样，成为认证的一种主要手段。在票据法领域，美国《统一商法典》第 3－401 条规定，票据上的签名可以适用任何名称，包括商业或通用名称、任何文字或记号，以代替手写的签名。结合该法第 1－201 条关于签字包括当事人当时为认证书信之目的，设立或采用的任何符号的规定，可以认为，票据上的签名同样应包括电子签名。2004 年 8 月 28 日第十届全国人民代表大会党务委员会第十一次会议通过了《中华人民共和国电子签名法》，该法自 2005 年 4 月 1 日起正式实施，这对我国电子支票的发展具有重要的意义。

3)二维码

2015 年 12 月，中国人民银行又发布了《非银行支付机构网络支付业务管理办法》，旨在规范第三方支付机构的电子支付业务，监管电子商务支付产生的法律风险，保护消费者的合法权益。二维码(two-dimensional barcode)又称二维条码，常见的二维码形式为 QR Code，于 1994 年由日本 Denso Wave 公司发明，是在一维条码的基础上升级而成的集信息编码、图像处理、信息传递与数据加密等于一体的综合性电子标签技术，是信息采集与传递的重要媒介。扫码支付依托于二维码，而二维码是一个技术含量高的信息载体，且技术门槛低，制作与发布简单。

二维码支付是一个涉及消费者、商家、第三方支付机构与无线通信运营商等多方主体参与的一个非直接接触式的交易链。在这个交易链中，二维码作为一个信息中枢而存在，其交易风险被释放与扩大的根本原因就在于二维码生成阶段的风险没有得到应有的管控。为了保证二维码支付交易的安全，2017 年 12 月 29 日，中国人民银行发布了《条码支付业务规范(试行)》(银发〔2017〕296 号)，主要内容如下。

(1)设定验证要素。支付机构开展条码支付业务，可以组合选用下列三种要素对客户条码支付交易进行验证：仅客户本人知悉的要素，如，静态密码等；仅客户本人持有并特有的，不可复制或者不可重复利用的要素，如，经过安全认证的数字证书、电子签名，以及通过安全渠道生成和传输的一次性密码等；客户本人生物特征要素，如，指纹等。

采用数字证书、电子签名作为验证要素的，数字证书及生成电子签名的过程应符合相关规定，应确保数字证书的唯一性、完整性及交易的不可抵赖性。

(2)风险提示。支付机构提供扫码服务的，应具备差异化的风险控制措施和完善的客户权益受损解决机制，在条码生成、识读、支付等核心业务流程中明确提示客户支付风险，切实防范不法分子通过在条码中植入木马、病毒等方式造成客户信息泄露和资金损失。

(3)软硬件提质要求。支付机构开展条码支付业务所涉及的业务系统、客户端软件、受理终端(网络支付接口)等，应当持续符合监管部门及行业标准的要求，确保条码生成和识读过程的安全性、真实性和完整性。

(4)二维码支付用户信息保护规则。我国《非银行支付机构网络支付业务管理办法》第二十条规定："支付机构应当依照中国人民银行有关客户信息保护的规定，制定有效的客户信息保护措施和风险控制机制，履行客户信息保护责任。支付机构不得存储客户银行卡的磁道信息或芯片信息以及验证码、密码等信息。原则上不得存储银行卡有效期，因特殊业务需要，支付机构确需存储客户银行卡有效期的，应当取得客户和开户银行的授权，以加密形式存储。支付机构应当以"最小化"的原则采集、使用、存储和传输客户信息，并告知客户相关信息的使用目的和范围。支付机构不得向其他机构或个人提供客户信息，法律法规另有规定，以及经客户本人逐项确认并授权的除外。"

《条码支付业务规范(试行)》第十八条规定："条码信息仅限包含当次支付相关信息，不应包含任何与客户及其账户相关的支付敏感信息。"此外，《中华人民共和国侵权责任法》中也明确规定了对人的隐私权加以保护。

10.2.2 电子支付的立法概况

1.联合国的电子支付立法概况

为了规范和推进电子商务的发展，一些国际组织制定了有关电子认证的国际性法律规范，不少国家也通过国内立法来规范和调整在线交易电子认证及其相关问题。

联合国贸易法委员会(以下简称"贸法会")始终以消除各国法律障碍，促进国际经贸发展为目标。在有关电子商务的立法研究方面，贸法会所做的立法研究都直接或间接地涉及到在线交易电子认证相关问题。1996年6月通过的《联合国国际贸易法委员会电子商务示范法》是世界上第一个关于电子商务的立法文件，为逐步解决电子商务的法律问题奠定了基础。该法运用了"功能对等法"这一简洁实用的立法技术，对"签名"的要求进行目的分解，将抽象的概念分解为多项具体标准，只要符合具体标准的电子信息便具有法律效力。此外，该法确立了数据电文须在一定条件下满足"书面形式"之要求、数字签名在一定条件下与传统的签章效力等同、数据电文在一定条件下须符合法律对"原件"之要求、不得仅因文件是数据电文而否认其证明力、以数据电文形式存在的要约和承诺有效等电子商务法律制度的五大基本原则。以上原则是在线交易法律制度的基石，也是各国电子商务立法的核心，并在电子商务的实践中不断得到各国的丰富和发展。由于《联合国国际贸易法委员会电子商务示范法》是首部关于电子商务的立法文件，因此它有诸多不完善之处。例如，其有关电子签名的规定就非常简单，不能充分地适应现实交易活动的需要。因此，在随后的立法活动中，有关电子签名的规范以及认证机构如何进行规范化管理便成了贸法会主要关注的问题。贸法会 2000 年通过了《联合国国际贸易法委员会电子签名示范法》，以此来实现规范电子签名和认证机构的目的。

2. 欧美的电子支付立法概况

美国电子支付起步较早，早在 1978 年就制定了《电子资金划拨法》，该法适用于小额资金划拨；1989 年修订的《统一商法典》中增设的“第 4A 维——资金划拨”，该法适用于大额资金划拨。

英国几乎没有有关电子资金划拨的成文法和判例法。对于大额资金划拨，其依据的主要规则是《票据交换所自动收付系统清算规则》。对于小额资金划拨，其依据的主要规则是 1992 年由英国银行家协会、英国支付清算协会等共同公布的《银行业惯例守则》。它们虽然不是法律，但是实际上已具有了法律效力。

《欧盟支付服务法令 II》(2018 年生效)规范了支付机构的准入门槛，既保障了消费者的权益，又促进了市场的良性竞争。

3. 我国的电子支付立法概况

近年来，电子支付的高度普及带来了便捷、高效的体验，驱动了中国电子支付行业的持续增长。中国人民银行、国家外汇管理局等部门相继出台了一系列法律法规监管电子支付，确保支付安全。

中国的电子支付立法相对于其他国家来说起步较晚，但是发展迅速。1997 年，中国人民银行公布了《中国金融集成电路(IC)卡规范(版本 1.0)》。1998 年，中国人民银行公布了《与金融 IC 卡规范相配合的 POS 设备的规范》。2000 年，中国证券监督管理委员会颁布了《网上证券委托暂行管理办法》以及《证券公司网上委托业务核准程序》。2001 年 6 月，中国人民银行公布了《网上银行业务管理暂行办法》(已废止)。

2005 年 10 月 26 日，中国人民银行颁布了《电子支付指引(第一号)》，该指引对银行的电子支付业务提出了指导性要求，规范和引导了电子支付业务的发展。2010 年 6 月，中国人民银行公布了《非金融机构支付服务管理办法》，自 2010 年 9 月 1 日起施行，该办法直接对第三方支付服务机构形成了约束。2015 年 12 月，中国人民银行发布了《非银行支付机构网络支付业务管理办法》，以规范第三方支付机构的电子支付业务，防范支付风险，保护消费者的合法权益。

2018 年 8 月 31 日，第十三届全国人民代表大会常务委员会第五次会议通过了《中华人中共和国电子商务法》，自 2019 年 1 月 1 日起施行。这是世界上首部电子商务领域的综合性立法，其对电子商务经营者、电子商务合同的订立与履行、电子商务争议的解决、电子商务促进等方面进行了详细规定，是我国网络与信息领域立法的里程碑性成果，具有鲜明的时代特征。

案例

移动支付行业的相关监管政策

移动支付行业的发展经过了国家的标准确立、牌照发放以及相关的监管法律法规的颁布几个过程。近年来，国家不断强化对于移动支付领域的政策监管，针对移动支付、金融科技等热点领域出台了一系列监管强化政策。相关监管政策见表 10－1。

表 10-1 2018—2020 年中国移动支付行业相关监管政策汇总情况

颁布日期	发布部门	政策名称	主要内容
2017.12.29	中国人民银行	《条码支付业务规范(试行)》	严格遵循业务资质及清算管理要求;规范条码支付收单业务管理;发挥行业自律作用;加大监督检查力度
2018.7.30	中国人民银行	《条码支付安全技术规范》《条码支付受理终端技术规范》	非银行支付机构(以下简称支付机构)向客户提供基于条码技术的付款服务的,应当取得网络支付业务许可;支付机构为实体特约商户和网络特约商户提供条码支付收单服务的,应当分别取得银行卡收单业务许可和网络支付业务许可。银行业金融机构、支付机构开展条码以付业务涉及跨行交易时,应当通过人民银行跨行清算系统或者具备合法资质的清算机构处理
2019.8	中国人民银行	《金融科技(FinTech)发展规范(2019—2021)》	利用人工智能、支付标记化、云计算、大数据等技术优化移动支付技术架构体系,实现账户统一标记、手机客户端软件(App)规范接口、交易集中路由;推动条码支付互联互通,构建条码支付互联互通技术体系;探索人脸识别线下支付安全应用;采用由金融机构构建的以人脸特征为路由标识的转接清算模式,实现支付工具安全与便捷统一
2020.2	中国人民银行	《网上银行系统信息安全通用规范》	标准规定了网上银行系统安全技术要求、安全管理要求、业务运营安全要求、为网上银行系统建设、运营及测评提供了依据。该次标准修订,立足于移动互联和云计算等新技术在网上银行系统不断深入应用、手机银行使用愈加广泛的背景,旨在应对网上银行系统信息安全出现的新形势和新特点,防范新风险
2020.2	中国银联	《中国银联支付终端安全技术规范》	发布支付终端技术规范(UPTS3.0)升级公告,宣布《银行卡受理终端安全规范》(简称"UPTS2.0")正式升级。UPTS3.0 与 2.0 相比,新增了安全卷和体验卷。另外辅助卷修改为管理卷,全文分为基础卷、安全卷、管理卷、产品卷、体验卷、检验卷共六卷

10.2.3 国内外电子支付的相关法律法规

1.澳大利亚的相关法规

澳大利亚证券和投资管理委员会于 2001 年公布电子资金划拨准则(electronic fund transfer code of conduct,EFTCC)用来规范提供资金划拨的机构和客户之间的权利义务关系,并于 2002 年修正了部分内容。EFTCC 主要分成 2 部分:

第一部分为规范电子资金转移交易中账户机构与使用者的关系:EFTCC 主要规范账户提供者和使用者的权利义务关系,并不涉及支付交易的其他当事人,如,商店、支付系统提供者等。EFTCC 仅适用于消费性零售支付，而不包括商业性支付，与美国电子资金转移法相比，澳大利亚的 EFTCC 并不是具有强制性的法令，其性质属于业务标准，由账户机构自由签署，一旦加入，则需要遵守该准则所规定的相关事项。

第二部分则针对消费者储值卡设备的使用和相关交易，包括账户机构对电子资金划拨交易应当披露的事实和程序要求，并且要求这些披露内容和服务应当方便使用者的查询；账户机构单方变更条款时应尽的通知义务和程序要求；电子资金划拨交易的记录保存、相关费用收取等程序性规定；安全标准和错误解决程序等。

2. 美国的相关法律法规

电子支付系统在美国受到高度的管制。这种管制既包括联邦层面上的管制，也包括地方州法的管制。管制此类电子支付的法规有：联邦《电子资金转移法》(electronic fund transfer act)及联邦储备理事会颁布的 E 条例(federal reserve’s regulation E)、各州关于电子资金划拨的法律、《真实信贷法》(truth in lending act)及联邦储备理事会颁布的 Z 条例、联邦储备理事会颁布的 D 条例(federal reserve’s regulation D)、联邦及各州关于设立分支机构的法律。其他一些联邦法与州法对小额电子支付划拨服务的不同方面也有重要影响，例如，联邦及各州的隐私规则对获得电子资金划拨系统处理的有关客户的信息有所限制，电讯条例影响电讯服务的费用和质量，关于资金可利用的法律影响电子终端处理存取款，关于残疾人的法律影响了银行终端的物理性质，关于在 ATM 上犯罪的法律可能影响金融机构对 ATM 上进行的犯罪活动的责任。现分述如下。

(1)《电子资金转移法》及 E 条例。美国国会针对电子资金转移的模式，认为其将会对使用者产生实质上的利益，因此 1978 年完成《电子资金转移法》的订立，用于调整小额电子支付系统，以规范金融机构与使用者的相关权利、义务与责任，并于 1989 年完成修正，全文共计 19 条。联邦储备理事会颁布解释规则 E 条例，就法案内容提出解释说明以利执行。现在适用的是 1996 年 4 月 23 日制订的条例，从内容上看，E 条例实际上是《电子资金转移法》的实施细则，是对《电子资金转移法》内容的具体化。在实践运作中，人们主要依据 E 条例和官方人员注释，而很少参照《电子资金转移法》本身。1996 年美国总统签署《债务回收改进法》(debt collection imptonement act)之后，电子资金转移涵盖的范围更加扩大，解释规则也于 1998 年完成最后的修订。《电子资金转移法》的宗旨是为电子资金划拨系统中各参与方的权利、义务及责任提供基本框架，首要目标是规定个人消费者的权利。该法规定各州关于电子资金转移法的法律不会因此法无效、变更或受影响，但当其相关法律与该法抵触时，抵触范围内的法律规定不在此限。

(2)《真实信贷法》及 Z 条例。《真实信贷法》是《消费者信贷保护法》的第一编，该法授权联邦储备理事会制订有关条例来实施这些法律，即 Z 条例。Z 条例是对该法的补充和实施。《真实信贷法》与 Z 条例主要涉及信用卡的责任、信用卡账单的有效保护和解决账单争议的程序等三个方面的内容。

(3)D 条例。联邦储备理事会的 D 条例对美国的存款金融机构设置了储备要求，此种储备要求是美国货币政策的重要组成部分，它保证存款金融机构有充足的流动资金以满足消费者对现金的提款需要。

(4)专门管辖电子资金划拨的州立法。大多数州关于电子资金划拨的法律与联邦《电子资金转移法》在很大程度上是重复的。与《电子资金转移法》一样，各州关于电子资金划拨的法律主要规定消费者在电子支付划拨交易中的权利，一般只适用于消费者资产账户而不管辖商事划拨或贷记划拨。这些法律多包含存取工具的发放、披露要求及未经授权划拨的责任等内容，许多州在关于电子资金划拨的法律中对消费者提供比联邦《电子资金转移法》更强的保护。

(5)电子签章法——美国联邦法。美国联邦政府经过美国统一法制定委员会(national conference of commissioners on uniform state laws,NCCCUSL)的讨论调整后,于 1999 年 7 月公布《统一电子交易法》(uniform elec-tronic transaction Act)。该法案主要是针对电子交易相关内容提出定义与规范,包括法律地位与效力、书面要件等。2000 年 6 月进一步公布《全球国家电子商务电子签章法》(electronic signatures in global and national commerce act,ES-IGN),同年 10 月正式实施,该法案对电子签章与电子记录的正确性与法律争议做出了更明确的解释与规范。然而《统一电子交易法》与《全球国家电子商务电子签章法》在适用上有些许的差异。《统一电子交易法》的目的是作为各州订立电子签章法的主要依据,《全球国家电子商务电子签章法》仅能确保技术中立原则,为各州提供电子交易中法律争议的解释。

(6)电子签章法——美国地方州法。犹他州是美国第一个为数字签章进行立法的州,州政府于 1995 年公布了《犹他州数字签章法》(utah digital signature act of may 1995)。内容主要是以特别的签章技术为导向,希望通过数字签章来保障网络上的交易,但是目前市场上因为消费者习惯与成本的考量,适用数字签章技术所发展出的交易安全机制并未获得广泛的使用,因此后来其他州的做法是主要遵循“技术中立”与“市场导向”两大原则。

(7)第三方电子支付监管。美国允许非银行机构发行储值卡、智能卡、电子钱包这类支付工具。第三方支付业务出现之前已存在大量的法律法规,分别定位于某个清晰的业务方向,如前述的《诚实信贷法》、“Z 条例”、《电子资金转账法》、“E 条例”等。

3. 欧盟的相关法律法规

目前欧盟已经有 9 个国家通过适用现有法律扩大解释的方式,修改法律和制定新的法律,规定只有银行才有权利发行电子货币,其中奥地利、西班牙、希腊、法国、德国、意大利、荷兰和葡萄牙 8 个国家规定,储值卡类的电子货币只能由银行发行,在这 8 个国家中,奥利地、德国、法国、意大利和荷兰进一步规定以计算机为基础的电子货币也只能由银行发行。

欧洲中央银行 1998 年发布了《电子货币的报告》,这是目前为止欧盟发布的对电子货币进行监管的重要文件。1999 年 1 月欧盟经济与社会委员会建议案提出不同意见,包括立法目的、电子货币定义、分类、犯罪与管制等问题。欧盟部长理事会于同年 11 月根据相关意见对执行委员会的建议案进行修改,完成《电子货币发行机构法草案》。

2000 年 1 月 19 日欧盟公布了《电子签章法指令》(directive 1999/93/EC of the european tures),其主要内容除了定义电子签章外,还提出相关的法律规范,另外也限制了提供凭证服务的必要条件,以求达到一定水准的安全程度。欧盟根据此指令,要求其他会员国在 2001 年 7 月之前完成有关电子签章法的修订。

4. 我国的电子支付立法

(1)有关电子银行的法律规范:《电子支付指引(第一号)》《网上银行业务管理暂行办法》《电子银行安全评估机构业务资格认定工作规程》《电子银行业务管理办法》《电子银行安全评估指引》《支付清算组织管理办法》(征求意见稿)。

中国人民银行于 2005 年 10 月公布《电子支付指引(第一号)》,作为银行业从事电子支付业务的指导性要求,希望通过该指引的正式实施清除相关法律障碍,并引导中国电子支付的发展。该电子支付指引规范范围相当广泛,电子支付几乎所有层面衍生的问题均整合于该指引规范中，除了确立电子指令在电子支付中的法律效力外，还包括了对支付系统参与者和支付业务的监管及规范，如支付服务与产品提供者的资格审查限制条件、电子支付系统的风险管理要求、指定境内所发生的人民币电子支付交易信息处理及资金清算，应在中国境内完成等。另外该指引也涵盖属于支付工具使用层面的问题。如，电子支付系统参与者权利义务关系与风险责任分配机制，强调消费者合法权益保护等。

(2)有关电子签名的法律规范《电子签名法》《电子认证服务密码管理办法》《电子认证服务管理办法》。

(3)有关银行卡的法律规范《银行卡业务管理办法》《信用卡业务管理办法》《中国金融集成电路 IC 卡规范》《关于促进银行卡产业发展的若干意见》。

(4)有关第三方支付的法律规范：《非金融机构支付服务管理办法》。

(5)有关防范电子支付犯罪的法律规范：《反洗钱法》《金融机构大额和可疑外汇资金交易报告管理办法》《最高人民法院关于办理利用信用卡诈骗犯罪案件具体适用法律若干问题的解释》。

本章小结

本章首先介绍了电子支付的特点，总结了对风险概念的主流看法，给出了电子支付风险的定义，讲述了电子支付存在的主要风险类型和形成原因，叙述了国内外有关防范电子支付风险的监控措施。接着，从法学视角，重点梳理了电子支付系统、电子支付主体、支付工具中存在的法律问题，列举了部分国内外已有电子支付的法律法规，表明了对电子支付的风险进行监管并从法律方面立法确保安全电子支付的重要性。

思考题

1 请分别列出美国和中国的电子支付包括哪些法规，包含的主要思想分别是什么？

2 欧洲央行对电子货币的发行有什么要求？

3 结合自己的经验，说说哪些电子支付法律法规有助于用户解决遇到的支付问题。

4. 学习中国人民银行公布的《电子支付指引(第一号)》，请结合其中的消费者合法权益保护相关条款，谈谈你认为电子银行的从业人员应具备哪些正确的职业道德观？

拓展阅读

术语中英文对照

参考文献

[1] [1]中国人民银行支付结算司. 2020 年支付体系运行总体情况[EB/OL]. (2021-03-24)[2021-08-24]. http://www.pbc.gov.cn/zhifujiesuansi/128525/128545/128643/4213347/index.html.

[2] 商务部电子商务和信息化司. 2019 年中国电子商务报告[EB/OL]. (2020-07-02)[2021-08-02]. https://www.ec.com.cn/article/yjfx/hybg/202007/273_1.html.

[3] 皮书说. 2019 年《大数据蓝皮书:中国大数据发展报告 No. 3》解读[EB/OL]. (2019-06-17)[2019-08-24]. https://www.xianjichina.com/news/details_129042.html.

[4] 中国文化信息协会信用信息工作委员会. 解读《关于深入推进商务信用建设的指导意见》[EB/OL]. (2019-04-22)[2019-08-24]. http://www.cciaxy.cn/zyzcjd/show/1544.html.

[5] 杨坚争,杨立钒. 电子商务基础与应用[M]. 10 版. 西安:西安电子科技大学出版社,2017.

[6] 蒋奕平,蒋宏. 国内电子商务标准化发展现状研究[J]. 中国标准导报,2016(9):39-41.

[7] 观研报告网. 2019 年中国电子认证服务行业产业链及市场规模分析[EB/OL]. (2019-04-01)[2019-08-24]. http://market.chinabaogao.com/it/0414103402019.html.

[8] 柯新生,王晓佳. 网络支付与结算[M]. 3 版. 北京:电子工业出版社,2016.

[9] 杨立钒,万以娴. 电子商务安全与电子支付[M]. 4 版. 北京:机械工业出版社,2020.

[10] 祝凌曦. 电子商务安全与支付[M]. 北京:人民邮电出版社,2019.

[11] 刘建国. 电子商务安全管理与支付[M]. 上海:立信会计出版社,2011.

[12] 崔爱国,严春风. 电子商务安全与支付[M]. 北京:电子工业出版社,2013.

[13] 马刚,李洪心. 电子商务支付与结算[M]. 大连:东北财经大学出版社,2016.

[14] 帅青红,李忠俊. 电子支付与结算[M]. 大连:东北财经大学出版社,2018.

[15] 谢旭阳. 互联网广告监管执法若干问题探究[EB/OL]. (2019-05-13)[2019-08-24]. https://www.sohu.com/a/313630749_99916761.

[16] 中国人民银行. 中国区域金融运行报告(2019)[EB/OL]. (2019-07-19)[2019-08-24]. http://www.pbc.gov.cn/goutongjiaoliu/113456/113469/3862882/index.html.

[17] 帅青红,苗苗. 网上支付与电子银行[M]. 北京:机械工业出版社,2015.

[18] 徐锋,艾利群. 国内外电子银行发展经验与启示[J]. 经济视野. 2015(1):297-298.

[19] 王希同. 国内外商业银行电子银行业务发展的比较研究[D]. 太原:山西财经大学,2014.

[20] 白东蕊,岳云康. 电子商务概论[M]. 北京:人民邮电出版社,2016 年.

[21] 杨兴凯. 电子商务概论[M]. 3 版. 大连:东北财经大学出版社,2021 年.

[22] 杨坚争,杨云鹏. 电子商务企业模式创新典型案例分析[M]. 北京:中国商务出版社,2018.

[23] 叶琼伟. 互联网+电子商务创新与案例研究[M]. 北京:化学工业出版社,2016.

[24] 邵家兵. 电子商务概论[M]. 4 版. 北京：高等教育出版社，2019.
[25] 李洪心，马刚. 电子支付与结算[M]. 北京：电子工业出版社，2010.
[26] 贾珂婷，王小云. 有意义的 MD4 碰撞攻击(英文)[J]. 计算机科学与探索，2010，4(3)：202 - 213.
[27] 惊蜇，王小云. 王小云：抱着女儿破译世界顶级密码[J]. 妇女生活，2008(5)：1.
[28] 柯新生. 网络支付与结算[M]. 2 版. 北京：电子工业出版社，2013.
[29] 杨立钒，杨坚争. 电子商务安全与电子支付[M]. 3 版. 北京：机械工业出版社，2016.
[30] 李洪心，马刚. 电子支付与结算[M]. 2 版. 北京：电子工业出版社，2015.
[31] 贾晓丹，李博文，楚文波. 电子商务安全实践教程[M]. 北京：中国人民大学出版社，2012.
[32] 屈武江，陈晴光. 电子商务安全与支付技术[M]. 北京：中国人民大学出版社，2013.
[33] 王毓娜. 基于人脸识别的网络身份认证研究[D]. 杭州：杭州电子科技大学，2016.
[34] 张翠平，苏光大. 人脸识别技术综述[J]. 中国图象图形学报，2000，5(11)：885 - 894.
[35] 熊坤静. 中国量子通信领跑世界[J]. 党员之友(新疆)，2020(11)：30.
[36] 倪嘉慧. 双重签名与 SET 协议应用分析[J]. 无线互联科技，2017(1)：132 - 134.
[37] 尉永青，刘培德. 电子商务环境下主要的身份认证方式分析[J]. 商场现代化，2005(13)：54 - 55.
[38] 刘艳慧，刘少芳. 电子商务及其安全性研究与应用[J]. 中国经贸导刊，2010(17)：91.
[39] 于周宏. 当代电子商务领域安全问题的解决措施[J]. 中国招标，2011(50)：52 - 54.
[40] 黄丽. 电子商务领域中的计算机网络安全[J]. 科技风，2018(5)：70.
[41] 马方方，胡朝阳，冯倩茹，等. 中国第三方支付系统金融风险测量方法及实证分析[J]. 统计与信息论坛，2019，34(7)：54 - 60.
[42] 王春英，陈宏民. 基于双边市场理论的第三方支付平台研究[J]. 现代管理科学，2019(3)：100 - 102.
[43] 苏浩伟，邹大毕，袁勇，等. 二维码技术在公交支付领域的研究[J]. 信息技术与信息化，2017(12)：139 - 142.
[44] 王永建，杨建华，郭广涛，等. 基于移动互联网的手机支付系统探究[J]. 移动通信，2017，41(1)：46 - 51.
[45] 张玉清，王志强，刘奇旭，等. 近场通信技术的安全研究进展与发展趋势[J]. 计算机学报，2016，39(6)：1190 - 1207.
[46] 李纪舟，霍宏霞，王瑜. 美国加强电子支付安全的主要举措及启示[J]. 信息安全与通信保密，2015(3)：48 - 52.
[47] 季东生. 信息技术与金融发展[M]. 北京：中国金融出版社，2004.
[48] 方其琪，刘鲁川. 电子商务设计师教程[M]. 北京：清华大学出版社，2005.
[49] 孙远远. 网络安全协议在计算机通信技术中的作用和方法研究[J]. 长江信息通信，2021，34(6)：119 - 121.
[50] 李明坤，胡曦明，李鹏. 基于个人移动端的 SSL 协议安全技术与教学应用[J]. 计算机技术与发展，2021，31(6)：94 - 100.
[51] 张雪峰，张海榆，张新纪，等. 基于 SSL 安全协议的网络云盘系统[J]. 电脑知识与技术，2020，16(29)：59 - 61.
[52] 刘媛，姜川. SSLVPN 在黄委网络安全中的应用和改进[J]. 人民黄河，2020，42(S1)：171 - 173.

[53] 李静，郭云峰. SET 协议的电子商务支付安全加密方法[J]. 现代电子技术，2020，43(11)：83－86.

[54] 张俊玲. 网络安全协议在计算机通信技术中的作用探讨[J]. 电脑编程技巧与维护，2019(5)：168－170.

[55] 左英. 安全电子协议 SET 的不足与改进方案分析[J]. 网络安全技术与应用，2018(4)：73－74.

[56] 魏娟. SET 加密技术在 B2C 电子商务中的应用研究[J]. 赤峰学院学报(自然科学版)，2017，33(5)：109－110.

[57] 唐四薪. 电子商务安全教程[M]. 北京：中国铁道出版社，2011.

[58] 郭亚军，宋建华，李莉，等. 信息安全原理与技术[M]. 3 版. 北京：清华大学出版社，2017.

[59] 姜吾梅. 电子商务法律法规[M]. 北京：电子工业出版社，2019.

[60] 关永宏. 电子商务法律[M]. 广州：华南理工大学出版社，2008.

[61] 张楚. 电子商务法[M]. 4 版. 北京：中国人民大学出版社，2016.

[62] 贺琼琼. 电子商务法[M]. 武汉：武汉大学出版社，2016.

[63] 秦成德. 电子商务法案例评析[M]. 北京：清华大学出版社，2010.

[64] 张楚. 电子商务法教程[M]. 北京：清华大学出版社，2011.

[65] 钟慧莹. 电子商务法律法规[M]. 2 版. 北京：电子工业出版社，2016.